잡동산이 現代史
雜同散異 현대사

전우용 지음

잡동산이 현대사
– 전우용의 근현대 한국 박물지

2 사회·문화

전우용 지음

2023년 12월 8일 초판 1쇄 발행
2024년 1월 15일 초판 2쇄 발행

펴낸이 한철희 | **펴낸곳** 돌베개 | **등록** 1979년 8월 25일 제406-2003-000018호
주소 (10881) 경기도 파주시 회동길 77-20 (문발동)
전화 (031) 955-5020 | **팩스** (031) 955-5050
홈페이지 www.dolbegae.co.kr | **전자우편** book@dolbegae.co.kr
블로그 blog.naver.com/imdol79 | **인스타그램** @dolbegae79 | **페이스북** /dolbegae

편집 한광재·김진구
표지디자인 김민해 | **본문디자인** 이은정·이연경
마케팅 심찬식·고운성·김영수·한광재 | **제작·관리** 윤국중·이수민·한누리 | **인쇄·제본** 영신사

ISBN 979-11-92836-43-0 (04910)
        979-11-92836-41-6 (세트)

책에 실린 도판 중 저작권자가 분명치 않아 사용 허가를 구하지 못한 것이 있습니다.
추후라도 저작권자가 확인되면 허가 절차를 밟겠습니다.

책값은 뒤표지에 있습니다.

잡동산이 現代史
雜同散異 현대사

2 사회·문화

전우용의 근현대 한국 박물지

돌베개

차례

2장   어울리고 소통하다

3장　　# 조성하고 개조하다

4장

타고 오가다

책머리에

1.

30년 전쯤 나는 50개 이상의 전화번호를 늘 기억했다. 누구에게 전화를 걸어야겠다고 생각하면 바로 번호가 떠올랐다. 그러나 지금은 112, 119 등 비상 전화번호를 제외하면 서너 개 정도밖에 기억나지 않는다. 휴대전화기에 전화번호부가 내장되어 있기 때문이다. 저 시절에는 대중가요 노랫말도 수백 개를 외웠다. 하지만 지금은 그 대다수가 기억에서 사라졌다. 요즘엔 노래방 아닌 곳에서 노래 부를 일이 거의 없고, 노래방 기기는 친절하게도 가사를 화면에다 보여준다. 또 저 시절에는 지도책 한 권만 갖고도 처음 가는 목적지까지 자동차를 운전하는 데 아무런 문제가 없었다. 그러나 지금은 내비게이션 없는 초행길 운전에 엄두가 나지 않는다. 내 지적 능력이나 판단력의 저하가 온전히 저 물건들 탓이라고만은 할 수 없겠으나, 저 물건들 때문에 기억하려는 의지나 이해하려는 의지가 감퇴한 것은 부인할 수 없다.

물론 물건 탓으로 떠넘길 일만 일어나지는 않았다. 내 생애 후반기 30년 동안에 이동한 거리는 전반기 30년 동안 이동한 거리의 100배를 훌쩍 뛰어넘는다. 자동차를 일상적으로 운전하고 가끔씩 비행기를 탈 수 있었던 덕이다. 자기 전에 이불 폈다가 일어나서 이불 개는 습관도 침대를 들여놓은 뒤 사라졌다. 전기밥솥, 냉장고, 세탁기,

진공청소기 등이 삶을 얼마나 편리하게 해주었는지에 관해서 일일이 늘어놓는 것은 지면 낭비다. 어렸을 적에는 몇 차례 몸에 고약膏藥을 붙여야 했으나 어른이 된 뒤에는 상처가 덧나 곪은 기억이 없다. 비누, 샴푸, 세면대, 샤워기 등이 늘 몸 가까이에 있는 덕이다. 요즘엔 30년 전이었다면 존재조차 알지 못했을 사람들과도 수시로 소통한다. 인터넷과 연결된 컴퓨터나 스마트폰이 서로 모르는 사람들끼리 어울릴 수 있도록 '사회관계망'을 만들어준 덕이다. 그뿐인가, 이 물건들은 세상의 거의 모든 정보와 소식을 실시간으로 알려준다. 사람을 만드는 건 습관이라고들 하는데, 내가 아침에 눈을 떠서 밤에 잠자리에 들 때까지 매일 반복하는 습관적 행동들은 모두 물건들과 상호작용하는 일이다. 내가 사용하는 물건들 중에 내가 직접 만든 것은 거의 없으나 그 물건들이 지금의 나를 만들었다.

돌이켜보면, 내가 살면서 행복감이라고 해야 할지 그저 '잔잔한 흥분'이라고 해야 할지 모를 감정을 느꼈을 때는 주로 새로운 물건들과 조우하던 때였다. 나는 지금도 기억한다. 집에 라디오가 처음 들어왔을 때 그 작은 나무상자 안에 사람들이 숨어 있다는 말을 믿었던 천진함을. 집에 선풍기가 처음 들어왔을 때 온 얼굴을 간지럽혔던 바람의 청량함을. 집에 TV가 처음 들어왔을 때 이웃집 아주머니의 눈총에서 해방되었다는 생각에 벅차올랐던 마음을. 내 책상에 컴퓨터가 처음 놓였을 때 도스 명령어를 외우느라 밤을 꼬박 지새웠던 열정을. 20세기 중반 이후에 태어난 사람들은 대개 나와 비슷한 시점에 새로운 물건들과 조우하며 인생을 보냈을 터이다. 그래서 물건들은 역사적 시대구분의 지표 구실도 한다. 이미 현대적 물건들이 다 갖춰진 집에서 태어나 자란 지금의 젊은 세대는, 물건들에 의해 인간이 바뀌는 경험에 대한 감수성이 낮을 수밖에 없다.

2.

120년 전과 지금을 비교하면, 한반도의 인구는 세 배 이상, 한국인의 평균 수명은 두 배 가까이 늘었다. 한국인의 평균 키는 10센티미터 이상, 평균 몸무게도 10킬로그램 이상 늘었다. 저 시절 사람들의 반 이상은 나이 40에 할아버지 할머니가 되었으나, 지금 한국에서는 39세까지가 공인된 '청년'이다. 현대 한국의 거리에서는 얼굴 얽은 사람, 이 빠진 채 다니는 사람을 볼 수 없다. 백발白髮을 그대로 둔 채 다니는 사람도 보기 어렵다. 저 시절 사람들과 비교하자면, 현대인은 오래 사는 사람이자 큰 사람이고 더디 늙는 사람이며 나이가 들어도 늙지 않은 것처럼 사는 사람이다. 현대인은 자기 생활공간 주변에서 오염물질과 악취를 몰아내는 데 성공했고, 숱한 의약품과 건강식품으로 질병을 피했으며, 취미로든 의무감으로든 운동으로 몸을 가꾼다. 옛날 사람들은 장수長壽를 '신의 축복'으로 여겼지만, 현대인들은 각자의 노력과 과학의 도움으로 이룰 수 있는 것이라고 믿는다.

저 시절 사람들은 날이 밝으면 밖에 나가 일하고 날이 저물면 집에 돌아와 쉬었으나, 요즘 사람들은 전등 덕에 밤을 낮 삼아 일하거나 논다. 현대인은 늘 '시간 없다'고 불평을 늘어놓지만, 실제로는 저 시절 사람들보다 세 배 이상 많은 시간을 소비한다. 당연히 한 사람이 평생 동안 소비하는 음식물의 양도 세 배 이상 늘었다. 음식물 쓰레기는 그보다 훨씬 더 많이 늘었다. 다 먹지 않고 버리는 음식물이 많기 때문이다. 음식물 쓰레기는 그나마 적은 편이다. 사용가치가 소멸하지 않은 온갖 종류의 물건이 버려진다. 현대인은 쓰레기를 양산量産하는 인간이다. 물론 쓰레기 이전에 물건이 있었다. 근대와 현대는 대량생산의 시대이고, 끊임없는 기술혁신이 그를 뒷받침했다.

지난 한 세기 동안 한반도에서 생산된 나사못은 한반도에 사는 개미 전체의 숫자보다 많을 것이다. 현대인은 저 시절 사람들보다 100배 이상 많은 물건을 소유하고 사용한다. 그 물건들은 소유자와 사용자에게 '자기 다루는 법'을 배우라고 강요한다. 현대인들이 구입하는 물건들에는 대개 '사용설명서'나 '복용법'이 따라붙는다. 현대인은 '새로운 물건 다루는 법'을 평생 배워야 하는 사람이다. 달리 말하자면, 현대는 물건이 인간을 가르치는 시대다. 현대인은 물건과 기계의 작동방식에 적응하면서 스스로 기계와 닮아가는 사람이다. 요즘 '기계의 인간화'를 걱정하는 사람이 늘어나는 것은, 이미 인간이 상당한 정도로 기계화했기 때문이다.

3.

나는 2008년부터 국립민속박물관, 서울역사박물관 등 여러 박물관의 의뢰를 받아 근현대 유물 평가위원으로 활동했다. 현장에서 만난 '오래된 물건'들은 지난 한두 세기 동안 한국에서 전개된 역사의 말 없는 증인들이었다. 그 물건들 하나하나가 한 시대에서 다른 시대로 넘어가는 가교 역할을 했다. '전등이 없는 시대에서 있는 시대로', '자동차가 없는 시대에서 있는 시대로', '냉장고가 없는 시대에서 있는 시대로' 등. 이런 물건들은 사람들의 삶을 바꿨을 뿐 아니라, 그들의 의식과 욕망, 가치관까지 바꿨다. 150년 전 사람 다수에게는 '이밥에 고깃국'이 평생소원이었고, '하늘을 나는 것'은 꿈에서나 실현할 수 있는 망상이었으나, 현대인에게는 옛사람들의 소원 거의 모두가 '이미 실현된' 일이다. 오늘날에는 한국의 어지간한 서민들도 120년 전 황제 고종보다 더 많은 음식, 더 많은 의복, 더 효과적인 의약품을 소비한다. 그들 대다수는 고종을 둘러싸고 있던 물질세계 안에서 사흘도 버티지 못할 것이 분명하다. 현대인이 타임머신을 타고 19세기 초로 돌아가 정약용을 만난다면, 그와 정신세계를 공유할 수는 있겠지만 물질세계는 결코 공유할 수 없을 것이다.

그런데 소원을 성취한 사람들은 결코 만족하지 않았다. 오히려 물질세계가 팽창하는 만큼, 물질에 대한 욕망도 커졌다. 탐욕을 경계하고 청빈淸貧을 강조하는 어떤 계몽도 물질을 향해 끓어오르는 사람들의 욕망을 잠재우지 못했다. 사람의 정신은 타인의 정신보다는 자기를 둘러싼 물질세계에 더 많이 영향받는 법이다. 오늘날의 세상은 더 많은 물건을 만들어 팔아 부자가 되려는 사람들, 더 많은 물건을 소비하는 것으로 자기가 부자라는 사실을 입증하려는 사람들로 가득 차 있다. 인간이 '욕망의 주체'로서 자기 정체성을 분명히 한 시대, 욕망의 한계가 끝없이 커지는 시대가 현대다. 그런 변화 추이를 반영하여 물질에 대한 욕망을 실현하는 공간인 시장도 계속 팽창하고 있다. 150년 전 사람들은 기껏 닷새에 한 번 정도 '시장 생활'을 경험할 수 있었으나, 현대인들은 손바닥 안의 스마트폰에 시장을 담고 산다. '시장주의적 인간형'이 늘어날 수밖에 없다. 이런 변화 속에서 사는 인류가 만들어낼 미래를 가늠해보는 것이 이 책의 목적이다.

4.

2014년 초여름, 『한겨레』에서 원고지 5매 분량의 지면을 내줄 테니 매주 칼럼을 한 꼭지씩 써달라는 요청이 왔다. 5년간 그 지면을 통해 현대인의 삶과 의식을 바꾼 물건 281종에 관한 아주 거친 스케치를 소개했다. 연재를 마친 후 스케치를 완성하는 작업에 매달렸다. 애초에 밑그림을 잘못 그린 꼭지를 발견할 때면 낯이 화끈거렸다. 늘 그랬지만, 책을 세상에 내보내는 지금도 이 작업이 만족스럽지는 않다. 독자 여러분의 질정叱正을 바란다.

책의 상품성을 따지지 않고 기꺼이 출판을 맡아주신 돌베개 한철희 사장님께 감사드린다. 원고 분량이 많아 세 권으로 분책한 상황에서도 편집에 일관성을 지켜준 김진구, 한광재, 하명성 세 분 편집자에게도 고마운 마음을 전한다. 이제 노년을 향해 함께 걸어가야 할 아내 인애에게는 늘 고맙고 미안하다.

2023년 10월 24일

전우용

1장

배우고 향유하다

사회·문화

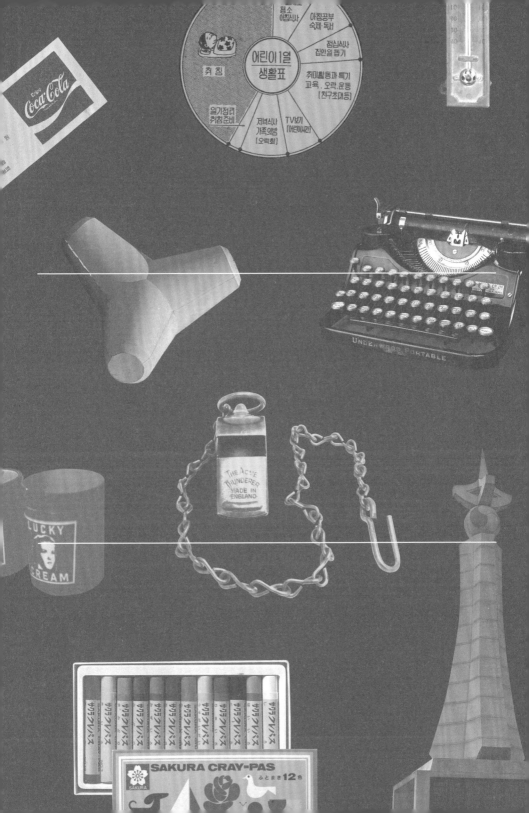

한글

1. 현대 한국인을 통합한 문자

    1443년, 만 46세의 조선 국왕 이도李祹는 우리말 소리를 글로 옮겨 적을 수 있는 스물여덟 글자를 만들었다. 그는 1446년 이 사실을 공포하면서 취지를 이렇게 밝혔다. "나라의 말이 중국과 달라 문자가 서로 통하지 아니하여 어리석은 백성이 말하고자 할 바 있어도⋯." 이 스물여덟 글자의 이름은 훈민정음, 즉 '백성을 가르치는 바른 소리'였다. 글(文)로 가르치는 것이 '교'敎고, 말(言)로 가르치는 것이 '훈'訓이며, 글을 알고 나라에 충성하는 사람이 '인'人이고, 무지렁이로 땅에 붙어 사는 사람이 '민'民이다. 훈민정음은 세종이 한자를 모르는 '어리석은 백성'을 위해 특별히 만든 표음 문자였다.

    스물여덟 '자'字를 만들었으면서도 이름을 '음'音이라고 붙인 것은, 온전한 글자라면 뜻까지 담아야 한다고 생각했기 때문일 것이다. 한자를 익힌 사람들은 이 글자를 언문諺文(속된 문자)이나 '반글'이라고 불렀다. '반글'이라고 한 것은 '반말'과 같은 점이 있었기 때문이다. 지금은 반말이 '낮춤말'로 쓰이지만, 조선시대에는 대상에 따라 존대, 상대, 평대, 하대, 비대를 선택해야 하는 복잡한 어미 활용법을 익히지 못한 어린이들의 말이었다. 어린아이나 부녀자에게 보내는 편지 이외의 글을 훈민정음으로 쓰는 것은 스스로 '어리석은' 백성임을 인정하는 일로 취급되었다.

    훈민정음은 만들어진 뒤 500여 년 동안, 주로 한자의 음을 표기하고 토를 다는 용도로 사용되었다. 성원, 사장, 지원, 양식, 고문, 조화 등 앞뒤 맥락을 따지지 않으면 뜻을 알 수 없는 무수히 많은 한자어를 사용하며 살았기에, 뜻은 표현하지 못하고 소리만 표현하는 글자를 온전한 문자로 취급하지 않는 태도도 나름의 정당성을 얻었다.

1894년 청일전쟁 이후 훈민정음은 '나라 글자'라는 뜻의 국문國文으로 불리기 시작했다. 1896년에 창간된 『독립신문』은 훈민정음만으로도 온전한 문자 생활을 할 수 있음을 입증했다. 1907년에는 정부 기관으로 국문연구소도 설치되었다. 그러나 나라가 망한 뒤 일본의 '가나'かな가 새로 국문의 자리를 차지했고, 훈민정음은 다시 '가나'를 배울 기회를 갖지 못했거나 아직 못 배운 식민지 원주민의 제한적 문자 생활을 위한 '반글'이 되었다.

1913년, 주시경은 훈민정음에 '한글'이라는 새 이름을 붙였다. 큰글, 온전한 글이라는 뜻이다. 대한의 글이라고 해석해도 무방하다. 이 이름에는 한국인들 스스로 훈민정음을 '반글'로 천대했던 역사에 대한 통렬한 반성의 정신이 서려 있으며, 일제강점기에 금기시되던 대한제국에 대한 기억을 되살리려는 뜻도 담겨 있었다. 그 이후 지방의 조선문 강습회 등에서 간간이 한글이라는 말이 사용되었지만, 이 이름은 1920년대 중반까지도 일반화하지 못했다.

1926년 11월 4일, 조선어연구회와 신민사新民社 회원들이 서울의 음식점 식도원에 모여 '훈민정음 반포 팔회갑(480년) 기념식'을 거행했다. 조선어연구회는 『독립신문』 교정원 시절부터 한글 연구에 매진하여 문법 체계를 세웠던 주시경의 제자뻘 되는 사람들이 1921년에 조직한 단체였고, 신민사는 1925년에 창간된 잡지 『신민』을 발행하던 출판사 겸 동호회였다. 이 잡지는 사회 문제를 다룬 논문과 소설, 수필, 시 등의 문예물을 주로 실었는데, 당시는 읽을거리의 작가와 독자가 모두 급증하던 때라 한글에 대한 지식인층의 관심이 매우 높았다. 게다가 회갑은 한국인들에게 특별한 의미를 갖는 주년周年이었다. 당시에는 100년 주기의 세기世紀보다는 60년 주기의 주갑周甲 또는 회갑回甲에 익숙한 사람이 더 많았다.

기념식 참석자들은 이날 훈민정음 반포 기념식을 매년 거행하기로 하고 기념일의 이름을 '가갸날'로 정했다. 당시에도 '가갸거겨'보다는 '가나다라'를 더 많이들 사용했을 터이나, 그 순으로 하면 일본 문자인 '가나'와 구별할 수 없는 게 문제였다. 결국 공식 국문國文은 '가나', 식민지 원주민들이 사용하는 병용倂用 문자는 '가갸'라고 하는 기묘한 이름의 서열 체계가 만들어졌다. 이들이 원하지는 않았으나, 문자 학습과 소통의 세계에서는 '가나'가 먼저, 그다음이 '가갸'인 셈이 되었다. 하지만 가갸날 행사는 이날로 끝이었다. 이듬해 조선어연구회가 기관지 『한글』을 창간하면서 '한글'을 훈민정음의 새 이름으로 정했기 때문이다. 물론 조선총독부는 '한글'이라는 이름을 인정하지 않았다. 한글의 공식 이름은 그냥 '조선문'이었다. 한글은 대한민국 정부 수립 후 공문서에 한글을 전용하는 원칙이 확정됨으로써 국문의 지위를 회복했다.

하지만 해방 이후에도 오랫동안 소위 지식인들은 한글을 '반글' 취급했다. 1946년 6월 17일, 해방 뒤 처음으로 치르게 된 입학시험을 앞두고 경성대학 법문학부 교수회에서 입시 과목 문제로 한바탕 소란이 일었다. 그 전에 열린 교수회에서 국어와 한문 과목을 제외하기로 결의했음에도 학장이 국어 시험을 치른다고 발표했기 때문이다. 교수들로부터 집중 비난을 받은 학장 조윤제는 국문학자였다. 그는 자리를 박차고 나가 미국인 총장 앤스테드Harry B. Anstead에게 사표를 제출했다. 총장은 사표를 수리하지 않고 교수들을 일일이 총장실로 불러 "자국어 시험을 치르지 않고 학생을 뽑는 대학이 세상 어디에 있느냐"고 훈계했다. 교수들은 '국어 시험'을 치른다는 결정에 반발한 것이 아니라 의사 결정의 비민주성에 항의한 것이라고 변명했다.

당시 교수들도 국어 과목이 중요하다는 점은 인식하고 있었다. 경성대학의 입시 과목과 출제 유형이 중등 교육 전반에 결정적 영향을 미친다는 점도 잘 알고 있었다. 그러나 국어 시험을 치르자니 국어를 배운 응시생이 없었다. 그 전해까지 국어는 일본어였고, 경성대학은 개교 이래 입학시험 과목에 조선어를 넣은 적이 없었다. 소학교 때부터 대학 입학을 목표로 공부한 학생들은 아예 조선어를 공부하지 않았다. 조선인이 다니는 학교에서도 1938년부터는 조선어가 선택 과목이 되었고, 1943년에는 그조차 폐지되었다. 총독부 권력이 한글 연구자들을 탄압하고 투옥한 '조선어학회 사건'은 조선어 교육 폐지 직전인 1942년에 일어났다. 현대의 역사 교과서는 이를 일제의 악랄한 '민족말살 정책'으로 기록하고 있지만, 당시 대학 진학을 꿈꾸던 최상위권 학생과 그 부모들은 이 조치를 오히려 반겼다. 경성제국대학이나 일본 내 대학에 진학하는 데에는 조선어가 전혀 쓸모없는 과목이었기 때문이다. 그들은 일본인 학생은 배우지 않는 과목을 조선인에게만 부과하는 것이야말로 '민족 차별'이라고 생각했다. 이런 상황에서 해방을 맞았기 때문에 해방 직후에는 전문학교나 대학을 나온 지식인들이 오히려 한글을 새로 배워야 할 정도였다. 해방 이후에도 꽤 오랫동안, 많은 '지식인'이 일본어로 편지를 썼다.

지식인 사회의 문자와 대중의 문자가 괴리되는 현상은 오늘날에도 근본적으로 달라지지 않았다. 해방 후 언어와 문자 영역에서 일본어와 가나를 대체한 것은 국어와 한글이라기보다 영어와 알파벳이었다. 현대의 한국인들이 영어 학습에 소요하는 시간은 평생 수천 시간에서 1만 시간 이상에 달한다. 하지만 그런 상황에서도 한글은 대중의 문자 생활을 거의 완벽하게 장악했다. 현대 한국인들은 한글

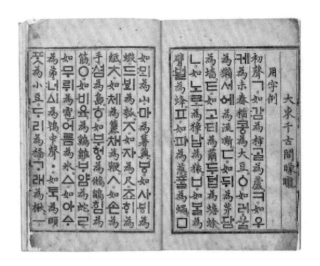

훈민정음 해례본 국보 제70호. 간송미술관 소장. 한글이 다른 나라 문자를 베낀 것이라
는 주장이 19세기부터 나왔으나, 이 책의 발견으로 그런 주장은 무력해졌다. 한글은 창
작자와 창작 원리가 분명한 문자 체계라는 점에서 인류가 사용하는 문자 중에서 독보적
위상을 지닌다. 현대 한국인 절대다수가 '비非문맹 지식인'이 된 데에는 한글의 역할이
절대적이었다. 하지만 영어 글쓰기보다 한글 글쓰기를 낮게 취급하는 태도는 여전하다.
출처: 문화재청

덕에 쉽게 지식과 감성을 교환할 수 있었고, 빠르게 국민으로 통합
되었다. 한글은 창작자와 창작 원리가 분명하며, 쉽게 배우고 쓸 수
있다는 점에서 인류 문명사상 독보적인 문자이다. 한글의 유일한 단
점은 글씨는 읽을 줄 아나 글은 읽을 줄 모르는 사람을 양산한다는
점이다. 글씨 쓰기와 글쓰기가 다른 일인 것처럼, 글씨 읽는 것과 글
읽는 것도 다른 일이다.

2. 현대인의
   생활 지침서

1894년 음력 4월 13일, 고종은 동지사冬至使로 중국에 갔다 온 이정로, 이주영, 황장연을 궁으로 불러 보고를 듣고 노고를 치하했다. 500년 넘게 매년 되풀이된 의례인 '동지사 소견召見'은 이것이 마지막이었다. 동지사의 기본 임무는 중국 황제에게 책력冊曆을 얻어오는 일이었다. 물론 고구려 때 천상열차분야지도를 만들고 세종 때 세계 최고 수준의 천문 관측기기를 만들었던 사람들이 독자적으로 책력을 제작할 능력이 없어 중국에서 얻어온 것은 아니다.

시간이란 사람이 인지하는 천체의 리듬이다. 인류는 먼 옛날부터 신의 뜻을 헤아리기 위해 밤하늘의 별을 관찰해왔다. 밤하늘의 별들은 늘 빛을 발하면서도 때로 안 보이고, 언제나 한결같은 듯하면서도 수시로 변덕을 부리며, 인간의 척도로는 결코 측량할 수 없는 긴 수명을 누린다. 인류는 별의 모습과 움직임에서 신의 속성을 발견했다. 수많은 영웅이 하늘에 올라가 별자리가 되었다는 그리스 신화의 서사 구조와 그리스도가 부활하여 하늘에 올라갔다는 기독교의 서사 구조는 동일하다. 한자 '시'時도 해(日)와 절(寺)을 나란히 놓은 글자다. 이는 시時라는 글자가 사寺라는 글자보다 나중에 만들어졌음을 알려준다. 시간은 애초에 신과 관련된 종교적 개념이었다. 그래서 천체 운행의 규칙성을 찾아내어 그를 인간의 생활리듬에 맞게 정리, 기록한 책력은 하늘의 대리자인 천자天子만이 저작권을 갖는 특별한 책이었다.

중세 동아시아 중화체제中華體制의 핵심은 조공朝貢과 하사下賜라는 물질적 관계가 아니라 책력의 수수授受라는 정신적 관계에 있었다. 중화체제 안에서 사는 사람들은 천자의 책력에 따라 움직이는 세계만을 문명 세계로 취급했다. 조선의 중국 연호 사용과 동지사 파견은 천자 중심의 세계 질서, 즉 중화체제를 인정한다는 뜻을 밝히는 의례였다. 그렇다고 조선에서 사용된 책력이 중국에서 얻어온 것의 복제품은 아니었다. 동짓날이면 관상감에서 다음해 책력을 제작하여 각 관청에 나눠 줬는데, 하급 관리가 그것을 베껴 상급 관리에게 선물하는 것이 관례였다고 한다.

조선의 마지막 동지사가 귀국하여 복명復命한 지 한 달 뒤에 청일전쟁이 일어났다. 그다음 달에는 갑오개혁이 시작됐으며, 그해 말에는 국왕이 직접 독립 서고문誓告文을 낭독하여 중화체제에서 이탈하겠다는 뜻을 천명했다. 다음 수순은 당연히 역제曆制 개정이었다. 1895년 음력 11월 17일을 기해 조선은 역제를 양력으로 바꾸고 연호를 건양建陽으로 정했다. 건양이란 문자 그대로 '태양력을 세운다'는 뜻이다. 그런데 연호는 천자만 제정할 수 있었고 당시 조선 왕의 공식 명칭은 '대군주'였다. 더구나 양력은 구미歐美의 역제이면서 동시에 일본의 역제이기도 했다. 중화체제 이외의 세계에 대해 잘 알지 못했던 유교 지식인과 일반 백성들은 이를 일본의 역제를 수용한 것으로 이해했다. 그들이 보기에 태양력 채용은 중국의 속방이던 조선이 일본의 속방으로 자리를 옮기는 절차일 뿐이었다.

1896년 2월 러시아공사관으로 이어移御한 고종은 갑오–을미년간의 개혁 조치들을 일부는 취소하고 일부는 추인했다. 이른바 '구본신참'舊本新參이었다. 조선왕조 시대의 구법舊法을 근본으로 삼고 갑오·을미개혁 과정에서 제정된 신법新法은 참작만 하겠다는 의미였다. 고종은 갑오·을미개혁을 추진한 개화파 정권 핵심들을 추살하라고 명령했으나, 그들이 단행했던 개혁 조치들을 전면 취소지는 않았다. 과거로 완전히 회귀하기에는 건너온 강이 너무 넓고 깊다는 사실은 그뿐 아니라 당대 거의 모든 사람이 아는 바였다. 그런데 '구본신참'의 원칙을 모든 영역에서 일관되고 분명하게 적용하기란 불가능했다. 어떤 영역은 과거로 되돌아갔고, 어떤 영역은 과거와 확실히 단절됐으며, 또 어떤 영역은 신구新舊가 공존하는 공간이 되었다. 공존의 영역 중 대표적인 것이 역제였다.

제국주의 세계체제 안에서 좌표를 설정해야 했던 정부로서는 이미 근대 문명 세계의 보편적 시간표로 자리 잡은 양력을 전면 폐지할 수 없었다. 게다가 중국 천자의 역법인 시헌력時憲曆과 전혀 다른 새로운 태음력을 창안하는 것도 불가능했다. 결국 외국과의 교섭이 필요한 영역, 즉 통상 사무, 전보, 우편 사무 등에는 양력을 쓰고 국내의 전통과 직결된 영역, 즉 왕실과 국가의 의례, 민간의 명절 등은 음력으로 치르게 했다. 새로운 것들에는 새로운 시간을, 옛것들에는 옛 시간을 적용한 셈이다. 역의 이름도 시헌력에서 명시력明時曆으로 바꾸었다.

7일 주기로 한 번씩 안식일을 두는 기독교의 날짜 구분법은 천주교와 함께 이 땅에 들어왔을 테지만, 안식일만이 천주교·개신교 신자들의 의례일이었을 뿐이고 요일이라는 명칭이 있었는지도 불분명하다. 한국에서 작성된 문서로 요일曜日이라는 글자를 처음 쓴 것은 1892년 일본공사관이 본국에 보낸 보고서였다. 하지만 개항 이후 외교 통상을 담당한 정부 관서는 당대 세계를 지배하던 '날짜 구분법'에 따르지 않을 수 없었다. 1887년 통리아문 장정章程은 직원의 출근 시간을 사시巳時 초(오전 9시)로, 퇴근 시간을 신시申時 초(오후 3시)로 정하고 휴목일休沐日(쉬면서 목욕하는 날)을 당시의 외국 통례에 따라 7

일 1회로 정했다. 이때만 해도 일요일을 휴목일로 칭했던 것이다.

　본래 7일 1휴제는 바빌로니아 태음력의 소산이다. 초승달은 7일 만에 상현달이 되고, 상현달은 7일 만에 보름달이 된다. 보름달이 하현달을 거쳐 그믐달로 바뀌는 주기도 같다. 바빌로니아 사람들은 이 7일 주기를 중요시했고, 각 주기의 마지막 날은 '악의 날'로 정하여 특별한 터부를 부과했다. 유대인이 바빌로니아 유랑을 겪으면서 이 주기를 받아들였고, 그것이 7일에 한 번씩의 안식일로 바뀐 것이다. 서기 325년 로마에서는 이 7일에 각각 해, 달, 아레스(전쟁의 신, 화성), 에르메스(상업의 신, 수성), 제우스(번개의 신, 목성), 아프로디테(미의 여신, 금성), 크로노스(제우스의 아버지, 토성)의 이름을 붙였다. 이 이름의 일부는 중세에 북유럽 다신교 신들의 이름으로 바뀌었다. Tuesday는 법률과 정의의 신인 티르, Wednesday는 최고 신인 오딘, Thursday는 천둥의 신인 토르, Friday는 사랑의 여신인 프레이야의 이름을 딴 것이다. 한자 문화권에서는 해와 달을 포함한 이 7개의 별을 '칠요', 즉 '7개의 빛'이라고 했는데, 서기 718년 당나라 사람들이 인도의 역서를 번역하면서 처음 사용했다.

　우리나라에서 요일제와 각 요일의 명칭은 역제 개혁 이후에 공식화했다. '칠요'七曜에 따른 요일의 명칭은 1895년 4월 1일자 관보에 처음 사용되었고, 1896년에 창간된 『독립신문』도 제호 옆에 요일을 명기했다. 1898년 대한제국 정부는 칙령 제15호 차대규칙次對規則을 공포하여 황제가 고위 관료들과 만나는 날을 요일제에 따라 정했다. 그때까지는 5일마다 한 차례씩 차대次對하는 것이 원칙이었다.

　　칙령 제15호 차대규칙

　　제1조

종전 월 6차 차대하던 규례를 참작하여 규칙을 특별히 정한
다. 의정議政, 참정參政과 각부 대관과 각 찬정贊政, 참찬參贊이
각각 당해 사무를 주관하는 문제에 시행한 것은 별도의 책
자를 만들되 해국該局 과장課長이 이름을 써넣어 올려 뒷날
의 참고가 되게 하고, 시행할 것은 날짜 순서에 따라 백성과
나라의 사무를 각각 직접 아뢰되 입대入對하는 순서는 회동
會同과 윤회輪回 두 가지로 구별한다.

제2조
회동의 입대는 의정, 참정, 각 부의 대신, 각 찬정, 참찬이 회
동하여 입대함을 말하며, 매주 1차씩 시행하되 매주 토요일
로 정한다.

제3조
윤회의 입대는 의정, 참정, 각 부의 대신, 각 찬정, 참찬이 매
일 2원員씩 윤회하여 입대함을 말하며, 매주 간에 일요일과
회동하는 날을 제외하고 5일로 나눈다. 그 윤회하는 정한
날짜는 다음의 표와 같다. 의정, 참정, 각 부의 대신, 각 찬정,
참찬이 긴급히 품정稟定할 사항이 있을 때에는 이 제한에 해
당하지 아니한다.
일요일은 휴일로 하고 월요일에는 의정과 내부대신, 화요일
에는 외부대신과 탁지부대신, 수요일에는 의정과 군부대신,
목요일에는 법부대신과 학부대신, 금요일에는 농상공부대
신과 참정·찬정, 혹은 참찬이 입대한다. 토요일에는 회동會同
한다.

제4조
정한 날짜에 차례가 된 성원이 사고가 있어 진참進參하지 못할 때에는 품정할 사항을 그다음 차례 때 들어가 아뢰며 그다음 날로 물려 정하지 못한다.

제5조
본령은 반포한 날로부터 시행한다.
— 『고종실록』 35년(1898) 6월 10일

황제와 고위 관료의 일정日程은 하급 관료들의 일정을 규제하기 마련이다. 이제 요일을 모르고서는 공직 생활을 할 수 없는 시대가 도래한 것이다. 서울의 도시 문화는 관료들이 주도했기 때문에, 그들이 알고 적응해간 '시간'은 그들의 하인과 겸종傔從, 가족 및 친지들과도 어렵지 않게 친해질 수 있었다. 이후 대한제국 정부에서 발행한 책력과 민간 발행의 신문 등은 양력과 음력을 병기했으며, 음력을 주로 쓰는 일반인들도 양력으로 일상을 재조직하는 방법을 배워갔다. 일제가 한국을 강점한 후 조선총독부는 음력을 공식 폐지했으나, '조선민력'朝鮮民曆이라고 이름 붙인 조선인용 역서曆書에는 대한제국 때와 마찬가지로 양력과 음력을 병기했다. 조선총독부는 양력으로 일원화한 일본인용 역서와 여전히 음력이 기재되는 조선인용 역서를 통해 두 민족 사이의 '문화적 격차'를 표시하고 싶었는지도 모른다. 하지만 일본인들이 양력과 음력을 각각 문명과 야만의 표상으로 설정한 바로 그 이유로 인해, 식민지 조선에서는 오히려 양력에 대한 저항이 더 집요했다. 일제강점기 내내 음력은 농촌의 생활리듬을 지배했을 뿐 아니라, 도시에 사는 조선인들의 생활리듬에도 압도적인 힘을 발휘했다. 조선인들은 명절, 생일, 제사, 이사 등

29

**"미국의 원조와 계속적 협조는 한국 발전의 새해를 창조한다"는 문구가 새겨진 1956년
도 달력** 국경일과 국가기념일, 명절과 음력 초하루 등을 작은 글씨로 부기했다. 이런 것
도 달력이라고 부르긴 했으나, 종이 한 장에 한 달치 날짜를 인쇄한 달력은 휴전 이후에
도 쉽게 일반화하지 못했다. 종이가 부족했기 때문이다. 그래도 이런 '달력'을 일기장처
럼 사용한 사람이 많았다. 현대인에게 달력은 자기 생활을 계획화하기 위한 지침서이다.
출처: 서울역사박물관

'특별한 날'은 모두 음력을 따랐다. 양력 1월 1일의 신정新正은 '왜설'
이라 하여 외면했을뿐더러, 신정을 쇠는 조선인들은 암암리에 배신
자나 반역자 취급을 받았다.

책력이라는 말 대신 '달력'이라는 말이 쓰이기 시작한 것도 역제
개정 이후의 일이었다. 하지만 이때의 달력은 책력의 대체어였을
뿐, 종이 한 면에 한 달치 날짜가 요일 단위로 배치된 오늘날의 달력
과는 달랐다. 조선총독부 발행 조선민력이든, 각 상회商會에서 광고
용으로 만든 달력이든, 교회에서 선교 목적으로 만든 달력이든, 거
의 모든 달력이 1년 365일의 날짜가 종이 한 면에 인쇄된 것들이었
다. 종이 한 면에 한 달치 날짜를 기재한 표지 포함 13장짜리 달력이

제작되어 민간에 유포되기 시작한 것은 1950년대 중반 이후의 일이다. 그로부터 50여 년간, 사람들이 가장 자주 들여다본 '책자'는 달력이었다. 해마다 연말이면 달력 인쇄업체들이 '대목'을 맞곤 했다. 각 가정의 마루나 안방 가장 잘 보이는 위치에 걸리는 것도 달력이었다. 대개는 홍보용이나 선교용으로 선물 받은 것들을 걸 수밖에 없었으나, 세계의 명화, 수영복 입은 여성 연예인, 자연 풍경이나 동물 사진, 성화聖畵나 불화佛畵 등 달력에 인쇄된 그림들은 집 주인의 취향과 교유관계를 드러내는 구실도 했다. 두툼한 달력 종이는 책을 싸는 용지로도 제격이었다.

오늘날 달력은 거의 쓸모없는 물건처럼 되었다. 상당수 가정에서 달력이 걸렸던 자리는 '진짜' 예술작품이나 가족사진이 차지했다. 하지만 벽에 거는 큰 달력이 사라졌어도 스마트폰 안에 들어 있는 달력은 여전히 현대인의 생활을 강력히 규제하고 있다. 달력은 7일 단위의 생활 주기를 갖는 현대인에겐 가장 기초적인 생활지침서이다.

호루라기

3. 현대인의 몸에
    규율을
    새기다

1996년 6월 15일, 서울시는 외국인 관광객들에게 볼거리를 제공하려는 목적으로 덕수궁 대한문 앞에서 왕궁 수문장 교대식을 '재현'하기 시작했다. 조선시대 군복을 입고 장창과 언월도를 든 장졸들이 덕수궁을 파수한 적은 단 한 차례도 없었다는 사실은 차치하더라도, 나는 그 북소리와 그 동작조차 '재현'이라고 하기는 어렵다고 생각한다. 그럼에도 이 퍼포먼스는 지금 경복궁과 창덕궁 앞에서도 거행되며 한동안은 숭례문 앞에서도 치러졌다.

1881년, 조선 정부는 서양식 조련법을 택한 신식 군대인 별기군別技軍을 창설하기에 앞서, 악공樂工 몇 사람을 일본에 보내 서양 나팔 부는 법을 익히게 했다. 간단한 연주법을 익히고 귀국한 이들은 별기군 부속의 곡호대曲號隊로 편성되어 제식훈련을 비롯한 각종 훈련 때에 나팔을 불었는데, 이것이 우리나라에서 서양 악기로 사람의 신체를 규율한 첫 사례였다. 별기군 이전의 구식 군대에서 군인들에게 '발맞추어 가'를 가르쳤다는 기록은 없다. 키가 큰 사람과 작은 사람, 다리가 긴 사람과 짧은 사람에게 같은 보폭을 요구하는 것은 부자연스런 일이다. 보행 속도를 맞추는 자연스런 방법은, 다리가 짧은 사람은 발을 재게 놀리고 긴 사람은 천천히 놀리는 것이다. 곡호대의 나팔은 다리 길이에 상관없이 같은 보폭, 같은 속도의 보행을 주문했다는 점에서 프로크루스테스의 침대와 비슷한 구실을 했다. 같은 보폭, 같은 속도로 행군하는 법을 창안한 사람은 18세기 말 프로이센의 프리드리히 대제로 알려져 있다.

물론 조선시대 군대도 악기를 사용하기는 했다. 이를 취타吹打라고 했는데, 나팔이나 태평소 부는 것이 취각吹角, 북 치는 것이 타고打鼓였다. 입으로 부는 관악기 종류는 각角으로 통칭되었다. 아마 고대에는 쇠뿔이나 물소뿔을 불어 소리를 냈기 때문일 것이다. 그런데 조선시대의 취타는 군인들의 점호나 진퇴를 알리는 데 사용되었을 뿐, 그들 개개인의 동작을 세세히 규율하지는 않았다. 숙종 8년(1682) 7월 12일은 청나라 칙사의 귀환 전날이었다. 이날 영접도감迎接都監은 "내일 칙사가 돌아가니 군대에서는 인시寅時 초에 첫 나팔을 불고, 새벽에 두 번째 나팔을 불며, 해 뜬 뒤에 세 번째 나팔을 불도록 하겠습니다"라고 계啓啓했다. 취타의 용도는 시각을 알리는 것이었다.

새의 뼈, 동물의 뿔, 소라 고둥, 식물의 잎이나 씨앗 등을 이용해 소리를 내는 악기는 구석기 시대부터 사용되었다. 독일과 슬로베니아 등지에서는 동물의 뼈에 여러 개의 구멍을 낸 원시적 피리가 다수 발견되었는데, 최소 5만 년 내지 8만 년 전에 만들어진 것으로 추정된다. 우리나라에서는 살구씨나 복숭아씨의 속을 파내고 양 끝에 구멍을 낸 것을 '호로로' 또는 '호루루'라고 했고, 버드나무 껍질이나 밀짚으로 만든 피리를 '호두기' 또는 '호드기'라고 했다. 호루라기는 호로로에서 온 말이라고 하는데, 이 말은 해방 이후에야 일상적으로 사용되기 시작했다. 물론 현대인들이 사용하는 호루라기는 호로로와는 전혀 다른 물건이다.

1870년, 영국의 조셉 허드슨은 동생 제임스 허드슨과 함께 '에크미 시티'Acme City라는 휘파람 도구를 디자인하고 버밍엄에 제이 허드슨사J Hudson & Co를 설립했다. 이 휘파람 도구는 1878년 영국 노팅엄 포레스트와 셰필드 간의 축구 경기에서 처음으로 심판의 경기

현대적 호루라기를 처음 선보였던 영국 애크미사의 호루라기 허드슨 형제가 개발한 호루라기는 교사, 경찰, 심판, 장교 및 훈련 조교 등 타인을 통제하는 사람들의 필수품이 되었다. 더불어 호루라기 소리에 맞춰 자기 동작을 통제하는 것도 현대인의 기본 소양이 되었다.

운영 도구로 사용되었다. 심판은 경기 시작 때, 선수가 반칙을 했을 때, 경기 종료 때, 각각 이 악기를 불었다. 1883년에는 영국 경찰도 이 물건을 사용하여 경고 신호를 내기 시작했다. 그로부터 얼마 지나지 않아 휘파람이라는 뜻의 '휘슬'whistle은 이 악기의 이름이 되었다. 휘슬은 제1차 세계대전 중 영국과 미국 군대에 보급되었다.

　허드슨이 개발한 휘슬이 언제 우리나라에 들어왔는지는 정확히 알기 어렵다. 우리나라 사람들이나 일본인들이나 소리 신호를 내는 악기는 모두 호각號角으로 통칭했기 때문이다. 다만 대한제국 정부는 1898년 순검들에게 호각을 지급했는데, 이것이 현대적 호루라기일 가능성은 있다. 일제강점기에는 칼·포승·호각이 경찰의 3대 필수 소지품이었고, 역무원들도 운전수에게 신호를 보내거나 승강장에 있는 사람들을 통제할 때 호각을 사용했다. 스포츠 경기, 특히 축구 경기에서는 종주국인 영국의 예에 따라 심판들이 호각으로 경기 시작과 끝, 반칙 상황을 알렸다. 이 호각이 허드슨의 휘슬, 즉 현대적 호루라기였음은 의심할 여지가 거의 없다. 1927년 조선소년단(보이 스카우트) 잼버리 대회 때 참가자들의 필수 휴대품 중 하나도 호루라 기였다. 한국인들이 호각 대신 호루라기라는 말을 더 자주 사용하기 시작한 것은 1960년대 이후의 일이었다.

호루라기는 만들기 쉽고 값이 쌌기 때문에, 교육 현장에서도 널리 사용되었다. 20세기 벽두부터 지금까지 100여 년간, 초등학교에 입학한 아이들이 가장 먼저 배우는 것이 호루라기 소리에 맞춰 같은 보폭으로 걷는 법이다. 교사가 앞장서 걸으며 호루라기로 '삑 삑' 소리를 내면, 따라 걷는 아이들이 '셋 넷'이라고 외치는 게 초등학생 행진의 기본이다. 호루라기 신호에 자기 동작을 맞추는 훈련은 신병 훈련소에서도 진행된다. 현대인의 몸에 '규율'을 새기는 데에 호루라기만큼 큰 역할을 한 것도 드물다.

생활계획표

4. 시간에
   자발적으로
   복종하는 인간

동창이 밝았느냐 노고지리 우지진다.
소 치는 아이는 상기 아니 일었느냐.
재 너머 사래 긴 밭을 언제 갈려 하나니.

관직에서 물러나 유유자적 전원생활을 즐기는 양반이 어린 종의 게으름을 탓하는 시조다. 그런데 이 양반은 재 너머 사래 긴 밭을 다 갈려면 어느 정도의 시간이 걸리는지 알기는 했을까?

신석기시대에 농사를 시작하면서, 인간에게는 놀라운 능력이 생겨났다. 최초의 농사는 봄에 씨앗을 심고 가을까지 기다렸다가 수확하면 되는 일이었으나, 이 간단한 일이 인간의 예측과 계획 능력을 비약적으로 신장시켰다. 농사짓는 인간은 씨앗을 심으면 얼마나 시간이 흘러야 싹이 트며, 얼마나 시간이 흘러야 곡식이 영글고, 또 얼마나 시간이 흘러야 수확할 수 있는지를 예측하고 그에 맞추어 할 일을 계획해야 했다. 이로써 인간은 '계획하는 동물'이 되었다.

하지만 하늘은 종종 인간의 예측을 비웃었다. 씨앗을 심기로 계획한 날 폭우가 쏟아지기도 했고, 잡초 뽑기로 계획한 날 폭염이 세상을 덮기도 했다. 다행히 하늘은 인간처럼 야박하지 않았다. 계획보다 하루 이틀 빠르거나 늦게 처리한다고 해서 큰 차질이 생기는 일은 별로 없었다. 인간의 생활과 노동을 구획하는 단위 시간대는 자연환경 대신 인공 구조물이 주된 노동 장소가 된 뒤에 짧아졌다. 물론 이 변화에는 기계식 시계도 큰 몫을 담당했다.

근대화는 인간이 시간 단위로 세분된 생활에 익숙해지는 과정이기도 하다. 학교, 공장, 군대 등의 조직이 구성원들에게 가장 먼저 가르친 것은 각각의 활동에 배분된 시간 지키기였다. 일단 이런 조직에 소속되어 그 시설 안에 들어가면, 시간 생활은 완전한 타율의 영역에 놓였다. 조직 속의 인간은 계획의 주체가 아니라 대상이었다. 학교의 수업 시간표, 공장의 생산 계획표, 군대의 훈련 계획표 등이 조직원들의 일상을 구획했다. 특정 조직에 소속된 사람들은, 조직의 계획표에 따라 생활하는 것만으로도 버거웠다. 구성원들에게 각자가 별도의 계획을 세워 시간을 쓸 수 있을 정도로 긴 여유 시간을 허용하는 조직은 거의 없었다.

1920년대 중반부터는 조직에 속박되지 않은 농민조차도 계획표에 따라 각자의 일상을 재조직하라는 권력의 요구에 순응해야 했다. 면장들에게는 마을 소제掃除 작업 계획표, 잠업 장려 계획표 등이 하달되었다. 하지만 개개인이 각자의 계획표를 따로 만들지는 않았다. 개인 단위 계획표 자체가 자립적이고 자율적인 인간을 상정하기 때문이다. 국가와 조직의 명령에 순응하는 인간에게는, 국가와 조직이 제시한 계획표에 따를 의무만 있었지 독자로 계획표를 작성할 권리는 없었다.

한국전쟁 휴전 협정 체결 직전인 1953년 7월, 초등학교 교사들은 여름방학을 맞는 학생들에게 생활계획표를 만들어 나눠 주었다. 방학도 학교생활의 연장이기 때문에 학생들이 방종하도록 내버려두어서는 안 된다는 취지였다. 물론 학생들의 자율성을 존중한 조치는 아니었다. 전쟁 중 '군대식 규율'에 익숙해진 학생들이 방학 때 그 규율에서 벗어나는 것을 방지하려는 조치였다. 선생님이 생활계획

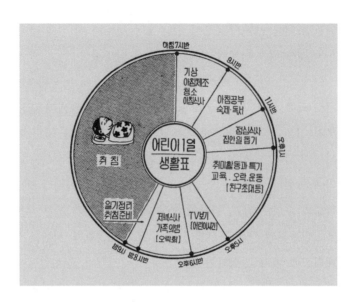

1976년도 모 신문에서 권장한 어린이 방학 생활계획표 숙제와 독서 등 '학습'에 쓰는 시간은 2시간뿐이다. 그때나 지금이나, 자기 자식에게 방학 중 하루 2시간만 공부해도 좋다고 하는 부모는 드물었고, 두 시간씩 공부하려는 학생도 드물었다. 생활계획표에는 대체로 그 타협의 결과가 담겼으나, 지킬지 말지는 본인 맘이었다. 다만, 자기 생활계획표를 잘 지킨 학생들은 학교에서나 졸업 후에나 대체로 '성실한 사람'으로 인정받았다. 오늘날 성실이란, 계획표를 잘 지키는 것과 사실상 동의어이다. 출처: 『경향신문』

표를 만들어주는 대신 학생들 스스로 각자 형편에 맞게 생활계획표를 만들게 하는 것이 더 효과적 교육방식이라는 캠페인은 1950년대 후반이 되어서야 시작되었다. 이 무렵부터 방학책 안의 생활계획표는 학생들이 마음대로 구획할 수 있는 것으로 바뀌었다. 다만 건강에 관한 계획, 여행에 관한 계획, 근로에 관한 계획 등 몇 가지 활동은 반드시 계획표 안에 넣어야 했다.

학생들은 방학식을 마치고 집에 돌아오자마자, 방학책 첫 페이지에 있는 원형의 생활계획표를 여러 개의 면으로 구획하여 각 면에 자기가 하려는 일상의 일들을 적어 넣었다. 그들은 이런 일을 1년에 두 차례씩, 6년간 반복했다. 생활계획표를 작성하는 과정에 부모가 개입하는 것은 흔한 일이었으나, 학생들은 나름대로 협상력을 발휘하여 타협하곤 했다. 그렇게 완성된 생활계획표는 선생님과 부모의 의견이 얼마나 반영되었든, 온전히 자기 것이었다. 물론 매일의 생활이 계획표대로 전개되지는 않았으나, 이 표는 자기 생활의 '건전성'을 평가하는 준거가 되었다. 현대인들이 타율을 자율로 인식하고 시간 규율에 자발적으로 복종하는 인간으로 변화한 데에는 생활계획표도 상당한 구실을 했다.

5.   현대
      세계의
      크기

　　인간은 흙, 물, 불, 돌, 풀, 나무 등으로 이루어진 물질세계 안에 살면서, 신, 사랑, 행복, 평화, 정의 등 볼 수도 만질 수도 없는 것들로 구성된 관념의 세계를 창조했다. 그러고는 두 세계를 구성하는 요소들 하나하나에 이름을 붙이고 그 형상과 동작을 묘사하는 단어들을 만들었다. 누가 만들었는지, 어떤 동의과정을 거쳤는지는 알 수 없지만, 단어들은 같은 언어를 쓰는 사람들이 함께 지켜야 할 약속으로 자리 잡았다. 근대 이후 우리나라에서도 자주독립, 인류 평등, 민족 해방, 조국 통일, 민주주의, 노동 해방, 정의 사회, 세계 평화 등 두 단어로 조합된 개념어들은 그 어떤 물질보다도 많은 사람의 욕망과 이성을 자극하고 그들을 하나로 묶는 힘을 발휘했다.

　　그런데 약속에 대한 태도는 사람마다 사안마다 제각각이다. 누구에게나 이름 모르는 것이 있고, 이름만 아는 것도 있다. "사랑이 무어냐고 물으신다면" 어떻게 대답해야 할까? "정의란 무엇인가?"라는 질문의 답은 어디에서 찾아야 할까? 사람마다 다르게 답할 수 있다. 하지만 그래서는 언어가 모두의 약속이 될 수 없다. 인간 세상의 많은 분쟁이 같은 단어의 의미를 서로 다르게 이해하는 데에서 비롯한다. 예컨대 '바보'는 사랑스럽다는 뜻일 수도, 경멸스럽다는 뜻일 수도 있다. 서로 싸우는 사람들 중에 자기가 '불의'고 상대가 '정의'라고 인정하는 사람은 없다. 심지어 수십 년을 함께 살아온 부부끼리도 단어 하나 때문에 싸우는 경우가 흔하다. 말로 인한, 또는 말에 관한 분쟁을 근본적으로 해소할 도리는 없지만 그래도 기준은 세워야 한다. 계약 이행 여부를 둘러싼 분쟁을 해결하려면 먼저 계약서를 찾아보아야 하듯, '단어의 의미'를 둘러싼 분쟁을 해결하려면 일단 사전을 찾아보아야 한다.

같은 언어를 쓰는 사람들 사이에서 통용되는 모든 단어들을 모아 일정한 순서로 배열하고 각각의 뜻을 설명한 책이 사전辭典, 자기네 세상을 구성하는 모든 요소들의 이름을 모아 같은 방식으로 만든 책이 사전事典이다. 국어사전이나 영어사전은 '사전'辭典이고, 상식사전이나 백과사전은 '사전'事典이다. 하지만 이름 없는 것은 '없는 것'과 다름없기 때문에 둘의 차이는 보통 묵살된다.

사전의 역사는 법전法典이나 경전經典의 역사보다 짧다. 표의문자를 사용하는 중국에는 먼 옛날에도 자전字典이 있어서 각 글자의 용례로 단어들을 제시하기는 했으나, 단어들을 특정한 순서대로 배열하여 하나하나 설명한 사전은 인간 사이의 교류가 범지구적으로 확산한 뒤에야 나왔다. 1492년 크리스토퍼 콜럼버스의 대서양 횡단을 계기로 '지구 탐험'에 나선 유럽인들은 도처에서 '미지未知의 세계'들을 발견했다. 그 세계 안에 존재하는 물질, 관념, 행태 중에도 모르는 것이 많았다. 그들은 먼저 자기들이 몰랐던 것, 자기의식 안에 없었던 것들에 이름을 붙여야 했다. 때로는 원주민의 언어를 차용했고, 때로는 자기들 마음대로 이름을 붙였다.

어떤 사물이나 관념에 이름을 붙이는 것과 그 이름을 공인받는 것은 다른 일이다. 사람들이 수천 년간 같은 뜻으로 사용하면서 '권위'를 부여한 기존 단어들과는 달리, 새로운 단어들은 '시민권'을 따로 획득해야 했다. 세계의 급속한 팽창은 세계에 관한 지식의 급팽창이자 '설명이 필요한 단어'들의 급속한 증가이기도 했다. 대항해시대

가 열린 이후 수백 년간, 유럽인들은 늘어나는 단어들을 처리하는
데 애를 먹어야 했다. 글을 배운 사람이 사용하는 단어들을 알파벳
순으로 배열하고 정의한 최초의 사전은 1730년 베일리Nathan Bailey
가 펴낸 『Dictionarium Britannicum』(딕쇼나리움 브리타니쿰)이었다.
유명한 『브리태니커』Britannica는 1771년에 스코틀랜드 신사협회의
명의로 초판이 발행되었는데, 당대인에게 익숙하지 않은 고대古代와
외국外國에 관한 사항을 설명하는 데 주력했다. 『브리태니커』의 이
특징은 지금껏 이어지고 있다.

유럽인들이 겪은 정도는 아니지만, 임진왜란과 병자호란을 겪은
뒤 조선의 물질과 관념세계도 확장되었다. 담배, 고추, 감자, 고구마,
옥수수 등의 작물과 자명종, 천리경 등의 사물, 천주天主, 서학西學 등
의 개념이 전래되었다. 세계를 재정의하려는 욕구가 강해질 수 있는
상황이었다. '군자는 한 가지 사물이라도 모르는 것을 부끄러워해야
한다'君子恥一物之不知는 유교적 군자관은 조선의 사대부들에게 대응을
요구했다. 이수광의 『지봉유설』을 필두로 백과사전의 맹아라고 할
수 있는 책들이 여럿 간행되었다. 하지만 본격적인 사전은 한글이
국문國文의 자격을 얻은 뒤에도 한참이나 지나서야 발간되었다.

청일전쟁 중 중국과 사대 관계를 단절한 조선 정부는 훈민정음
에 공식적으로 '국문'이라는 이름을 붙였지만, 이 문자로 세계와 우
주 전체를 설명하는 작업에는 무관심했다. 당시의 정부와 지식인들
에게는 개항 이후 쏟아져 들어오는 신문물과 신개념들을 한자와 일
본어로 학습하는 것만으로도 벅찬 일이었다. 정의, 민족, 국민, 민주
주의, 국제법 등 오늘날에는 보편적 상식을 구성하는 데에 핵심적인
개념들도 당시에는 '신개념'이었다. 대한제국 정부 산하의 '국문연구
소'는 1907년에야 설치되었다.

1910년 일본의 한국 강점 이후 훈민정음은 다시 국문의 지위를

잃었다. 대신 일본 문자 '가나'가 새 국문이 되었다. 식민지 원주민들이 세계와 우주를 인식하고 이해하기 위해서는 먼저 일본어에 접근해야 했다. 물론 일본인들도 한국어에 접근할 필요를 느꼈다. 그러나 그 욕구는 '이해하려는 의지'가 아니라 '지배하려는 의지'와 결부되어 있었다. 한반도에서 한글 표제어를 수록한 최초의 사전은 1920년에 조선총독부가 발행한 『조선어사전』이다. 가나다 순으로 한글 표제어를 달고 일본어로 설명한 이 사전은 식민지 관리들을 위한 행정 지침서 구실을 했다. 총 58,639개의 낱말을 1,003쪽에 걸쳐 수록한 이 사전을 편찬하는 데에는 10년 정도의 시간이 걸렸다.

조선인이 조선말을 조선말로 설명한 사전은 1938년에 간행된 문세영의 『조선어사전』이 최초다. 배재고등보통학교 교사이자 조선어학회 회원이었던 문세영은 조선어학회 표준말 사정위원으로 활동하는 한편 학회 회원들의 도움을 받아 약 10만 개의 낱말을 수록한 사전을 편찬했다. 이 사전의 발간에 대해 『동아일보』는 "이제야 조선말로 주석한 조선말의 사전을 조선 사람의 손으로 처음 만들어 가지게 된 것이다. 뒤늦은 것이 부끄러우나마 기쁨은 크지 않을 수 없다"고 상찬했다. 조선어학회도 더 체계적이고 본격적인 사전 편찬에 착수했으나, 총독부의 탄압으로 좌절했다. 식민지 지배자들이 보기에, 조선인에 의한 조선어 사전 발간은 조선인 독자의 세계가 만들어지는 것을 의미했다.

해방은 민족적 관점을 소생시켰다. '온전한 사전 하나 못 만든 채 해방이라는 민족 환희의 날을 맞이한 것'에 대한 회한과 반성이 시대의 정서가 되었다. 해방 몇 달 뒤부터 '사전'이라는 제목을 붙인 조잡한 책들이 여럿 발간되었다. 한글조차 배우지 못한 사람들이 '지식사회'를 지배하는 상황에서는 부득이한 일이었다. 학생들은 이런 사전으로나마 세상 만물에 대한 지식을 쌓아야 했다. 조선어학회

해방 후 증보, 재발간된 문세영의 『조선어사전』 일제강점기에도 조선총독부 발행 『조선
어사전』 외에 학생 교육용으로 여러 종의 『조선어사전』이 발간되었으나, 조선인이 편
찬한 조선어사전은 이것이 최초다. 사전은 세상의 모든 사물과 관념을 담은 책이다. 단
어가 늘어나는 것은 곧 세계가 커지는 것을 의미한다. 사전 표제어의 수는 계속 늘어나
고 있지만, 개개인이 아는 단어의 수가 그만큼 늘어나지는 않았다. 새로 배우는 게 늘어
나는 만큼, 잊어버리는 것도 늘어났기 때문이다. 출처: e뮤지엄

의 기초 작업을 토대로 한 『조선말 큰사전』 제1권은 1947년 한글날
에야 발간되었다. 한글로 된 영어사전은 1947년에, 한글 백과사전은
1949년에 각각 처음 발간되었다. 하지만 이것이 세계관의 독립을 의
미하지는 않았다. 일본어 영어사전과 일본어 백과사전을 한글로 재
번역하는 데 그쳤기 때문이다.

만물萬物, 만사萬事, 만상萬象에 이름이 있기에, 사전의 두께가 곧 세
계와 우주의 크기다. 사람이 단어로 인지하고 표현하지 못하는 것은
'없는 것'과 마찬가지다. 교류와 발명의 시대인 현대는 사전이 계속
두꺼워지는 시대다. 그러나 현대인의 세계가 그만큼 넓고 다채로워졌
는지는 의문이다. 그들은 스마트폰이나 모바일앱 같은 단어를 새로
배우는 대신, 꽃·풀·새·나무들 각각의 이름은 대부분 잊어버렸다.

6.   모든
        사람의
        보물

1906년 한국통감으로 부임한 이토 히로부미는 한국을 병탄하기 위한 공적 업무를 나름대로 충실히 수행하는 한편, 나라는 망해도 자기는 잘 돼야겠다는 한국인들에게 보물을 받아 사복을 채우는 일도 게을리하지 않았다. 그가 한국의 보물 중에서도 특히 좋아한 것은 고려청자였다. 이 소문이 돌자 고려청자는 황제의 하사품보다도 귀해졌다. 고려청자와 이토의 눈도장을 교환하려는 한국인들이 남산 통감관저에 수시로 드나들었다. 어느 날, 이토는 한국인에게 얻은 청자 하나를 고종에게 선물했다. 고종은 "이런 물건은 처음 보는데, 어디 소산이요?"라고 물었고, 이토가 외려 "귀국 전 왕조 시대의 물건이외다"라고 가르쳐 주었다고 한다.

일본인들의 한국 문화재 '수집' 활동은 이 무렵부터 본격화했다. 그들이 한국 문화재를 정당하게 수집했는지 여부를 따지는 일은 무의미하다. 그들은 줍고 훔치고 빼앗고 얻고 사는 모든 방법을 다 동원했다. 개성, 경주, 평양, 부여 등 한국 골동이 묻혀 있을 만한 곳들에서 일본인 '호리掘り꾼'들이 횡행했고, 얼마 되지 않아 한국인 호리꾼들도 생겨났다. 한국의 고관대작과 부호들은 일본인 유력자들에게 골동 서화를 뇌물로 바쳤다. 한국의 골동 서화를 찾는 사람이 늘어나다 보니, 이 물건을 전문으로 취급하는 상인들도 생겼다.

일본의 한국 강점 직전에는 서울에서 낙향하는 전직 고관들의 수

장품들이 매물로 쏟아졌다. 몇 대에 걸쳐 서울에서 벼슬살이를 했던 세가世家들에게 망국은 곧 실직이었을 뿐 아니라, 취업 기회의 소멸이기도 했다. 서울에서 실업자로 살면서 재산만 축내느니 고향에서 직접 농토를 경영하는 편이 나았다. 물론 전 재산을 처분하여 망명하는 사람도 있었다. 당시의 교통 형편에서 깨지기 쉬운 도자기 등을 이삿짐에 넣는 것은 어리석은 행위였다. 대대로 물려받은 가보라 할지라도, 이런 것들은 팔아서 현금화하는 편이 훨씬 나았다. 서울의 양반 세가들이 모여 있던 북촌에서 남대문 정거장으로 가는 길목인 인사동에 골동품상이 생긴 것은 이런 연유에서였다. 인사동 골동품상의 주 고객도 일본인들이었다. 일본인들은 이렇게 '수집'한 한국 보물 다수를 일본으로 가져갔고, 일부는 한국 내 자기 집에 소장했으며, 또 일부는 한국에 박물관을 만들어 보관·전시했다.

그런데 보물 중에는 운반하기 어렵거나 불가능한 것들도 있었다. 이런 것들을 훼손하지 않고 현장에 보존하기 위한 법령은 1916년 7월 4일에 제정되었다. 현행 '문화재보호법'의 시조라고 할 수 있는 '고적 및 유물 보존규칙'이 그것이다. 이 규칙은 '패총貝塚·석기石器·골각기骨角器 류가 소재한 토지 및 수혈竪穴 등의 선사유적, 고분 및 도성·궁전·성책城柵·관문關門·교통로·역참驛站·봉수烽燧·관부官府·사우祠宇·단묘壇廟·사찰寺刹·도요陶窯 등의 유지遺趾 및 전적戰跡, 기타 사실史實에 관계있는 유적'을 '고적'古跡으로, '오래된 탑·비碑·종鐘·금석불金石佛·당간幢竿·석등石燈 등으로서 역사, 공예, 기타 고고考古의 자료가 되는 것'을 '유물'로 각각 규정했다. 이로써 낡은 것들의 '보존가치'가 법으로 공인되었다. 더불어 고적과 유물의 대장을 작성해 조선총독부에 비치하고 대장에 등재된 고적과 유물의 이전, 수리, 기타 현상 변경은 조선총독의 허가를 받아야 한다는 원칙도 만들어졌다.

한글 신문에 '문화재'라는 말이 처음 쓰인 것은 1927년 7월 21일 자 『동아일보』 사설에서였는데, '인류의 사상과 그 실현'이라는 의미였다. 모든 것이 재화로 거래되는 자본주의 사회에서 '인간 사상의 실현체'마저 '재화의 일종'으로 간주되는 것은 당연한 일이었다. 조선총독부는 여전히 '고적과 유물'이라는 이름을 고수했으나, 문화재라는 신조어는 점차 '과거로부터 전승된 인간 문화 활동의 산물'이라는 의미로 확장되었다. 오늘날 '문화재'라는 단어에는 서로 강조점이 다른 정의들이 뒤섞여 있다.

> 인위적이거나 자연적으로 형성된 국가적·민족적·세계적 유산으로서 역사적·예술적·학술적·경관적 가치가 큰 것
> — '문화재보호법'
> 고고학·선사학·역사학·문학·예술·과학·종교·민속·생활양식 등에서 문화적 가치가 있다고 인정되는 인류 문화 활동의 소산
> — 『두산백과사전』
> 인류 문화 활동의 소산으로서 예술·과학·종교·도덕·법률·경제·민속·생활양식 등에서 문화적인 가치를 지니고 있는 것
> — 『브리태니커』
> 대상이 구현하는 정신적 가치와 시각적·음향적으로 표현하는 심미적 가치가 독특하고 주체성을 보존하는 중요한 매체
> — 『한국민족문화대백과사전』

'문화적 가치' 또는 '인류 문화 활동의 소산'이라는 표현에서 보는 바와 같이, '문화재'의 사전적 정의는 '문화'에 종속되어 있다. 문화를 고도의 정신 활동 또는 그 산물로 국한하느냐 아니면 인간의 생

활양식 일반으로 보느냐에 따라 문화재의 정의와 대상 역시 달라진다. 20세기 중반까지는 '수준 높은 예술 활동'만을 문화로 인정하는 태도가 지배적이었으나, 1960년대 말 이후 '비문화적' 또는 '반문화적'으로 취급되어왔던 행위와 태도도 점차 '문화'의 영역에 편입되었다.

오늘날 문화는 대중문화, 청소년문화, 노인문화, 다문화가정 등의 용례에서 보는 바와 같이, 일반적으로 특정한 인간 집단이 채택하고 장시간 동안 유지하는 사고방식과 태도, 행위 등으로 규정된다. 이 경우 인간의 행위와 태도를 규정하는 물리적 요소뿐 아니라 비물리적 요소도 문화재적 가치를 갖는다. 넓은 의미에서는 인간이 생산·사용하는 모든 물건과 그 물건을 사용하는 방식, 그 물건에 대해 형성하는 관념과 태도 일반이 많든 적든 문화적 가치를 갖는다. 그러나 모든 것이 문화재라는 말은 아무것도 문화재가 아니라는 말과 같기 때문에 불가피하게 선택의 문제가 대두한다. 기본적으로 모호하고 작위적이지만 '탁월한', 또는 '특별한' 가치를 지니는 것들만을 선별하여 보존·보호·관리 대상으로 지정할 수밖에 없다. 유네스코UNESCO(국제연합교육과학문화기구)는 문화재cultural properties 대신에 유산heritage이라는 개념을 쓰는데, 이는 인류의 독창적인 문화 요소가 집약된 물질 또는 비물질들을 '재화적' 가치보다는 '역사적·연대기적' 가치를 중심으로 평가하기 때문이다.

문화재와 문화유산이라는 개념은 각각 일국사적 관점과 인류사적 관점을 표현한다고 할 수도 있다. 어떤 나라에서는 흔한 '민예품'에 불과하지만, 다른 나라에서는 진귀하고 특출한 것으로 평가받는 물건은 이루 헤아릴 수 없을 정도로 많다. 어떤 나라에서는 '보물'이지만 다른 나라에서는 '그저 그런' 물건인 것도 적지 않다. 한국의 문화재보호법은 문화재를 '국보', '보물' 등 재화적 가치에 따라 등급을 나누어 관리하지만, 유네스코는 세계문화유산을 지정할 뿐 그 가치에 등급을 매기지 않는다. 그런 점에서 문화재라는 개념은 자본주의적 국민국가의 내향적 시선에 규정되어 탄생했다고 해도 좋을 것이다.

근대 국민국가 체제가 만들어진 이후 문화재는 어느 나라에서나 자국의 유구한 역사와 자국민의 탁월한 문화역량을 증언하는 물건으로 간주되어 국가 책임 하에 보존, 관리되었다. 그런데 식민지에서는 문화재의 가치조차 지배 민족의 눈으로 평가되었다. 일제의 관제 역사학은 '반도의 문화는 고려조까지는 볼 만한 것이 조금 있었으나 조선조 이후 퇴폐일로를 걸었다'고 주장했고 이런 역사관은 문화재를 보는 눈에도 영향을 미쳤다. 일본인들은 조선시대에 만들어진 것들을 그 이전 시대의 것들에 비해 대체로 저평가했다. 그러나 이 평가의 기조가 '관리번호'에 영향을 미치지는 않았다.

1933년 12월 5일 조선총독부는 '조선 보물 고적 명승 기념물 보존령'을 공포하고 212점의 건조물, 공예품 등을 조선보물로 지정했다. 이 역시 일본에서 시행 중인 법령을 조선에 적용한 것이었는데, 일본 내에서 '국보'에 해당하는 것들을 '조선보물'로 명명한 것이 다른 점이다. 조선인들이 만든 것은 일본의 '국보'가 될 수 없다는 것이 그 시절 일본인들의 생각이었다. 일본인들에게 '조선인의 역사와 문화'는 야만적이고 열등한 것이었다. 그들이 내세운 '내선일체'內鮮一體의 구호는 결코 시간을 거슬러 올라가지 않았다. '조선의 역사와 문화'를 차별하는 것은 곧 '조선인'을 차별하는 것이었다. '내선일체'와 '황국신민화'를 앞장서 주창했던 친일파들도 이 사실을 모르지는 않았다.

조선총독부는 '조선 보물 고적 명승 기념물 보존령' 공포와 동시에 보물 대장을 만들고 관리번호를 부여했다. 번호의 순서는 '보물의 재화적 가치'가 아니라 행정구역과 행정관청의 소재지에 따라 정

대한민국 국보 1호 숭례문 1930년대 모습. 일본인들이 한양도성의 8개 문 중 숭례문과 흥인지문만 '보존'한 이유는 임진왜란 때 일본군이 이 두 문을 통해 한성을 점령했기 때문이라는 설이 있다. 숭례문은 일제강점기에 발행된 사진엽서들의 대표 모델이기도 했다. 하지만 일본인들이 숭례문의 예술적, 문화적 가치가 가장 높다고 판단하여 '조선보물 1호'로 지정한 것은 아니다. 출처:『조선고적도보』

했다. 즉, 경기도·충청북도·충청남도·전라북도·전라남도·경상북도·경상남도의 순서를 먼저 정하고, 각 도에서는 도청 건물에서 가까운 순서로 번호를 매겼다. 정부 수립 후 '조선보물'의 명칭은 '국보'로 격상되었으나, 조선총독부가 만든 법령과 관리번호는 그대로 유지되었다. 경기도청에서 가장 가까웠던 숭례문이 국보 1호, 두 번째로 가까웠던 원각사지 10층 석탑이 국보 2호, 북한산에 있는 진흥왕 순수비가 국보 3호, 여주 고달사지 승탑이 국보 4호, 충청북도에 있는 보은 쌍사자 석등이 국보 5호가 된 연유이다.

대한민국의 문화재보호법은 1962년 1월에야 제정되었다. 이때 문화재의 종류를 국보, 보물, 사적 등으로 재분류했으나 관리대장 번호는 이전의 것을 그대로 인계했다. 지금 대한민국 문화재의 국보, 보물 번호는 '순위'가 아니라 '관리번호'일 뿐이다. 사람으로 치면 주민등록번호에 해당한다. 주민등록번호 숫자가 앞자리에 있다고 해서 더 훌륭한 사람이 아닌 것처럼, 문화재 관리번호가 앞자리에 있다고 해서 더 중요한 것은 아니다. 국보란 '국가가 공인한 공동체 역사와 문화의 정수'로서, 애초에 각각의 가치나 가격을 따질 수 있는 게 아니다. 국보는 '무가지보'無價之寶, 즉 '가격을 매길 수 없는 보물'이다. 그런데도 오늘날 대다수 한국인은 국보 1호가 다른 국보들에 비해 월등히 중요하다고 믿는다. 국보 1호가 무엇인지 모르는 사람은 거의 없지만, 국보 5호, 6호가 무엇인지 아는 사람도 거의 없다. 몇 해 전에는 국보 1호를 훈민정음 해례본으로 바꾸자는 입법청원이 제출되기도 했다. 성벽과 단절되어 '완전성'에 흠이 생긴 데다가 화재 이후 복원되어 '진정성'도 훼손된 숭례문이 국보 1호 자격을 잃었다는 이유에서다. 이런 일이 벌어지는 이유는 무엇이든 등급을 나누고 1등만 기억하는 문화 때문일 것이다. 이런 문화에서는 사람 목숨조차 등급으로 나누는 게 자연스럽다.

7. 현대인의
    사회화가
    시작된 곳

  요즘 유아교육 분야에서는 보통 갓 태어난 아기를 신생아, 생후 10일에서 만 두 돌까지를 영아嬰兒, 만 5세까지를 유아幼兒로 구분한다. 영아는 젖먹이라는 뜻이고, 유아는 아직 아이가 되지 못한 아기라는 뜻에 가깝다. 옛날에는 아기가 아이로 자랄 가능성이 그리 크지 않았다. 내 또래 지인 중에도 실제 출생연도와 주민등록상 출생연도가 1년 이상 차이 나는 사람이 적지 않은데, 이는 아기의 생존 가능성에 대한 회의의 표현이었다. 아이가 될지 못 될지 모르는 아기는 양육 대상일 뿐 교육 대상은 아니었다. 그러니 '유아교육'이라는 말 자체가 현대의 산물이다.

  조선시대에는 처음 교육받는 아이를 동몽童蒙이라고 했다. 『동몽수지』童蒙須知, 『격몽요결』擊蒙要訣, 『동몽선습』童蒙先習 등은 천자문을 뗀 아이들이 처음 배우는 책이었다. 몽蒙은 늘어진 풀이라는 뜻으로, 교육은 아기를 감싸고 있던 풀을 베어내는 일이었다. 어미 새에 이끌려 갓 둥지 밖으로 나온 새끼 새가 사람으로 치면 동몽이다.

  19세기 중엽, 독일의 교육자 프뢰벨은 아기가 아이로 변해가는 과도기에 양육과 교육의 중간쯤에 해당하는 활동이 필요하다고 생각했다. 1840년, 그는 이를 위한 시설을 설립하고 '아이들 공원'이라는 뜻의 킨더가르텐Kindergarten이라는 이름을 붙였다. 이 이름은 영어권 나라들에서도 번역하지 않고 그대로 쓰는 고유명사가 되었으나 일본인들은 한자어 유치원幼稚園으로 바꿨다. 우리나라 사람들이라면 아마 동몽원童蒙園이라고 번역했을 것이다. 하지만 한학漢學 교육이 중심이던 시대에는 이런 교육시설을 따로 만들 필요가 없었다. 서당의 입학 연령에는 제한이 없어서 5~6세 된 아이들도 천자문을 배우러 다니곤 했다.

1897년 3월, 부산의 일본 거류민 단체 '조선진언부인회'가 부산유치원을 설립했다. 이것이 우리나라에 유치원이라는 이름으로 설립된 최초의 유아교육 기관이다. 1900년에는 인천과 서울의 일본인들이 자국 황태자의 결혼식을 기념해 각각 '인천기념유치원'과 '경자庚子 기념 유치원'을 세웠다. 이들 유치원은 일본인 자녀들만 받아들였으며, 일본이 패망할 때까지 유지되었다. 다른 개항장 도시들에도 일본인 유치원이 속속 설립되었다. 식민지화 직후인 1910년 11월 초의 통계에 따르면, 조선 내 일본인 유치원은 9곳, 직원 수는 22명이었고 생도 수는 585명이었다.

1908년 대한제국 학부도 칙령 제22호 '고등여학교령' 규정에 따라 부설 유치원을 설립할 계획을 세웠으나 실행하지 못했다. 1909년에는 함경북도 나남에서 일본인들이 한국인 자녀를 받는 유치원을 처음 설립했다. 당시 나남은 일본의 군사 기지였다. 1912년 여름에는 이완용, 조중응 등의 조선 귀족과 유길준 등의 명사, 백완혁 등의 실업가들이 '조선인 유치원' 설립 계획에 착수했다. 주된 목적은 조선 귀족과 명사 집안 자제들에게 어릴 때부터 국어(일본어)를 가르치는 것이었다.

1913년 3월, 경성여자고등보통학교 교실 하나를 빌려 '경성유치원'이 개원했다. 교사는 조선인 3명, 일본인 1명이었고, 생도 수는 27명이었다. 이것이 한국인이 설립한 최초의 사립 유치원이다. 개원 초기 경성유치원에는 이태왕(고종)의 딸 복녕궁(덕혜옹주), 의친왕 이

1917년의 경성유치원 사진 중앙에 양복 입은 아이가 의친왕 이강의 둘째 아들이자 대원군 손자 이준용에게 사후 입적되어 운현궁 주인이 된 이우李鍝이다. 그는 일본군 중좌로 히로시마에 있다가 원자폭탄에 피폭되어 사망했다. 한국인들이 다닌 최초의 유치원은 근대적 교육기관이라기보다는 신분제의 잔재 위에 선 특권적 교육기관이었다. 출처: 『매일신보』

강의 두 아들, 순종 비妃의 여동생, 자작 민영휘의 외손자, 자작 조민희와 자작 조중응의 아들, 남작 김춘희의 아들, 실업가 백완혁의 손자, 박승직·김한규의 아들 등이 다녔다. 개원 석 달 뒤,『매일신보』기자는 3세에서 6세까지의 원아들이 각자 집으로 돌아가면서 '센세이, 사요-나라'라고 인사하는 모습에 감탄했다고 보도했다. 경성유치원은 원아들에게 일본어뿐 아니라 일본의 정신까지 가르쳤다. 원아들은 행사 때마다 일본 국가 기미가요를 불렀으며, 때때로 경성신사에 참배했다. 1916년 수료식에는 이완용, 민영휘, 조중응, 이윤용, 김준희 등 조선 귀족들이 대거 참석했으며, 수료생들 태반이 '내지인內地人 소학교'에 입학했다. 특수층 자녀들의 외국어와 외국 문화 조기 교육은 이때부터 시작된 셈이다. 경성유치원은 이듬해 인사동에 새 건물을 지어 이전했다.

1914년에는 이화학당 내에, 그 이듬해에는 인사동 중앙예배당 안에 각각 유치원이 생겼다. 친일 귀족 자제들 다음으로 유치원 교육을 받은 아이들은 기독교도 자제들이었다. 하지만 이 두 유치원은 한동안 '미인가'未認可 상태로 운영되었다. 1921년 통계에도 경기도 내 유치원 중 조선인 아이들을 받는 유치원은 경성유치원 하나뿐이었다.

1919년 3·1운동 이후 조선인 사회 내에서도 근대 교육의 효용성에 대한 인식이 고조되었다. 독립하기 위해서는 먼저 민족의 실력을 길러야 한다는 실력양성론이 다시 대두했으며, 전국에서 물산장려운동과 민립대학 설립 운동이 벌어졌다. 을사늑약 직후에 그랬던 것처럼, 이번에도 민족 실력의 핵심은 산업과 교육이었다. 물론 자식에게 근대 교육을 시키려는 욕망이 애국적 동기에 의한 것만은 아니었다. '일본어를 알아야 면서기라도 하는 세상'이 10년 넘게 지속되는 상황에서는, 누구라도 근대 교육을 외면하기 어려웠다. 경성을 비롯한 대도시에 유학생들이 밀려들었고, 전국 각지에서 유치원도 속속 문을 열었다. 유치원이 늘어나는 데 비례하여 서당에서 배우는 아이들은 줄어들었다.

1921년 현재 전국에서 조선인 아동이 다니는 총독부 인가 유치원은 10곳에 달했다. 경성유치원과 원주유치원을 뺀 8개소가 모두 3·1운동 이후에 개원했다. 1924년에는 경성 내 유치원만 10곳으로 늘었다. 경성유치원과 일본 불교 사찰인 묘심사妙心寺가 운영한 삼광유치원을 빼면, 모두 기독교계 학교와 교회에서 설립했다. 유치원 보육교사 양성은 1915년 이화학당에서 시작되었다. 이후 중앙유치원과 경성유치원에도 각각 보육교사 양성 기관이 만들어졌다. 이 세 기관은 1928년 각각 이화보육학교, 중앙보육학교, 경성보육학교로 총독부 인가를 얻었다.

1928년 말, 경성부 내 유치원은 16곳으로 늘었다. 이듬해 봄, 조선일보사는 장충단공원에서 '경성 유치원 연합 대원유회大園遊會'를 개최했다. 당시 조선일보사의 두 번째 대주주였던 개성 출신 최선익은 사재를 들여 수송유치원을 설립할 정도로 육영 사업에 관심이 많았다. 이 행사에 참여한 경성부 내 유치원생은 700여 명이었다. 2년 뒤 경성부 내 유치원은 22곳으로 늘었다. 이 무렵에는 불교계, 비기독교인 독지가, 동네 주민들이 세운 유치원도 생겼다. 1930년대 말에는 경성과 인천, 개성을 포함한 경기도 내 인가 유치원이 60곳에 달했다. 유치원이 늘어나는 현실을 반영하여 1931년 전조선 보육협회가 창립되었다. 이 단체는 창립 이듬해 경성부 내 유치원 연합 율동대회를 열었다. 이 행사에는 20개 유치원이 참가했다. 1936년에도 '전경성 유치원 연합 원유회'가 경무대(현재 청와대가 있는 자리)에서 열렸다. 이 행사에 참가한 유치원생은 2,000여 명에 달했다.

해방 직전, 조선인 유치원생은 경성부 내에서만 2,000명이 넘었고 전국적으로는 1만 명에 달했다. 하지만 인구 비례로 보자면 유치원은 대학에 버금가는 특권적 교육기관이었다. 의친왕 이강의 아들들이 경성유치원에 다닐 때에는 상궁 출신 보모가 그들 옆에 늘 붙어 있었다. 1920~1930년대에는 자동차나 인력거를 타고 다니는 유치원생도 적지 않았다. 보모와 함께 인력거 좌석에 앉은 유치원생은 나이 먹은 인력거꾼의 상전과 다를 바 없었다. 조선인 아동의 80퍼센트가 보통학교도 못 다니던 시절에 '유치원생'이라는 호칭은 '부잣집 귀한 자제'라는 뜻이었다.

서민층 자녀들은 1970년대 이후에야 유치원 문턱을 넘볼 수 있게 되었다. 1980년대 말에는 거의 모든 아이가 유치원을 거쳐 초등학교에 입학했다. 오늘날 유치원 교육은 사실상 '의무교육'처럼 되었다. 2021년 기준 전국의 유치원은 8,660곳, 서울의 유치원은 787곳이다. 최근 출생아 수가 급격히 줄어들고 있기 때문에, 유치원도 감소하는 추세다. 그렇지만 "내 아이는 다르다"는 신념으로 대학 등록금보다 비싼 유치원비를 주저 없이 부담하는 부모가 적지 않다. 유치원이 애초 '귀족 자제 조기 교육기관'으로 출발했던 역사의 관성 때문인지도 모를 일이다. 그렇거나 말거나, 현대 한국인의 반 이상은 유치원에 다녔던 사람이다. '내가 알아야 할 모든 것은 유치원에서 배웠다'는 책 제목이 가리키는 바와 같이, 유치원은 현대인의 사회화가 시작된 곳이다.

8. 제국의 국민과
   식민지 원주민을
   만든 곳

　　왕이나 귀족, 학자들의 사적인 '수집품과 보물 컬렉션'을 보관하는 시설은 고대에도 있었으나, '진귀한 물건들'을 대중에게 공개, 전시하는 근대적 의미의 박물관은 17세기 말에 처음 출현했다. 1682년 골동품 수집가이자 박물학자였던 엘라이스 애쉬몰Elais Ashmole(1617~1692)이 평생의 수집품을 옥스퍼드대학에 기증했고, 옥스퍼드대학은 이를 한 건물에 모아 대중에게 공개했다. 뮤지엄museum이라는 단어는 이 뒤에 생겼는데, 1706년에 간행된 신문물 용어 사전 『New World of Words』에서는 이를 "a Study, or Library; also a College, or Public Place for the Resort of Learned Men"(교육받은 사람들을 위한 연구 공간이나 도서관, 또는 대학이나 공공장소)라고 정의했다. 즉 뮤지엄은 애초 학문적 관심의 대상이 될 만한 '물품'들을 모아 놓고 특정한 기준에 따라 분류하여 전시하는 시설이었다.

　　세계 최초의 공공 뮤지엄이 대학에 생긴 뒤 얼마 되지 않아 영국의 대영 박물관, 프랑스의 루브르 박물관 등 '국가적 규모'의 박물관들이 이른바 '문명국'들에서 속속 문을 열었다. 당대의 학문 자체가 애국주의, 국가주의와 결합해 있었기 때문에, '학문적 관심'의 대상이 될 만한 유물들은 애국심을 배양하는 데에도 유용했다. 박물관들은 관람객들에게 '국민으로서의 일체감'을 학습시키는 국가적 책무를 떠맡았다. 박물관에 대한 정치적·사회적 요구가 '국민 만들기'와 결합함으로써 박물관 유물들은 크게 두 범주로 구성되었다.

하나는 '역사의 발전'을 표상하는 물품들로서 자국의 장구한 역사와 자국민의 탁월한 문화 역량을 증명한다고 여겨지는 물건들이 박물관의 일차적 수집, 전시 대상이 되었다. 더불어 '다른 시대'에 사용되었던 물품들, 즉 현재에는 더 이상 사용되지 않는 것으로 '사용가치'가 소멸된 물품들도 사료이자 역사 발전의 증거물로 수집되었다. 박물관은 이런 물건들을 의도적인 스토리라인에 따라 배치함으로써 관람객들의 의식에 '발전하는 자국 역사'에 대한 신념을 심어주었다.

또 하나는 동시대 '자국 문명의 위엄'을 표상하는 물품들이었다. 영국, 프랑스 등 열강은 제국주의적 팽창 과정에서 정복·점령한 지역의 물품들을 그 고유한 시간적·공간적 맥락에서 이탈시켜 자국으로 가져가 전시했다. 이 물품들은 세계에 대한 자국의 지배력을 입증하는 것이자, 자국보다 '열등한' 것으로 취급되는 문화권의 '현상'을 압축적으로 보여주는 증거물 구실을 했다. 열강은 때로 세계의 모든 문물을 한 공간에 모아 전시하는 박람회를 열기도 했다. 박람회가 열리는 동안, 박람회장은 자체로 세계의 축소판이었다. 이른바 만국박람회는 오늘날까지도 이른바 선진국의 전유물이다. 박람회에 출품된 물건들 중 상당수는 대개 박람회 개최국의 박물관 유물로 남았다.

고전적 의미에서 박물관 유물은 다른 시대, 다른 지역의 물품들로서 동시대의 당해 지역 사람들이 사용하지 않는 것, 따라서 이색적이고 이질적인 것들을 기본으로 했으며, 학문적 관심이든 단순한 호기심이든, 사람들은 그 '다름'에 주목했다. 박물관 유물들은 다른 시대, 다른 세계에 대한 사람들의 이해와 상상을 매개하는 핵심 매체였다. 물론 박물관이 제국주의 열강의 전유물은 아니었다. 20세기 초까지는 열강의 지배를 받은 식민지들에도 대개 '자국사'와 관련한 박물관들이 만들어졌다. 그러나 이들 박물관은 제국주의 국가의 박물관들과는 근본적으로 달랐다. 이들 지역의 박물관들은 그 지역 역사와 문화의 우수성을 과시하기 위한 것이었다기보다는 제국주의 국가들의 현지 정보 수집 및 분석을 위한 도구에 가까웠다. 즉, 원주민들에게는 친숙한 것이되 제국주의 지배자들에게는 이색적인 것들이 유물의 대종이었다. 어떤 물건을 박물관에 보관·전시할 것인가를 결정하는 기준은 일차적으로 제국주의적 시선이었다.

한자문화권에서는 museum을 박물관과 미술관의 두 단어로 나누어 번역했는데, 그 이유를 정확히 알기는 어려우나 제국주의자의 시선을 내면화했기 때문일 가능성이 크다. 글자 그대로 풀면 '박물관'은 '온갖 물건을 보관·전시하는 곳'이고, '미술관'은 '미술적 가치가 있는 물건을 보관·전시하는 곳'이다. '온갖 물건'에는 당연히 미술품도 포함된다. 18~19세기 유럽인들은 자기들만이 '역사'를 가진 문명인이고, 다른 대륙 사람들은 역사를 갖지 못한 야만인으로 취급했다. 그래서 유럽 문명의 전개 과정을 대상으로 삼는 학문을 역사학으로, 다른 지역 야만의 전개 과정을 대상으로 삼는 학문을 인류학으로 구분했다. 그들이 보기에 유럽의 보물들에는 예술적 가치가 내재해 있었으나, 다른 지역의 보물들은 그렇지 않았다. 한자 문화권 사람들이 박물관과 미술관을 구별한 이유는, 비유럽 세계의 보물은 예술적 가치가 있는 것과 그렇지 않은 것으로 나뉜다는 유럽인들의 통념을 수용했기 때문일 것이다.

일제가 정미 7조약을 강제로 체결하고 한국 식민지화에 박차를 가하던 1908년 9월, 일본 제실帝室 박물관 총장 마타노 타쿠股野琢가 부하 직원과 함께 서울에 들어와 26일 순종 황제를 알현했다. 이들의 방한 목적은 '식민지 박물관' 건립을 위한 사전 조사와 준비였다. 이들이 다녀간 지 1년여 만인 1909년 11월 1일, 대한제국 제실 박물

한국 최초의 박물관인 제실 박물관 '제국帝國 박물관'이 아니라는 데에 유의할 필요가 있다. 당대 세계의 박물관들이 대중에게 공개된 시설이었음에 반해, 제실 박물관은 '황제의 방'이라는 말 그대로 순종만을 위한 오락시설로 만들어졌다. 대한제국이 망한 후 이 박물관은 '이왕직 박물관'으로 개칭되었고, 그때부터 일반인도 관람할 수 있게 되었다. 현재 국립중앙박물관은 이 박물관을 자기 연원으로 삼고 있다. 제국주의 본국에 만들어진 박물관이 '국민 만들기'의 도구였던 것과 마찬가지로, 제국주의자들이 식민지에 만든 박물관은 '식민지 원주민 만들기'의 도구였다. 식민지 박물관의 목표는 식민 지배 이데올로기를 정당화하는 것이었다. 출처: 국립중앙박물관

관이 창경궁에서 문을 열었다. 몇 달 뒤인 1910년 4월, 대한제국 제실 박물관 부장 일본인 스에마츠 쿠마히코末松熊彦가 한국의 '보물'들을 수집하기 위해 전국 순회에 나섰다. 껍데기만 남은 한국 정부는 군수들에게 '보물을 가진 인민은 그를 군청에 가지고 와서 유래와 역사를 상세히 설명하도록 하라'는 내용을 고시하라고 훈령했다. 한국의 보물뿐 아니라 보물에 부가된 '정보'까지도 일본에 자진해서 넘겨주라는 지시였다. 대한제국이라는 국호가 사라진 이후, 제실 박물관은 '이왕직李王職 박물관'으로 개칭되었다.

1915년 가을, 조선총독부는 '시정施政 5주년 기념 조선물산공진

회'를 경복궁에서 개최했다. 공진共進이란 일본인과 조선인이 함께 나아간다는 뜻이지만, 실제로는 일본인의 우수성과 조선인의 열등성을 즉물적으로 대비시키는 박람회였다. 석 달 정도의 공진회 기간 중 전국에서 100만 명 가까운 조선인이 반강제로 경복궁에 끌려와 조선의 산물과 보물 등을 관람했다. 조선총독부가 행사 장소를 군이 경복궁으로 정한 것은 조선인들에게 '왕조의 멸망'을 체감시키기 위해서였다. 행사 기간 중 전국 각지에 있던 미술품, 석탑, 석등 일부가 경복궁으로 옮겨졌다. 조선총독부 철도국은 산사의 종교 건축물들을 옮기기 위해 소규모 철도를 놓기까지 했다. 조선의 고미술품들은 공진회장 내 '미술관'에 전시되었다. 공진회가 끝난 후, 조선총독부는 이 '미술관'을 조선총독부 박물관으로 승격시켰다.

1926년에는 조선총독부 박물관 경주분관이, 1939년에는 부여분관이 설립되었다. 또 1931년 개성 부립 박물관, 1933년 평양 부립 박물관, 1940년 공주읍 박물관이 각각 부府·읍邑 관할로 개관했다. 조선총독부 박물관과 그 분관들, 지방 부읍 박물관들의 유물 수집과 전시는 삼국시대·신라시대·고려시대에 관한 식민주의적 역사인식(동조동근론, 타율성론, 정체성론 등)을 반영했다. 1929년 경복궁에서 다시 '조선박람회'가 열렸다. 이 행사도 100만 명이 훨씬 넘는 사람이 참관했다. 천도교계에서 발행하던 잡지『별건곤』은 한 촌로의 관람 소감을 소개하는 형식으로 이 박람회의 정치사회적·문화적 의미를 요약했다. "거 참 흉한 놈들일세. 조선 사람의 흉거리란 흉거리는 다 모아 놓았네 그려." 식민지에서 열리는 박람회와 식민지에 만들어진 박물관은, 식민지 원주민의 민족적 자부심을 고양하기보다는 오히려 손상시키는 행사이며 시설이었다.

박물관에 전시된 유물은 원래의 시간적·장소적 맥락에서 이탈되어 큐레이터의 통제 아래 놓인 물건이다. 현대인은 큐레이터가 보라는 물건들만, 큐레이터가 정한 순서대로 보는 데 익숙한 사람이다. 현대의 물질세계는 중세의 물질세계와 비교할 수 없을 정도로 크다. 현대의 정보세계 역시 중세의 정보세계와 비교할 수 없을 정도로 크다. 자기가 보여주고 싶은 것들을, 보여주고 싶은 순서대로 보여주는 것이 박물관 큐레이터의 일만은 아니다. 언론을 비롯해 지식과 정보를 취급하는 사람들이 하는 일은 박물관 큐레이터와 근본에서 다르지 않다. 그러니 현대인이 갖추어야 할 덕목은 남이 보여주는 대로 본 것이 진실은 아닐 수 있다는 점을 늘 잊지 않는 것이다.

9. 현대성現代性의
    탄생지

 2006년 8월, 서울대학교 도서관은 인피人皮(사람 가죽)로 제
본된 희귀 도서를 공개했다. 1670년 네덜란드에서 발간된 책으로 제
목은 『네덜란드 동인도회사가 중국 제국에서 행한 기념비적 임무』
Gedenkwaerdig bedryf der Nederlandsche Oost-Indische Maetschappye, op
de kuste en in het keizerrijk van Taising of Sina였다. 네덜란드인들이 일
본에 가져간 것인지 일본인들이 유럽에서 입수한 것인지는 알 수 없
으나, 일본의 어느 도서관이 보관하다가 경성제국대학에 이관한 책
으로 추정된다. 그런데 당시 네덜란드인들은 왜 이런 엽기적인 짓을
했을까?

 한자 책冊은 한 줄로 묶인 죽간竹簡을 형상화한 문자다. 종이가 발
명되기 전 동아시아에서는 대나무를 마디 단위로 잘라 다듬은 뒤 그
위에 글씨를 썼으니, 이를 죽간이라고 했다. 유럽과 서아시아 등지
에서는 대나무 마디 대신에 얇게 가공한 양가죽을 썼다. 글을 읽고
쓸 줄 아는 사람이 적었고 글씨 쓰는 재료도 만들기 어려웠던 데다
가, 그 안에 담긴 내용은 선현이 갈고닦은 지혜였으니, 고대의 책은
귀물이자 보물이었다. 종이와 활판 인쇄술이 발명된 뒤에도 책을 보
물 취급하는 관념은 쉬이 바뀌지 않았다. 유럽에서는 책 표지도 대
개 가죽으로 만들었으니, 우리는 지금도 표지가 두꺼운 책을 '양장
본'洋裝本이라고 부른다. 일본인들은 책을 본本이라고 하니, '서양식

으로 장식한 책'이라는 뜻이다. 당시 네덜란드인들이 사람 가죽으로 표지를 만든 것은 특별히 귀한 책이라고 여겼기 때문일 터이다.

조선은 세계 최초로 금속활자를 만든 역사와 세계 최고 수준의 종이 생산 기술을 가진 나라였으나, 그래도 책값은 비쌌다. 조선 후기 사대부들에게는 선친의 유고遺稿를 모아 문집을 발간하는 것이 일종의 의무였는데, 몇백 권의 책을 묶어 내는 데 집 두어 채 값을 들여야 했다. 그런데 우리나라 옛사람들은 이 귀한 책을 어떻게 구했을까? 책의 종류도 많지 않고 구매자도 적었기 때문에 조선 후기까지는 거간에게 부탁해 구하거나 직접 베끼는 것이 보통이었다. 조선 후기에는 책 파는 사람을 '매서아쾌'賣書牙儈 또는 '책쾌'冊儈라고 했다. 가옥 매매 중개인을 '가쾌'家儈라고 했던 것에 비추어보면, 책 파는 사람의 일도 중개였을 것이다. 『천자문』, 『명심보감』, 『동몽선습』, 『소학』, 『사서』, 『통감』 등 사대부의 필독서들은 대대로 전승되었다. 정부에서 간행한 책은 정부가 직접 배포했다. 중국에 사신으로 갔던 사람이 귀국하면서 가져온 '신간' 서적은 구하기 어려운 보물이었다. 영조는 중국 간행 신서新書를 책쾌에게 넘기는 행위를 금지하고 이 조치를 어기는 사대부는 평생 금고禁錮하라고 지시하기까지 했다.

우리나라에서 책을 파는 상설 점포는 18세기 중반에 처음 생긴 것으로 추정된다. 영조 대에는 약계책사藥契冊肆라는 것이 있었으며, 19세기에 편찬된 『동국여지비고』는 정릉동 골목 입구와 육조 앞(현 세종로)에 책방이 있다고 기록했다. 약을 취급하는 약계藥契와 책을 취급하는 책사冊肆가 결합한 것은, 이 두 상품의 소비층이 같았기 때문일 터이다. 1829~1830년경에는 보은단골(현 을지로)에 큰 서사書肆가 설립되었다. 이들 책방은 정부 간행물과 고서적, 중국에서 수입된 책이나 민간 발행 서적을 모두 팔았던 듯하다. 1882년 임오군란 이후 서울에 들어온 청상淸商들은 출신지역별로 청계천변과 명동,

서소문 일대에 모여 살았는데, 청계천 관수교변의 중국인 점포 중에는 베이징과 상하이에서 발간된 중국 서적을 판매하는 곳도 있었다.

개항 이후 서양식 활자와 인쇄술이 도입되고 중국 일본 등지에서 신학문 서적이 대거 수입됨으로써 서적 유통량은 크게 늘었다. 이런 상황에서 종이를 판매하던 지전紙廛에서 책을 빌려주거나 판매하기 시작했으나, 곧 책을 전문으로 취급하는 서점이 생겨났다. 1887년, 역관 가문의 지송욱이 남대문 밖 자기 집에 책사를 냈다. 그는 얼마 후 큰길가에 점포를 내고 '신구서림'이라고 이름 붙였다. 신서적과 구서적을 모두 취급한다는 뜻이다. 1897년에는 백목전 상인 고제홍이 광교변에 '고제홍서사'를 열었다. 언제인지는 알 수 없으나 몇 해 뒤 그의 아들 고유상이 상호를 '회동서관'으로 바꾸었다. 고전·교과서·외국 서적과 문구 등을 판매했으며, 1900년대 중반부터는 출판사도 겸했다. 이후 한남서림, 광학서포, 중앙서관, 한양서관 등의 서점이 속속 문을 열었다. 1890년에는 서울의 기독교 선교사들이 기독교서회를 설립하고 제중원 의사 빈턴의 집을 판매소로 삼았다. 을사늑약 직후에는 일본인들이 자기네 거류지인 본정本町(현 충무로)에 대판옥호서점과 일한서방을 내어 일본 서적을 수입·판매했다.

정부가 교과서를 발행하기 시작한 1896년부터 서점은 급속히 늘어 1910년까지 신문에 보도된 서점의 수는 68개에 달했다. 1890년 주한 프랑스 공사관 통역관으로 부임하여 몇 년간 서울에 체류했던 모리스 쿠랑은 "종각에서 남대문에 이르는 큰길가에 많은 서점이 몰려 있다"고 기록했다. 그러나 한국을 강점한 일제는 곧바로 현대판 '분서갱유'焚書坑儒를 자행했다. 수많은 서적이 판매 금지되었고, 이는 서점의 몰락으로 이어졌다. 남대문로 좌우에 있던 서점은 거의 사라졌으며, 1912년 현재 '경성 조선인 서적상 조합'에 가입한 서점은 23개에 불과했다. 책의 종류와 수준도 부끄러울 정도였다. 1922년 잡지 『개벽』은 서울의 서점가 상황을 다음과 같이 기록했다.

> 책서사冊書肆는 어떠한가? 아! 창피하도다. 몇 종의 한학漢學
> 이 놓였을 뿐이요, 기백종의 신소설이 나열하였을 뿐이다.
> 그리고는 속가집俗歌集 몇 책과 남의 입내 내듯한 잡지 몇 책
> 이 놓였을 뿐이다. 종교서, 문학서, 정치서, 경제서 등 인간
> 실생활의 보감이 될 만한 무슨 서적은 볼 수 없다. 아! 동양
> 고대의 문화민족이라는 이들에게 서적이 이렇게 순 공백空
> 白인 것은 실로 괴이한 일이다.

신서적을 취급하는 서점들이 몰락한 대신 고서점(헌책방)들이 번
창했다. 서울에 세거世居하던 관리들에게 망국은 곧 실업을 의미했
다. 좋은 관직은 모두 일본인이 차지했다. 그들의 앞에는 나라에 대
한 의리를 지키기 위해 일본에 맞서 싸울 것이냐, 낙향하여 농사나
지으며 유유자적할 것이냐, 서울에 남아 일본인에게 빌붙을 것이냐
의 세 갈래 길이 있었다. 상당수는 망명과 낙향의 길을 선택했다. 집
에 쌓아둔 것들이 많기에 세가世家다. 교통편이 좋지 않았기에 이삿
짐의 부피는 가급적 줄여야 했다. 세가에 있던 골동, 서화들이 갑작
스럽게 쏟아져 나왔다. 일부는 버려졌고, 일부는 장사꾼과 거간꾼들
이 싼 값에 입수했다. 이것들 대부분은 일본인의 손에 넘어갔다. 이
무렵 서울에 온 도쿄의 고서적상 무라구치村口는 한 헌책방에서 송
나라 때 발간된 책 『육신주문선』六臣註文選 61권을 단돈 3원에 구입했
다. 그는 일본에 돌아가 이 책을 1천 몇백 원에 팔았다. 일본의 고서
적상들에게 조선은 일확천금이 가능한 꿈의 땅이 되었다.

서울의 서점은 1920년대 중반부터 다시 늘어났다. 3·1운동 이후
의 교육열에 따른 학생 수 증가, 일제의 문화통치가 열어준 '문화적

1920년대의 한남서림 조선 말기 청계천 하랑교 주변에서 서적 노점상을 하던 백두용은 1905년 인사동에 서점을 냈다. 그 뒤 인사동에는 한양서관(1907), 영림서관(1908), 유일서관(1908), 제일의진서관(1909), 광한서림(1909)이 속속 문을 열었다. 일제강점기 인사동은 서점의 밀집도가 가장 높은 '서점가'였다. 지식인, 또는 지식인이 되려는 사람들은 먼저 서점과 친해져야 했다. 서점은 모두가 지식인인 시대, 즉 현대를 낳은 장소였다. 출처: 『한국민족문화대백과사전』

공간'에서 상대적으로 활발해진 저작·출판 활동, '조선학'에 대한 관심 고조, 골동·고서화의 투자 가치에 대한 인식 제고 등이 차례로 출판과 독서, 책 구입에 대한 사회적 욕구를 자극했다. 중심지는 관훈동·인사동이었다. 세가가 몰려 있던 북촌과 종로 큰길이 연결되는 지점이었고, 경기·중앙·휘문·중동·보성·경기여고 등 고등보통학교가 밀집한 지대였기 때문이다. 이곳에 자리 잡은 서점들 역시 신서적과 고전적古典籍을 함께 취급했다.

> 나날이 번창하여 가는 서울 장안에는 안국동을 중심으로 삼
> 고 관훈동을 뚫고 종로거리로 나가는 좁은 거리와 창덕궁
> 돈화문 앞으로 내려오는 좁은 거리 등으로는 무수한 서점들
> 이 어깨를 나란히 하고 날로 늘어가고 번창하여 감을 보게
> 된다. 약 5~6년 전보다도 훨씬 서점들이 많아진 것을 바라
> 볼 수 있는 현상이다.
> ―「서적시장조사기」, 『삼천리』 1935년 10월호

　해방 직후에는 식민지화 직후와 정반대의 현상이 벌어졌다. 조선
에 살던 일본인들도 책을 버리고 귀국할 수밖에 없었다. 그들이 버린
책을 수집해 파는 서점들이 일본인 거류지였던 명동 주변과 경성제
국대학이 있던 대학로 주변에 생겨났다. 특히 경성제국대학 법문학
부와 의학부 사이를 흐르던 '대학천' 하류부는 대규모의 헌책방 거리
가 되었다. 한일협정 체결 이전에는 군산항 등지에 일본 서적 밀수선
이 오가곤 했다. 경찰도 책 밀수는 대체로 눈감아주었다. 책 없이는
지식을 쌓을 수 없었고, 지식 없이는 국가를 재건할 수 없었다.

　1953년부터 초등학교 의무교육이 시행되었고, 이후 수십 년간 교
육의 효용성은 매우 높았다. 자녀를 교육하려는 열망과 지식을 쌓으
려는 열망은 일차적으로 책 구입으로 이어졌다. 책에 대한 수요가
늘어나자, 번역·출판 사업자도 늘어났다. 1970~1980년대의 대도시
에는 동네마다 서점 한 곳 정도는 있었다. 그러나 21세기에 접어들
기 직전부터 서점은 사람들 가까운 곳에서 하나둘 자취를 감추었다.
출판업이 사양산업으로 분류된 지도 오래다. 현대를 만든 것은 일차
적으로 '책 읽는 사람들'이었다. 그러나 현대 한국인의 독서량은 세
계 최하위에 가깝다. 사람이 책을 귀하게 여기지 않는데, 이성의 진
보가 계속될 수 있을까?

10.   옳고
       그름의
       준거

공자는 제자들을 가르치면서 책을 교재로 사용하지 않았다. 그는 제자들과 세상 만물·만사에 대해 이야기를 나누었으며, 이 대화 내용은 후일 책으로 묶여 『논어』라는 유교의 기본 경전이 되었다. 공자와 함께 인류의 4대 스승으로 일컬어지는 석가모니와 소크라테스, 예수도 제자들을 가르칠 때 책을 사용하지 않았다. 그들이 가르치는 방식도 '대화'였고, 그 대화 내용도 『논어』와 마찬가지로 훗날 책으로 묶여 각 종교권의 기본 경전이 되었다. 플라톤이 자기 스승 소크라테스의 사상에 관한 책을 짓고 『대화』라는 제목을 붙인 것은 적절하고 솔직한 처사였다. '논어'라는 말 자체가 성찰적 대화 또는 학문적 대화라는 뜻이다.

자공이 말했다. "가난하나 아첨하지 않으며 부유하나 교만하지 않다면 어떻습니까?" 공자가 말씀하셨다. "좋다. 그러나 가난해도 즐길 줄 알고 부유하면서 예를 좋아하는 자보다는 못하다." 『논어』에 나오는 자공과 공자 사이의 대화 내용이다. 제자가 논지를 갖추어 스승에게 아뢰는 것이 '강'講이고, 스승이 그 말의 옳고 그름을 가리고 부족함을 채워주는 것이 '의'義다. 이 둘을 합해서 '강의'라고 했다. 오늘날 강의는 스승이 제자들 앞에서 혼자 이야기하는 것으로 의미가 변했지만, 본래는 '대화법'의 하나였다.

그런데 옛 성인과 제자들 사이의 대화 내용을 적은 경전이 교재이기는 했으나 교과서는 아니었다. 동서양을 막론하고 근대 이전의 학문은 분석적이기보다는 통합적이어서, 선험적으로 전제된 우주론에 기초하여 세상 만물을 해석하고자 했다. 예컨대 유교 지식인들에게는 전공이 없었다. 그들은 '일물부지 군자지치'一物不知 君子之恥(하나의 사물이라도 알지 못하는 것은 군자의 수치)라는 태도를 견지하면서도 유학만을 유일한 학문, 즉 정학正學으로 인정했고 산학·율학·음양학·의학 등 유학에 편입되지 않은 분야는 뭉뚱그려 '잡학'雜學이라 불렀다. 중세 유럽에서도 신학과 어문학·역사학·천문학 등은 하나로 묶여 있었다. 그들은 세상 모든 일이 '신의 뜻'에 따라 결정된다고 믿었다. 18세기까지는 심지어 의사들도 천문학을 필수로 배웠다. 별자리의 모양과 환자의 운명이 연결되어 있다고 믿었기 때문이다.

교육 내용을 분할한 교과목들과 과목별 교재인 교과서들이 출현한 것은 수집과 배열, 분류와 종합의 과정을 거치는 분석적 접근법이 일반화한 과학혁명 이후의 일이었다. 우리나라 최초의 교과서는 1889년 육영공원 교사 헐버트가 한글로 집필한 세계지리 교재인 『사민필지』士民必知인데, 영어 과목 교과서가 따로 있었는지는 알 수 없다. 우리나라에서 교과서는 1895년 '교육입국조서' 공포 이후에 본격 발행되었다. 같은 해에 공포된 '소학교령'은 수신·독서·작문·습자·산술·체조 등을 기본 과목으로 하고 한국지리·역사·도화·외국어 등을 보조 과목으로 지정했다. 이어 학부 편집국에서는 국어 교과서에 해당하는 『국민소학독본』을 발간, 보급했다. 이후 여러 과목에 걸쳐 학부 편찬 교과서들이 나왔지만, 국정 교과서는 아니었다. 학부 편찬 교과서 외에 사설 출판사들이 발행한 신학문 서적들도 각종 학교의 교과서로 쓰였다. 이 시기에 교과서는 학생들만 읽는 책이 아니라 신지식에 관심을 갖는 사람 모두가 읽는 책이었다.

한국을 강점한 일제는 대한제국 학부 발행 교과서 전부와 사설 출

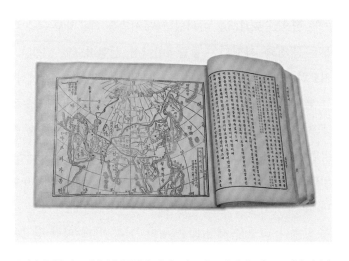

우리나라 최초의 교과서인 『사민필지』 육영공원 교사 호머 헐버트가 1889년에 집필한 책으로, 제목은 '사족士族이든 일반 백성이든 모두가 다 알아야 할 것들'이라는 뜻이다. 고종이 '교육입국조서'를 발표한 뒤에는 정부도 교과서들을 발행했다. 이후 교과서는 교육용 도서를 넘어 지식의 준거로 기능했다. 출처: 배재학당 역사박물관

판사들이 교과서용으로 발행한 도서 대부분의 출판을 금지했다. 학교에서는 총독부 발행 교과서만 사용할 수 있게 했다. 요즘으로 치면 국정 교과서 체제를 만든 셈이다. 이 때문에 일제강점기 조선총독부 학무국에서 발행한 교과서들은 늘 조선 내 최다 발행 부수를 자랑했다. 우리나라에서 국정 교과서가 사실상 사라진 것은 해방되고도 한참 뒤, 군사독재 체제가 종식된 이후의 일이었다. 국정 교과서는 학생들의 지식과 도덕률을 획일화하겠다는 전체주의적 권력의지를 표현하는 물건이었다.

교과서는 현대인이 가장 많이 읽는 책이며, 반드시 알아야 할 것과 알 필요가 없는 것을 구분해주는 책이다. '교과서적이다'라는 말이 가리키는 대로, 여러 경로로 이루어지는 서로 다른 '앎'들에 대해 옳고 그름의 준거를 제시하는 것도 교과서다. 국정 교과서만을 사용하는 나라들에서는, 민주적 토론이 불가능하며 개인의 창의성과 자

율성도 극도로 위축되기 마련이다. 2015년 박근혜 정부의 '역사 교과서 국정화' 시도도 창의성과 자율성 없는 국민을 만들어 민주주의를 형해화形骸化하려는 전체주의적 권력 의지의 표현이었다.

동화책

11.   인류 보편의
      가치를
      가르치다

　　"옛날 옛적에 호랑이 담배 먹던 시절에…" 옛날 어린이들은 저녁상 치우고 나면 할머니 할아버지 무릎 위에 앉아 옛날이야기를 듣곤 했다. 귀신, 도깨비, 호랑이, 까치, 구렁이, 나무꾼, 선녀 등 세상에 있기도 하고 없기도 한 존재들이 할머니 할아버지 입에서 튀어나와 어린이들의 머릿속을 채웠다. 키득거리다가 놀라다가 하며 살포시 잠이 들면 꿈속에서도 이야기는 이어졌다.

　　할머니 할아버지가 손주들에게 '옛날이야기'를 들려주는 문화가 언제 시작됐는지는 알 수 없다. '어린이용 이야기'는 형편에 따라 부모, 형제자매, 이웃집 형이나 누나가 들려주기도 했다. 어린이들은 글자를 배우기도 전에, 아니 글자를 배우지 않고도 이런 이야기들을 통해 오래된 세계관과 가치관을 물려받았다. 착하게 살기, 은혜 갚기, 효도하기, 거짓말하지 않기, 게으름 피우지 않기, 지나치게 욕심부리지 않기 등. 어릴 때 옛날이야기를 통해 배운 '선한 가치'들은 평생의 삶을 지탱하는 도덕적 규범이어야 했으나, 사람들은 나이를 먹으면서 조금씩 잊어버렸다. 이렇게 선량함과 순수함이 조금씩 줄어드는 것을 우리말로는 '닳는다'고 한다. '닳고 닳은 사람'이란, '순수함을 잃은 사람' 또는 '자기 이익만 챙기는 약삭빠른 사람'과 대략 동의어이다. 어린이용 이야기들은 닳지 않은 이야기이자 순수하며 선한 이야기였다.

1913년 최남선이 발간한 어린이용 잡지 『붉은저고리』 현대의 어린이들은 주로 동화책을 통해 가치관을 형성하고 미래의 희망을 설정한다. 조부모에게서 손자녀로 전승되던 옛날의 구전동화가 '수직적'이라면, 전 세계의 이야기들을 전 세계의 어린이에게 전달하는 현대의 동화책은 '수평적'이다. 동화책은 현대인에게 '세계 보편, 인류 보편의 가치'를 가르치는 데 크게 기여한 물건이다. 출처: 국립한글박물관

우리나라에서는 을사늑약 이후인 1907년께부터 어른이 아이에게 들려주는 이야기를 '동화'童話라고 부르기 시작했다. 이해에 일본 서적 수입상 일한서방日韓書房은 『일본 가정동화』라는 책을 번역해 판매했다. 하지만 어린이들이 이 책을 직접 읽었다고 보기는 어렵다. 조선시대에도 사대부집 어린이들은 일찍부터 독서했다. 『천자문』, 『동몽선습』, 『명심보감』을 거쳐 『소학』, 『사서』로 이어지는 것이 사춘기까지의 독서 경로였다. 부모와 스승의 눈을 피해가며 군담소설軍談小說 등을 읽기도 했으나, 아이들에게 어울리는 '순수한' 이야기를 적은 책은 없었다. 갑작스럽게 일본 가정동화가 출판됐다고 해서 이런 책을 자식들에게 사주는 부모는 거의 없었을 것이다.

1894년 과거제도가 폐지되고 신식 학교들의 입학시험에 국문·산술·역사 등이 포함되자 어린이들의 독서 경로도 달라졌다. 일본

이 한국을 강점한 뒤로는 사서삼경을 외우는 것보다 한글과 일본 문자를 배우는 것이 출세에 훨씬 도움이 되었다. 1913년 최남선은 『붉은저고리』라는 제호의 반월간半月刊 어린이용 잡지를 발간했다. 그는 이 잡지 창간호의 「인사 여쭙는 말씀」에서 "재미있는 이야기도 많이 있습니다. 보기 좋은 그림도 많이 가졌습니다. 공부거리와 놀잇감도 적지 아니 만들었습니다. 여러분의 보고 듣고 배우고 놀기에 도움 될 것은 이것저것 다 마련하였습니다"라고 밝혔다. 이 책에는 삽화가 들어간 「바보 온달이」가 수록되었는데, 이것이 한글로 기록된 우리나라 최초의 전래동화다.

한편 조선총독부 기관지 『매일신보』는 1915년 「아이차지」라는 난을 두어 동화를 실었다. 문자 그대로 아이들이 읽는 난이었다. 이 무렵부터 안데르센, 그림 형제 등의 외국 동화가 국내에 소개되었으며, 1921년에는 『조선의 옛적 위인 이야기』라는 어린이용 서적이 발간되었다. 1923년에는 방정환이 어린이 잡지 『어린이』를 창간하여 어린이용 읽을거리들을 실었다. 이듬해에는 조선총독부가 이 땅 최초의 동화집인 『조선 동화집』을 출간했고, 이어 한국인들의 전래동화집 출판도 활발해졌다. 1925년은 을미사변 30주년, 을사늑약 20주년이었으나 당시 신문들의 어린이면은 '안데르센 서거 50주년'이라는 기사로 채워졌다.

글을 읽을 줄 아는 어린이가 늘어남에 따라 동화책은 어른이 읽어주는 것에서 어린이가 직접 읽는 것으로 바뀌었다. 핵가족 시대가 되면서 자식에게 동화책을 사주고 읽어주는 것은 부모의 의무가 되었다. 오늘날에는 말도 알아듣지 못하는 영유아에게 동화책을 읽어주는 부모도 많다. 아기들은 동화책을 통해 집 밖의 세상, 나라 밖의 세상, 환상 속의 세상을 미리 경험했다.

백마 탄 왕자, 잠자는 숲속의 공주 등 동화 속의 몇몇 주인공들은 전 세계 어린이들이 같은 꿈을 꿀 수 있도록 해주었다. 유명한 동화 원작의 배후에 있는 생각이 얼마나 잔혹했는지 여부와 상관없이, 동화책 속의 세상은 늘 정의가 구현되는 세상이다. 인류가 함께 지향하는 보편 가치를 만드는 데에 동화책만큼 큰 구실을 한 물건도 찾기 어렵다. 그런데도 지구촌 한 가족은 여전히 먼 꿈이다. 사람이 닮기 때문일 터이다. 사람들이 동화책에서 배운 교훈만 잊지 않고 살았어도 세상이 참 아름다울 것이다.

12. 인간의
     시대를
     선언하다

영웅이라는 뜻의 영어 히어로hero는 '반신'半神 또는 '신인' 神人이라는 뜻의 고대 그리스어에서 온 것으로 '이종異種 접합자'라는 뜻의 헤테로Hetero와 어원이 같다. 헤테로는 라이거나 타이온처럼 서로 다른 종 사이에서 태어난 존재라는 뜻이다. 고대 그리스인들에게 히어로란 '신과 사람 사이에서 태어난 제3의 존재'였다. 그리스 신화는 이들의 활약이 중심 테마를 이루는데, 이들이 인간을 구원하기 위해 맞서 싸우는 대상 역시 사람과 사자가 섞인 스핑크스, 사람과 소가 섞인 미노타우로스, 사람과 뱀이 섞인 메두사 등 '다른 존재들'의 속성을 아우른 괴물들이다. 히어로들이 괴물들의 위협으로부터 인간을 구원한다는 것이 그리스 신화의 주된 서사 구조다. 신과 인간 사이에서 태어난 '메시아'가 인류를 구원한다는 기독교의 서사 구조도 그리스 신화와 기본적으로 같다. 그런 점에서 신과 인간 사이에서 태어난 '제3의 존재'를 한자어 '영웅'英雄으로 번역한 것은 다소 부적절했다는 생각이다. 아마도 히어로의 원뜻이 '천자'天子에 가까웠기 때문일 것이다.

우리나라 건국 신화의 서사 구조도 비슷하다. 신의 아들이자 그 자신 신인 환웅이 땅에 내려와 곰을 인간으로 변신시키고, 그를 아내로 맞아 낳은 존재가 단군이다. 오늘날의 유전학으로 보자면 단군의 유전자에 '인간성'은 없다. 고대인들은 신과 인간, 인간과 동물 사이에 각각 중간적 존재가 있다고 믿었고, 신과 인간의 속성을 아울러 지닌 '중간적 존재'를 구원자로 추앙했다. 동아시아에서는 황제가 곧 '신인'神人이었다. 그들은 '하늘의 아들'이라는 뜻의 천자로 불렸다.

시민혁명은 신의 아들, 또는 신의 대리인이 황제나 왕이 되어 세상을 다스린다는 중세적 관념을 무너뜨렸다. 왕을 단두대로 보낸 사람들이 그에게 '신의 대리자'라는 권위를 계속 부여할 이유는 없었다. 또 신분제의 소멸과 경쟁사회의 성립은 신과 혈연으로 이어진 본래 의미의 hero 대신 자기 힘으로 위업을 이룬 사람들, 즉 위인the great man을 역사의 새 주역으로 부상시켰다. 이에 따라 역사는 '신의 뜻'이 아니라 '인간의 의지'에 의해 발전한다는 믿음이 폭넓게 자리 잡았다. '영웅의 시대'는 가고 '위인의 시대'가 열렸다. 다만 영어에서는 hero와 the great man이 분명히 구별되는 존재였지만, 한자 문화권에서는 영웅과 위인이 흔히 혼용되었다.

우리나라에서는 20세기 초, 특히 을사늑약 이후에 위인들에 대한 관심이 고조되었다. 조선시대에도 위인偉人이라는 말은 있었으나 '뛰어난 사람'이라는 의미일 뿐이었다. 기전체紀傳體 사서인 『고려사』에는 제신전諸臣傳, 양리전良吏傳, 충의전忠義傳, 간신전奸臣傳 등 12종의 '전'傳이 있었으나, 모두 역사의 주인공인 왕을 중심으로 한 분류였다. 왕이 아닌 사람들은 '역사의 주역'이 아니었으니, 위인전이나 그와 비슷한 이름의 전을 쓸 이유가 없었다.

을사늑약 이후 나라가 망해간다는 사실은 누구나 알 수 있었다. 황제가 나라를 구할 가능성은 없었다. 이씨 왕조 뒤에 다른 한국인의 왕조가 들어설 가능성도 없었고, 그래서도 안 되었다. 나라는 백성들이 구해야 했다. 백성 중에서 위인이 나오기를, 나아가 온 백성이 위인이 되기를 바라는 염원이 깊어갔다. 1908년 2월 27일자 『대한매일신보』 논설은 뛰어난 인물의 자격을 다음과 같이 규정했다.

> 공공한 이익을 일신상의 사사로운 이익보다 중히 알며 공공
> 한 원수를 일신상의 사사로운 원수보다 더 분히 여겨 만일
> 국가에 이로울 일이면 못할 일이 없을 줄로 아는 생각과 또
> 정성과 힘을 다하여 죽은 후에야 말려는 혈심血心과 동포의
> 병든 것을 근심하여 내 몸에 병이 나는 조바심으로 힘을 쓰
> 고 힘을 쓰며 나아가고 또 나아갈진댄 비록 그 모양은 남만
> 못하며 재주는 남만 못하더라도 몇 천 년 이전과 몇 천 년
> 이후로 영웅전과 열사전에 그 성명을 길이 전할지니 해전海
> 戰을 잘하기로 유명한 넬슨 씨가 당초에는 병 앓기 잘하던
> 소아가 아니며 진화론을 창시하던 시조 다윈 씨는 또한 원
> 래 범상한 학도가 아닌가. 대저 동포를 위하며 국가를 위하
> 여 열성으로 진보하는 자이면 인물이라 칭할지라. 그런 고
> 로 신라 때 김유신이는 어렸을 때부터 강토 회복하기로 맹
> 세하였고 이충무공은 죽을 때에도 나라 원수를 만일 멸망케
> 할진댄 비록 죽어도 한이 없겠다 하였으니, 이것이 곧 김유
> 신이가 김유신이 된 까닭이며 이충무공은 이충무공이 된 까
> 닭이니라.

이 논설이 나온 이듬해, 안중근은 하얼빈 역에서 일본의 원훈元勳
이토 히로부미를 사살했다. 그는 동기를 묻는 일본인 검찰관에게
"나는 그에게 사사로운 원한이 없다"고 거듭 밝혔다. 그는 '공공한
원수를 일신상의 사사로운 원수보다 더 분하게' 여겼다. 그는 의거
직전에 〈장부가〉丈夫歌를 지으면서, "시대가 영웅을 만드는가, 영웅이
시대를 만드는도다"라고 썼다. 그는 영웅과 위인의 자격을 숙지하고

있었다.

근대 세계의 위인들에 관한 정보는 1880년대 서양식 학교가 설립될 때부터 국내에 알려지기 시작해 신교육과 신서적 보급이 확대된 1890년대 후반쯤에는 지식인이 갖춰야 할 필수 지식 중 하나가 되었다. 유럽사 또는 세계사에서 위인들이 수행한 역할에 관한 인식은 한국사에서도 위인을 발견·발굴·소개하려는 의지로 이어졌다. 『대한매일신보』는 1908년 5월 2일부터 석 달 반 동안, 신채호가 지은 「수군 제일 위인 이순신」을 연재했다. 신채호는 이에 앞서 중국 지식인 량치차오梁啓超의 『이태리 건국 삼걸전』을 번역했고, 이 뒤에 을지문덕과 최영의 전기를 썼다. 그에게 을지문덕, 최영, 이순신은 한국의 삼걸三傑이었다. 같은 해 대동서관에서 『중서위인전』中西偉人傳이 발간되었다. 량치차오가 지은 책을 복간한 것이지만, 이것이 '위인전'이라는 제목으로 출판된 우리나라 최초의 책이다.

1914년, 박은식은 『안중근전』을 지어 중국 상하이에서 출판했다. 그는 서문에 "내가 이 편을 서술하니 중국 언론이 이름 붙여 부르기를 세계위인전이라 하였다"고 기록했다. 조선의 위인을 발굴하여 조선 사람들에게 소개하려는 민족주의 지식인들의 의지는 일제강점기에도 꺾이지 않았다. 1925년, 장도빈이 『조선영웅전』과 『조선위인전』을 저술·출판했다. '영웅전'에는 12대 정치가, 10대 사상가, 10대 군인, 10대 혁명가, 10대 척식가 등 52명의 전기를, '위인전'에는 12대 위인, 8대 식산가, 15대 교육가, 8대 발명가, 15대 예술가 등 58명의 전기를 수록했다. 다만 그에게 '영웅'과 '위인'의 구분 선은 불분명했다. 김유신, 계백, 최영 등은 '영웅전'의 10대 군인에 속했으나, 을지문덕, 연개소문, 이순신 등은 '위인전'의 12대 위인에 속했다.

1929년 세계 대공황 이후 일본 군국주의는 대륙 침략 전쟁에 돌입하는 한편, 식민지 조선에서 사상 통제를 강화했다. 이런 상황에

**1925년 고려관에서 발행한 장도빈 저 『조선
위인전』** 이순신, 을지문덕 등의 전기가 수
록되었다. 영웅이 신神에 가까운 인간이라
면, 위인은 인간 중에 뛰어난 자이다. 위인
전은 '신성'神性 중심의 시대가 '인성'人性
중심의 시대로 바뀌는 과정에서 출현한 '인
간의 책'이다.

서 『조선위인전』이나 『조선영웅
전』 같은 책이 다시 나오기는 어려
웠다. 1939년 조선일보사는 세 권
짜리 『조선명인전』朝鮮名人傳을 출
간했다. 제1권에 을파소 등 28명,
제2권에 광개토대왕 등 31명, 제3
권에 진흥왕 등 41명, 총 100명의
역대 인물을 다룬 대작이었다. 위
인이나 영웅이라는 단어를 쓸 수
없었던 상황에 제약된 면도 있지
만, 사실 이들 중에는 혜경궁 홍씨
등 '위인'이라는 칭호에 어울리지
않는 사람도 있었다. 1940년에는
『세계명인전』도 나왔다. 이 두 책
은 해방 이후 1970년대까지 한국
과 세계의 위인들을 소개한 소년

소녀 위인전기 전집류의 저본底本 구실을 했다.

하지만 일제강점기 교과서에 수록된 위인은 조선 위인도, 조선 영
웅도, 조선 명인도 아니었다. 이순신은 조선의 영웅이자 위인이었
으나, 조선인들이 함부로 입에 올려서는 안 되는 인물이었다. 조선
인 학생들은 광개토대왕보다 신공황후에 대해, 이순신 장군보다 도
요토미 히데요시에 대해, 박지원보다 후쿠자와 유키치에 대해 더 잘
알아야 했다. 서양 위인들의 전기도 일본인들이 편집·출판한 것만
읽을 수 있었다. 독립 국가 사람들이 자국민 영웅과 위인을 찾고 만
들어 국민 교육의 구심으로 삼는 동안 한국인들은 자국인 영웅과 위
인을 제대로 알지 못한 채 40년 가까운 세월을 보냈다.

해방되어 국민국가 건설을 위한 새 구심점을 선정할 때 위인 하면 도쿠가와 이에야스나 사이고 다카모리, 이토 히로부미를 떠올리는 사람들의 동의를 구할 이유는 없었다. 과장이 섞였든 아니든, 사실이 왜곡됐든 아니든, 세계 위인과 민족 위인들에 관한 이야기를 자라나는 아이들에게 읽히는 것은 자체로 건국 도상의 애국적 행위가 되었다. 게다가 위인의 범위는 영웅보다 넓었다. 자기를 희생해서 나라를 구한 사람들만이 아니라 자기 일만 열심히 해서 세속적 성공을 거둔 사람도 위인이 될 수 있었다. 1908년 『대한매일신보』가 제시한 '뛰어난 인물'의 자격 조건과 해방 이후 '위인'의 자격 조건은 달랐다. 자식들의 세속적 성공에만 관심을 가진 부모라도 위인전 읽히기를 주저할 이유는 없었다. 1960년대 이후 『소년·소녀 한국 위인 전기전집』, 『소년·소녀 세계 위인 전기전집』 같은 거질巨帙의 책들이 속속 발간되어 월부 책장수들을 통해 각 가정의 아이들 책꽂이에 자리 잡았다.

현대 한국인 치고 어려서 위인전 한두 권 안 읽어본 사람은 없을 것이다. 위인전들은 평범한 사람도 역사의 주역이 될 수 있음을 알리기는 했으나, 한편으로는 신화적 서사 구조에서 벗어나지 못함으로써 위인과 보통사람 사이에 만리장성을 쌓기도 했다. 많은 위인전이 어려서부터 드러나는 비범성, 어떤 역경이라도 극복하는 불굴의 의지, 결함을 찾기 어려운 완벽한 도덕성 등 천편일률적인 '위인의 모델'을 제시함으로써 실존했던 인간을 '비현실적 인간'으로 만들었다. 위인전들은 현대가 인간의 시대임을 알리기는 했으나, 그것들이 제시하는 '위인다움'은 여전히 비인간적이다.

13.   현대인이
       가장 좋아하는
       초상화

현대 한국인 모두가 가장 좋아하는 한국인은? 정답은 신사임당이다. 한국인의 얼굴이 그려진 지폐들을 늘어놓고 한 장만 골라 가지라 할 때, 신사임당을 제쳐 두고 세종대왕이나 율곡의 초상이 그려진 지폐를 집어 들 사람은 없다.

화폐가 출현한 이래 지폐도 세계 도처에서 발행되었지만, 근대 이전에는 오랫동안 통용된 것이 거의 없었다. 액면가치와 실질가치가 일치했던 금속화폐와 달리 지폐는 말 그대로 종잇조각일 뿐이었다. 종잇조각을 돈으로 둔갑시키는 마술을 부릴 수 있는 존재는 절대권력뿐이었지만, 그 힘과 의지는 한결같지 않았다. 지폐를 강제로 통용시키려는 국가의 시도는 대개 경제적 혼란으로 이어졌다. 우리나라에서도 고려 말 조선 초에 저화楮貨라는 종이돈이 발행되어 국가가 유통을 강제했지만, 백성들이 저화 사용을 꺼렸던 데다가 위조 저화도 많이 유통되어 이윽고 유통계에서 퇴장했다. 지폐는 근대 국민국가가 수립된 뒤에야 확실한 신용을 얻어 지속적으로 통용될 수 있었다. 여기에는 민간에서 위조할 수 없을 정도로 정교한 인쇄술을 국가가 독점한 것도 한몫했다. 아무나 만들 수 있는 인쇄물은 화폐가 될 수 없었다.

그런데 근대 국가의 지폐들은 거의 예외 없이 인물 초상을 기본 도안으로 사용했다. 초상화를 우상으로 여겨 배격하는 이슬람 문화권에서도 지폐에만은 예외적으로 사람 얼굴이 들어간다. 인류는 먼 옛날부터 타인의 의중을 읽기 위해 미세한 표정 변화까지 살피는 훈련을 거듭해왔기 때문에, 인물화에 특히 뛰어난 식별력을 갖고 있다. 위조나 변조 여부를 판별하는 데에 인물화보다 나은 도상圖像은 없다. 지폐에 인물화를 넣는 것에는 다른 효용도 있었다. 지폐 발행이 일반화한 자본주의 시대는 돈이 '신격'神格을 얻은 시대이기에, 지폐의 도상으로 선택된 인물은 그 액면가에 비례하여 범국민적인 숭배 대상이 된다. 따라서 지폐에 그려 넣을 인물을 결정하는 것은 국민 일반의 가치관에 개입하고 그 방향성을 정하는 행위이기도 하다.

저화 발행 중단 이후 이 땅에서 사라졌던 지폐는 개항 이후 다시 등장했다. 처음에는 지전紙錢, 지화紙貨, 지폐라는 말이 혼용되었으나, 1910년대 후반부터 지폐로 통일되었다. 지폐든 지화든, 외국 화폐의 통용을 금지한 상태에서는 무역 거래가 불가능했다. 무역에는 환전이 필수였다. 개항장에서 통용된 외국 화폐는 대개 명목가치가 실질가치에 수렴하는 주화鑄貨였으나, 지폐도 제한적으로 사용되었다. 개항장의 조선인 환전상들에게는 '큰손'인 일본 상인들이 건네는 '대일본제국 국립은행' 발행 지폐를 거부할 이유가 없었다. 하지만 환전상을 제외한 조선인 절대다수에게는 일본 지폐든 다른 외국 지폐든 '그림 그려진 종잇조각'일 뿐이었다. 조선인들이 일본 지폐로 살 수 있는 물건은 거의 없었다.

지폐를 포함한 일본 화폐의 사용량은 조선에 대한 일본의 경제적 지배력이 커짐에 따라 늘어났다. 청일전쟁 발발 한 달 뒤인 1894년 7월, 군국기무처는 '신식화폐발행장정'을 제정·공포했다. 은화를 본위화로, 백동화를 보조화로 삼으며, 조선 화폐와 재질, 중량이 같다면 외국 화폐라도 아무 지장 없이 사용할 수 있다는 내용이었다. 당시 그런 화폐는 일본 은화밖에 없었다. 조선 정부가 일본 지폐의 통용을 공식 허가하지는 않았으나 상거래 당사자들에게는 일본 은화와 바꿀 수 있는 지폐를 거절할 이유가 없었다. 이후 상인과 외국인들 사이에서 일본 지폐 사용이 늘어났다. 1896년 6월, 서울에 있던 러시아 병정이 일본 지폐 100원짜리 8장을 분실하는 사건이 발생했다. 러시아 병정도 일본 지폐를 사용하는 형편이었으니, 이 무렵 일본 지폐의 유통 상황이 어땠는지는 충분히 짐작할 수 있다.

신용이 담보된다면, 지폐는 편리한 화폐였다. 조세금을 운반할 때나 금고에 보관할 때도 주화보다 지폐가 훨씬 편리했다. 1900년 일본 영사가 한국 내에서 유통되는 화폐의 종류와 유통량을 조사한 바에 따르면, 5량 본위 은화와 1량 보조화 5만 원, 백동보조화 110만 원, 적동보조화 20만 원, 엽전과 황동화 700만 원, 일본 구舊 은화 10만 원, 일본 지폐 200만 원 내지 250만 원, 일본 보조화폐 20만 원 내지 30만 원이었다. 한국 전체 화폐 유통량의 25퍼센트 정도를 일본 지폐가 점했던 셈이다.

'신식화폐발행장정' 공포 이후 조선 정부는 화폐 주조 수익을 노려 본위화인 은화는 거의 발행하지 않고 실질가치와 액면가치의 차이가 큰 백동화만 남발했다. 이에 '악화가 양화를 구축'하는 현상이 광범위하게 벌어졌다. 시중에서 은화는 구경하기 어려운 물건이 되었다. 반면 일본은 청일전쟁 승리로 받은 막대한 배상금으로 1897년 '금본위제' 화폐개혁을 단행했다. 이로써 일본 화폐에 대한 국제적 신용도는 높아졌으나, 일본 제일은행의 한국 지점에는 곤란한 상황이 벌어졌다. 한국에 흘러들어온 일본 은화 대부분이 유통계에서 사라진 상태에서 신규 공급까지 중단되었기 때문이다. 현금이 부족해 지급 불능의 위기에 처한 제일은행은 1902년부터 한국 내에서 자체 제작한 지폐를 발행하기 시작했다. 지폐는 1원, 5원, 10원의 3종이었으며, 전면에는 제일은행 사장 시부사와 에이이치澁澤榮一의 초상을 넣었다.

제일은행권이 발행되자 한국 상인들은 사용 금지 운동을 벌였고 정부도 유통을 불허했으나, 일본은 군함까지 동원하여 금지령을 철회시켰다. 일본의 화폐 주권 침탈을 막기 위해서는 근본적인 대책이 필요했다. 1903년 3월, 대한제국 정부는 '중앙은행조례'와 '태환금권조례'를 공포하여 지폐 발행을 예고했다. 하지만 당시 대한제국 재정 형편에서 본위화 주조와 중앙은행 설립에 필요한 막대한 자금을 조달할 길이 없었다. 제도만 마련하고 실행은 미룬 상태에서 러일전쟁이 일어남으로써 이 계획은 물거품이 되었다. 1905년 을사늑약으로 한국 내정을 장악한 통감부는 제일은행에 대한제국 발권 은행의 지위를 부여했다. 제일은행권은 1909년 한국은행권이 발행될 때까지 법화로 통용되었다.

1909년 7월 26일, 대한제국 법률 제22호로 '한국은행조례'가 공포되었다. 형식상 한국의 중앙은행이자 발권은행이 생긴 것이다. 제일은행의 발권 업무는 한국은행으로 이관되었다. 이해 12월, 1원짜리 한국은행권이 발행되었다. 지폐 도안은 사람의 초상화가 아니라 수원 화홍문 그림이었다. 식민지화 이후 한국은행은 조선은행으로 이름이 바뀌었으나, '한국은행권'은 계속 발행되었다. 한국은행권이 유통 금지된다는 풍문으로 인해 경제가 혼란에 빠지는 것을 방지하기 위해서였다. 1911년 8월, 5원짜리와 10원짜리 한국은행권이 새로 발행되었다. 5원짜리에는 경복궁 광화문 그림, 10원짜리에는 창덕궁 주합루 그림이 들어갔다.

조선은행권은 1914년 9월부터 발행되었다. 일본 내각 인쇄국에서 제작한 100원짜리 이 지폐의 도안으로는 일본인들이 칠복신七福神의 하나로 숭배하는 대흑천大黑天의 초상이 사용되었다. 일본에 토착화한 불교에서 대흑천은 재물의 신이자 음식의 신이었다. 1885년 일본

국립은행이 처음 발행한 지폐에도 이 초상화가 들어갔다. 당시 100원은 쌀 서른 섬 값이었으니, 100원짜리 지폐는 어지간한 부자라도 구경하기 어려운 물건이었다. 이때 발행된 100원권의 수량은 5,000매에 불과했다. 1915년 3월, 조선은행은 100원권 6,000매를 추가 발행하는 한편 1원권 70만 매를 새로 발행했다. 5원권과 10원권은 같은 해 12월에 발행되었다. 이후 조선은행권의 유통량은 급속히 늘었다. 1918년 11월의 화폐 종류별 현재고는 경화硬貨 746만 9,422원, 일본 지폐 206만 3,508원, 조선은행권 9,437만 4,317원으로 조선은행권이 전체의 95퍼센트 정도를 점했다.

1915년 이후 조선은행이 발행한 지폐에는 모두 같은 '노인의 초상'이 들어갔다. 조선식 정자관程子冠을 쓰고 흰 수염을 길게 늘어뜨린 이 노인의 정체에 대해서는 김홍집 내각에서 외무대신을 지낸 김윤식이라는 견해와 고대 일본의 무장인 타케우치노 스쿠네라는 견해가 있었다. 하지만 김윤식은 일본 천황에게 작위를 받았다가 반납한 사람이었고, 고대의 일본 무사에게 조선식 정자관을 씌울 이유도 없었다. 조선은행으로서는 지폐에 넣을 인물 선정에 고심하지 않을 수 없었다. 일본의 위인을 넣는 것은 조선인의 감정을 공연히 자극하는 일이었고, 조선의 위인을 넣는 것은 조선인들의 대표 상징을 만드는 일이었다. 그렇다고 조선인들이 혐오하는 조선인을 넣을 수도 없었다. 궁여지책으로 생각해낸 것이 가상의 인물을 넣는 것이었다. 그래서 이 인물은 '장수노인' 또는 '수노인'壽老人으로만 알려졌다. 수노인은 1915년부터 1949년까지 조선은행권의 대표 모델 자리를 지켰다. 조선은행권은 대한민국 정부 수립 후인 1949년에도 새로 발행되었는데, 이때의 모델은 독립문과 조선은행 사옥이었다.

누군지 알 수 없는 인물의 초상화라도 위조 여부를 판단하는 데에는 도움이 되었으나, 그렇다고 지폐 위조를 완전히 막을 수는 없었다. 실질가치와 액면가치의 차이가 매우 심한 물건은 무엇이든 사람들의 위조 욕구를 자극하기 마련이다. 고가의 명품을 베껴 만드는 '짝퉁'과 위조지폐는 동일한 욕망의 산물이다. 이 땅에서 '근대적' 위조지폐는 한국은행권보다 먼저 나왔다. 1910년 2월에는 윤태웅이라는 자가, 같은 해 9월에는 장석린이라는 자가 각각 '지화紙貨 위조죄'로 재판받았다. 일제강점기에는 지폐 위조가 흔한 경제범죄였다. 1926년 하반기 반년 동안에만 총독부 경찰이 검거한 지폐 위조범은 17명, 건수는 9건이었고, 기왕에 제작된 위조지폐를 사용한 '행사범'行使犯은 29명, 건수는 20건이었다. 1934년에 검거된 위조범은 138명, 건수는 59건이었다. 6일에 한 번꼴로 지폐 위조 범죄가 발생한 셈이다.

일제강점기에 지폐 위조가 많았던 데에는 몇 가지 이유가 있다. 첫째, 지폐, 특히 고액권 지폐를 자주 접하는 사람이 많지 않았다. 1909년에 한국은행이 처음 발행한 지폐는 100원권이었다. 보통 사람은 100원짜리는커녕 10원짜리 지폐도 보기 어려웠다. 진짜가 어떻게 생겼는지 모르면서 가짜를 식별할 수는 없었다. 둘째, 지폐에 인쇄된 글자도 알아보지 못하는 문맹자가 매우 많았다. 1원짜리 지폐를 10원짜리라고 속일 수 있는 시절이었으니, 위조지폐에 속는 사람이 생기는 것도 당연했다. 셋째, 제국주의 시대 일본은 정치적으로 '대일본제국'을 표방하면서도 경제적으로는 본토와 식민지 사이의 분리 정책을 고수했다. 일본이 지배하는 경제 블록 안에서도 일본은행권, 조선은행권, 대만은행권이 따로 있었으며, 만주국 수립 이후에는 만주은행권이 추가되었다. 그런데도 이 지폐들은 일본제국 판도 안에서 큰 지장 없이 통용되었다. 이 때문에 일본에서 조선은행권을 위조하거나 조선에서 만주은행권을 위조하는 일이 일어나곤 했다. 러시아 지폐나 중국 지폐를 위조하는 사람도 있었다. 넷째, 식민지하의 조선인 다수, 특히 독립운동가들은 조선총독부 통치체제를 국가로 인정하지 않았다. 총독부 통치체제를 혼란에 빠뜨리는 것은 독립운동의 일환이었다. 1927년 2월, 총독부 경찰은 안국동 유범규劉範圭의 집을 수색하여 지폐 위조용 기계와 모의 폭탄, 모의 권총, '불온 문서' 등을 찾아냈다. 그는 상하이 임시정부에서 발행한 공채公債도 가지고 있었다. 독립운동가들에게 지폐 위조는 식민지 경제체제를 혼란에 빠뜨리면서 독립운동 자금을 확보하는 방안이었다.

지폐는 사기 범죄에도 악용되었다. 종이 뭉치 양면에만 지폐를 붙이고선 목돈으로 속이는 수법, 진짜 지폐를 위조지폐라고 속여서 위조 자금을 갈취하는 수법, 물건을 사고서는 가진 게 고액권 지폐밖에 없으니 잔돈으로 바꿔 와서 주겠다고 하고선 달아나는 수법 등이 흔했다. 수만 원 단위의 거액 절도나 강도가 가능해진 것도 지폐 때문이었다. 지폐 사용이 일상화하고 위조지폐와 지폐 관련 범죄가 늘어나자, 지폐를 식별하고 관리하는 능력은 생존에 필수적인 요소가 되었다. 사람들은 지폐에 인쇄된 숫자를 읽는 법, 진짜 지폐와 위조지폐를 구별하는 법, 지폐를 정확히 세는 법, 거스름돈 계산하는 법 등을 서둘러 익혀야 했다.

조선은행 지폐는 해방 이후에도 발행되었다. 해방 직전, 조선은행은 일본의 패망을 예상하고 20억 원이 넘는 지폐를 마구 찍어냈다. 1944년 9월 기준 조선은행권 발행고는 22억 6,000여만 원이었으나, 1945년 8월 14일에는 48억 4,300여만 원에 달했다. 이 엄청난 돈은 일본인의 귀환비 등으로 시중에 살포되었다. 미군정이 시작된 뒤에도 조선은행의 지폐 발행은 계속되었고, 이에 따라 한국인들은 엄청난 통화 인플레이션에 시달렸다. '조선은행권'이라는 글자는 심지어 대한민국 정부 수립 후인 1949년에도 지폐에 새겨졌다.

한국은행권이라는 이름의 지폐는 1950년 7월에 다시 발행되었다.

1960년 8월에 발행된 1,000환짜리 한국은행권 세종대왕 초상을 넣은 한국 최초의 지폐이자 당시 최고액 지폐였다. 지폐 속 초상화는 위조 방지 표지이자, 국가 공인 위인의 표지이기도 하다. 현재 한국의 국가 공인 위인들은 시대적으로나 이념적으로나 성별로나 너무 편중되어 있다. 출처: 한국은행 화폐박물관

한국전쟁 중 북한 점령지역과 통화권通貨圈을 구분하기 위한 조치였다. 이때 1,000원짜리에는 이승만의 초상화가, 100원짜리에는 광화문 그림이 들어갔다. 이승만 정부는 1953년 2월 원圓을 환圜으로 바꾸는 화폐개혁을 단행했는데, 이때 10환, 100환, 1000환 지폐에는 거북선을, 1환, 5환 지폐에는 당초문을 넣었다. 전쟁 중이라 정교한 지폐 인쇄가 불가능했기 때문이다. 이후 이승만 정권기에 발행된 100환, 500환, 1,000환 지폐에는 모두 이승만의 초상화가 인쇄되었다. 모든 단위 지폐에 이승만의 얼굴이 들어갔다는 사실 자체가 이승만 정권의 속성을 여실히 표현했다. 당대의 한국에서 국가가 공인한 '역사상의 위인'은 이승만밖에 없었다. 예외적으로 1958년에 발

행된 50환짜리 지폐에는 '이순신 동상' 그림이 실렸는데, 동상 그림은 인물화가 아니라 정물화다.

4·19 직후인 1960년 8월, 새 정부는 세종대왕 상상화를 넣은 1,000환짜리 지폐를 새로 발행했다. 이듬해 4월에 발행된 500환짜리 지폐의 앞면을 장식한 것도 세종대왕 초상화였다. 하지만 시중에서 유통되는 '이승만 초상화'들을 곧바로 회수할 수는 없었다. 이승만의 초상화가 담긴 100환권 지폐는 1970년대 초까지도 10원짜리 동전과 같은 가치로 통용되었다. 5·16군사정변 1주년인 1962년 5월에는 모자상母子像이 들어간 새 100환짜리가 나왔다. 지폐 속의 모자가 당대 실권자의 부인과 그 아들이라는 풍문이 돌았으나, 이 지폐는 세상에 나온 지 24일 만에 쓸모없는 물건이 되었다. 6월 10일, 국가재건최고회의는 10환을 1원으로 바꾸는 긴급 화폐개혁을 단행했다. 일반인이 현금으로 교환할 수 있는 한도는 500원(5,000환)뿐이었고, 그 이상의 돈은 1년 이상 은행에 예치하거나 산업개발공사 주식으로 바꿔야 했다. 탈세나 범죄로 축적된 시중의 '검은 자금'을 적발하고 경제 개발에 필요한 자금을 확보하기 위해서라는 명목이었다. 하지만 군사정부의 예상과는 달리 '검은 자금'은 많지 않았으며, 돈줄이 끊긴 중소기업들만 줄줄이 도산하는 혼란이 벌어졌다. 결국 군사정권은 한 달 만에 산업개발공사를 폐지하고 은행 입출금을 자유화할 수밖에 없었다. 이때 발행된 신 지폐는 500원, 100원, 50원, 10원, 5원, 1원의 6종이었는데, 인물 초상화가 아니라 고액권 순으로 남대문, 독립문, 해금강 총석정 그림을 사용했다. 1원부터 10원까지의 소액 지폐 도안은 모두 한국은행 휘장이었다. 극비리에 졸속으로 추진하느라 도안에 대해 고민할 여유가 없었을 것이다. 10원짜리 지폐 도안은 1962년 9월에 첨성대로 바뀌었고, 같은 해 12월에는 당초문을 넣은 50전과 10전짜리 지폐가 새로 발행되었다.

1965년 8월, 세종대왕 초상화를 넣은 100원짜리 한국은행권이 발행되었다. 인물화는 이때부터 다시 한국은행 발행 지폐 전면을 장식했다. 이후에도 남대문 그림이 들어간 500원권, 탑골공원 팔각정 그림이 들어간 50원권 등이 발행되었으나, 1972년 7월 율곡 이이 초상화를 넣은 5,000원권이 발행된 이후로는 모든 지폐에 인물 초상화가 담겼다. 이에 앞서 1972년 1월 정부는 전면에 석굴암 본존불 그림을 넣은 1만 원권을 발행할 예정이었으나 종교계, 특히 기독교계의 격렬한 반발로 무산됐다. 율곡은 관리이자 유학자儒學者였지만, 실존했던 역사적 인물 초상화를 지폐에 넣는 데 반발하는 사람은 없었다. 다만 한국 유림儒林 내부의 오랜 대립 관계는 율곡이 있는데 퇴계退溪가 없는 상황을 용납하지 않았다. 율곡은 서인, 노론, 소론의 비조鼻祖였고 퇴계는 동인, 남인, 북인의 비조였다. 당시만 해도 유림의 정치적 입김은 무시할 수 없는 수준이었다. 특히 영남에는 퇴계 학통을 이었다고 자부하는 사람이 많았다. 1975년 8월, 1,000원권 지폐 도안이 퇴계 초상화로 바뀌었다.

석굴암 본존불 그림 때문에 우상숭배 논란을 빚었던 1만 원권 지폐는 세종대왕 초상화로 도안을 바꾸어 1973년 6월에 발행됐다. 이후 2009년 5만 원권 지폐가 새로 발행될 때까지 한국 최고액권의 전면에는 늘 세종대왕 초상화가 있었다. 국가가 세종대왕을 한국 역사상 최고의 위인으로 공인한 셈이다. 충무공 이순신 초상은 1973년 9월 500원짜리 지폐에 들어갔다가 500원 지폐가 사라진 뒤 100원짜리 동전으로 자리를 옮겼다. 1975년부터 2009년까지, 한국의 지폐들은 세종대왕, 이율곡, 이퇴계, 이충무공 4인의 초상화였다. 이 4명에게는 몇 가지 공통점이 있다.

첫째는 이들 모두가 주자성리학을 국가 이데올로기로 정립하기 위한 노력이 범사회적으로 기울여지던 시기에 활동했던 인물이라는 점이다. 이들 중 나이가 가장 많은 사람은 1397년에 태어난 세종대왕이고 가장 적은 사람은 1545년에 태어난 충무공이다. 두 사람의 나이 차는 148세에 불과하다. 지폐 도상을 통해 보자면, 우리나라가 '유교 국가'로 분류되는 것도 무리는 아니다. 현대 한국인들은 스스로 반만년 역사를 자랑하면서도, 국가적 위인은 '유교 지배 시대'에서만 찾고 있는 셈이다. 이는 충효忠孝와 인의仁義라는 유교 국가의 가치가 민주공화국에서도 여전히 강력한 영향력을 갖고 있음을 의미한다. 둘째는 이들 모두 실물을 알 수 없는 사람이라는 점이다. 한국 화폐의 초상화는 전부 상상화다. 셋째는 가장 최근에 새로 화폐 인물이 된 신사임당을 제외하면 모두가 이 씨다. 그런데 세계의 일반적 관행에 따른다면, 남편과 아들이 이 씨인 신사임당도 이 씨 가문 사람이다. 지금은 화폐에서 사라진 이승만을 포함해도 사정은 달라지지 않는다. 시간대별 배분이라는 측면에서나 성씨의 안배라는 측면에서 한국 화폐만큼 편파적인 것도 찾기 어려울 것이다.

2008년, 정부가 5만 원권과 10만 원권의 새 고액 화폐를 발행하기로 하자 새 지폐에 어떤 인물의 초상화를 넣을 것이냐를 둘러싸고 사회적 논란이 벌어졌다. 이 중 10만 원권은 발행되지 못했는데, 한국은행은 인플레이션과 음성적인 금품 수수에 대한 우려 때문이라고 공표했으나 세간에는 10만 원짜리 지폐 도안을 둘러싼 정치적·사회적 갈등이 봉합할 수 있는 수준을 넘어섰기 때문이라는 견해가 지배적이었다. 김구 지지자들과 이승만 지지자들은 '빙탄불상용'氷炭不相容의 관계에 있었다.

반면 5만 원권 지폐의 도상은 거의 일사천리로 결정되었다. 화폐의 주인공을 여성으로 한다는 원칙은 선택 대상을 극도로 제한했다. 국민 일반에게 널리 알려진 역사적 인물 중 여성은 아주 드물었다. 신사임당, 유관순, 김만덕 등이 거론되었으나 유관순은 10만 원짜리에 독립운동가 초상이 들어갈 것으로 예정된 데다가 사람들이 돈에 투사하는 욕망에 비추어 요절한 사람은 어울리지 않는다는 이유로, 김만덕은 아는 사람이 적다는 이유로 각각 기각되었다. 선정 위원 중에는 "모자母子 각각을 화폐의 주인공으로 삼은 나라는 지구상에 없다"며 반대한 사람이 있었지만, 한국 여성의 본보기가 될 만한 사람은 신사임당밖에 없다는 다수 의견을 꺾지 못했다. 결국 새 지폐 발행 이후에도 한국 지폐에 들어간 초상화들의 공통점은 바뀌지 않았다.

지폐 도상을 결정하는 것은 형식상 국립은행이지만, 그 뒤에는 국가가 있다. 국가는 당대 권력의 가치 지향에 부합하는 인물들을 선정하여 그들의 초상화를 지폐에 넣고 국민 일반이 그들을 숭배하게 한다. 지폐에 넣을 인물을 선정하는 행위 자체가 '국민 교육'이다. 지폐는 현대인이 가장 좋아하는 물건이며, 각각의 지폐에 얼굴을 내민 인물들은 현대인의 보편적 숭배 대상이다. 그렇다고 그들의 인격이나 철학이 현대인의 의식을 지배하지는 않는다. 인물의 초상을 넣는다고 돈에 인격이 생기는 것은 아니다.

14.   상상을
         구체화하다

종소리를 들으면 먹이를 상상하는 개가 있는가 하면, 사람을 봐가며 도망칠지 말지를 결정하는 고양이도 있다. 어떤 현상이나 사물을 통해 다른 현상이나 사물을 상상하는 능력을 지닌 동물은 많다. 다른 동물들과 확연히 구별되는 인간 고유의 능력은, 본 적도 없고 볼 수도 없는 존재를 상상만으로 만들어내고 그를 공유하는 것이다.

인류는 문명의 여명기부터 신, 악마 등 현실에서 볼 수 없는 존재들을 형상화하여 지극한 경배나 극단적 공포의 대상으로 삼았다. 형상화의 방법으로는 벽화, 부조, 조소 등을 두루 사용했는데, 말뜻으로 보자면 '아무렇게나 그린 그림'인 만화漫畵는 그 최초의 양식이었다. '원시적'原始的 예술은 '예술의 시원始原'과 같은 뜻이다. 만화라는 한자어는 1870년대에 일본에서 만들어졌지만, 구석기시대의 동굴벽화로부터 계산하면 그 역사는 3만 년에 달하는 셈이다. 우리나라의 울주 반구대 암각화나 고구려 고분 벽화도 오늘날의 '예술적 관점'에서는 만화에 해당한다.

요즘에는 만화를 '이야기를 담은 그림, 또는 이야기 구조를 가진 연속된 그림과 글의 조합'으로 정의하는데, 그 기원도 특정하기 어렵다. 작은 시골 성당의 신부가 서툰 솜씨로 그린 성화聖畵, 불교 사찰 벽면을 둘러가며 그려 넣은 심우도尋牛圖, 백성에게 삼강오륜을 가르치기 위해 국가가 인쇄, 배포한 오륜행실도 등도 모두 만화라고

할 수 있다. 유럽에서는 사회 현실
에 대한 풍자와 도덕적 교훈을 주
제로 그림을 그린 영국인 화가 윌
리엄 호가스William Hogarth(1697
~1764)를 최초의 만화가로 간주한
다. 세계 최초의 4컷 만화는 우리
나라에서 나왔다. 영조 21년(1745)
선산부사 조구상은 주민들을 교화
할 목적으로『의열도』義烈圖라는 그
림책을 발간했는데, 이 책에는 쟁
기를 메고 밭갈이하던 소가 주인
을 공격한 호랑이와 싸우다 죽었
다는 이야기를 담은 넉 장의 그림
이 실렸다. 제목은「의우도」義牛圖,
즉 '의로운 소에 관한 그림'이었다.

**1946년 발간된 만화책『토끼와 원숭이』표
지** 등록문화재 제537호. 일제의 한국 침략
과 태평양전쟁 도발, 패망에 이르는 역사적
과정을 만화로 표현한 이 만화책은 '만화책
의 시대'를 연 동시에 '만화는 애들이나 보
는 것'이라는 인식을 보편화했다. 만화는 옷
입고 말하는 동물, 외계인, 사람보다 뛰어난
로봇, 귀신 등 현실에 없거나 볼 수 없는 것
들을 일상 속으로 끌어들였다. 출처: 한국만
화영상진흥원

그림을 넣어 인쇄한 우리나라
최초의 신문은 1909년 6월 2일자
『대한민보』창간호이며, '만화'라는 이름을 사용한 첫 번째 삽화는
『매일신보』1913년 11월 14일자에 게재되었다. 중일전쟁 이후 조선
총독부는 선전·선동 매체로 만화를 본격 이용했고, 한국전쟁 중 숱
하게 뿌려진 '삐라' 대다수도 낱장 만화였다. 우리나라 최초의 독립
단행본 만화는 1946년에 출간된 김용환의『토끼와 원숭이』로서, 아
동문학가 마해송이 지은 같은 제목의 동화를 만화책으로 엮은 것이
다. 무사武士들을 중심으로 하는 원숭이 나라가 바다 건너 토끼 나라
를 침략한 뒤 다른 동물 나라들과 전쟁을 벌이다가 패망한다는 것이
동화와 만화의 기본 줄거리이다.

우리나라 최초의 만화책이 일본의 한국 침략에서 해방에 이르는 과정을 설명한 교육 도서였다는 것은, 이후 만화를 둘러싼 사회적 담론에 큰 영향을 미쳤다. 신문이나 잡지에 실린 만화는 본디 어린 이용이 아니었다. 만화는 어른이라야 이해할 수 있는 비판적 풍자에 적격이었다. 그러나 일본 군국주의의 광기를 흡수하며 자란 어린이 들을 '국민'으로 만들어야 한다는 해방 직후의 사회적 공모는, 만화 책을 어린이용으로 재배치했다. 이후 1970~1980년대까지도 어른이 만화책을 보는 것은 '창피한 일'이라는 인식이 사회 전반에 팽배했 다. 지하철에서 만화책을 보는 성인成人들의 모습은 한국인들이 일본 인을 조롱하는 소재 중 하나였다.

어린이용 만화책은 휴전 이후 급속히 늘어났고, 1950년대 말에는 어린이들을 주 고객으로 하는 '만홧가게'들이 생겨났다. 독서 공간 을 갖추고 대본貸本을 겸했다는 점에서 소규모 '만화책 전문 도서관' 이라고 해도 좋았을 이 가게들은, 어린이들에게는 거의 유일한 실내 모임 장소였다. TV 방송이 시작된 이후 만홧가게는 '소극장' 구실도 했다. 김일의 레슬링 경기가 있는 날이면, 만홧가게는 온 동네 어린 이들로 북적이곤 했다. 어린이들은 만홧가게에서 인연을 맺었고, 함 께 본 만화책을 소재로 이야기를 나누었으며, 서툰 솜씨로나마 만화 주인공의 모습을 그렸다. 만화 속 캐릭터들은 어린이용 장난감과 학 용품의 가장 인기 있는 모델이었다.

현대인은 하늘을 나는 로봇이나 우주전쟁을 만화책으로 보며 자 란 사람이다. 만화는 상상 속에만 존재하는 것들에 구체적 형상을 부여하고 그를 공유시킴으로써 현대의 '이미지 세계'를 구축하는 데 에 결정적 역할을 했다. 근래에는 컴퓨터 게임이 만화를 대신해 상 상의 세계를 훨씬 더 사실적으로 표현한다. '만화 같다'는 '터무니없 다'와 동의어로 쓰이지만, 만화적 상상이 실현된 것도 적지 않다. 인공두뇌와 인공신체로 구성된 '비인간적 인간'이 되기를 꿈꾸는 사람이 많다면, 그런 시대가 올 수도 있다.

연필

15.   모두가
      글씨 쓸 줄
      아는 시대

벼루에 연적으로 물을 조금 따르고 먹으로 여러 번 문지른 뒤 서탁書卓 위에 종이를 펼쳐 놓고 문진文鎭으로 누른다. 붓에 먹물을 묻힌 다음 소맷자락에 먹물이 묻지 않도록 조심하며 한 글자씩 써내려간다. 글씨 쓰는 도구가 붓밖에 없던 시절에 글씨 쓰기는 아주 번거로운 일이자 아무나 할 수 없는 일이었다. 신분이 낮거나 재력이 부족하면 '글씨 쓸 줄 아는 사람'이 될 수 없었다. 글씨 쓰는 데 필요한 도구들인 문방구文房具는 모두 귀한 물건이었으니, 글씨 쓰기를 배우면서 바로 종이에 붓을 대는 아이는 드물었다. 붓에 물을 묻혀 반질반질한 돌 위에 쓰거나 작은 나무막대기로 모래에 쓰는 연습을 거듭하여 숙달된 뒤에야 비로소 먹물 묻힌 붓을 손에 쥘 수 있었다.

글씨 쓸 줄 아는 사람이 되는 데 필요한 절차를 단순화하고 그 부담을 대폭 줄여준 물건이 연필이다. 납과 주석을 섞어 만든 가는 봉을 나무판에 끼운 필기구는 14세기 이탈리아에서 처음 사용되었으며, 1564년 영국에서 흑연이 발견되자 그 이태 뒤에 나무판에 흑연을 삽입한 필기구가 나왔다. 1795년 프랑스의 콩테Nicolas-Jacques Conté는 흑연과 진흙의 혼합물을 고온에서 구워 가늘고 단단하면서도 종이에 잘 써지는 물질을 만들었는데, 이로부터 연필의 역사가 시작되었다.

이 땅에 처음 연필을 가지고 들어온 사람이 서양인인지 일본인인지 중국인인지는 알 수 없으나, 이 물건에 처음 붙은 이름이 '왜붓'이었던 것으로 보아 많은 한국인이 '일본산'으로 여겼던 듯하다. 우리나라에서 연필이라는 단어는 1896년에 제정·공포된 '국내우체규칙'에서 처음 사용되었다. 우편물 봉투에 성명과 주소지를 '연필로 기재하는 것'을 불허한다는 내용이었다. 연필 글씨가 쉽게 지워지거나 뭉개졌기 때문일 터이다. 이 무렵에는 이미 내국인이든 외국인이든 연필을 사용하는 사람이 적지 않았을 것이다.

독립신문사도 연필을 수입해 판매했다. 『독립신문』은 1897년 겨울부터 편지지, 외국 서적, 철필(펜), 접착제 등과 함께 연필을 판다고 여러 차례 광고했다. 신식 학교들이 늘어남에 따라 연필 사용 인구도 늘어났다. 배재학당, 이화학당 등 외국인 선교사들이 설립한 학교들뿐 아니라 흥화학교, 양정학교, 휘문의숙 등 한국인들이 세운 학교들도 칠판과 분필을 비치하고 학생들에게 연필을 쓰게 했다. 이런 학교들에서는 운동회나 졸업식 등의 행사 때마다 우수한 학생들에게 연필과 공책을 상품으로 지급했다. 독지가들이 학교에 기부하는 물품도 대개 연필과 공책이었다. 1909년 11월, 안중근 의사는 뤼순 감옥에서 연필로 '이토 히로부미의 죄악'이라는 글을 썼다.

초등 보통교육을 받는 아이가 늘어나면서, 연필을 처음 손에 쥐는 연령대도 계속 낮아졌다. 1910년대부터는 유치원생들도 수료식 때는 연필을 받았다. 어린 자녀를 학교에 보낸 부모들에게는 매일 연필 깎는 노동이 추가되었다. 보통학교에 입학하는 순간부터 학교생활을 마칠 때까지, 학생들은 늘 연필을 소지해야 했다. 각급 학교 입학시험을 치를 때는 연필, 고무(지우개), 칼이 필수 지참물이었다. 학생 시절 연필에 익숙해진 사람들은, 졸업 후에도 연필을 썼다. 신문기자는 물론 상점 점원이나 전차 차장에게도 연필은 필수 사무용품

1963년의 대전 대덕구 대화동 동아연필 공장 도지사 일행이 시찰하는 가운데 10대 소녀들이 기계에서 쏟아져 나온 연필들을 정리하고 있다. 1946년에 첫 출시된 '국산 연필'은 그 후 20년 가까이 '불량 품질'이라는 비난에서 벗어나지 못했다. 그런데 품질에 대한 불만이 사라지자마자, 다른 필기구들로 인해 시장이 축소되는 불운을 겪었다. 출처: 충청남도역사문화연구원

이 되었다.

만년필은 부잣집 학생과 멋 부리는 '신사'들이나 쓰는 필기구였다. 중일전쟁 이후 물자난이 심각해지자, 조선총독부 학무국은 중등학생들에게 만년필을 쓰지 말고 연필만 사용하라고 지시하기도 했다. 1970년대까지도 '몽당연필'은 절약하는 학생의 표상이었다. 이런 형편에서도 부잣집 자제들은 기계식 연필인 '샤프펜슬'을 사용했다. 연필 끝을 깎아내는 대신 연필심을 조금씩 밀어낼 수 있게 만든 '기계'는 1882년 영국의 호킨즈와 모턴이 발명했다. 1913년 미국의 키탄은 이 간단한 기계에 'Ever Sharp Pencil', 즉 '언제나 심이 가는 연필'이라는 이름을 붙여 상품화했다. 1915년에는 일본의 하야카와 도쿠지가 이 상품을 모방하여 '에버 레디 샤프'를 만들었다. 이 기계식 연필이 선풍적인 인기를 끌자, 하야카와는 회사 이름을 아예 '샤

프'로 바꿨다. 이 회사가 오늘날 일본 샤프 전자의 전신이다. 식민지 조선에서도 백화점과 고급 문구점에서는 샤프펜슬을 팔았다.

해방 이듬해인 1946년, 대전에 동아연필주식회사가 설립되어 첫 국산 연필을 생산했다. 이후 문화연필, 대한연필, 지구연필 등의 연필 회사가 속속 문을 열었다. 국산 샤프펜슬은 1975년 빠이로트가 처음 생산했고, 그 후 2년 사이에 모나미, 오로라의 제품이 나와 샤프펜슬 대중화 시대를 열었다. 하지만 연필과 샤프펜슬을 만들던 회사 중 일부는 지금 문을 닫았다. 연필이 있던 자리 대부분을 볼펜이 차지했기 때문이다. 그래도 연필은 '모두가 글씨 쓸 줄 아는 시대'를 앞장서 연 물건이다. 연필은 붓보다 훨씬 간편하고 만년필보다 훨씬 값싼 필기구일 뿐 아니라, 써 놓은 글씨를 쉽게 지울 수 있는 유일한 필기구이기도 하다. 연필은 일단 내뱉은 말은 주워 담을 수 없고 한 번 써놓은 글자는 지울 수 없다는 오래된 통념을 지우는 데에도 단단히 한몫했을 것이다.

타자기

16. 쓰는 글자에서
치는 글자로

붓이나 펜으로 글씨 쓰기는 번거롭고 심력心力이 많이 소모
되는 일이었다. 글자를 쓸 줄 안다는 것은 특권을 뒷받침하는 능력
이었으며, 대다수 사람은 특권을 누리지 못하는 대신 이 번거로운
역을 면제받았다. 연필, 만년필, 볼펜 등의 새로운 필기구가 등장한
뒤 글자 쓰는 일은 한결 쉬워졌고, 같은 무렵 글 쓸 자격에 대한 사
회적 제한도 사라졌다. 보편적 국민교육 체제에서 일정 연령에 도달
한 아이들은 가장 먼저 연필 쥐는 법을 배웠고, 학교에 다니면서 수
많은 글자를 써야 했다. 이리하여 글자 쓰는 능력을 갖춘 신체가 보
편화했다.

그런데 붓과 연필이나 볼펜 사이의 거리는 그리 멀지 않았다. 글
쓰는 행위를 혁명적으로 바꾼 것은 타자기였다. 이 물건은 글 쓰는
속도를 향상시켰을 뿐 아니라 글씨에서 개성을 지웠다. 타자기로
'찍은' 글자에는 필자筆者의 품성이 드러나지 않는다. 1876년 최초의
알파벳 타자기가 실용화했으나, 수만 개의 표의문자를 쓰는 한자 문
화권에서는 타자기를 만들기가 쉽지 않았다. 한국인들에게는 한글
이라는 세계적으로 우수한 표음문자가 있었지만, 아주 오랫동안 글
쓰는 사람들은 이를 토씨 다는 데에나 이용했다.

1912년 6월, 미국에서 대학을 졸업한 이원익이 미국의 타자기 회
사인 레밍턴 사의 도움을 얻어 '언문 글씨 쓰는 기계'를 발명했다.

영문 타자기의 자판을 한글로 바꾼 것으로서, 한글을 왼쪽으로 눕혀 찍어 세로쓰기 형식을 구현했다. 하지만 키가 84개나 되는 데다가 자체字體가 좋지 않아 실용화하지는 못했다. 그 뒤 미국인 선교사 언더우드도 한글 타자기를 만들었다고 하는데, 실체는 알기 어렵다. 다만 그의 친형이 당시 세계 최대의 타자기 제조업체였던 언더우드 회사 창립자였기 때문에, 언더우드 타자기를 개조했을 것으로 추정된다. '와분 타이푸라이타'和文タイプライター라는 이름의 일본문 타자기는 1915년에야 발명되었다. 타자기 발명은 한국이 일본보다 앞섰던 셈이다. 게다가 이 일본문 타자기는 무려 2,400개의 문자판을 가진 '책상만큼 큰' 물건이었다.

한글 타자기를 처음 상품화하는 데 성공한 사람은 송기주다. 평남 강서군 출생인 그는 미국 시카고대학에 유학 중이던 1929년 1월 조선문 횡서 타자기를 발명하여 미국 특허국에 특허를 신청했다. 그는 이 타자기의 가격을 사무실용 115원, 여행용 97원 50전으로 책정했는데, 실제로 판매된 것은 없었던 듯하다. 송기주는 이후 5년간 이 타자기를 개량하기 위한 연구를 계속하여 1934년 1월, 마침내 미국 언더우드 사가 제조한 한글 타자기를 출시했다. 42개의 자판으로 모든 한글 글자와 문장 부호를 찍을 수 있게 한 이 타자기가 나오자, 국내에서 발행되던 '조선어' 신문들은 찬사를 늘어놓으며 큰 기대감을 드러냈다. '조선 문학 향상을 위하여 가장 큰 공헌의 하나', '한글문화의 전도에 일대 혁신의 기운을 지어줄 계기', '이제 조선 글은 송 씨의 타자기로 하여 원시 상태를 벗어나게 되었다' 등.

하지만 한글이 전면적으로 억압받는 상황이었기 때문에 한글 타자기의 쓸모는 제한적이었다. 송기주가 개발한 언더우드 사의 한글 타자기는 미주 동포들에게 주로 팔렸을 뿐, 국내에는 총 30대만 수입되었다. 물론 전문 타자수는 있었다. 1926년 미국인 선교사가 운

1934년 미국 언더우드 사에서 생산한 한글 타자기 실용적인 첫 번째 한글 타자기로 송기주가 개발했다. 타자기는 글쓰기의 생산성을 비약적으로 높였으며, 우리 글의 문투도 바꿨다. 현대의 청년들이 한문 없는 문자 생활을 할 수 있게 된 데에도 타자기가 공헌한 바 컸다. 출처: 국립한글박물관

영하는 동대문 부인병원의 영문 타이피스트는 조배녀라는 조선인 여성이었다. 이 무렵에는 교과목에 타자를 넣은 상업학교들도 생겼다. 1929년 6월 연희전문학교 상과 학생들이 동맹휴학에 돌입했는데, 요구 사항 중 하나는 '타자를 필수에서 선택으로 바꿀 것'이었다. 경성여자상업학교, 배영학원, 경성실천부기학원 등에서도 타자를 가르쳤다. 그 덕에 타이피스트라는 직업이 생기기는 했으나, 이들이 다룬 것은 영문과 일본문 타자기뿐이었다. 한글 타자기를 쓰는 관공서나 기업체는 전혀 없었다.

한글 타자기가 널리 보급되기 위해서는 먼저 한글이 압제에서 해방되어야 했다. 자판 배열 체계를 구상하는 데에도 한글 연구 성과가 필요했다. 해방 직후인 1946년 김준성이 한글 자모를 알파벳처럼 가로로 배열해 찍는 타자기를 발명했다. 영문 타자기의 알파벳 자리에 한글 자모를 배치한 정도였는데, 미군정은 레밍턴 사에 의뢰하여

300대 정도를 제작, 국내로 들여왔다. 대한민국 정부 수립 후, 영문 타자기에 익숙했던 초대 대통령 이승만은 공문서에 한글 전용을 원칙으로 하라고 지시했다. 더불어 한글 타자기를 새로 개발하려는 시도도 활발해졌다. 1949년 4월, 송기주는 자기가 만들었던 타자기를 다시 개량했다. 7월에는 조선발명장려회라는 단체가 새로 발명된 한글 타자기들을 모아 순위를 매겼다. 1위는 없었고, 공병우, 송재범, 오병호의 타자기가 2위로 뽑혔다. 이들 중 한글 자모 구성 원리에 충실한 공병우의 세벌식 한글 타자기가 1960년대까지 가장 많이 사용되었다.

한글 타자기는 글 쓰는 속도를 비약적으로 높여주었으나, 한문 단어가 많은 한국어는 그 시장 확대를 방해했다. 알파벳 사용 문화권에서는 지식인들이 먼저 타자기를 장만했으나, 한국의 지식사회는 오히려 타자기에 냉담했다. 한글 창제 후의 지식인들이 그랬던 것처럼, 현대 한국의 지식인들도 한글 타자기를 불완전한 문자 입력기로 취급했다. 하지만 편리성은 어떤 저항도 분쇄하기 마련이다. 글짓기를 업으로 삼는 사람들에게도 손 글씨를 고집하는 것보다는 타자기를 쓰면서 오독誤讀의 소지가 있는 한자어를 안 쓰려고 노력하는 편이 나았다. 타자기는 우리말 문투를 변화시켰고, 우리말 문투가 바뀌면서 타자기 사용자는 더욱 늘어났다. 1930년대 신문들이 기대한 대로, '한글문화의 일대 혁신'은 타자기로 말미암아 진행되었다.

1990년을 전후하여 PC가 보급되면서 타자기는 키보드로 자태를 바꿨고, 무선 통신기기와 결합한 뒤에는 형태적 제약에서도 벗어났다. 지금은 액정에 쓰여 전파 속에 흩뿌려지는 글씨가 종이에 펜으로 쓰인 글씨보다 더 많은 시대다. 현대의 젊은이들이 1년 안에 쓰는 글씨 수는 옛날의 대학자가 평생에 걸쳐 쓴 글씨보다 많다. 그러나 이 현상은 글씨 쓰기와 글쓰기가 다른 일이라는 사실도 새삼 알려줬다.

17. 색감의
표준

중국인들이 주朱, 홍紅, 적赤, 단丹 등의 글자들을 만들어 쓴 것으로 보면, 분명 저 색깔들 사이의 차이를 인지했을 것이다. 하지만 자전字典에는 모두 '붉다'로 설명된다. 때로 '빨갛다'는 말을 쓰기도 하지만, '붉은 피'라고 해야 맞고 '빨간 피'라고 하면 틀린다는 법은 없다.

색을 분별해 인지하는 감각과 그를 표현하는 단어들도 문화의 개성을 구성하는 중요 요소다. 에스키모인들은 흰색을 60여 가지로 구분한다는데, 그에 비하면 우리 문화는 색에 무척 둔감한 편이다. 당장 색을 지칭하는 순우리말 단어는 희다, 검다, 붉다, 푸르다, 누르다의 다섯 개밖에 없다. 무지개의 일곱 빛깔 중 주황, 초록, 남색은 한자어이고 보라는 몽골에서 온 말이다. 한국어에서는 하늘도 푸르고 산도 푸르고 강도 푸르고 바다도 푸르다. 새파랗다, 시퍼렇다, 푸르스름하다, 파르스름하다 등의 활용형이 있기는 하나, 각각에 표준색이나 기준 색이 있는 것은 아니다.

색을 지칭하는 순우리말 단어가 왜 이토록 적은지 그 이유를 정확히 알 도리는 없다. 근대 이전 우리나라에서 염료 산업이 발달하지 않았던 현상과도 선후 관계를 따지기 어렵다. 다만 사물에 다른 색을 입히는 일이 아주 드물었으며, 서민의 경우에는 거의 없었다는 사실만 지적해둔다. 건물에 붉은색과 푸른색을 입히는 단청丹靑조차

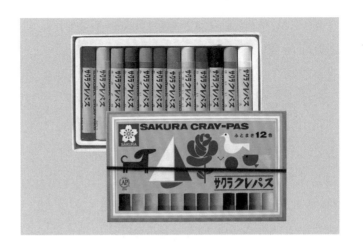

세계 최초로 오일파스텔을 개발해 상품화한 일본 사쿠라 사의 크레파스 크레용과 파스텔
을 합성한 크레파스라는 상품명은 엄청난 성공을 거두어 한국과 일본에서는 물건의 이
름으로 사용된다. 크레파스는 초등학생 색칠 공부용으로 사용됨으로써 아이들의 색감
형성에 결정적 역할을 했다.

왕궁과 사찰 등에만 허용되었다.

　1903년, 미국의 에드윈 비니와 해럴드 스미스가 목탄과 기름을
혼합한 필기구를 만들어 크레용이라고 이름 붙였다. 크레용이란 초
크chalk와 오일리oily의 프랑스어 발음을 합성한 것이다. 애초 검은
색뿐이었던 이 물건에는 이후 다른 색상들이 추가됐는데, 종이에 잘
묻지 않는 단점이 있었다. 1926년, 일본 문구상 사쿠라상회에서 파
스텔에 오일을 섞은 물건을 개발해 '크레파스'cray-pas라는 이름을
붙였다. 크레용과 파스텔에서 앞 두 글자씩을 딴 '상품명'이었다. 이
발 기계 바리캉처럼 이 물건도 특정 회사의 상품명이 제품명으로 통
용되었다. 영어로는 오일파스텔이라고 한다.

　사쿠라상회는 크레파스를 출시하자마자 판매 촉진 행사로 '전 일
본 아동 크레파스화 전람회'를 개최했다. 이 판촉 행사의 효과인지
알 수 없으나, 크레파스는 수많은 초등학교에서 색칠 공부용 기초

학용품으로 사용되었다. 1928년 5월에는 부산에서도 '크레파스화 전람회'가 열렸고, 부산부釜山府는 부내 각 보통학교와 소학교 학도들의 단체 관람을 강권했다. 이듬해 전람회에서는 부산 거주 일본인 소학생 다섯 명의 크레파스 그림이 입선작으로 뽑히기도 했다.

1930년대 말 문구점에서 파는 크레파스는 8색짜리와 12색짜리가 있었다. 8색짜리는 19원, 12색짜리는 29원으로 꽤 비싼 편이었다. 해방 후에도 크레파스는 초등학생용 그림 도구의 대표 자리를 지켰다. 제조 기술이 발전하고 학부모들의 부담 능력이 향상됨에 따라 색깔 수도 계속 늘었다. 내가 초등학생이던 1970년대 초중반에는 12색부터 70여 색에 이르기까지 여러 등급의 크레파스가 있었는데, 크레파스의 색깔 수가 학생의 생활 수준을 드러내는 바로미터였다.

상품에 따라서는 크레파스를 싼 종이에 살색, 고동색, 금색, 은색 등 색깔 이름을 적어 넣은 것도 있었다. 학생들은 그 글자를 보고 하늘에는 하늘색, 사람 피부에는 살색을 칠하면서 표준색에 대한 감각을 익혔다. 아이들이 학교에 입학한 뒤에나 사용할 수 있던 크레파스는 1980년대부터 유치원생 심지어 영유아들까지 사용하는 물건이 되었다. 현대의 어린아이들이 가장 먼저 손에 쥐는 색칠 도구가 크레파스라고 할 수는 없지만, 부모들이 가장 먼저 아이에게 사주는 색칠 도구 겸 필기구는 대개 크레파스다. 현대인은 크레파스를 통해 색채 표준을 익힌 사람들이라고 해도 좋다. 이 물건은 사람들의 색감을 확장했을 뿐 아니라, 색에 대한 세계 공통의 표준을 만드는 데에도 일조했다.

18. 현대 한국인의
    인생을 좌우하는
    물건

학문은 인간이 자신을 성찰하고, 자신이 속한 세계의 총체 및 그 구성요소들의 본질과 운동 원리를 이해하며, 자신과 세계 사이의 관계를 끊임없이 재설정하는 실천 활동이다. 학문하는 인간인 학자 역시 인종, 민족, 국가, 종교, 젠더, 계층, 직업 등의 여러 범주가 중층적·복합적으로 얽힌 관계망 위에 존재하는 구체적 인간이다. 다만 학자는 그 관계망의 정당성을 회의하고 변화 가능성을 탐색하기 때문에 각각의 범주들과 팽팽한 긴장 관계를 맺는다. 학자는 상식과 통념을 의심하기에, 자기 시대와 불화한다. 학자는 스스로 국외자의 위치를 선택하고 그에 따른 압력을 감당하는 인간이다.

인간성을 향상하고 세계에 대한 인간의 지배력을 확장하기 위해서는 학자들이 국외자로서 받는 압력을 경감, 완화할 필요가 있다는 생각은 1,000여 년 전에 출현했다. 국외자들은 속세로부터 격리된 공간을 확보하여 대학이라는 학문 공동체를 형성하고 그 안에서 자유롭게 학문을 할 수 있게 되었다. 대학은 비非세속적인 공간, 즉 상아탑을 지향했으나, 속세와 소통하지 않고서는 생존이 불가능했다. 대학은 인간과 세계에 대한 자신의 효용을 입증함으로써 권력으로부터 '지원하되 간섭하지 않는다'는 약속을 얻어내는 데 성공했다. 그러나 역사적 시간대에서 보자면 이 약속이 실현된 기간은 매우 짧았다.

근대 국민국가가 형성되는 과정에서 대학들은 국가기관의 일종, 또는 국가기관의 감독을 받는 기구로 편제됐다. 대학을 정점으로 하는 교육 체계는 근대 국민국가를 직조하는 씨줄의 하나였다. 학문 공동체는 국가의 관점에 따라 국가의 이익을 위해 복무하는 역할을 부여받았다. 제국주의 시대 유럽의 학자들은 세계 도처를 다니며 제국의 척후병 구실을 했다. 그들은 전 세계의 지식과 자료를 수집하여 자국에 축적하고, 그를 학문의 자료로 삼았다. 이렇게 구축된 학문 체계는 다시 유럽 국가들의 지배력을 전 세계로 확장할 수 있게 해주었다. 20세기에 사회주의 체제를 구축한 국가들은 공공연히 혁명에 복무하는 학문을 요구했다. 학자들은 예정된 미래로 가는 지름길을 발견하거나 개척하는 임무를 맡았다.

상아탑이라는 이상과는 달리, 근대는 학문과 대학이 국가 정책과 긴밀하게 연관된 시대였다. 국가는 학문의 방향과 내용을 직접 규제하거나, 그렇지 않더라도 학계의 규모와 내부 구성에 영향력을 행사했다. 제국주의 시대의 학문이 제국주의의 세계 지배를 정당화하고 '지배의 기술'을 발견, 발명하는 데 집중했기 때문에, 식민지는 일차적으로 '지적知的 종속 지대'였다. 조선을 지배한 일본 제국주의는 1926년에야 마지못해 대학을 세웠지만, 조선인 교수는 단 한 명도 임용하지 않았다. 경성제국대학의 조선인 입학생 비율도 일제강점기 내내 정원의 20~25퍼센트 선을 유지했다. 해방 직전인 1945년 2월에 발표된 경성제국대학 입학생 수는 267명, 조선인 학생은 100명 미만이었다. 그나마 이공학부가 신설되어 입학생 수가 늘어난 덕이었다. 1926년부터 1945년까지 20년간 경성제국대학을 졸업한 조선인 수는 1,000여 명에 불과했다. 물론 일본이나 미국, 유럽에 유학하여 학위를 받은 사람들도 있었으나, 그들의 총원도 경성제국대학 졸업생 수와 비슷했다. 해방 직후 학사 학위를 가진 사람들만으로

1969년 제1회 대입 예비고사 애초 대학입시 응시 자격시험이었던 예비고사는 1974년 부터 본고사와 합산되는 입학시험의 일부가 되었다. 1982년 학력고사, 1994년 수능시 험으로 이름이 바뀌었으나, 이 시험이 고등학교 교육의 정상화와 대학 교육의 수준 향 상에 도움이 되었다고 단언하기는 어렵다. 그보다는 한국인 '인생의 황금기'를 '지옥 수 감기'로 만드는 데 훨씬 큰 구실을 했다. 출처: 『사진으로 보는 한국백년』

'조선학사회'를 설립하려는 시도가 나온 것도, 학사조차 매우 드물 었기 때문이다.

해방은 제국주의적 관점과 담론에 속박되어 있던 사람들에게 지 적으로 자립할 수 있는 길을 열어주었다. 민족의 대학들을 설립하고 대학 졸업자들을 하루속히 늘리는 것은 사회 일반의 요구였다. 학교 의 시설이나 교육자의 수준을 따지는 것은 일종의 사치였다. 1946 년, 미군정은 관립 전문학교들을 경성대학(해방되자마자 경성제국대학 학생들은 학교 이름에서 제국 두 글자를 지웠다)에 통합하여 하나의 '국립

대학'으로 삼고, 사립 전문학교들은 각각 대학으로 승격시키는 파격적 조치를 취했다. 이때 승격한 학교 중 상당수가, 국가의 인재들을 하루속히 양성해야 한다는 사명감에서 이름에 '국'國 자를 넣었다. 국립대학이든 사립대학이든, 한국의 대학은 애초부터 '상아탑'보다는 '국가기관'에 가까웠다.

1946년부터 대학이 크게 늘었지만, 그래도 대학은 특별한 사람들만 가는 학교였다. 초등교육조차 못 받은 사람이 80퍼센트에 육박하는 나라에서, 어지간한 사람은 대학은커녕 고등학교에 진학할 꿈도 꿀 수 없었다. 한국전쟁 이후 신분제의 잔재가 완전히 소멸하고 대학 교육의 효용성에 대한 인식이 확산하자, 땅을 팔고 소를 팔아서라도 자식 하나는 대학에 보내야 한다는 강박관념이 사회 전반을 뒤덮었다. 1960년대 말, 고등학교 졸업자의 대학 진학률이 25퍼센트에 도달했다.

그런데 대학에 진학하려는 고등학생들은 대학 입시에 필요 없는 과목은 공부하지 않았다. 일제강점기에 대학 입시를 준비하는 학생들이 조선어 과목을 공부하지 않은 것과 같은 현상이었다. 대학이 '국민정신'을 앞장서 이끄는 국가기관이어야 한다고 믿은 사람들에게, 이는 심각한 문제였다. 1968년 12월 5일, 대통령 박정희는 국민의 국가관과 윤리 의식을 확고히 한다는 명목으로 '국민교육헌장'을 반포했다. 이듬해인 1969년, 첫 번째 대입 예비고사가 시행되었다. 표면적인 목적은 대학 교육의 양적 팽창에 따른 질적 저하를 방지한다는 것이었으나, 예비고사는 대학 교육이 아니라 고등학교 교육에 관련된 문제였다. 대입 예비고사는 국가가 부과한 모든 고등학교 과목을 성실히 공부한 학생들에게만 대입 응시 자격을 주겠다는 선포와도 같았다. 이 제도가 고등학생과 대학생들의 '국민 의식'에 얼마나 영향을 미쳤는지 계량할 방법은 없으나, 대학 진학을 희망하는 전국의 고등학생들을 성적순으로 줄 세우는 데에는 분명한 효과가 있었다. 이 시험의 배점 기준은 학생 개개인의 소질이나 적성과는 무관하게 학습시간 배분표 구실도 했다.

첫 번째 예비고사가 시행된 해 25퍼센트였던 한국 고등학생들의 대학 진학률은 1981년 35퍼센트, 1995년 51퍼센트, 2001년 70퍼센트, 2004년 84퍼센트까지 수직으로 상승하다가 이후 80퍼센트 내외에서 오르락내리락했다. 현재 한국 학생들의 대학 진학률은 세계 1위이다. 한국의 대학이 '학문의 전당'이나 '전문가 양성기관'이라기보다는 '취업 준비 학원'에 가까워진 원인이자 결과이다. 대입 예비고사는 1982년 학력고사로, 1994년 대학 수학능력시험으로 바뀌었고, 대학 입시에서 점하는 비중도 여러 차례 달라졌으나 이 시험 성적이 인생에서 점하는 비중은 줄어들지 않았다. 현대의 한국인은 수능시험 잘 치기 위해 유소년기를 보내고, 제 자식 수능시험에 속 끓이며 중장년기를 보내는 사람이다. 수능시험지는 현대 한국인의 평생을 좌우하는 물건이다.

내신성적표

19. 학교생활을
감시하기

하급자가 상급자에게 보고하는 것을 우리나라에서는 '신'申이라고 했는데, 일본에서는 굳이 '상신'上申 또는 '품신'稟申이라고 했다. 내신內申도 일본식 한자어로서 '외부에 공개해서는 안 되는 내밀한 상신'이라는 의미이다. 개항 이후 주조선 일본 공사가 일본 외무대신에게 보낸 보고서 중에는 "~에 관한 내신"이라는 제목이 붙은 것이 더러 있다. '극비'極祕나 '비'祕 정도는 아니지만, 지휘-보고 계통 밖에 있는 사람이 봐서는 안 되는 문서라는 뜻이다.

일본인들은 하급학교에서 상급학교에 학생 관련 정보를 전달하는 것도 내신이라고 했다. 학습의 누적 체제로서 소학교－중학교－대학교 등으로 이어지는 학제를 만드는 것은 근대 교육의 일반적 특징이지만, 본래 한 단위의 학습은 자체로 완결적이었다. 상급학교에 입학하려는 학생에게 필요한 서류는 하급학교의 졸업장뿐이었다. 졸업장은 자체로 해당 등급 학교에서 학생에게 가르칠 것은 다 가르쳤다는 증서였다. 학생이 상급학교에서 더 배울 자격이 있는지는 '입학시험'으로 판단하면 되는 문제였다.

일본에서 '내신성적'이라는 단어는 1920년께부터 사용되었다. '하급학교에서 상급학교로 올려보내는 학생 성적에 관한 내밀한 정보'라는 의미였다. 당시 일본 교육 당국이 상급학교 입시에 내신성적을 반영하도록 한 것은 심각한 입시난 때문이었다. 입학시험 경쟁률이 높아져서 1~2점 차이로 당락이 갈리는 데 대한 불만이 고조되자, 채점자들의 부담 일부를 하급학교 교사들에게 떠넘긴 것이다. 하지만 이는 광범위한 '입시 부정'으로 이어졌다. 누군지도 모르는 상급학교 입학시험 채점자들에게 뇌물을 주거나 압력을 가할 수는 없었지만, 1년 동안 수시로 얼굴을 마주 볼 수 있는 학생 담임교사는 달랐다. 학부모들이 자기 자녀의 내신성적을 올리기 위해 교사에게 선물 명목의 뇌물을 주는 일이 관행화했다. 학부모들에게는 대단히 부담스러웠지만, 학교 교사들은 물론 그들과 정서적으로 연결된 교육행정가들에게는 유리한 관행이었다. 내신제도에 대해 광범위한 불만이 있었음에도 일본 군국주의자들은 오히려 1920년대 말부터 "적색 사상을 뿌리 뽑기 위해 내신을 강화하자"고 주장했다. 사상이 불온한 학생이 상급학교에 진학하여 '지식인'이 되는 길을 차단하려는 의도였다.

이 의도에 따라 식민지 조선에서도 1939년부터 상급학교 입학 전형에 내신이 포함되었다. 이후 부모 친척 중에 '불령선인'은 없는지, 평소 무의식적으로 반일감정을 드러내지는 않았는지, 자기 주변에 사람을 끌어모으는 능력이 있는지 등의 중요한 '개인정보'가 내신서에 담겨 상급학교에 전달됐다. 내신제도가 시행됨으로써 학교는 감옥에 한 걸음 더 가까이 다가갔다. 독립운동 경력이 있거나 총독부 경찰의 감시를 받는 사람들은 그것만으로 자식에게 죄인이 돼버렸다. 게다가 일본군과 경찰은 상급학교 입시 담당자만 볼 수 있는 내신서를 '교육 외 목적'으로 이용하는 걸 당연시했다. 고등보통학교나 전문학교에서 독서회 활동을 하던 학생이 경찰에 끌려가 보통학교 시절의 '내신서'를 근거로 취조받는 것은 흔한 일이었다.

학교 내신제도는 해방 이후 폐지되었으나, 1981년 대학 입시 때 부활했다. 당시 교육당국은 학생들의 입시 부담을 줄이고, 본고사

[1학년]

교과	과목	1 학 기			2 학 기		
		단위수	원점수/과목평균(표준편차)	석차등급(수강자수)	단위수	원점수/과목평균(H준편차)	석차등급(수강자수)
국어	국어	5	88/75.8(11.6)	3(472)	5	86/71.8(13.4)	3(465)
수학	수학	5	80/52.3(22.1)	3(472)	5	73/48.1(22.2)	3(465)
영어	실용영어 I	6	78/58.9(19.6)	3(472)			
영어	실용영어 II				6	75/52.8(19.3)	3(465)
사회(역사/도덕포함)	한국사	3	76/63.7(23.3)	4(472)	3	77/57(23.3)	4(465)
과학	과학	2	75/53.1(23.5)	3(472)	2	68/63.4(22)	5(465)
과학	폴리 I	2	71/50(18.5)	3(472)	2	82/57.6(19.9)	3(465)
기술·가정/제2외국어/한문/교양	기술·가정	2	97/85.3(10.7)	1(472)	2	80/74.9(10.6)	4(465)
기술·가정/제2외국어/한문/교양	한문 I	2	99/59.7(24.1)	1(472)	2	91/60.6(24.5)	3(465)
이수단위 합계		27			27		

내신성적표 처음 대학 입시 준비 때문에 형해화形骸化한 학교 수업을 정상화한다는 취지로 도입된 내신제도는 점차 학과 성적 외의 학교생활 전반에 관한 상세 보고서로 변해갔다. 근래에는 학교생활 외의 독서활동, 봉사활동, 교외 특별활동 내용까지 학생 생활기록부에 기재된다. 중등학교 학생들에게 다양한 경험을 권장하는 것을 비판할 이유는 없다. 그러나 이런 활동들의 결과가 '공정'하게 기재된다는 믿음을 얻지 못하면, 학생과 학부모들을 괴롭히는 일이 될 수 있다.

과목에 편중된 학습 풍토를 개선하여 학교생활을 정상화하며, '망국적'인 과외 열풍을 잠재우기 위해서라는 명분을 내걸었다. 하지만 취지대로 실행되는 제도는 본래 드문 법이다. 학부모와 교사 사이의 은밀한 거래를 완전히 차단하기란 불가능했고, 자기 내신성적이 교사가 '공정'하게 판단한 결과라고 생각하는 가난한 학생은 거의 없었다. 그런데도 '내신'의 다른 이름인 '학생 생활기록부'의 입시 반영 비율은 계속 높아졌다. 당연히 이로 인한 논란은 끊이지 않았고, 일부 교사는 아예 학생 생활기록부를 학부모들과 상의하여 작성하기도 했다.

현재는 하급학교 교실의 황폐화를 막기 위해 내신제도가 꼭 필요하다는 주장과 교사와 학부모들 사이의 사적 관계에 좌우되는 내신을 신뢰할 수 없다는 주장이 팽팽히 맞서는 상황이다. 이 문제를 어떻게 해결할 수 있을지는 우리 사회가 떠안은 숙제이지만, 적어도 내신 기록을 '교육 외 목적'으로 빼돌려 공개하는 행위가 용납되어서는 안 된다.

카메라

20. 진상과
     진실 사이

옛사람들은 대개 태어난 곳에서 죽을 때까지 살았고 이동 반경도 넓지 않았다. 지구의 면적은 예와 지금이 다르지 않으나, 옛사람들이 직접 볼 수 있는 세계는 아주 좁았다. 그들이 자기 동네 밖의 세상 형편을 아는 방법은 다른 곳에서 온 사람의 이야기를 듣는 것밖에 없었다. 그들은 세상에 관한 거의 모든 정보를 눈이 아니라 귀로 입수했으니, 소문所聞이 곧 팩트였고 소견所見은 해석의 준거였을 뿐이다. 영어단어 뉴스를 신문新聞, 즉 '새로 들은 이야기'로 번역한 것도 이 때문이다. 하지만 현대인들에게 뉴스는 '듣는 것'이라기보다는 '보는 것'이다. 일상 대화에서도 "어제 뉴스 봤어?"라고 하지 "어제 뉴스 들었어?"라고는 하지 않는다. 뉴스를 듣는 것에서 보는 것으로 바꾼 것이 영상映像 매체다.

1862년(철종 13) 10월, 이의익李義翊을 정사正使로 하는 동지사冬至使 일행이 중국으로 떠났다. 이듬해 초, 베이징에서 이들 일행 중 몇 사람의 모습이 누군가의 카메라에 찍혔다. 촬영자의 의도는 아마도 특이한 복색의 사람들 모습을 기록하는 데에 있었을 것이다. 이들이 사진으로 자기 모습을 남긴 첫 번째 한국인이다. 이로부터 10년쯤 지난 1871년, 강화도를 침공한 미군은 조선인 통역과 전사자, 포로의 모습을 두루 카메라에 담았다. 이들이 사진 영상으로 남은 두 번째 한국인이다.

조미수호통상조약 체결 이듬해인 1883년, 조선 정부는 미국에 민영익을 단장으로 하는 보빙사報聘使를 파견했다. 이들 일행은 일본 나가사키에서 미국 여행을 안내할 통역 겸 가이드를 구했다. 마침 하버드대학을 졸업하고 일본에 와 있던 퍼시벌 로웰Percival Lawrence Lowell과 연이 닿아 그를 고용했다. 보빙사 일행은 미국 견문 일정 전반을 주관한 로웰에게 깊은 감명을 받았다. 임무를 마치고 귀국한 보빙사 일행은 고종에게 복명하면서 로웰을 포상하라고 청원했다. 고종은 그를 국빈 자격으로 초청했다. 로웰은 카메라를 가지고 조선에 들어와 고종을 촬영했다. 이것이 사진으로 현상된 최초의 어진御眞이다.

같은 해, 『한성순보』는 시내에 촬영국撮影局이라는 기관이 있다고 보도했는데, 이것이 이 땅 최초의 사진관이다. 설립자는 김용원(일명 김지성)으로 독립운동가 우사尤史 김규식의 아버지이다. 그는 화원畵員 자격으로 수신사 김기수를 수행하여 일본에 가서 사진술을 접했고, 1881년에는 조사시찰단의 수행원이 되어 다시 일본에 건너갔다. 그 직전에 그는 부산의 일본인 거류지에서 따로 사진술을 배웠다. 그는 조사시찰단으로 갔다가 귀국한 직후 서울에 촬영국을 차렸으나, 이는 갑신정변 때 소실되었다. 중국 상하이에서 사진 기술을 배운 황철도 이해에 귀국했다. 다음해인 1884년에는 일본에서 사진 기술을 배운 지석영의 형 지운영이 고종의 어진을 찍었다. 이 무렵부터 사진은 빠르게 초상화를 대체하기 시작했다. 사진을 촬영하는 행위를 한국말로는 '찍는다'나 '박는다'고 한다. 사진을 처음 접한 우리 선조들은 이를 도장이나 활자처럼 사람과 사물을 실체 그대로 찍어내거나 정해진 크기의 틀에 맞춰 박아 넣은 것으로 이해했다. 그래서 사진을 '찍히거나 박히면' 혼의 일부가 달아난다고도 생각했다.

1894년 청일전쟁 이후에는 일본인 사진사들이 여럿 들어왔다.

1895년에는 화가 김규진도 서울 소공동에 천연당사진관을 차렸다. 1900년에는 대한제국 최초의 사진엽서가 발행되었는데, 이후 일본인 사진사들도 조선의 풍경 사진이 담긴 사제 엽서를 만들어 판매했다. 1901년 7월 18일에는 재한 미국 선교회가 발행하는 『그리스도신문』에 사진이 실렸다. 1909년 5월에는 탁지부 인쇄국에서 사진판 인쇄를 시작했으며, 1911년 11월 1일부터는 총독부 기관지 『매일신보』도 사진을 실었다. 이후 신문사들은 펜으로 기록하는 기자와 별도로 카메라로 기록하는 기자들을 채용했고, 사진부도 따로 두었다.

신문에 사진이 실림으로써 사진에 대한 사람들의 관념도 크게 바뀌었다. 기록이란 본래 글로 쓰는 행위였고, 기자들의 기록도 대개는 남에게 들은 말, 즉 소문을 옮겨 적은 것이었다. 하지만 사진은 기록을 '읽는 것'이나 '듣는 것'에서 '보는 것'으로 바꾸었다. 사진은 기사의 진실성을 담보하는 것으로 취급되었다. 신문 기사의 문체가 '~하였다더라'에서 '~하였다'로 바뀐 것도 신문에 사진이 실리던 무렵부터였다. 사진은 단정하기 어려운 것들을 단정할 수 있는 것으로 바꿔주었다. '먹어 봐', '만져 봐', '들어 봐', '냄새 맡아 봐', '느껴 봐' 등의 우리말이 의미하는 대로, 시각은 정보의 최종적 판단 준거다. 눈에 보이는 것을 부인하거나 재고할 이유는 없었다. 사진은 기록이자 증거였다.

특정 시간과 공간에 고착된 사람과 사물의 '참된' 모습을 영속시키는 속성 때문에, 사진의 용도는 인물사진, 영정사진, 풍경사진, 증명사진, 보도사진, 예술사진 등 다방면으로 확장되었다. 1898년 9월 15일 오후 4시, 경희궁 흥화문 앞에서 전차 개설 예식이 거행되었다. 이 자리에 참석한 한성판윤, 주한 미국 공사, 총세무사, 각 신문 기자들이 나란히 서자, 일본인 사진사가 카메라 셔터를 눌렀다. 이것이 기록상 우리나라 최초의 '기념사진'이다. 이후 어떤 행사에서든 시작하기 전이나 끝난 뒤에 기념 촬영을 하는 것이 관례가 되었다. 기념사진은 여럿이 함께 한 장소에 있었던 '존재 증명'이자 사진에 담긴 개인들에게는 '왕년으로 가는 타임머신'이었다. 건물이나 시설도 기념사진의 대상이었다. 통감부는 1908년 '대한의원 개원 기념식 사진첩'을 소량 제작하여 순종과 고관들에게 배포했다.

기념사진 중에서 가장 강력한 소구력을 가진 것이 졸업사진이다. 보통의 기념사진은 일시적이고 일회적인 모임을 기록하지만, 졸업사진은 여러 해 동안 한 공간에서 함께 생활했던 사람들의 마지막 회동을 기록하기 때문이다. 1900년 5월 3일, 경성학당 졸업생들이 함께 기념사진을 찍었다. 같은 해 9월 26일에는 배재학당 졸업생들도 서로 잊지 않겠다는 서약의 의미로 단체 사진을 찍었다. 단체 졸업사진은 졸업장보다 더 확실한 졸업 증명서였다. 졸업장은 위조할 수 있었으나 졸업사진을 위조할 수는 없었다. 한 장짜리 단체 사진이던 졸업사진은 1910년대 후반부터 개인 사진들을 모아놓은 책자인 졸업앨범으로 바뀌기 시작했다. 그에 앞서 다른 앨범들이 만들어졌다.

일제의 한국 강점 직후인 1910년 10월, 일본전보통신사 경성지국은『조선신사명감』朝鮮紳士名鑑 제작에 착수했다. 조선을 대표할 만한 신사들의 인명록을 발간한다는 취지였다. 1911년에 발간된 이 책에는 저명인사와 장삼이사들의 이력 사항이 사진과 함께 수록되었다. 물론 이 책에 이름과 사진을 올리려면 아주 비싼 책값을 지불해야 했다. 1914년 7월에 출판된『조선신사대동보』도 같은 방식으로 만들어졌다. 1918년에는 경성일보 사장 아오야나기 고타로青柳綱太郎가『조선미인보감』朝鮮美人寶鑑이라는 300여 쪽짜리 사진 앨범을 펴냈다. 조선 기생 611명의 사진을 싣고 이름과 이력, 소속, 특기 등을 적어 넣은 책인데, 이후 이런 형식의 '엽색獵色 안내서'는 축약본이나 소책자 형태로 여러 종이 발간되었다.

사진은 당사자가 추억을 보존하는 수단이자 제3자가 책자 또는 문서에 기재된 인물과 실존 인물 사이의 동일성 여부를 판단하는 기준이 되었다. 사진으로 본인임을 증명하는 시대, 즉 '증명사진'의 시대가 열린 것이다. 1914년 8월의 의사 시험에서부터 수험표에 사진을 첨부하는 것이 의무화했다. 1916년 2월, 총독부 경찰은 경성부 내 부랑자들을 검거하여 서대문형무소로 압송한 후 카메라 앞에 세웠다. 수감자 명부 작성에나 이용되던 카메라는 이윽고 경찰의 필수품이 되었다. 살인이든 도난이든 경찰은 모든 사건 현장에서 사진을 찍었고, 이 사진들은 법적 증거물로 인정받았다.

물론 사진이라는 '존재 증명'이 인물에만 필요하지는 않았다. 여행하기 어려운 사람들, 여행을 꿈꾸는 사람들, 여행의 추억을 간직하고 싶은 사람들을 위한 경관景觀 존재 증명도 필요했다. 1915년 9월, 경기도 고양군의 명승지 사진들을 삽입한 안내 책자가 발간됐다. 이후 사진집 형태의 안내 책자들은 관광의 필수 아이템이 되었다. 1916년 4월에는 단성사에서 공연하는 연극 《카츄샤》의 포스터가 사진으로 제작됐다. 1919년에는 고종 국장國葬의 이모저모를 기록한 사진첩도 발간됐다. 사진첩이 조선시대 의궤儀軌를 대체한 셈이다.

사진은 그림의 기록적 측면뿐 아니라 미적 측면도 계승했다. 1915년 조선물산공진회장은 일종의 사진 전시장이었다. 실물을 전시할 수 없는 것들은 거의 모두 사진으로 대체했다. 1922년 9월에는 경성의 명소 사진을 모아 전시하는 '예술사진전람회'가 열렸다. 카메라는 예술가 집단의 문호를 넓혔다. 직업 사진사들은 물론 취미 삼아 사진 찍는 사람들도 사진 예술가 대열에 합류했다. 경성뿐 아니라 대전, 진해 등의 도시에는 '카메라회'라는 동호회들도 생겨났다. 카메라의 보급 속도는 매우 빨랐다. 1930년대 말에는 값비싼 카메라를

1930년대 영업 사진관 안에서 진행된 인물 촬영 장면 카메라는 동물을 순식간에 정물로
바꾸는 마력을 발휘했고, 눈에 보이는 것을 그대로 찍어냄으로써 '진실'의 광범위한 유
통에 기여했다. 반면 눈에 보이는 것이 진실만은 아니라는 사실을 입증하기도 했다. 출
처: 한국민족문화대백과사전

가지고 다니면서 '사진 장난'하는 중학생들을 단속하자는 이야기가
나올 정도였다. 당시 카메라 가격은 500원 정도였고, 카메라와 사진
현상용품 등을 판매하는 상점은 경성 시내에만 3곳이 있었다.

　물론 카메라를 가졌다고 누구나 사진을 잘 찍을 수는 없었다.
1980~1990년대 일본 카메라 상가에서는 '바카총 카메라'라는 것
을 팔았다. '바카총'은 브랜드 이름이 아니라 일본어로 바보라는 뜻
의 '바카'와 조센진의 '조'를 합성한 신조어였다. 바보와 조센징도 사
진 찍을 수 있는 전자동 카메라라는 뜻이다. 한국인을 바보 취급하는
혐한 의식의 산물인데, 당연히 일제강점기 일본인들의 혐한 의식은
1980~1990년대보다 훨씬 심했다. 그런 형편에서도 경제적으로 여
유 있는 조선인들은 카메라를 장만하고 사진 찍는 법을 배웠다.

　1880년대에 외국에서 사진술을 배워왔던 황철, 지운영, 김용원 등
이 문하생을 두었는지는 알 수 없다. 학생들을 공개 모집해 카메라

조작법을 가르치는 학원은 1908년 8월 일본인 시미즈 도운淸水東雲
이 처음 세웠다. 이듬해에는 YMCA 부설 종로청년학관에도 사진과
가 생겼다. 청년학관 사진과는 1933년 폐쇄될 때까지 300여 명의 사
진사를 양성했다. 졸업생들은 전국 곳곳으로 흩어져 사진관을 차렸
으니, 1930년대 말부터는 시골 읍내에도 사진관 하나씩은 있는 정도
가 되었다. 증명사진의 수요는 계속 늘었고, 보통사람들도 돌, 결혼,
회갑 등의 인생 통과의례 때마다 사진관에 가거나 사진사를 불러 사
진을 찍곤 했다.

　카메라는 정보 입수의 주된 통로를 귀에서 눈으로 전환시켰다. 사
진은 시간을 정지시켜 피사체의 형상에 영속성을 부여하고, 공간적
제약을 극복할 수 있게 해주었다. 카메라가 순간적으로 포착한 장면
은 촬영자가 확실히 본 바로서, 의심할 나위 없는 진실로 받아들여
졌다. 그래서 '진실을 묘사한 것'이라는 뜻의 사진寫眞이라는 이름이
붙었고, 그때까지 사실상 유일한 정보원이었던 소문은 '그대로 믿기
어려운 것'으로 재배치되었다. 사진은 기억을 저장하고 진실을 기록
하는 매체로서 그 영향력을 계속 키워왔다. 오늘날에는 거의 모든
사람이 개인용 통신기에 부착된 카메라로 기록하고 싶은 순간의 장
면들을 찍어 타인과 공유한다. 하지만 사진의 진실성에 대한 맹목적
신뢰를 역이용하는 술법도 더불어 발달했으니, 전후 맥락과 괴리된
찰나적 현상에 기만당할 위험성도 훨씬 커졌다. 사진에 담기는 것은
현상일 뿐 진실은 아니다.

21.   아이들에게
음악을 가르치다

　　아파트 단지 바로 옆에 새 도로가 생긴다는 소식을 들으면, 주민들은 먼저 머리띠 질끈 동여매고 반대 운동에 돌입한다. 하지만 이런 운동이 성공하는 경우는 거의 없다. 주민들이 행정당국에게서 얻어내는 건 대개 소음차단벽이다. 주민들은 이 벽 때문에 경관을 누릴 권리를 잃더라도 소음 피해를 보는 것보다는 낫다고들 생각한다. 귀는 인내력이 부족한 감각기관이다. 꼴불견 때문에 살인사건이 발생하는 경우는 거의 없지만, 소음으로 인한 살인사건은 종종 일어난다.

　　"이국적인 실내 장식은 상당히 아름다웠다. 음식도 그럭저럭 괜찮았고 어떤 것은 꽤 좋았으나 귀를 찢는 듯한 악기 소리 때문에 머리가 아팠다." 19세기 말 궁중 연회에 참석했던 한 외국인의 소감이다. 그의 시각과 후각, 미각은 조선의 전통에 잘 적응했으나 청각은 그러지 못했다. 귀는 상대적으로 적응력이 부족한 감각기관이기도 하다.

　　1902년은 고종 즉위 40년이자 망육순望六旬(51세)이 되는 해였다. 고종은 이 양대 경절慶節을 열강의 특사가 참관하는 국제 행사로 치러 대한제국이 근대 문명국가의 자격을 갖추었음을 보여주고자 했다. 손님을 흡족하게 하지는 못할망정 불편하게 해서는 안 되는 것이 주인의 도리다. 대한제국 정부는 프랑스에 양식기와 식탁 등을 주문하는 한편, 프로이센 군악대장 프란츠 에케르트를 3년 계약으로 초청했다. 1901년 6월, 40여 점의 악기를 가지고 입국한 에케르트는 미리 조직된 군악대를 6개월 동안 가르쳐 그해 9월 7일 황제 탄신 축하연에서 첫 연주회를 열었다. 이듬해 6월, 황실은 탑골공원 서쪽 구석에 군악대 건물을 지었고, 군악대는 이곳에서 연습하면서 매주 목요일 오전 10시에 공원 내 팔각정에서 시민을 위한 무료 음악회를 열었다. 서울 시민들은 이곳에서 서양 음악에 대한 감수성을 키웠다.

물론 에케르트가 지휘한 군악대보다 먼저 한국인들에게 서양 음악을 소개한 사람들도 있었다. 기독교 선교사들의 포교 활동에서 '찬송'讚頌은 빼놓을 수 없는 요소였다. 한국적 선율만 알던 사람들에게 유럽과 미국에서 작곡된 찬송가를 가르치려면, 그에 걸맞은 반주 악기가 필요했다. 그런 악기로 사용된 것이 리드 오르간, 한자어로 풍금風琴이었다. 이 악기는 단 한 사람이 40인조 오케스트라가 할 몫을 얼추 감당할 수 있게 해주었다. 우리나라에 언제 풍금이 들어왔는지는 정확히 알 수 없지만, 홍대용·박지원 등 조선 말기에 연행사 일행으로 중국에 갔던 지식인들은 베이징 천주교당에서 풍금 소리를 들었다고 기록했다. 악보 형태로 나온 우리나라 최초의 한글 찬송가집은 1894년 미국 북장로회 선교사 언더우드가 발간한 『찬양가』다. 이듬해에는 감리교회에서 별도의 『찬미가』를 간행했다. 이에 앞서 1891년부터는 이화학당에서 창가 과목을 정식 교과목으로 채택했다. 이런 정황에 비추어보면, 기독교회와 기독교계 학교들에는 1890년대 초중반경에 풍금이 비치되었을 것으로 추정된다.

서양 음악의 기본 음계를 표현하는 악기이면서도 상대적으로 값이 쌌기 때문에, 풍금은 상당히 빠른 속도로 늘어났다. 1908년 8월, 학부學部는 가을 개학 때부터 사범학교와 각 보통학교에서 학도들에게 풍금을 가르치기로 했다. 이듬해 4월 15일부터 관립고등학교 학생들은 풍금 반주에 맞춰 체조 수업을 받았다. 1910년대 중반경에

1970년대 초등학교 교실에 놓인 풍금 교사는 풍금을 치며 학생들에게 노래를 가르쳤고, 학생들은 풍금 소리로 '기본 음계'를 익혔다. 풍금은 현대 한국인의 음감을 규정한 물건이다.

풍금은 대부분의 중등학교에 보급되었다. 고등보통학교 졸업식장에서는 학생들이 풍금 반주에 맞춰 교가와 국가를 불렀으며, 학예회 때에도 풍금 연주가 빠지지 않았다. 1920년대에는 천도교계의 행사 프로그램에도 풍금 연주와 창가가 포함되었다.

1910년대 말부터 풍금은 독지가들이 보통학교에 기부하는 품목의 대표 격이 되었다. 당시 풍금 한 대 가격은 100여 원 정도였기 때문에, 기부 품목으로는 적격이었다. 덕분에 풍금은 보통학교의 필수 교구로 자리 잡았고, 풍금 소리는 대다수 아이가 가장 먼저 듣는 악기 소리가 되었다. 1923년에는 서울에 풍금 교습소도 생겼다. 한국인이 제작한 풍금은 1924년에 처음 나왔다. 이해 4월, 평양의 태호목물공장 주인 김태호는 숭실학교 교사 강병필의 도움을 얻어 풍금을 제작하는 데 성공했다.

피아노, 바이올린, 첼로, 실로폰, 플루트, 트럼펫, 트롬본, 드럼, 호른, 기타 등 서양 악기 중에 한자어나 순우리말로 번역된 건 거의 없다. 서양에서 유래한 신문물에 익숙한 한자어 이름을 붙이려는 의지는 동양 삼국에서 공히 불타올랐고, 그 과정에서 가방이나 구두 같은 희한한 이름도 생겼지만, 악기에 대해서만은 '번역의 의지'가 작동하지 않았다. 그런 점에서 보더라도, 풍금風琴이라는 한자어로 번역된 리드 오르간은 독특한 악기였다. 이 독특함은 풍금이 기독교와 함께 한자 문화권에 전래한 데에서 기인한 것으로 보인다. 기독교의 찬송가는 풍금과 짝이었고, 기독교계 학교 학생들은 찬송가부터 배워야 했다. 풍금은 이윽고 모든 교육기관으로 확산했으며, 한국인들의 음악적 미감을 바꾸는 데 결정적 구실을 했다. 더불어 서양음악이 표준이 되고 전통음악은 주변부로 밀려났다. 이제 한국인들의 귀는 국악보다 서양음악에 더 익숙하다. 풍금은 '서양이 보편이고 동양은 특수'라는 생각을 심어놓는 데 큰 구실을 한 물건이다.

22. 음악을
들으며
살다

새나 개 같은 동물들도 소리의 고저高低, 장단長短, 강약强弱으로 간단한 의사소통을 한다. 이로 미루어보면 인류에게도 말에 앞서 노래가 있었을 가능성이 크다. 인류는 그릇을 만들기 훨씬 전에 악기를 만들었다. 현재까지 발견된 가장 오래된 악기는 최소 3만 5,000년 전에 구석기시대 사람들이 새 뼈로 만든 피리다.

인류가 태곳적부터 음악을 즐기기는 했지만, 음악을 듣기 좋아하는 것과 좋은 음악을 듣는 것은 다른 일이다. 근대 이전에는 가장 높은 정밀도를 요구하는 기기가 악기였고, 가장 높은 숙련도를 갖춰야 하는 장인이 악공이었다. 듣는 사람의 심금을 울릴 수 있는 목소리를 타고나는 사람도 아주 드물었다. 그러니 정교한 악기와 능숙한 악공, 천부적 명창을 한자리에 모아 놓고 그들이 함께 만들어내는 음악을 듣는 것은 보통사람으로서는 꿈도 꿀 수 없는 일이었다. 최고, 최상의 소리를 동원할 수 있는 권력자 곁에 설 수 있는 사람이 아니고서는, 졸렬한 악기 소리와 평범한 목소리에 만족할 수밖에 없었다. 그조차 자주 들을 수도 없었다.

미술이 공간의 예술이자 지상地上의 예술이라면, 음악은 시간의 예술이자 천상天上의 예술이다. 미술작품은 공간에 고착되나 시간에는 구애받지 않는다. 그림이든 조각이든 미술작품은 잘만 관리한다면 특정 공간을 점유한 채 백 년 천 년을 버틴다. 미술은 시간에 저항하는 예술이며 반反시간적 예술이다. 반면 모든 음악에는 시작과 끝이 있다. 콘서트홀에서 들으면 더 좋겠지만, 야외에서 듣는다고 해서 음악 아닌 다른 것으로 바뀌지는 않는다. 인간이 인지하는 천체의 리듬이 시간이다. 음악은 그 리듬을 아름답게 표현하는 예술이다. 그래서 특정한 음악에 관한 기억은 주로 시간과 결합한다.

1877년 8월 12일, 미국의 토머스 에디슨은 소리를 저장했다가 조작자가 원하는 시점에 다시 뱉어내는 기계를 만들어 공개했다. 구리 원통에 얇은 주석을 붙이고 이것을 회전시키면서 녹음하고 바늘과 진동판을 사용해 재생하는 기계였다. 그는 이 기계에 포노그래프phonograph라는 이름을 붙였다. 소리를 기록하는 기계라는 뜻이다. 소리가 시간의 제약을 극복하는 역사적 순간이었다. 1887년에는 에밀 벌리너가 평판平板을 레코드로 하고 바늘이 수평으로 진동하는 방식의 기계를 만들어 그래머폰gramophone으로 명명했다. 소리를 문자로 만드는 기계라는 뜻이다.

그래머폰은 1898년경 한국 땅에도 들어왔다. 명성황후 시해 사건과 김홍륙 독차毒茶 사건 등으로 생명의 위협을 느낀 고종은 불안감 때문에 잠을 이루지 못하고 야연夜宴으로 밤을 새우기 일쑤였다. 매일 밤 서울의 유명한 예능인들이 궁궐에 들어가 춤과 노래, 묘기로 고종의 불안감을 달랬다. 고종은 그들 중 서울 소리꾼 박춘재를 특별히 총애하여 색차지色次知 명색의 대전별감으로 임명했다. 당시 박춘재는 16세였다. 1898년 4월, 외부대신이 소리를 삼켰다가 뱉는 기계를 사들여 고종에게 바치고 서양인에게 조작법을 설명하게 했다. 서양인이 먼저 소리를 집어넣어야 한다고 하자, 고종은 바로 박춘재를 불러 노래를 시켰다. 박춘재가 기계에 대고 〈적벽가〉 한 자락을 부르자 서양인은 그것을 조작해서 소리를 재생했다. 그러자 고종은 깜짝 놀라면서, "춘재야, 네 명이 10년은 감해졌겠구나"라고 말했다

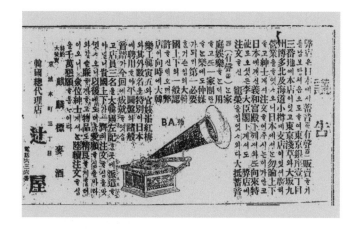

일본 츠지야 상회의 유성기 판매 광고 의친왕과 이대신李大臣(1906년 일본 특사로 임명된 이지용으로 추정)이 주문했으며, 악공 한인오와 관기 최홍매를 일본으로 초청하여 유성기용 음반을 만들었다는 내용이다. 유성기, 축음기, 전축은 언제든 음악을 들을 수 있는 시대를 열었다. 현대인은 늘 '천상의 소리'를 들으며 사는 사람이지만, 그 심성이 천사처럼 아름다워지지는 않았다. 출처:『만세보』1907년 3월 19일자

고 한다. 그는 이 기계에 목소리를 훔치는 귀신이 들어 있다고 생각했던 듯하다. 하지만 박춘재는 68세까지 살았고, 수많은 유성기판에 담긴 그의 목소리는 더 오래 살았다.

　박춘재는 일본의 한국 강점 이후 명창이자 재담가才談家로 명성을 날렸고, 그의 재담은 음반으로 제작되어 1910~1920년대 음반 산업을 선도했다. 경성방송국이 개국한 뒤로는 라디오에도 자주 출연했다. 박춘재의 재담은 이후 만담漫談으로 이어졌고, TV가 출현한 후 코미디로 바뀌었다. 우리나라 최후의 만담가라고 할 수 있는 장소팔은 "재담의 아들은 만담이요, 만담의 아들은 코미디"라는 말을 남겼는데, 그런 점에서 보자면 박춘재는 현대 개그맨과 코미디언의 조상이라고 할 수 있다.

　처음 이 기계는 '소리를 머물게 하는 기계'라는 뜻의 유성기留聲機로 번역되었다. 소리를 쌓아두는 기계라는 뜻의 '축음기'蓄音機라는

번역어는 1910년대 초부터 사용되었는데, 오랫동안 유성기와 축음기는 한 종류의 물건에 붙은 두 개의 명사로 혼용되었다. 고종이 유성기를 접한 직후, 외부 관리들이 이 기계를 가지고 삼청동 감은정에 가서 잔치를 벌였다.

> 외부에서 일전에 유성기를 사서 각항 노래 곡조를 불러 유성기 속에다 넣고, 해부 대신 이하 제 관인이 춘경을 구경하라고 삼청동 감은정에다 잔치를 배설하고, 서양 사람이 모든 기계를 운전해 쓰는데, 먼저 명창 광대의 춘향가를 넣고, 그다음에 기생 화용과 및 금랑 가사를 넣고, 말경에 진고개 패 계집 산홍과 및 사나이 학봉 등의 잡가를 넣었는데, 기관되는 작은 기계를 바꾸어 꾸미면 먼저 넣었던 각항 곡조와 같이 그 속에서 완연히 나오는지라. 보고 듣는 이들이 구름같이 모여 모두 기이하다고 칭찬하며 종일토록 놀았다더라.
> —『독립신문』 1899년 4월 20일자

우리나라 사람들이 기계에서 나오는 음악을 들으며 야외에서 함께 논 최초의 사례이다. 이듬해 3월에는 『황성신문』에 유성기 소리를 들려준다는 광고가 실렸다. "서양 격치가格致家(과학자)에서 발명한 유성기를 사 와서 서서 봉상사 앞 113통 9호에 두었는데, 그 안에서 노래 피리 생황 거문고 소리가 기계를 움직이는 대로 나와 완연히 연극장과 같으니 여러 군자는 그곳으로 와서 감상하시오." 신문에 여러 차례 광고한 것으로 보아 돈을 받고 유성기 소리를 들려주었던 듯하다. 음악감상실의 기원인 셈인데, 이런 집이 한 곳만은 아니었다. 같은 해 7월부터는 정동의 미국인 상점 개리양행에서 유성기를 판매하기 시작했다. 당시 유성기를 산 사람이 얼마나 되었는지는 알 수 없으나, 1907년에는 한국 음악을 녹음한 단면 레코드가 처음 발매되었다. 경기 명창 한인오와 기생 최홍매가 일본 오사카에 건너가 취입吹入한 것으로 미국에서 음반으로 제작, 한국에서 판매했다.

1908년에는 미국 빅터 레코드 회사가 서울에서 30여 명의 가객과 기생, 악공을 동원하여 100여 곡의 노래를 취입, 미국에서 단면 원반식 음반으로 제작했다. 음반 제목은 《한국 서울 성도채옥창부병창》聖桃彩玉唱夫竝唱이었다. 일본에서는 1909년에 음반 생산이 시작되었는데, 한국이 식민지화한 이후 일본축음기상회가 조선에 진출하여 1911년부터 심정순의 가야금 연주와 박춘재, 문영수, 김홍도 등의 노래를 수록한 '조선 음반'을 발매하기 시작했다. 1916년 광대 김창환이 유성기에 소리를 넣고 양인洋人에게 1,000원을 받은 사건은 세간의 큰 화제가 되었다.

일제강점기에는 동창회나 운동회 등의 야외 행사장에 축음기 소리가 울리는 일이 흔했다. 1915년의 조선물산공진회는 전등 불빛으로 사람들의 눈을, 축음기 소리로 사람들의 귀를 사로잡았다. 공진회에는 박춘재, 홍도, 산홍이가 '직접 출연'하는 공연 프로그램도 있었는데, 주최 측은 "유성기 소리만으로 박춘재, 홍도, 산홍의 이름을 익히 아시던 지방의 관객들도 이 기회에 실지로 와서 그 얼굴과 그 진정한 명 가요곡을 들으시오"라고 홍보했다. 1920년대 말부터 벚꽃 피는 봄밤이면 창경원 전역이 레코드음악 소리로 덮였으며, 종로와 본정本町의 대로변에 자리 잡은 '축음기 레코드 상회'들은 하루 종일 거리의 대중에게 음악을 들려주었다.

본정통은 아름다운 거리, 번화한 골목, 빠른 속도로 통행하는 사람들, 쇼윈도우, 좁은 공간, 전기 간판, 꽃집, 교번소(현 파출소), 축음기의 멜로디, 라디오의 노랫소리, 인력거, 깨끗

하게 차린 예기藝妓, 개, 50전짜리 라이스 카레, 사람들, 사람
들, 이렇듯 조선의 은좌가銀座街의 행진곡은 연주되고 있다.
— 「대경성번창기-조선의 은좌가 본정통」, 『조선공론』

유성기는 실내 행사에 더 잘 어울렸다. 관청은 물론 민족·사회운
동 단체들도 실내 행사 도중에 유성기 음악을 틀었다. 1921년 경기
도는 산하 각 군에 유성기를 나눠 주었으며, 같은 해 중앙기독교청
년회는 소년직공위안회를 열고 유성기 음악을 들려주었다. 이후 '유
성기 음악 듣기'는 각종 실내 행사에서 가장 흔한 여흥 프로그램이
되었다. 1924년 6월에는 종로 예배당에서 '레코드 콘서트'가 열렸는
데, 축음기만을 사용한 실내 음악감상 행사는 이후 여러 곳에서 열
렸고, 때로는 축음기 회사가 후원했다. 축음기는 카페, 바 등 유흥업
소의 필수품이기도 했다. '칵테일의 향기와 축음기 소리'는 1930년
대 도시의 상징 중 하나였다.

부자들은 자기 집 안방을 콘서트장으로 만들 수 있었다. 순종과
순종비의 유성기 애호는 유명했다. 1912년 일본 메이지 천황이 위
독하다는 소식이 알려지자, 순종비는 유성기 소리를 듣지 않는 것
으로 근신의 뜻을 표했다. 순종이 서거하기 직전, 세간에 알려진 그
의 근황은 '유성기를 들으시며 구신舊臣들과 담소하셨다'라는 것이
었다. 1930년대 중반 축음기 한 대 값은 50원 정도로서 말단 관리
한 달 봉급보다 조금 많았으나, 자동차처럼 서민들이 꿈도 꿀 수 없
는 물건은 아니었다. 축음기가 경품으로 걸리는 행사도 적지 않았
다. 1935년경 조선 내의 축음기는 30만여 대였고, 그 3년 뒤에는 40
만 대를 넘어섰다. 1930년대 중반의 연간 음반 판매량은 조선소리판
100만 매, 일본판 및 기타 100만 매 등 200만 매에 달했다.

축음기 보급이 확산하는 데에는 '히트곡'과 라디오 방송, 사실음

에 가까운 소리를 내는 전기식 음반의 덕이 컸다. 1926년 윤심덕이 취입한 〈사의 찬미〉는 그의 비극적 죽음과 맞물려 공전의 히트를 쳤으며, 축음기를 장만하려는 사람들의 욕망을 부추겼다. 1927년 2월부터 시작된 라디오 방송도 사람들의 귀를 축음기 소리에 익숙하게 만들었다. 1928년부터는 일본축음기상회가 전기식으로 취입한 음반을 출시하기 시작했다. 음반사도 많아졌다. 1930년대에는 컬럼비아, 빅터, 포리틀, 시에론, 오케, 태평의 6대 레코드사가 있었고, 각 회사는 음반을 팔기 위해 종종 음악회를 열었다. 1928년 11월, 일본축음기상회는 '잊혀져 가는 조선의 노래를 찾자'는 취지로 장곡천정(현 소공동) 공회당에서 '전조선명창연주회'를 개최했다. 이동백, 박춘재 등 남자 명창 12명, 김추월, 이화중선 등 여자 명창 13명이 출연했고, 일본축음기상회는 이들의 노래를 음반으로 제작·판매했다. 이 행사는 이후 여러 차례 열렸다. 1932년 1월에는 가수 채규엽이 컬럼비아 레코드사와 2년간 전속 계약을 맺었다. 그가 조선인 최초의 축음기회사 전속 가수였다. 1933년 11월 15, 16일에는 가수가 되려는 사람 83명이 참가한 '콩쿠르 경성'이 컬럼비아 축음기회사 경성지점에서 진행되었다. 우승자가 받을 상품은 전속 계약이었다. 이것이 이 땅 최초의 신인가수 선발 경연대회였다. 1938년 6월 30일부터 7월 3일 사이에는 컬럼비아, 빅터, 오케, 태평의 조선 내 레코드 4사가 공동 주최한 '남녀 명名유행가수 선발대회'가 열렸다. 이들 회사는 에디슨의 축음기 발명을 기념하여 10월 1일을 '축음기의 생일'로 정하고 '축음기제'蓄音機祭라는 명목으로 이 행사를 기획했다.

물론 축음기가 음악 듣는 데에만 이용되지는 않았다. 1927년 4월, 독립운동가 이상재의 사회장 때에는 고인이 생전에 녹음해 둔 〈조선 청년에게〉라는 연설이 축음기를 통해 울려 퍼졌다. 1936년 7월 손기정이 베를린 올림픽 마라톤에서 역주하는 장면도 축음기를 거쳐 라디오로 전해졌다. 축음기 음반이 불온사상不穩思想과 불온정서不穩情緖를 전파하는 매체가 될 수 있다고 판단한 총독부는 1933년 6월 15일 '축음기 레코드 취체규칙'을 공포했다. 이에 따라 모든 음반은 출판물과 마찬가지로 사전 검열의 대상이 되었다.

1931년부터는 신문·잡지 지면에 음반音盤이라는 단어가 나오기 시작했고, 전기 축음기를 줄인 전축電蓄이라는 단어는 1939년에 첫 출현했다. 하지만 전시 경제체제 하에서 불요불급한 소비재의 수입은 극도로 억제되었기 때문에, 전축은 해방 이후에야 본격 수입되었다. 장시간 재생용 음반인 LP판도 미군이 가지고 들어왔다. 국산 전축은 1963년 금성사에서 처음 출시했으나, 외국산 제품에 비해 성능이 떨어지는 데다가 가격도 비싸 곧 생산이 중단되었다. 국산 전축은 1972년에 가서야 본격 생산되었다. 이 무렵 사람들의 음악 감상에 혁명적 변화가 거듭 일어났다. 1963년 카세트테이프가, 1983년에는 CDCompact Disk가 발명되었다. 1979년에는 일본의 소니 사가 개인용 음악 재생기인 '워크맨'을 출시했다. 1999년에는 한국 기업 디지털캐스트가 MP3 플레이어의 특허를 출원했다. 스마트폰이 나온 뒤 MP3 플레이어는 그 안에 담겼다.

사람들은 축음기 덕에 얼굴도 모르는 사람의 노랫소리를 들을 수 있었고, 귀에 익은 목소리의 주인공을 직접 확인하려는 욕망을 품을 수 있었다. 축음기는 가수가 노래를 부르고, 노래가 가수의 이름을 알리며, 대중이 그 가수의 생김새와 목소리를 직접 보고 들을 수 있는 시대, 즉 대중음악의 시대이자 대중문화의 시대를 열었다. 현대인은 옛사람들이 평생에 한 번도 듣기 어려웠던 아름답고 조화로운 음악을 매일 수십 번씩 듣는 사람이다. 그들은 언제 어디에서나, 심지어 공부하거나 일하면서도 음악을 듣는다. 하지만 사람들의 정서가 음악을 듣기 어려웠던 시절에 비해 더 아름다워진 것 같지는 않다.

23. 대중가요
     반주 악기

악학별좌樂學別坐 봉상판관奉常判官 박연이 나무틀 하나에 돌
이 12개 달린 석경石磬을 새로 만들어 올렸다. 처음에 중국
의 황종黃鍾 경쇠로써 위주하였는데, 삼분三分으로 덜고 더
하여 12율관律管을 만들고, 겸하여 옹진甕津에서 생산되는
검은 기장秬黍으로 교정校正하고 남양南陽에서 나는 돌을 가
지고 만들어 보니, 소리와 가락이 잘 조화되는지라, 그것으
로 종묘와 조회 때의 음악을 삼은 것이다.

─『세종실록』9년(1427) 5월 15일

돌은 금속에 비해 온도와 습도의 영향을 덜 받기 때문에, 고대 중
국에서는 편경 소리를 기준으로 다른 악기들을 조율했다. 우리나라
에서는 편경을 만들기에 적합한 돌을 구하지 못해 오랫동안 쇳덩어
리를 경석 대신 사용했는데, 그 때문에 날씨에 따라 소리가 달라지
는 현상을 피할 수 없었다. 박연이 화성에서 발견된 경석으로 편경
을 만든 뒤에야, 비로소 절대 음의 기준을 세울 수 있었다. 사물의
크기나 두께의 미세한 차이를 식별하는 능력은 눈보다 귀가 뛰어나
다. 도자기에 미세한 금이 생겼는지는 눈이 아니라 귀로 판별한다.
미세한 차이도 용납하지 않는 기계가 악기다. 그래서 산업혁명 이전
에는 악기 제조업이 최고의 정밀공업이었다. 하지만 도량형기의 기

준이 될 정도로 정밀한 악기는 아무나 만들 수 없었다. 서민들도 축제에서 악기를 사용했지만, 징, 꽹과리, 장고, 북 등 음질 차이가 용인되는 것들이었다.

상대적으로 값이 싼 데다가 연주법을 익히기도 쉬워 악기의 대중화를 선도하고 현대 대중음악의 기본 악기로 자리 잡은 것이 기타다. 줄 하나를 막대기 양쪽 끝에 묶은 활을 기타의 원조로 보는 견해도 있으나, 다른 현악기들과 구별되는 기타의 고유성은 서기 9세기경에 확정되었다. 이베리아반도를 정복한 무어인들이 이슬람권의 현악기를 스페인에 가져갔고, 스페인인들은 이를 변형시켜 자기네 민속 악기로 만들었다. 기타는 14세기에 유럽 전역으로, 16세기에는 스페인 함대와 함께 아메리카 대륙 전역으로까지 퍼져나갔다.

1920년대 초에는 한반도에도 기타가 전래되었는데, 홍난파에 따르면 기타는 한동안 '유행가 반주용 저급 악기'로 취급받았다. 1920년대부터 한국에서 유행한 트로트 가요들에는 가야금 등의 전통 악기가 어울리지 않았다. 기타는 '유행가 반주악기에 약방의 감초격'이라는 평을 들을 정도였다. 명월관, 국일관 등 요정에는 기타 연주자들이 최신 유행가의 반주자로 출입했다. 속칭 '딴따라'로 불렸던 기타 연주자들은 1940년에 이르러서야 예술가 대접을 받기 시작했다. 이해 5월, 조선인 기타 연주자 정세원의 기타 독주회가 도쿄 메이지생명 강당에서 열렸다. 그는 '동양 최초의 기타리스트'라는 명예로운 칭호를 얻었다.

휴전 이듬해인 1954년, 김진영이 한국인으로서는 처음으로 기타를 만드는 데 성공하여 1958년 세고비아 악기사를 설립했다. 유럽 68혁명의 여파가 한국에 밀어닥쳐 청년들 사이에 장발, 미니스커트, 청바지 등이 유행할 때, 기타도 청년 문화의 상징 중 하나가 되었다. 명동에 있던 음악감상실 쎄시봉은 한국 통기타 음악의 산실이 되었

청량리역 광장에서 기타 치는 젊은이들 1992년 여름. 1920년대 유행가 반주용 악기로
도입된 기타는 1960년대 말 청년 문화의 상징으로 자리 잡았다. 그 시절에 청소년기를
보낸 사람 중에 기타 한 번 안 만져본 사람은 거의 없다고 해도 과언이 아니다. 기타는
전 세계에서 가장 보편적으로 쓰이는 반주악기이고, 그런 만큼 세계인의 음감을 통합한
악기이다. 출처: 『보도사진연감 '93』

으며, 한국 통기타 가수의 원조로 인정받는 송창식과 윤형주는 1968
년에 데뷔했다. 이후 기타는 교회와 각 가정에 급속히 침투했다. 대
학생은 물론 중고등학생들에게까지 기타 배우기 열풍이 불었다. 소
풍지나 수학여행지, 교회의 수련회장 등지에서는 기타 소리가 빠지
지 않았다. 이로부터 얼마 뒤에 시작된 '그룹사운드'의 시대에, 기타
는 가장 중요한 악기가 되었다.

2019년 6월, 홍콩 행정청이 '범죄인 인도법' 제정을 예고하자, 홍
콩 시민들은 그에 반대하는 시위에 돌입했다. 시민들은 시위 도중
기타 반주에 맞춰 한국 민주화 운동의 상징곡인 〈임을 위한 행진곡〉
을 불렀다. 노래 가사는 인류의 지향이 다를 수 없음을 보여줬고, 기
타의 선율은 세계인의 음감이 통합되었음을 드러냈다. 오늘날의 기
타는 세계에서 가장 대중적 또는 '민중적'인 악기다.

영사기

24. 실상으로
     환상을
     만들다

사진이라는 단어의 뜻을 문자 그대로 풀면 '참모습을 본뜬 것'이다. 형체가 있는 모든 것을, 심지어 눈에 보이지 않는 것까지도, 참모습에 가장 가까운 형상으로 평면 위에 재현한 것이 사진이다. 그런데 전등 불빛을 이용해 사진을 벽면이나 장막에 투사하는 기계는 '환등기'幻燈機라 불렸다. 아무것도 없던 벽면에 갑자기 영상이 떠오르는 것이 마치 환상 같다고 해서 붙은 이름인데, 실상을 표현한 사진들로 환상을 만들어내는 기계에 이보다 더 적합한 이름을 붙이기도 어려울 듯하다. 환등기가 등장한 지 얼마 뒤인 1889년, 미국의 토머스 에디슨과 윌리엄 딕슨이 키네토스코프kinetoscope라는 영사기를 발명했다. 필름을 연속 회전시키는 장치와 환등기를 결합한 1인용 기계인 이 물건이 활동사진의 시대를 열었다. 1894년 프랑스 파리에서 키네토스코프로 활동사진을 본 오귀스트 뤼미에르는 동생 루이 뤼미에르와 함께 다중이 함께 볼 수 있는 활동사진 연구에 매달렸다. 촬영기를 만드는 데 성공한 그들은 이 물건에 시네마토그래프cinématograph라는 이름을 붙여 1895년 2월 13일에 특허를 얻었다. '시네마'라는 이름이 세상에 출현한 순간이었다. 일본인들은 시네마를 활동사진으로 번역했다. 활동사진을 스크린에 투사하여 보여주는 기계는 프로젝터projector였는데, 이 물건에는 가치중립적인 영사기라는 이름을 붙였다.

뤼미에르 형제가 시네마토그래프를 발명한 지 2년 뒤인 1897년, 서울 남촌의 일본인 극장에서 활동사진 상영회가 열렸다. 그로부터 다시 2년 뒤, 미국인 일라이어스 버튼 홈스Elias Burton Holmes가 활동사진 촬영기와 영사기를 들고 한국에 들어왔다. 그는 먼저 고종에게 자기가 이곳저곳 돌아다니며 찍은 활동사진들을 보여줬다. 당시 영사기가 경운궁 어느 전각에 놓였는지는 알 수 없다. 그는 이어 서울 시내를 돌아다니며 활동사진을 찍었는데, 3분 정도 분량의 영상이 지금까지 전한다. 그의 활동사진에는 서양식 모자를 써보는 남자, 장옷 대신 큰 우산을 쓰고 다니는 여성들, 남대문 앞 거리, 긴 담뱃대를 물고 인력거를 끄는 남자, 활을 쏘는 노인 등이 담겼다. 그의 활동사진은 미국이나 다른 나라에 '한국'을 알리는 데 상당한 구실을 했을 테지만, 이것들이 당시 서울을 대표하는 모습은 결코 아니었다.

지금도 크게 달라지지 않았지만, 당시에는 활동사진 촬영기와 필름이 가장 값비싼 기록매체였다. 당연히 기록자(촬영자)들은 '기록할 가치가 아주 높다'고 판단한 장면만 기록한다. 개항 이후 이 땅에 들어온 구미인들은 자신도 의식하지 못한 채 '한국에 고유한' 장면만을 선택해서 찍었다. 물론 그에게는 어떤 것들이 한국 문화의 고유성을 표현하는지 판정할 전문성이 없었다. 그에게는 자기가 보기에 '신기한' 것이 '한국적'인 것이었다.

버튼 홈스가 서울에 있을 때는 '황제 어극 40년 망육순 칭경예식'을 앞두고 서울을 황도답게 개조하는 사업이 마무리 단계에 이른 상태였다. 종로 한복판에 전차가 다녔고, 보신각 맞은편에 시계탑이 달린 서양식 한성전기회사 사옥이 들어섰으며, 경운궁 대안문 앞에는 원구단圜丘壇이, 서대문 밖에는 독립문이 건설되었다. 그가 예방했던 경운궁 안에는 수옥헌漱玉軒, 정관헌靜觀軒 등의 서양식 전각이 있었고, 석조전 공사도 진행 중이었다. 나름대로 위용을 자랑한 러시아, 영국, 프랑스 등 외국 공관들은 물론 정동교회, 새문안교회, 약현성당, 명동성당, 배재학당 등 서양식 건물도 하루하루 늘어나고 있었다.

그러나 버튼 홈스가 찍은 서울에는 조선 후기와 별로 달라진 바 없는 '조선식 삶'만이 담겨 있었다. 당대의 미국과 유럽에서 흔히 볼 수 있었던 신문명의 상징들은 그의 관심을 끌지 못했다. 버튼 홈스뿐 아니라 그 뒤에 온 사람들도 별다른 악의 없이 '낙후한 한국'에만 주목했다. 이것이 활동사진의 본질이었다. 무엇을 찍을지는 촬영자가 결정하며, 그의 결정이 그의 활동사진을 보는 수많은 사람의 생각을 지배한다는 것. 촬영자는 실상實像을 찍지만, 관객들은 실상의 조각들로 조립된 환상幻像을 본다는 것.

버튼 홈스가 다녀간 지 2년 뒤인 1903년에는 동대문 전차 차고에서 매일 밤 8시부터 10시까지 활동사진 상영회가 열렸다. 전차표 여러 장을 모아오는 사람들을 입장시켰는데, 콜브란-보스트윅 상사의 판촉 사업이자 이미지 세탁 작업이었다. 칭경예식이 국제 행사로 열릴 예정이던 1902년, 서울 한복판을 달리는 전차에 갑자기 성조기가 걸렸는데, 이는 고종을 압박해 돈을 받아내려는 콜브란-보스트윅 상사의 시위였다. 황실은 물론 서울 주민들도 이 무도한 시위에 분개했다. 콜브란 등이 분노한 민심을 달래기 위해 고안한 것이 활동사진 상영회였다. 콜브란 등의 의도는 적중했다. 사람들은 눈앞에 펼쳐지는 환상에 넋을 잃었고, 곧바로 중독됐다. 이후 영사기가 놓이는 곳은 계속 늘었고, 곧 영화映畫로 이름이 바뀐 활동사진을 관람하는 일은 도시민과 농민을 막론하고 모든 사람의 대표적인 오락거리가 되었다.

버튼 홈스가 서울에 있을 때인 1901년 9월 14일, 『황성신문』은 활

1903년 동대문 전차 차고의 활동사진 상영회 현대인은 '영화 만드는 인간'이자 '영화 보
는 인간'이다. 실존 인물들과 실재하는 풍경을 조합하여 환상으로 주조한다는 점에서,
영화는 현대 문명의 본질을 압축적으로 드러낸다.

동사진을 처음 본 사람의 감상문을 실었다. "사진은 그림에 불과하
거늘 전기를 사용해 비추니 살아 있는 사람이 움직이는 것과 같았
다…. 이런 신기한 물건은 천고에 듣도 보도 못한 것이니 우리나라
사람들은 언제나 이런 묘술을 배울 수 있을꼬." 이에 대해 『황성신
문』은 "우리가 바라는 것은 사진 속의 사람을 움직이게 하는 기술이
아니라 살아 있는 사람을 움직이게 하는 것"이라고 논평했다. 그러
나 『황성신문』의 기대와는 정반대로 현대는 단편적인 '참모습'들을
조합하여 허구와 환상의 서사를 만들어내는 기술만 발전시켰다. 사
람들의 혼은 사진을 찍힐 때가 아니라 움직이는 사진을 볼 때 달아
나곤 했다. 사람을 몇 시간 동안 움직이지 않고 앉아 있게 만드는 데
영사기보다 유능한 물건은 없었다. 영사기는 진실과 허구, 실상과
환상의 경계가 모호한 세상을 만들어냈고, 현대인은 그에 잘 어울리
는 사람이 되었다.

25. 현대 한국의
종교지형

"탄일종이 땡땡땡, 은은하게 들린다. 저 깊고 깊은 산골 오막살이에도 탄일종이 울린다." 1952년 장수철 최봉춘 부부가 작곡·작사한 한국산 크리스마스 캐럴 〈탄일종〉의 1절이다. 종소리가 깊고 깊은 산골 오막살이에까지 울려 퍼지려면 교회는 어디쯤 있어야 했을까? 깊은 산꼭대기쯤에는 있어야 했을 터이다.

이 땅에서 가장 오래된 기독교의 자취는 신라시대 네스토리우스 교도 또는 그와 접촉한 사람이 남긴 것이라는 견해가 있다. 한국기독교박물관 설립자인 김양선이 1950년대 중반 불국사에서 돌십자가와 아기를 안은 보살상을 발견했다고 하는데, 이것들이 기독교 네스토리우스 교파와 관련된 유물이라는 것이다. 서기 5세기에 활동한 네스토리우스는 콘스탄티노플 교회 감독으로서, 예수가 두 개의 인격을 가졌으며 마리아는 성모가 아니라고 주장하다가 이집트로 유배되었다. 그를 따르던 사람들은 동쪽의 페르시아로 망명했다. 서기 635년, 네스토리우스 교파 선교사 몇 명이 당나라 수도 장안長安에 도착했다. 당나라 사람들은 그들의 종교를 경교景敎라고 불렀고, 이 종교는 한동안 불교에 버금가는 성세를 누렸다. 신라와 당나라 사이의 교류는 당나라 동해안 일대에 신라방이 생길 정도로 활발했기 때문에, 경교도가 신라를 방문했거나 그들의 유물이 신라에 전래되었을 가능성은 배제할 수 없다. 그러나 신라에 경교 교회가 건립되었

다는 증거는 없으며, 돌십자가와 성모상 닮은 불상의 정체에 대해서
도 여태껏 논란이 계속되고 있다.

1927년에는 해남 대흥사에서 SV라는 글자가 새겨진 금색 십자가
가 발견되었다. 이보다 300년쯤 전인 1604년(선조 37)에 작성된 「서
산대사 유물 목록」에는 '십자패'十字牌라는 것이 있었는데, SV라는 글
자로 보아 임진왜란 때 고니시 유키나가와 함께 왔던 스페인 선교사
세스페데스의 소유물로 추정된다. 세스페데스가 서산대사에게 직접
준 것인지는 확실치 않다. 이로부터 180년쯤 뒤 청나라 베이징에 갔
던 이승훈이 자진해서 세례를 받았고, 이로써 한반도는 예수를 믿는
교인이 자생적으로 생긴 '기적의 땅'이 되었다. 이승훈은 귀국할 때
아마도 기독교의 성물인 십자가를 휴대했을 것이다. 하지만 그 뒤
80여 년간, 조선은 '순교의 땅'이기도 했다. 19세기 벽두부터 60여
년에 걸친 박해의 시기에 수천 명의 천주교인들이 십자가를 밟기보
다는 차라리 죽기를 택했다.

1882년 조미수호통상조약이 체결되었고, 이듬해 5월 미국 공사
푸트가 서울에 도착했다. 조선 정부는 그에 대한 답례로 미국에 보
빙사를 보냈다. 사절단장은 고종의 처조카이자 총신寵臣인 24세의
민영익이었다. 보름이 넘는 긴 항해 끝에 샌프란시스코에 도착한 보
빙사 일행은 대륙 횡단 열차로 갈아타고 워싱턴으로 향했다. 아메리
카 원주민을 닮은 외모에 통이 좁고 속이 비치는 이상한 모자를 쓴
그들은 다른 승객들의 구경거리가 될 수밖에 없었다. 기차 안에서
보낸 일주일 내내, 미국인들의 호기심 어린 눈길이 그들 주위를 떠
나지 않았다. 그들 중에는 미국 감리교의 거물급 목사 존 가우처John
F. Goucher도 있었다. 가우처는 민영익 일행과 대화를 시도했다. 한국
어, 중국어, 일본어, 영어가 뒤섞였던 이 대화를 통해, 그는 미국이
조선이라는 나라와 새로 수교했으며, '놀랍게도' 조선에는 아직 개

신교도가 없다는 사실을 알았다.

가우처는 주변 사람들을 설득해 2,000달러의 조선 선교기금을 확보했고, 미국 감리교 기관지 편집자를 움직여 조선 선교의 당위성을 설파하는 연재 기사를 싣게 했다. 뉴욕의 감리교 선교부에는 즉각 조선 선교를 개시하라고 요청하는 서한을, 일본에 있는 감리교 선교사 매클레이Robert S. Maclay에게는 조선 선교의 가능성을 타진해달라는 서한을 각각 발송했다. 마침 매클레이는 미국인으로서는 아주 드문 '조선통'이었다. 그는 중국 선교사로 있던 1840년대 말에 조선인 난파선 선원들을 통해 조선이라는 나라를 처음 알았다. 신미양요 이듬해인 1872년에는 미국 감리교회에 조선 선교를 촉구하는 서한을 보냈으며, 1881년 조선의 조사시찰단이 일본을 방문했을 때는 김옥균과 인사도 나누었다.

1884년 초 가우처의 편지를 받은 매클레이는 미국 감리교 선교본부의 의향을 타진했고, 선교본부는 그의 조선 방문을 승인했다. 매클레이는 다시 주일 미국 공사 빙엄John A. Bingham과 주조선 공사 푸트에게 편지를 보냈다. 둘 다 긍정적인 답변을 보내왔다. 1884년 6월 8일, 매클레이 부부와 조선인 통역, 일본인 요리사의 4명으로 구성된 '미국 감리교 조선 선교 척후대' 일행은 요코하마에서 영국 기선 테헤란 호에 올랐다.

매클레이 일행은 1884년 6월 23일 오후 1시경 제물포에 도착했다. 배 안에서 밤을 보내고 다음 날 아침 하선한 그들은, 초저녁 무렵 정동 미국공사관에 도착했다. 서울의 첫 밤을 미국공사관에서 보낸 매클레이 일행은 다음 날 푸트 공사가 미리 세내 둔 공사관 바로 옆집에 짐을 풀었다. 그는 한 주가량 서울 이곳저곳을 구경하며 소일한 뒤, 6월 30일 김옥균에게 편지를 보내 조선에 미국식 학교와 병원을 세우고자 하니 왕에게 그 뜻을 전달해달라고 요청했다. 하지만 며칠을 기다려도 답장이 오지 않았다. 7월 3일 아침, 회신을 기다리던 매클레이는 더 참지 못하고 김옥균의 집을 방문했다. 김옥균은 그에게 지난밤 왕이 그의 사업 계획을 신중히 검토한 뒤 승인했다고 통보했다. 그날 오후 김옥균은 다시 매클레이의 숙소에 찾아와 학교와 병원을 지어주려 먼 길을 온 데 사의를 표하고, 그의 사업이 성공할 수 있도록 힘을 다해 돕겠다고 약속했다. 7월 8일, 그는 서울을 떠나며 푸트 공사에게 곧 돌아올 테니 지금 자기가 머무는 집을 사달라고 부탁했다.

일본으로 돌아간 매클레이는 미국의 감리교 해외선교부에 조선에서 교육과 의료 사업을 담당할 선교사들을 파송해달라고 요청하는 한편, 일본에 있던 조선인 기독교도 이수정과 함께 조선 선교를 위한 성서 번역에 착수했다. 9월 8일 푸트 공사로부터 다시 고무적인 편지가 도착했다. 조선 국왕이 선교사들의 안전을 보장하고 학교와 병원 사업을 '암암리'에 지원하겠다는 뜻을 재차 밝혔다는 내용이었다. 그런데 돌발상황이 발생했다. 9월 22일, 미국 북장로회 선교사 알렌Horace N. Allen이 '비정상적' 절차를 거쳐 서울에 들어왔다. 그는 미국공사관 소속 무급 의사로 임명되었으며 매클레이가 선교 기지로 점찍어 두었던 집을 차지했다. 12월 4일, 갑신정변이 일어나 사흘 만에 진압되었고, 매클레이가 파트너로 생각했던 김옥균은 일본으로 망명했다.

미국 북장로회도 여러 경로로 조선 선교 가능성을 타진했다. 1882년 수신사 박영효를 따라 일본에 갔던 이수정이 자진해서 세례를 받은 것이 계기였다. 이수정의 세례에 입회했던 북장로회의 녹스G. W. Knox는 이 경이로운 소식을 본국 선교부에 알리면서, 선교부가 경비를 대 준다면 자신이 직접 조선을 방문하여 선교 길을 열겠다고 했다. 1883년 7월, 미국 북장로회 선교부는 먼저 농학자 츠다 센律田仙

을 포함한 일본인 신자 두 명을 조선에 파견했다. 그러나 츠다의 친구이기도 한 이수정이 일본인을 통한 조선 선교에 강경히 반대했을 뿐더러, 츠다도 조선 선교는 시기상조라고 보고했다.

조선인과 일본인 상호 간의 뿌리 깊은 반감을 확인한 북장로회 선교본부는 중국으로 눈을 돌렸다. 그들은 조선어가 일본어보다는 중국어에 훨씬 더 가깝다고 착각했다. 북장로회 해외선교부 총무 엘린우드F. F. Ellinwood는 중국 산둥지부에 편지를 보내 조선 선교 방안을 숙고해달라고 요청했다. 바로 자원자가 나섰으나 산둥지부의 일치된 의견은 아니었다. 산둥지부 선교사들 다수는 '조선 선교에 나서는 것보다는 산둥지부를 튼실하게 꾸리는 일이 더 긴요'하다고 주장했다. 미국 선교부는 다수의 주장에 따랐다.

1884년 2월, 북장로회 해외선교부에 조선 선교 자금을 기부하겠다는 사람이 나타났다. 두 달 뒤, 북장로회는 테네시 의과대학을 수석 졸업한 젊은 의사 존 헤론John W. Heron을 조선 선교사로 지명했다. 그러나 헤론은 더 완벽한 '의료 선교사'가 되기 위해 조선행을 미뤘다. 그러는 사이에 예상 밖의 일이 생겼다. 1883년 4월에 중국 의료 선교사로 임명된 알렌Horace N. Allen이 임지를 변경하여 조선에 들어온 것이다.

알렌은 오하이오의 웨슬리언 대학교 신학과와 신시내티의 마이애미 의과대학을 졸업했지만, 의학을 공부한 기간은 1년 반에 불과했고 임상 경험도 없었다. 그는 산둥지부에서 일할 예정이었는데, 1883년 10월 상하이에 도착한 직후 부인이 앓아누웠다. 그의 동료는 따뜻한 상하이에서 겨울을 나는 편이 환자에게 좋을 것이라고 권고했다. 상하이에서 하릴없이 시간을 보내던 알렌에게 다른 선교사들이 조선에서 일자리를 찾아보라고 권유했다. 그들은 외아문 협판 겸 총세무사 묄렌도르프와 인천 해관 세무사 스트리플링A. B. Stripling

에게 전달할 추천서까지 써주었다. 알렌은 본국 선교부에 조선으로 가겠다는 뜻을 밝혔고, 선교부는 그의 임지 변경을 승인했다.

1884년 9월 22일, 서울에 들어온 알렌은 먼저 일자리를 찾았다. 미국 공사 푸트는 공사관 무급 의사 자리를 주었고, 묄렌도르프는 해관 촉탁 의사 자리를 약속했다. 그는 매클레이가 푸트 공사에게 사달라고 부탁해두었던 바로 그 집을 차지하고 매클레이에게 양해를 구하는 편지를 보냈다. 푸트 공사도 매클레이게 편지를 보내 이 일 때문에 북감리회의 조선 선교 계획에 차질은 없을 것이라고 변명했다. 푸트는 장로교 신자였다.

부인을 데려오기 위해 상하이로 돌아갔던 알렌이 서울에 다시 온 날은 양력 10월 27일이었고, 한 달쯤 뒤에 갑신정변이 일어났다. 그날 밤 알렌은 급히 자기 집으로 오라는 묄렌도르프의 연락을 받고 달려갔다. 민영익이 사경을 헤매는 중에 몇몇 한의사들이 쩔쩔매고 있었다. 알렌이 아는 치료법은 많지 않았으나, 한의학에는 아예 외과가 없었다. 상처를 소독하고 꿰맨 뒤 붕대로 감는 간단한 처치만 했는데도 민영익은 소생했고, 그는 일약 신의神醫가 되었다. 민영익은 '우정의 표시'로 그에게 10만 냥을 주었다. 그 전해 푸트가 미국 공사관을 세우는 데 쓴 돈은 2만 냥이었다.

민영익이 나았다는 소식을 들은 고종은 알렌을 궁으로 불러들였다. 알렌은 왕이 병원을 지어주면 무료로 봉사하겠다고 제안했고, 고종은 절차를 밟아 정식으로 신청하라는 단서를 달아 허락했다. 갑신정변 이후 적몰籍沒된 홍영식의 집이 병원으로 개조되었고, 뒤이어 이 병원에 스크랜턴, 언더우드, 헤론 등 미국 북감리회와 북장로회에서 파견한 선교사들이 하나둘 모여들었다. 조선의 서양식 국립병원이자 미국의 조선 선교 기지가 만들어진 것이다. 이에 앞서 만주에서 영국인 목사를 도와 성서를 번역했던 의주 상인 서상륜도

1893년 준공된 서소문 밖 약현성당 우리나라 최초의 서양식 벽돌조 종교 건축물이다.
프랑스인 신부 코스트가 설계했고, 중국인 기술자들이 시공했다. 이후 이 땅에서 하늘을
향해 치솟은 첨탑에 십자가를 올려놓은 건물은 세계에서 가장 빠른 속도로 늘어났다.
출처: 『사진으로 보는 한국백년』

1884년 황해도 솔내에서 개신교 전도를 시작했다.

　대원군 집권 때에 모진 탄압을 당했던 천주교계는 한불수호통상
조약 체결 이후 전도 활동을 재개했다. 조선 선교를 주도한 파리 외
방선교회는 먼저 천주교 박해 현장 인근의 땅을 매입했다. 조선 최
초의 순교자가 나왔던 남산 밑 김범우 집터(명동성당), 서소문 밖 사
형장(약현성당), 새남터 사형장(용산신학교) 인근이 천주교 성당 용지
가 되었다. 1893년, 남대문 밖 약현에 고딕 양식의 천주교 성당이 자
태를 드러냈다. 하늘을 향해 치솟은 첨탑 위에 십자가를 세운 이 성

당 건물은 이후 천주교와 개신교를 막론하고 한국 교회 건축의 기본 모델이 되었다.

1885년 4월 6일에 입경入京한 미국 북감리회 선교사 아펜젤러Henry Gerhard Appenzeller는 애초 매클레이가 사려고 했던 미국공사관 옆집 길 건너편, 한양도성 성벽 밑의 집과 땅을 샀다. 그와 같이 들어온 북장로회 선교사 언더우드Horace Grant Underwood는 미국공사관 북쪽에 집을 구했다. 정동길의 동쪽에 미국 북장로회가, 서쪽에 북감리회가 각각 자리 잡은 연유이다. 아펜젤러는 1887년 9월 남대문 안의 한옥을 구입하여 베델예배당이라고 부르다가 1897년 정동에 서양식 교회 건물(정동제일교회)을 지었다. 언더우드도 1887년부터 자기 집을 예배당으로 쓰다가 1895년에 새 예배당을 지었다.

그로부터 반세기 남짓 만에, '동구 밖에 기차 정거장, 언덕 위에 하얀 예배당'이 농촌 마을의 흔한 풍경이 되었고, 밤의 도시에서는 하늘의 별보다 땅의 십자가가 더 많이 보이게끔 되었다. 20년쯤 전, 국제학술회의 참석차 서울에 온 외국인 일행을 남산 서울타워로 안내해 야경을 보여준 적이 있었다. 한 사람이 물었다. 도심에 왜 이렇게 무덤이 많으며, 묘비에는 왜 붉은색 불을 밝혀 놓았느냐고. 그가 십자가를 묘비로 착각한 것은, 그 수가 너무 많았기 때문이다. 현대의 한국에서 십자가를 올려 세운 건물의 증가 속도는 세계 역사상 전무후무라고 해도 절대로 지나치지 않다. 이것만으로도 한반도는 기독교 세계에서 '기적의 땅'이라 할 만하다. 하지만 이 땅에 십자가가 늘어나는 만큼 '수고하고 무거운 짐 진 자'들에게 안식을 주는 장소가 늘어났는지, 사랑으로 충만한 땅이 더 넓어졌는지는 단언하기 어렵다.

26. 사생관死生觀을 바꾸다

고대 중국인들은 사람을 천지음양의 기운이 응집된 특별한 생명체로 취급했다. 사람의 몸에 들어온 하늘의 기운이 '혼'魂이며 땅의 기운이 '백'魄이다. 우리나라 사람들이 언제부터 이런 생각을 중국인들과 공유했는지는 알 수 없으나, 혼이 순우리말 '얼'에, 백이 '넋'에 각각 대응한다고 보는 사람도 있다. 지그문트 프로이트는 20 세기 초에 인간의 마음이 이드, 에고, 슈퍼에고의 세 층위로 구성되어 있다고 분석해서 현대 정신분석학과 심리학의 비조가 됐지만, 한국과 중국에서는 그보다 훨씬 전에 인간의 마음을 나누어 본 셈이다.

혼과 백은 사람이 살아 있는 동안에는 몸 안에서 공존하나 죽은 뒤에는 각자 제자리로 되돌아간다. 혼은 일단 죽은 사람의 위패에 깃들었다가 하늘로 올라가며, 백은 죽은 이의 몸과 함께 땅속에 묻혔다가 몸이 썩으면 흙으로 흩어진다. 그래서 혼비백산魂飛魄散, 즉 '혼은 날아가고 백은 흩어진다'고 한다. 제사는 혼에게 문안드리는 예이며, 성묘는 백을 보살피는 예다. 날아다니는 혼을 섬기는 일은 장소에 구애받지 않으나, 땅에 묻힌 백에게 인사드리려면 그 장소까지 가야 한다.

죽은 이의 혼백이 지상에 영원히 머물지 않기에, 제사와 성묘에도 기한이 있었다. 하지만 죽은 조상의 시신을 바로 태우는 건 후손의 도리가 아니었다. 우리나라에서도 불교의 영향력이 컸던 고려시대까지는 화장火葬이 드물지 않았으나, 조선왕조는 화장을 사실상 전면 금지했다. 부모를 화장한 사람은 처벌하기까지 했다. 다만 불교 승려와 어린아이는 예외였다. 매장했던 시신을 이장移葬할 경우에도 화장을 허용했다. 화장은 적군이나 역병으로 죽은 사람에게 시행하는 예외적 장사법이었다.

이 땅에서 예의를 갖춘 일반인 화장은 일본인들이 시작했다. 1883년 조선 정부는 영국과 통상조약을 체결하면서 외국인 시신을 조선 땅에 묻을 수 있도록 허용했다. 이 권리는 '최혜국조관'에 의해 모든 체약국締約國에게 균점均霑됐다. 그런데 시신屍身을 대하는 태도는 문화권별 차이를 극명하게 드러냈다. 영혼만 천국에 가면 된다고 믿었던 유럽인과 미국인들은 남의 나라 땅에 묻히는 걸 주저하지 않았다. 물론 시신을 고국으로 옮기기에는 거리가 너무 멀었던 것도 하나의 이유였을 터이다. 중국인들은 남의 나라 땅에 묻히는 걸 꺼렸지만, 그보다 화장 당하는 걸 더 꺼렸다. 그들은 병에 걸리면 무리해서라도 귀국길에 올랐다. 불교문화의 영향권 안에 있었던 일본인들은 화장을 꺼리지 않았다. 그들은 유골 상태로 귀국길에 오르는 쪽을 택했다.

서울에 화장장이 처음 생긴 건 일본인들의 서울 거류가 공인된 1885년으로부터 얼마 지나지 않은 때의 일로 추정된다. 위치는 조선인들의 상여가 나가던 광희문 밖 신당리였는데, 이렇다 할 설비가 없어서 화장하는 날이면 '목불인견目不忍見의 참상慘狀'을 이뤘다. 이 노천 화장장은 1902년에 실내 화장장으로 바뀌었다. 그 이듬해부터는 다른 이유로 조선인의 유해를 불태우는 노천 화장이 부쩍 늘었다. 1903년 경부철도주식회사는 남대문 정거장(현 서울역)을 지으면서 수천 기의 묘를 이장하라고 요구했다. 이 요구를 거절할 수 없어 조상의 묘를 파헤치고 '백골을 태우는 자가 다수'였다고 한다. 1905

년에는 일본군이 용산 땅 300만 평을 군사 기지로 요구했다. 한성부가 급히 조사한 결과, 이 땅의 무덤 수는 111만 7,308기였다. 연고 있는 무덤이 10분의 1밖에 안 됐다고 가정하더라도 10만 기 이상을 이장해야 했다. 한국인들의 항의나 애소가 통할 상황이 아니었다. 수많은 서울 주민이 조상의 유해遺骸를 태우는 것으로 망국의 현실을 체감했다. 일본 황태자가 방한한 1907년, 통감부와 일본군은 전염병 확산 위험을 방지한다는 명목으로 역병으로 사망한 것으로 추정되는 사람들의 시신을 화장하도록 했다. 1903년부터 1907년까지, 서울에서만 10만 건 이상의 화장이 진행되었다.

1912년 6월, 조선총독부는 '묘지 화장장, 매장 및 화장 취체규칙'을 제정·공포했다. 묘지는 원칙적으로 공동묘지만 인정하고 문중 묘지나 종교단체 묘지도 공동묘지의 일정 구역에만 조성할 수 있도록 했다. 기존의 묘지는 공동묘지로 인정했지만, 그 확장은 불허했다. 매장·화장 모두 경찰의 사전 허가를 받아야 했다. 1914년 경성부는 신당리, 아현리, 수철리(현 마포구 구수동), 신사리(현 은평구 신사동), 이태원, 미아리의 6곳을 부립府立 공동묘지로 지정했다. 이들 중 아현리와 신당리에는 따로 부립 화장장이 설치되었다. 면적은 신당리 화장장이 723평, 아현리 화장장이 552평이었다. 화장장은 일본인이 거주하는 모든 도시에 만들어졌다. 일부 사찰은 사설 화장장을 만들어 운영하기도 했다. 서울의 경우 서대문 밖의 봉원사가 1914년에 사설 화장장을 만들었다.

1920년대 초까지 화장장은 사실상 일본인 전용이었다. 1916년 1년간 경성부 내 사망자 6,472명 중 화장은 1,766명이었는데, 그 절대다수가 일본인이었다. 조선인의 화장은 전염병과 행려병 사망자, 범죄 피해 사망자, 무연고 사형수, 아동 등에 국한되었다. 하지만 관행과 문화는 바뀌기 마련이고, 자본주의 시대에 가장 강력한 '개혁가'는 다름 아닌 돈이다. 산 자를 위한 집에 대한 욕망이 죽은 자들의 집터를 뒤덮었다. 1914년에 지정된 6곳의 경성부립 공동묘지 대부분은 20년 안에 주택지로 변했다. 1929년 신당리와 아현리의 공동묘지와 화장장이, 1936년에는 이태원의 공동묘지가, 1937년에는 수철리의 공동묘지가 폐쇄되었다. 대신 1930년 미아리에 제2의 조선인 공동묘지와 1933년 망우리에 새 공동묘지가 조성되었다. 폐쇄된 묘지들에서는 한동안 임시 화장장이 운영되었다. 묘에서 파낸 유해를 태워야 했기 때문이다. 유해를 불태우는 일이 너무 흔해졌기 때문에, 화장에 대한 조선인의 거부감도 점차 희석되었다. 1917년 1,700여 건에 불과하던 경성부 내 화장 건수는 1920년 2,300여 건, 1925년 2,900여 건으로 계속 늘어났다. 물론 일본인 화장 건수가 압도적 다수인 사정은 변하지 않았으나, 조선인의 화장 건수도 계속 늘어났다.

경성부는 아현리와 신당리 화장장을 폐쇄한 대신 1929년 7월 1일 은평면 홍제내리(현 서대문구 홍제동)에 '현대적 문화양식'을 완비한 부영府營 화장장을 신설했다. 1931년에는 이 화장장에서 조선인 화장 건수가 일본인 화장 건수를 앞질렀다. 1930~1932년간 경성부 내 사망자 수 대비로 보면 조선인은 대략 25퍼센트, 일본인은 거의 100퍼센트가 화장을 택했다. 일례로 1931년도 경성부 내 조선인 사망자는 7,545명, 그중 화장자는 2,563명이었으며, 일본인 사망자는 1,780명, 화장자는 1,965명이었다. 일본인 화장자가 사망자보다 많은 이유는 경성부 밖에서 사망한 사람의 숫자가 추가되었기 때문이다. 당시 언론은 조선인의 화장 건수가 늘어난 데 대해 '풍수를 따지는 관습의 변화'와 더불어 '매장보다 적은 비용'을 지적했다.

태평양전쟁에서 일본의 패색이 짙어가던 1943년 10월, 조선총독부는 '육군 특별 지원병 임시 채용 규칙'을 제정하여 조선인 학생들

1960년대 말의 홍제동 화장장 이 화장장이 1929년에 개장한 이후 40년간, 수많은 서울 시민이 이곳에서 가족을 화장했다. 화장장은 도시의 대표적 '혐오시설'이었고 지금도 그렇지만, 현대 한국인의 90퍼센트는 화장장을 거쳐 지상에서 사라진다. 출처: 서울사진 아카이브

을 학도지원병이라는 명목으로 징집했다. 징집된 청년 중 일부는 유골함에 담겨 돌아왔다. 한국 청년들에게 해방은 일본을 위해 죽을 이유가 사라진 상황을 의미했다. 그러나 곧 한국인들끼리 죽고 죽이는 상황이 닥쳤다. 1950년 여름 낙동강 전선에서는 매일 자기편 병사들의 시체를 태우는 불길과 연기가 피어올랐다. 전쟁터에서 화장된 병사들 일부도 유골함에 담겨 가족들에게 돌아갔다. 비상非常이 일상화함에 따라 화장도 정상적 장례법의 하나로 자리 잡았다. 어떤 사람은 화장한 유골을 매장했고, 어떤 사람은 골분骨粉을 산이나 강에 뿌렸다.

1970년 경기도 벽제에 새 화장장이 문을 열었다. 이와 동시에 40년간 서울 시민들의 유해를 태웠던 홍제리 화장장은 문을 닫았다.

서울 인구가 늘어나면서 화장 건수도 계속 늘었으나, 휴전 이후 화장은 다시 가난하고 천한 사람들이나 택하는 비정상적 장례법으로 위치를 옮겼다. 1990년대 중후반, 자연을 보호하기 위해서는 매장 풍습을 바꿔야 한다는 여론이 고조되었고, 이른바 사회 지도층 인사들의 화장 서약이 줄을 이었다. 우리나라에서 화장이 매장보다 많아진 해는 2005년이다. 그로부터 불과 15년이 지난 2020년에는 화장 비율이 90퍼센트를 넘어섰다. 삶과 죽음, 몸과 마음, 육체와 영혼에 대한 현대 한국인의 생각은 조선시대 사람들의 생각과 전혀 다르다. 지금은 매장이 오히려 한국인 소수의 장례 풍습이다. 화장장은 몸과 마음, 삶과 죽음에 대한 한국인의 생각에 근본적인 변화를 유도한 시설이자, 그 변화를 반영하는 시설이다.

2장

어울리고 소통하다

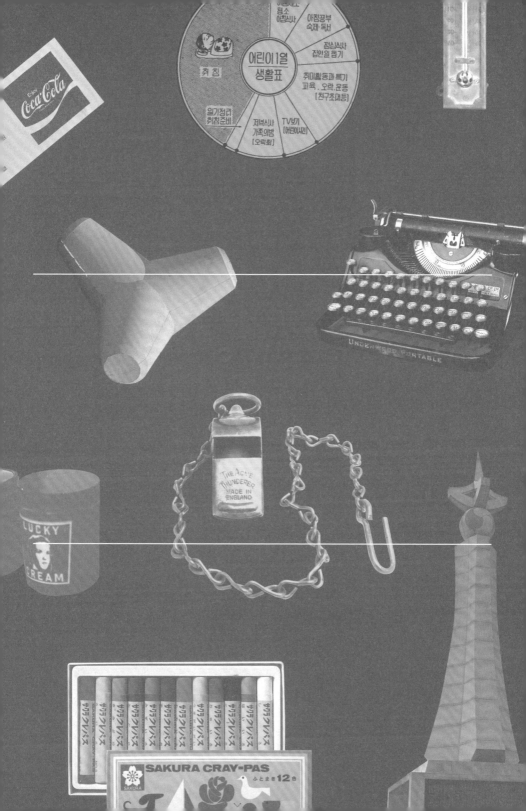

신문

27. 정보의
    시대를
    열다

'발 없는 말이 천 리 간다'라는 속담대로, 옛날에는 거의 모든 정보가 소문, 즉 사람들의 입에서 귀로 전달되는 말로 세상을 떠돌아다녔다. 말은 여러 사람의 입을 거치는 과정에서 윤색, 과장되기 마련이어서 발생지와 도달지 사이의 거리만큼 '사실'과 차이가 생겼다. 소문 말고 믿을 만한 정보를 입수할 방도는 문자로 된 서신과 직접 보는 '소견'所見밖에 없었다. 그런데 서신은 전달받은 사람에게만 사실에 가까운 정보일 뿐, 그의 입을 통해 퍼지는 순간부터 다시 소문이 되었다. 소견 역시 본 사람의 경험과 지식, 관점에 영향을 받았다. 숭례문을 직접 본 사람도 현판이 세로인지 가로인지, 검은 바탕에 흰 글씨인지 흰 바탕에 검은 글씨인지를 정확하게 전달하지 못했다. 이러한 정보 역시 다른 사람에게 전달될 때는 소문일 뿐이었다.

새로 보거나 들은 바를 많은 사람에게, 큰 시차 없이, 균일하게 전달하기 위해서는 순식간에 다량의 문서를 찍어낼 수 있는 인쇄술, 빠른 교통수단과 우편제도 등 여러 기술의 도움이 필요했다. 이들 기술이 개발된 뒤에야, 새로운 사건들에 대한 정보를 글로 옮기고 한꺼번에 인쇄하여 대량으로 전달하는 일이 가능해졌다. 이렇게 만들어져 유포되는 인쇄물을 '새로운 소문을 기록한 것'이라는 뜻에서 신문新聞이라고 했다. 이는 '새로운 것들'이라는 뜻의 영단어 news

163

를 한자로 번역한 것이다.

1882년 겨울, 수신사로 일본에 간 박영효는 일본 내 문명개화론의 선도자이자 신문 발행인이던 후쿠자와 유키치福澤諭吉를 만나 조선 개화의 방도를 물었다. 후쿠자와는 잠시의 망설임도 없이 신문을 발행해서 인민을 계몽하는 일이 최우선이라고 답했다. 박영효는 그 일을 도와달라고 부탁했고, 후쿠자와는 제자인 이노우에 가쿠고로井上角五郎 등 몇 명을 추천했다. 귀국 뒤 고종을 설득하는 데 성공한 박영효는 그해 겨울 일본 공사 다케조에 신이치로竹添進一郎에게 이노우에 등 7명을 고용하겠다고 통지했다. 이듬해 봄 이노우에 가쿠고로, 우시바 다쿠조牛場卓藏, 다카하시 세이신高橋正信 등이 입국했다. 이들이 서울에 처음 상주한 일본 민간인이다.

조선 정부는 통리아문 산하에 박문국을 설립하고, 사무소와 인쇄소를 한성부 남서 저동의 관용 건물에 두었다. 현재의 을지로2가 168번지다. 애초에는 한성부 판윤 박영효 책임하에 한성부에서 발행할 계획이었으나 박영효가 광주유수로 좌천돼 신문 발행은 통리아문 소관이 되었다. 조선 개국 492년 계미 10월 1일, 『한성순보』 제1호가 발행되었다. 임오군란 이후 청군이 조선을 점령한 상황에서, 청나라 연호 광서光緖 대신 조선 개국 연호를 쓰는 것은 쉽지 않은 결정이었다. 경복궁 광화문 바로 뒷문은 홍례문興禮門인데, 원래는 홍례문弘禮門이었다. 홍弘자가 청 건륭제 홍력弘曆에 기휘忌諱된다는 이유로 부득이 홍례문으로 바꾼 것이다. 심지어 김홍집金弘集은 이름마저 김굉집金宏集으로 바꿔야 했다. 그런 상황에서 광서 연호를 묵살하고 개국 연호를 쓰는 결정을 박문국이 독자적으로 내렸다고 볼 수는 없다. 아마 권력 최상부에까지 이르는 사전 조율이 있었을 것이다.

기사 작성은 주사 김인식과 사사司事 장박·오용묵·김기준 등이 담당했고, 이노우에는 편집을 맡았다. 오늘날의 편집국장 격이던 이노우에의 당시 나이는 23세였다. 1884년 1월 『한성순보』에 '화병범죄'華兵犯罪라는 제하에 청나라 병정이 강도짓했다는 기사가 실렸다. 기사를 본 북양대신 이홍장李鴻章은 총판조선상무위원 진수당陳樹棠에게 진상을 조사해 보고하라고 지시했다. 진수당은 통리아문 총판 김병시에게 경위를 물었다. 김병시는 확인해본 결과 항간에 떠도는 소문을 기사화한 것이라고 통지했다. 격노한 이홍장은 "일국의 관보가 떠도는 소문 따위나 수록하는 것은 있을 수 없는 일"이라며 항의했다. 이에 신문 발행 이래 최초의 오보이자 필화사건이 일어났다. 이노우에는 사직했고 관련자들은 처벌받았다. 그런데 이 기사가 정말 오보였는지는 단언하기 어렵다. 진수당은 "조선인이 청병으로 변장하고 저지른 범죄"였다며 현상금을 내걸고 진범을 찾으려 했으나 찾지 못했다.

이노우에는 1886년 『한성순보』가 『한성주보』로 이름을 바꿔 복간될 때 다시 입국했다. 그는 신문이 문명개화의 수단이 되려면 독자층을 확대하는 것이 중요하며 그 독자층은 상인商人이어야 한다고 믿었다. 1886년 2월 22일, 박문국은 독일 상사商社 세창양행에서 운영비 일부를 지원받고 『한성주보』 지면 두 면을 내주었다. 해당 지면에는 "덕상德商 세창양행 고백"으로 시작하는 장문의 글이 실렸다. 우리나라 최초의 신문 광고였다. 당시에는 정부도 독자도, 이로써 자본이 공적 정보의 생산과 유통 전반에 막강한 영향력을 행사하는 시대의 서막이 열렸음을 알지 못했다. 이로부터 몇 달 뒤, 『한성주보』와 함께 신문 광고도 일단 막을 내렸다.

『한성주보』 폐간 10년 뒤인 1896년 4월 7일, 『독립신문』 창간호가 발행되었다. 이것이 신문이라는 제호를 쓴 우리나라 최초의 신문이며, 오늘날의 한국인들은 이날을 '신문의 날'로 기념한다. 『독립신

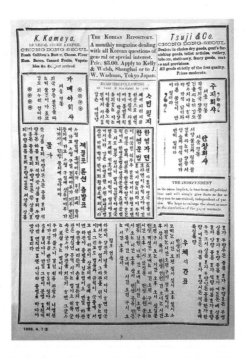

『독립신문』창간호 3면 지면 상단의 3분의 2까지는 광고로, 하단은 우체시간표와 '잡보 계속'이라는 기사로 채워졌다. 광고는 박스로 처리했으나 기사와 잘 구분되지 않았다. 신문은 처음부터 자본과 동거했고, 자본과 '일심동체'가 되었다. 매일 아침 신문을 통해 '새 소문'을 접하는 사람들은 신문 제작자들의 욕망까지 자기 것으로 수용했다.

문』은 서재필 개인이 창간한 것으로 잘못 알려졌지만, 사실 신문 발행에 필요한 기자재와 건물은 조선 정부가 제공했다. 서재필에게 발행을 맡긴 것은 그가 근대 문물을 잘 알고 영어를 잘했으며 서양인들과 친했기 때문이다. 『독립신문』 창간호는 사고社告 외에 여섯 건의 상업 광고를 실었다.

각색 외국 상등 물건을 파는데 값도 비싸지 아니하더라. 각색 담배와 다른 물건이 많이 있더라.

세계지리서를 한문으로 번역한 것인데 사람마다 볼 만한 책이니 학문상에 유의하는 이는 이 책을 종로 책전에서 사시압. 값은 여덟 냥.

앞의 것은 일본 회사인 주지회사의 영업 광고고 뒤의 것은 『사민필지』士民必知라는 책 광고다. 이때부터 광고는 기사와 더불어 신문의 양대 구성요소가 됐다.

초기의 신문 광고는 개업 안내나 주주 모집, 분실물 공고 등 '사실'을 알리는 데에 중점을 두었고 문체도 같은 '~하였다더라' 체여서 기사와 잘 구분되지 않았다. 그래서 광고는 굵은 선을 둘러 표시하거나 '광고'라는 제하에 따로 배치했지만, 독자들의 혼동을 완전히 막을 수는 없었다. 창간 1년이 채 되지 않은 때인 1897년 2월 4일, 『독립신문』에는 아래와 같은 사고社告가 실렸다.

경향에 여러 사람들은 자세히 보오. 신문에 물건 상관으로 광고하는 것은 어느 나라 신문이든지 공전을 받거니와 그 외에는 신문에 낼 만한 말은 일 푼 오리도 아니 받거늘 근일에 해주 백성이 동전 십 푼과 제주 백성이 동전 두 푼을 편지 속에 넣어 고을 일을 인연하여 신문에 내어 달라고 하였기로 신문사에서 내부 지방국으로 보내어 그 고을로 내려보내게 하였으니 이 규칙을 모르는 사람들은 이 광고를 보고 다시 신문사로 편지할 때 돈푼을 넣어 보내지 않기를 바라노라. 너무 번거하야 이런 쓸데없는 일을 상관할 수가 없노라.

하지만 상품 광고와 보도 청탁 사이의 경계는 아주 흐릿했다. 신문사가 '공식적으로' 돈을 받고 기사를 내지 않아도, 기자는 '비공식적으로' 돈을 받고 기사를 쓸 수 있었다. 물론 대한제국 시기 기자들이 청탁자에게 돈을 받고 기사를 썼다는 증거는 없다. 그래도 이윽고 "신문에 기사를 내려면 기자를 구워삶아야 한다"는 소문이 진실인 것처럼 유포되었다.

그런데 소문을 전할 때 쓰는 '~하였다더라' 체는 의심의 여지를 남기는 문체였다. 신문이라는 단어 자체가 '새로 들은 이야기'라는 뜻이었으니, 사람들은 기사든 광고든 신문에 실린 내용을 곧이곧대로 믿지 않았다. 그러나 기사도 광고도 곧 태세를 전환했다. 1910년 무렵이 되면 기자는 '들은 이야기를 옮겨 기록하는 자'에서 '직접 보고 조사한 바를 기록하는 자'로 변신했고, 문체도 덩달아 '하였다더라'에서 '하였다'로 바뀌었다. 광고도 기사의 문체를 따랐을 뿐 아니라, 기사보다 더 독자의 눈에 잘 띄는 방법을 개발했다. 그림과 사진은 기사보다 광고에 먼저 삽입되었다. 게다가 그 내용도 신상품들의 효능과 성능을 과장해서 알리는 데에 집중되었다. '사실'이 생명인 기사와 '과장'이 기본 속성인 상업 광고는 본래 서로 어울려서는 안되었지만, 광고주들은 이런 부조리한 동거를 요구했고, 어렵지 않게 관철했다. 믿을 수 있는 부분과 곧이곧대로 믿어서는 안 되는 부분을 판단하는 책임은 독자의 몫이 되었다.

독자들이 영리해지자, 광고는 신뢰도를 높이기 위해 기사처럼 위장하는 기법까지 개발했다. 광고 기법은 기사 편집 기법보다 더 빨리 발전해서 차츰 기사에도 영향을 미쳤다. 오늘날 신문 기사의 제목들은 본문의 내용을 축약하기보다는 과장한다. 옛사람들은 "신문에서 봤다"는 말을 들으면 바로 의심을 거둬들였지만, 요즘 사람들은 기사에도 으레 꾸밈이 있으려니 생각한다. 기사가 광고와 한 지면에서 오래 동거하다 보니 서로 닮아버렸고, 독자들도 그에 익숙해졌기 때문이다.

신문은 국민이라는 이름의 인간 집단을 '동시적 정보 공동체'로 만들었다. 신문에는 국내와 국외를 막론하고 세상의 온갖 소문들이 실렸으며, 사람들은 신문에 실린 소문을 사실로 인정했다. 그들은 신문을 통해 매일 새 소문을 접하고 그를 생각과 대화의 소재로 삼았다. 그러나 수많은 사람을 언제까지나 속일 수는 없는 법이다. 평생 신문을 접한 사람들은 기사와 광고에 본질적 차이가 없다는 사실을 깨달았다. 솔직하게 과장하는 광고보다 교활하게 왜곡하는 기사가 더 큰 문제라는 인식이 보편화한 지도 꽤 오래되었다. 현대를 만든 물건의 대표 중 하나가 신문임은 의심할 여지가 없다. 그러나 광고 전단지를 닮아가는 신문이 미래를 여는 데에도 중추적 역할을 할지는 의문이다.

졸업장

28. 능력 제일주의
    사회의
    신분증

다리가 긴 사람과 짧은 사람은 보폭이 다른 게 당연하다. 둘에게 같은 보폭을 요구하는 것은 각각의 신체에 대한 억압이다. 그런데도 근대 국가의 군대는 다리 길이의 평균치를 추출해서 똑같은 속도와 보폭으로 걷는 표준적 인간을 만들어냈다. 표준화를 효율화로 취급하는 근대 사회는 사람들의 개성을 억압하여 표준에 수렴시키는 기법을 발전시켜왔다. 개성에 대한 억압은 극히 사소한 문제로 취급된다.

표준적 인간을 만드는 작업은 학교에서 시작된다. 하나를 가르치면 열을 아는 아이가 있고 열을 가르쳐도 하나밖에 모르는 아이도 있지만, 근대 학교는 이 차이를 근본 문제로 다루지 않는다. 옛날 학생들은 스승이 "이제 더 가르칠 것이 없다"고 할 때나, 본인이 "이제 더 배울 것이 없다"고 느낄 때 학업을 그만두었다. 하지만 근대 이후의 학생들은 본인의 자질과 열의熱意 혹은 스승의 수준이 어떠하든, 국가가 정해준 기간 동안 학교에서 버티고만 있으면 학업을 마칠 수 있다. 표준에서 너무 멀리 떨어지지 않은 학생들에게 학교에서 나가라고 주는 인증서, 즉 졸업장을 주는 곳이 근대 학교다.

조선시대에도 '졸업卒業'이라는 말이 있기는 했으나 '어떤 경서經書를 다 배우다'나 '직책을 그만두다'라는 뜻이었고 그나마 자주 쓰이지도 않았다. 학업은 유자儒者와 사대부가 평생 정진해야 할 일이었으니, 학업을 마치거나 끝내는 것은 선비의 정체성을 버리는 행위였다. 조선시대 성균관에는 졸업에 관한 규정이 없었다. 성균관 유생들에게는 관직에 임용되는 날이 곧 성균관을 떠나는 날이었다. 당연히 졸업예식이나 졸업증서도 없었다.

근대 교육은 지식의 누적 체계인 학제學制와 지식의 분산 체계인 분과分科에 기반하여 정립되었다. 근대 교육에서는 지식 축적에 단계段階가 설정되었고, 각 단계를 마쳐야 다음 단계로 이행할 수 있었다. 조선 정부는 1886년 서양식 교육기관으로 육영공원育英公院을 설립했는데, 그 절목에 '졸업'이라는 말이 쓰였다. '벼슬을 얻거나 품계가 오른 학도라도 졸업하기 전에 그만두는 것을 허락하지 않는다'는 내용이었다. 수업연한에 관한 규정은 따로 없었지만, 매달 치르는 월과月課, 계절마다 치르는 계고季考, 매년 한 번 치르는 세시歲試, 3년에 한 번 치르는 대고大考의 시험 규정이 있었다. '대고'가 곧 졸업시험이었다. 절목에 따르면 대고를 통과하지 못한 사람은 3년을 더 공부하는 수밖에 없었다. 이보다 한 해 전에 설립된 배재학당은 1897년에 대학부 1회 졸업생을, 육영공원과 같은 해에 설립된 이화학당은 1908년에야 중등과 1회 졸업생을 배출했다. 학교 측이 수업연한을 정하지 않았기에, 학생들은 각자의 형편에 따라 학교를 떠나곤했다.

우리나라에서 근대 학제는 1895년 2월의 '교육입국조서'로 마련되었다. 학습의 한 단계를 마치는 것을 '졸업'으로 지칭한 것은 이때부터의 일이다. 1896년 5월 2일, 관립 법관양성소는 학업을 마친 학생 47명에게 졸업증서를 수여했다. 닷새 뒤인 7일에는 관립 소학교 졸업생 30명이 졸업증서를 받았다. 이것들이 우리나라 최초의 '졸업증서'다. 하지만 '졸업증서 수여식', 즉 졸업식을 거행했다는 기록은 없다. 졸업증서 수여식이라는 이름의 행사는 1899년 관립 사범학교와 사립 경성학당에서 처음 개최한 것으로 추정된다.

최초의 졸업증서는 관리 임용증이나 상급학교 진학 자격증 구실을 했다. 관립 법관양성소, 의학교, 외국어학교 졸업생들은 거의 전부 관리가 되었다. 다만 수업연한을 채웠다고 해서 졸업이 보장되지는 않았다. 초창기의 근대 학교들은 대부분 졸업시험을 부과했다. 졸업시험에서 기준 이상의 점수를 받는 것을 '급제'及第, 그러지 못하는 것을 '낙제'落第라고 했는데, 학교마다 낙제생이 적지 않았다. 1899년 4월에 치러진 한성사범학교 제4회 졸업시험에서는 4명이 낙제했다. 오늘날 급제라는 말은 사라졌으나 낙제는 여전히 쓰인다.

졸업시험에 통과하는 것은 '과거 급제'와 비슷한 일이었고, 졸업증서는 과거 입격入格 증서, 즉 홍패紅牌나 백패白牌와 유사한 물건이었다. 과거 시험을 통과한 사람들의 이름을 적어 놓는 판을 방榜이라 했고, 여기에 이름이 들어가는 것을 '입격'이라 했다. 과거 입격자의 명부는 방목榜目이었다. '방'에 이름이 붙었다는 뜻의 '합격'合格은 '방'에 이름이 들어갔다는 뜻의 입격과 같은 말이었다. 오늘날의 대학 졸업생은 '학사'지만, 1911년 총독부의원 부속의학강습소 졸업시험 합격자에게 부여된 학위는 '진사'進士였다. 과거제의 역사가 길었던 만큼, 사람들이 근대 학교의 졸업장을 홍패나 백패와 동일시하는 것은 자연스러운 현상이었다.

대한제국 시기에는 사립학교 졸업장도 관립학교 졸업장에 비해 큰 손색이 없었다. 1909년 기독교청년회학당 졸업예식에는 총리대신과 학부대신이 참석했다. 사립학교 졸업식에 학부대신이 참석하는 것은 일종의 관례였다. 1896년 4월, 법부대신은 사립 법률학교 졸업생들도 판임관으로 채용하겠다고 밝혔다. 1908년 6월, 사립 세브란스 의학교 졸업식에 참석한 통감 이토 히로부미는 졸업생들에게 곧바로 '의술개업인허장'을 주라고 지시했다. 신문물이 쏟아져

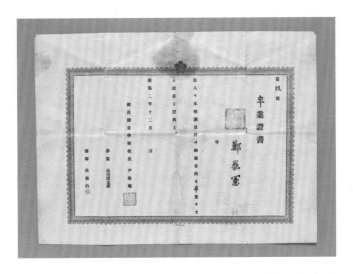

1908년 12월 국민측량학교 졸업증서 국민측량학교는 일본 군국주의의 조선 토지조사 사업을 앞두고 전국 각지에 우후죽순 격으로 설립된 사설 측량 강습소 중 하나였다. 졸업증서는 정규학교든 사설 강습소든 사람을 모아 가르치는 곳이면 어디에서나 발급할 수 있는 문서다. 그런 만큼 졸업장 사이에 차별이 생기는 것은 자연스러운 현상이다. 세계 어느 나라에서나 좋은 졸업장을 갖기 위한 경쟁은 치열하지만, 한국에서는 특히 심하다. 게다가 졸업장을 '학업 면제증'으로 생각하는 풍토는 세계 제일인 듯하다. 출처: 서울역사박물관

들어오던 대한제국 시기부터 일제강점 초기까지, 근대 교육의 효용성은 매우 높았다. '배워야 면서기라도 한다'라는 말이 공연히 나온 것이 아니었다. 당대는 힘이 지배하는 시대였으니, '아는 것이 힘'이었다. 국립학교의 것이든 사립학교의 것이든, 졸업장은 '신학문을 배운 사람'의 표지였다.

하지만 일제강점기에 근대적·식민지적 학제가 정비됨에 따라 졸업장의 등급도 세분화했다. 대학에서 보통학교에 이르는 각급 학교는 물론, 사설 강습소나 교습소도 소정의 수업 기간을 마친 사람들에게 졸업장을 발급해주었다. 이름은 모두 졸업장이었지만, 그 가치는 제각각이었다. 어영부영 2개월만 시간을 보내면 받을 수 있는 졸

업장도 있었고, 4년 또는 그 이상을 공부에 매진해야 겨우 손에 넣을 수 있는 졸업장도 있었다. 누적적 학제에서 보통교육 기관과 최고 학부의 졸업장이 달리 취급받는 것이야 당연한 일이지만, 동일 등급의 학교 사이에도 차별이 생겼다. 같은 전문학교 졸업장이라도 일본에서 발행한 것과 조선에서 발행한 것 사이에 차별이 있었고, 관립학교 졸업장과 사립학교 졸업장 사이에 차별이 있었다.

1913년 6월 26일 조선총독부령 제64호로 공포된 '조선총독부 및 소속관서 문관 채용에 관한 건'은 제국대학 졸업자, 고등학교 졸업자, 고등사범학교 졸업자, 관공립 전문학교 졸업자, 경성전수학교 졸업자는 별도의 전형 없이 곧바로 판임문관에 임명할 수 있도록 했다. 이들 중 조선에 있던 학교는 법관양성소의 후신인 경성전수학교뿐이었다. 관립과 사립의 차별은 다른 분야에서도 마찬가지였다. 이듬해 3월에 조선총독부고시 제63호로 공포된 '의사교칙'은 관립 조선총독부 부속 의학강습소 학생들에게만 졸업과 동시에 의사 면허를 주도록 했다. 사립 세브란스 의학교 학생들은 졸업장을 받고도 다시 의사 시험을 치러야 했다. 토지조사국 사무원 양성소, 순사교습소, 체신이원遞員 양성소 등 관립 양성소 졸업장들도 취업을 보장하는 증서였다. 주요 관립학교 졸업식에는 조선총독이 참석했지만, 사립학교 졸업식에는 학무국장도 참석하지 않았다. 학무국장 대리 정도만 졸업식에 참석해도 명문 사립학교라는 말을 들을 수 있었다.

물론 졸업장의 가치가 늘 높지는 않았다. 졸업장의 가치도 수요 공급의 법칙에 좌우되었다. 근대 교육을 받는 사람은 계속 늘어났지만, 그들을 위한 일자리는 그에 비례하지 않았다. 1920년 제1차 세계대전 직후의 전후戰後공황, 1923년 관동 대지진 직후의 진재震災공황, 1927년의 금융공황, 1929년에 시작된 세계대공황 등 일본제국 판도에 공황이 닥칠 때마다 식민지 졸업장의 가치는 급락했다. 일본

학교 졸업장을 가진 일본인들은 식민지에서 일자리를 구할 수 있었지만, 조선인들은 일본 대학 졸업장을 가져도 자기 땅에서 일자리를 구하기 어려웠다. 사실은 민족 차별이 졸업장 차별보다 먼저였다. 일본에 유학해서 졸업장을 받은 조선인의 '취업난'은 이미 1910년대 중반부터 사회문제가 되었고, 이후 수시로 되풀이되었다. 고등교육을 받은 식민지 청년 다수가 '룸펜 인텔리겐챠'였다. 세계대공황 때 어떤 보통학교 학생은 장래 희망이 '룸펜'이라고 이야기했다. 그는 '룸펜 인텔리겐챠'인 자기 형이 '놀고먹는 것'을 부러워했다.

총독부가 관립학교를 우선한 것은 동아시아의 오래된 관존민비官尊民卑 의식 때문이기도 하지만, 영·미 지식의 헤게모니를 용납하지 않으려는 의도 때문이기도 했다. 일제강점기 조선에서 규모가 큰 사립학교는 대부분 미국인 선교사들이 세웠고, 학생들에게 미국에서 수입한 지식을 가르쳤다. 총독부로서는 미국의 지식, 특히 미국적 민주주의가 식민지 주민들의 의식에 침투하는 것을 막기 위해서라도 관립학교가 사립학교보다 우월하다는 '사실'을 입증할 필요가 있었다. 관립학교 졸업생들이 취업에서 우대받았던 것도, 관립학교의 시설이 사립학교보다 좋았던 것도, 이런 정책 방향의 산물이었다. 사립학교는 입학시험도 관립 합격자 발표가 난 뒤에 치러야 했다. 이는 자연스럽게 '관립 떨어진 학생이 가는 학교가 사립'이라는 통념으로 연결되었다. 관립학교 졸업장은 사립학교의 그것보다 모든 면에서 우월했으니, 당대에는 이를 '관선사후'官先私後라고 했다. '관립이 먼저고 사립은 나중'이라는 뜻이다.

해방 후 미군정은 총독부와 반대로 사립 우대정책을 폈다. 관 주도 경제계획이나 관립 우위의 교육정책은 이른바 '미국적 가치'와는 맞지 않았다. 게다가 미국인들과 가까웠던 국내의 기독교 지식인들도 '관선사후'를 일본의 식민 통치가 만들어낸 반민주적·반자

유주의적 악습으로 규정했다. 그들은 경성제국대학을 정점으로 하는 관립학교 우위의 교육 체계와 지식 사회를 식민지의 유제로 몰았다. 그들은 경성제국대학과 관립 전문학교들의 졸업장은 '친일파'이거나 '친일적 지식에 물든 사람'의 징표로 취급했다. '친일 지식인'으로 몰린 사람들의 반발은 당연했다. 식민지 지식 사회의 헤게모니를 둘러싸고 진행되어온 오랜 다툼이 한층 격화했다. 미군정은 '미국적 지식'에 익숙한 사람들의 손을 들어주었다. 국립대학 설립안, 이른바 '국대안'은 이 다툼의 결과이자, 다툼을 격화시킨 원인이었다.

1946년 7월, 군정청 문교부는 서울에 있는 9개 관립 전문학교와 사립 경성치과의학전문학교를 경성대학에 통합해 하나의 국립 종합대학교로 만들겠다는 방침을 발표했다. 반면 사립 전문학교들은 대부분 대학으로 승격시켰다. 9개의 '명문 관립 전문학교'를 소멸시키는 방안이었기 때문에 거센 반대운동이 일어났지만, 한국의 대학 교육을 관립 우위에서 사립 우위로 바꾸려는 미군정 당국의 뜻을 꺾지는 못했다. 서울의 대학들은 단 한 개의 국립대학과 다수의 사립대학으로 나뉘었다. 학교 수에서 사립은 압도적 우위를 점했으며, '관선사후'의 입학시험 관행도 사라졌다. 그런데도 국립대학 졸업장의 특권은 사라지지 않았다. 시설과 교육 수준의 우위가 지속되었던 데다가 '국립'은 더 희소해졌기 때문이다. 오늘날에도 국립서울대학교 졸업장은 한국의 초·중·고등학생 절대다수가 손에 넣고자 하는 귀물貴物이다.

현대 한국인 절대다수는 서너 장 또는 그 이상의 졸업장을 받아 소장하고 있다. 그 하나하나가 현대 한국 사회의 주요 네트워크인 '학연'의 증명서다. 게다가 최후의 졸업장은 그의 학창 시절 전체와 미래의 가능성을 뭉뚱그려 평가하는 지표로 이용된다. 취업하기 위해 제출하는 이력서 첫머리에는 누구나 학력을 기재해야 한다. 특히 최종 학교 졸업장은 개인의 노력과 능력으로 취득한 신분증처럼 취급된다. 지금도 수많은 학생과 학부모가 어느 대학 총장의 직인이 찍힌 졸업장을 받을 것인가를 두고 치열하게 경쟁 중이다.

근대적 졸업장이 처음 발급되었을 때도 그 기본 용도는 취업이었다. 그로부터 130여 년이 지난 지금까지, 졸업장의 기본 용도는 변하지 않았다. 학업을 취업에 종속시키는 태도는 오히려 그때보다 더 심해졌다. 그래서인지 현대 한국인 중에는 졸업장을 문자 그대로 '더 이상 공부하지 않아도 되는 자격을 공인하는 증서'로 이해하는 사람이 많다. 한국 성인의 독서율과 문해력은 OECD 최하위다. 졸업과 동시에 배움의 시기가 끝난다는 믿음이 지배하는 사회에서는, 나이 들수록 무식해지는 사람이 많을 수밖에 없다.

전화기

29. 표정 없는
대화를
매개하다

　　1896년 11월 7일자 『독립신문』은 인천재판소가 일본인 스치다 조스케를 살해한 김창수에게 교수형을 선고했다고 보도했다. 그러나 그의 사형 집행은 고종의 특별 지시로 유예되었다. 후일 김구金九로 개명한 당시의 사형수는 고종이 직접 인천감리서에 전화를 걸어 자기를 살렸다고 기록했다. 서울-인천 간 시외 통화가 1900년부터 시작되었다는 점을 근거로 김구의 기록은 사실이 아니라고 보는 견해가 있으나 서울과 인천 해관 사이의 전화선은 고종의 지시 사흘 전에 연결되었다. 그러니 김구의 기록은 사실일 가능성이 크다. 다만 당시 러시아공사관에 있던 고종이 직접 전화를 했는지, 다른 사람을 시켜서 했는지는 확언할 수 없다. 그런데 전화를 받은 사람이 전화기에 대고 처음 한 말은 무엇이었을까? 궁중과 각 관청 사이에 전화가 개통된 뒤 한동안 전화 받는 사람이 전화기에 대고 먼저 절을 했다는 이야기가 전할 정도이니, '여기 보세요'라는 뜻의 "여보세요"는 아니었을 것이다.

　　새 물건이 들어올 때는 기능적 사용법만이 아니라 문화적 사용법까지 함께 들어오는 게 일반적이다. 전화기는 대문을 여닫는 의례 없이 타인의 목소리를 불쑥 방 안으로 끌어들이는 기계다. 당시 대문을 사이에 두고서는 대개 "이리 오너라"와 "뉘신지요?"라는 말이 오갔다. '이리 오너라'를 가벼운 공대로 바꾼 것이 '여보세요'이니 전

화 건 사람이 이리 말하는 건 자연스럽다고 할 수 있으나, 받는 사람까지 이러는 건 아무래도 일본인들의 '모시모시'もしもし를 받아들였기 때문인 듯하다.

미국의 그레이엄 벨Alexander Graham Bell이 전화기의 특허를 취득한 해는 조선이 개항하던 1876년이다. 그에 앞서 사람의 목소리와 전기 신호를 상호 변환시켜 전달하는 기계를 발명한 사람이 여럿 있었으나, 자기 발명품을 공인받는 일은 벨보다 뒤처졌다. 우리나라에 전화기는 telephone의 중국식 발음을 한자화한 '덕률풍'德律風이라는 이름으로 처음 알려졌다. 1886년 9월 27일자 『한성주보』는 각국의 덕률풍 설치 상황을 보도했는데, 그에 따르면 영국 15,114가구, 독일 14,733가구, 러시아 5,280가구, 일본 594가구에 전화가 설치되어 있었다. 관청과 회사에 설치된 전화기도 많았을 테지만, 전화기 통계는 처음부터 가구 단위였다. 전화는 집에 놓는 것이었고, 그런 만큼 특정 가족의 사회경제적 지위를 직관적으로 표현하는 물건이었다.

덕률풍의 실물은 이름보다 먼저 조선에 들어왔다. 1881년 조선 정부는 근대적 무기 제조 기술을 배울 유학생단을 조직하고 김윤식을 영선사領選使로 삼아 중국 톈진에 파견했다. 이들 중 군계학조단軍械學造團 소속 상운尙雲이 이듬해 전기 통신 기기 몇 가지를 가지고 조기 귀국했다. 그중의 하나가 덕률풍이었다. 하지만 이 기계의 그 후 행방은 알 수 없다. 1893년 말, 조선 정부는 일본에 전화기와 관련 장비들을 주문했고, 이 물건들은 이듬해 1월 말 인천에 도착했다. 3월에는 전화기 시험에 착수했으나, 그 직후 동학혁명운동, 청일전쟁, 갑오개혁으로 이어지는 역사적 사건들이 연이어 일어나면서 이들 역시 행방불명되었다.

고종이 러시아공사관에 머물며 경운궁을 새 왕궁으로 정비하던 때인 1896년 말, 왕실 사무를 담당하는 궁내부와 정부 각부 사이, 그리고 궁내부와 인천 해관 사이에 전화가 개통되었다. 이 무렵『독립신문』에는 이 기계가 전어기傳語器라는 이름으로 등장했다. 1898년 1월, 경무청은 대궐 주변에서 아이들의 연날리기를 금지했다. 끊어진 연줄이 대궐에서 각부로 이어지는 전어기 줄에 엮이는 일이 잦았기 때문이다. 서울에 전차와 기차가 다니기 시작한 1899년에는 한성부와 재판소 등에도 전화가 설치되어 정부 부처 간 전화기 연결망이 얼추 완성되었다. 이해 6월, 궁내부 통신사에 전화과가 신설되었다. 더불어 전화과 주사主事들이 임명되었는데, 그 수는 전화기 대수보다 훨씬 많았다. 아마도 '판매용 직함'이 많았던 듯하다.

민간인의 전화기 이용은 1902년부터 시작되었다. 전화는 애초 전차, 전등, 상수도와 함께 고종이 1898년에 설립한 한성전기회사의 독점 사업이었다. 한성전기회사는 이들 사업의 설비 공사를 미국의 콜브란-보스트윅 상사에 맡겼다. 공사비는 후에 지급하기로 했는데 담보는 한성전기회사의 자산과 사업권 일체였다. 그런데 1902년 '황제 어극 40년 망육순 칭경예식'을 앞두고 콜브란-보스트윅 상사는 공사비를 받지 못했다며 담보권을 행사하려 들었다. 대규모 국제 행사를 목전에 둔 시점에서 고종을 압박하려는 처사였다. 이 분쟁은 1904년 한성전기회사가 한미전기회사로 바뀌는 것으로 귀결되었는데, 그러는 사이에 민간인을 상대로 한 전화와 전등 사업도 본격화했다. 회사가 돈을 벌어야 했기 때문이다.

궁내부 통신사는 1901년 1월 통신원으로 승격되었고, 이듬해 4월 24일 칙령 제5호로 '전화규칙'이 공포되었다. 제1조는 '한성과 인천 간에 전화기를 설시設始하고 각 항구와 대도회처에도 점차 설치함이라'였다. 전화 통화 시간은 오전 7시에서 오후 10시까지였으며, 전화기 사용료와 세금은 각각 연간 100원元씩이었다. 전화소에서 3리를 넘는 곳에 설치할 때는 1리당 60원씩의 세금이 추가되었다. 당시 쌀

'전화규칙' 제정 직후의 전화 교환실 전국 전화기가 200대 미만이던 시절에는 이 회선판 하나로 모든 전화기를 연결할 수 있었다. 이로부터 100년이 채 되지 않아 전화기는 한국의 모든 가정에 자리 잡았다. 더불어 한국인의 대화 중 반 정도는 '표정을 보지 않고 나누는 이야기'가 되었다.

한 섬 가격은 8원 정도였다. 전화기와 부품은 통신원 소유였고, 화재나 그 밖의 사고로 전화기가 고장 나면 사용자가 기곗값을 물어내야 했다. 단, 낡아서 고장 난 것은 예외였다. 전화가 통하지 않아도 통신원에 책임을 물을 수 없었다. 전화소 관리는 전화기를 감찰하기 위해 사용자 집에 언제든 출입할 수 있었고, 요금을 체납한 집의 기계를 철거할 수 있었다. 통신원의 전화 사업 독점권을 침해하는 행위나 통신원의 허가 없이 전화기를 타인에게 빌려주는 행위는 일체 금지되었다. 통화 중 욕설을 하거나 쌍방이 언쟁을 벌이면 통신원 총판總辦 직권으로 전화를 끊을 수 있었다. 이 규칙에서 통신원의 책임으로 정한 것은 모든 사용자의 전화번호를 기재한 '번호부'를 만들어 사용자들에게 제공한다는 것뿐이었다. 전화 사용료가 엄청나게 비싼 데다가 통신원이 배짱을 부리는 상황에서 가입자가 늘어나기는 어려웠다. 1902년의 민간 전화 청원자는 서울과 인천에 각 2명씩 4명뿐이었는데, 그중 하나는 한성은행이었다. 민간 가입자는 1905년에도 50여 명에 불과했다. 초창기의 전화는 관청과 외국 상사에서나 사용하는 물건이었다.

대한제국 정부가 '전화규칙'을 제정한 또 하나의 목적은 일본인들의 사설私設 전화 설치를 금지하는 것이었다. '전화규칙'이 제정된 그해 12월, 정부는 한성과 인천에 일본인들이 가설한 전화선을 절단했다. 일본인들은 이듬해 2월에도 한성 내에 사사로이 전화를 설치하려 했으나, 이번에는 미국 공사 알렌이 항의했다. 한성전기회사와 계약한 콜브란-보스트윅 상사의 독점권을 침해한다는 이유에서였다. 8월에는 러시아인들이 러시아공사관과 용산 사이에 전화를 설치하려 했는데, 대한제국 외부는 이를 금지했다. 하지만 러일전쟁 중 한반도 전역을 점령한 일본군은 대한제국의 전화 주권을 무력화했다. 일본군은 서울에 들어온 지 채 한 달도 되지 않아 경성-평양 간 전화를 임차라는 명목으로 탈취했다.

1905년 일본은 '한일통신협정'을 강요하여 전화와 관련한 대한제국 정부와 궁내부의 권리를 모두 박탈했다. 정보 보고와 명령 전달의 통로를 확보하는 것이 통치 기구를 장악하기 위한 선결 과제였기 때문이다. 당시 대한제국의 전화망은 사실상 통치 기구 내부의 긴급 연락망이었다. 게다가 한국인들의 저항을 진압하려면 헌병과 경찰 등의 무력 기구들과도 전화선으로 연결해야 했다. 1906년 3월 25일에 열린 통감부 개부식開府式 행사는 전화 개통식을 겸했다. 일본군 부대들 사이에는 러일전쟁 발발 직후 전화가 연결된 것으로 추정되며, 일본이 한국 경찰권을 장악한 1907년 전후에는 경무청과 각 지서 사이의 전화 연결망도 완비되었다. 이 무렵 의병의 동향에 관한 경찰의 정보는 주로 전화로 유통되었다. 한반도의 전화망을 장악한 통감부는 1908년 9월, 새 '전화규칙'을 제정했다.

일본이 한국을 강점한 직후에는 재판소와 감옥, 소방대 등에도 전화기가 놓였다. 1912년 임시 경비비 예산의 태반이 경비警備 전화비였고, 1913년에는 서울 각처의 소방대가 전화로 연결되었다. 전화망이 확장되면서 전화선도 길어졌다. 1913년 전국에 걸쳐 4,460킬로미터에 불과했던 전화선은 1924년 경성 내에서만 16,400킬로미터에 달했다. 시내 전화선은 1910년 동대문 전차 지선을 건설할 때 지중화하기 시작하여 식민지 말기에는 상당 부분이 땅속에 놓였다. 전화 관련 업무를 맡았던 조선총독부 우편국 전화과는 1923년 총독부 전화국으로 독립·승격했다. 전신국은 이보다 훨씬 늦은 1939년에야 독립했다.

일제강점기 내내 전화 통화량은 급증했지만, 전화기 보급량은 그를 따르지 못했다. 전화 가입자가 가장 많았던 경성의 경우 1910년 1,960명, 1913년 2,700명, 1916년 3,050명, 1919년 3,400명으로 10년 동안 채 두 배도 늘지 않았다. 경성 시내 전화 가입자는 1936년에야 1만 명을 넘어섰으나 일본 패망 때까지도 1만 5,000명에 미달했다. 가입자 수 증가 속도가 더뎠던 것이 수요가 적었기 때문은 아니다. 물론 전화 설치비와 사용료는 무척 비쌌다. 일제강점기 내내 전화 가설료는 300원이었고, 등기료는 처음 15원이었다가 1939년 20원으로 올랐다. 사용료는 연간 72원이었고, 시외통화료는 별도였다. 집에 전화기를 들여놓으려면 말단 관리 1년치 봉급이 필요했던 셈이다. 전국의 전화기가 5,000대 미만이던 1913년에 조선총독부가 전화 시설비와 사용료로 거둬들인 돈은 71만 3,000원으로 우편 수입 총액 97만 6,000원에 육박할 정도였다.

하지만 전화의 신속성과 편리함은 비싼 비용에 대한 심리적 저항을 가볍게 분쇄했다. 전화기가 '생존 경쟁에 가장 필요한 물건'이라는 사실을 부정하는 사람은 거의 없었다. 전화는 근대의 총아이자 상징이었고, 전화 없이는 회사, 상점, 단체를 운영하기 어려웠다. 자기 회사나 단체 사무실에 전화기를 놓으려는 사람은 매년 급증했으나, 우편국과 전화국은 늘어나는 민간 수요에 대응하지 못했다. 통치 기구 내부의 전화망을 완비하는 것이 우선이었기 때문이다. 1921년 경성의 전화 개통 예정 수는 400회선이었으나, 신청자는 2,100명을 넘었다. 경성부 내의 신규 전화 개통 수는 매년 200~300대 정도였지만, 신청자는 적을 때 2,000명, 많을 때는 6,000명을 넘었다.

수요와 공급의 극단적인 불일치를 공정하게 해소하는 방법은 추첨밖에 없었다. 일제강점기 내내 전화 당첨률은 10분의 1 내외였고, 1939년에는 17 대 1을 기록했다. 전화 당첨자 명단이 신문에 실릴 정도였다. 전화기 설치가 급한 사람이 당첨되기만을 마냥 기다릴 수는 없었다. '당첨된 전화기' 상당수는 곧바로 매매 대상이 되었다. 1921년 시중에서 매매되는 전화기 가격은 850~900원 선이었으며, '좋은 번호'는 1,000원이 넘었다. 1939년의 전화기 가격은 1,500원, 좋은 번호는 2,000원 이상이었으며, 1940년부터 전화기 신설이 극도로 줄어들자, 가격은 1년 새 두 배로 폭등했다. 당첨만 되면 앉은자리에서 적어도 500원, 많으면 2,000원이 넘는 돈을 벌 수 있었으니, 300원을 선납하고 신청자 명단에 이름을 올리는 사람이 많을 수밖에 없었다. 전화기의 공정가격과 시장가격 사이의 현격한 괴리 현상은 1970년대 말에야 사라졌다.

다른 '근대 문명의 상징들'과 마찬가지로, 전화도 지배 민족과 피지배 민족 사이의 차별적 관계를 있는 그대로 표현했다. 1924년 3월, 경성부 내 전화 가입자 5,969명 중 일본인은 4,675명, 조선인은

951명, 외국인은 143명이었다. 일본인 가구는 5.5호에 1대, 조선인 가구는 56호에 1대, 외국인 가구는 9호에 1대꼴이었다. 시간이 흐르면서 격차가 줄어들기는 했으나 1930년 7월에도 경성 내 전화 가입자는 일본인 6,544명, 조선인 1,469명, 중국인 및 기타 외국인 181명으로 일본인 가구는 3.3호당 1대, 조선인 가구는 35호당 1대였다.

일제강점기 경성 내 일본인의 전화 가입률은 도쿄를 포함한 전 일본에서 1위였다. 지배 민족 거주자들 대부분이 사회경제적 상류층에 속하는 데다가 관청과 밀접한 관계를 맺는 식민지 사회의 특성을 반영한 현상이었다. 전화기 대당 통화 횟수도 많았다. 경성 내 전화 가입자가 4,881명이던 1922년의 시내 통화는 2,295만 5,000회, 시외 통화는 23만 8,905회였다. 전화 가입자 1명당 시내 통화 4,703회, 시외 통화 49회로서 하루 평균 13회 정도 통화한 꼴이다. 전화를 가장 많이 사용한 곳은 주식 중개점이었고, 그다음이 요릿집이었다. 관청, 은행 회사, 여관, 극장, 택시업체 등이 그 뒤를 이었다.

전화기는 자본주의적 상거래를 중심으로 하는 생활문화 전반에 혁명적인 변화를 일으켰다. 1920년에 개장한 경성주식현물시장에서는 늘 7~8개의 전화통에 불이 날 지경이었다. 신문사는 기상대에 전화를 걸어 일기예보를 받았고, 1921년부터는 '전화 연합' 또는 '전화 동맹'이라는 이름의 뉴스 배급업체가 일본 전역의 뉴스나 국제 뉴스를 신문사들에 전달했다. 신문들은 독자적인 전화 통신망을 구축했고, 지방 소식에 'ㅇㅇ지국 전화'라는 문구를 명기했다. 사람들은 요릿집에 전화를 걸어 연회를 예약하고 음식점에 전화를 걸어 배달을 요구하는 일에 익숙해졌다. 순종이 고종에게 전화로 자주 문안問安했다는 보도가 잦았던 탓인지, 전화 가입자들 사이의 '문안 전화'도 관행화했다. 1919년 고종이 위독했을 때도, 1926년 순종이 위독했을 때도, 이 정보는 전화로 왕공 귀족들에게 먼저 전달되었다. 1920

년 부협의회 의원 선거가 시작된 뒤로는 전화로 선거운동 하는 일도 잦았다. 총독부는 1931년부터 전화 선거운동을 금지했다. 1922년, 경찰은 여학생 집에 '연애 전화'를 거는 남학생들을 풍기 문란 혐의로 단속하기도 했다.

불이 났을 때, 범죄 피해를 입었거나 목격했을 때, 급한 환자가 생겼을 때도 먼저 전화기 있는 곳으로 달려가야 했다. 전화기를 보유한 집은 '신고 대행'이 일종의 의무 사항이었다. 이웃집 전화를 쓸 수 없을 때는 공중전화를 이용할 수 있었다. 자동전화로도 불린 공중전화는 1912년에 처음 등장했다. 당시 요금은 5원 20전으로 무척 비쌌다. 전화기가 상대적으로 흔해진 1920년경부터 공중전화 요금은 한 통화당 5전으로 내려갔다. 공중전화는 기차역 대합실, 공진회장, 경마장, 운동장 등 사람이 많이 모이는 곳에 설치되었으며, 1922년 경성에는 20대가 있었다. 1925년 을축대홍수 때에는 수해 지역에 임시 공중전화 30대가 설치되어 40일간 무료로 운영되었는데, 이 기간에 통화 수는 9만 5,000여 건이었다. 공중전화기를 부수고 돈을 훔치거나 전화기를 통째로 들고 가는 범죄도 간간이 발생했다.

화급火急하다라는 말이 있을 정도로, 화재는 무엇보다도 신속하게 대처해야 하는 일이었다. 총독부 우편국은 일찍부터 전화를 통한 화재 신고를 특별 취급했다. 1915년 3월, 우편국은 화재 신고 전화가 오면 통화 중인 전화를 끊고서 5초 이내에 소방대와 연결하며 통화료는 면제한다는 방침을 공표했다. 1917년부터는 화재 상황을 설명하는 시간을 단축하기 위해 신고자가 일본어로 '카지'(화재火災)라고만 하면 교환수가 바로 소방대에 접속하도록 했다. 1938년 11월에는 화재 신고용 전화번호로 119가 지정되었다. 이후 "급할 때는 119 무료 전화"는 모든 사람이 외우고 있어야 하는 말이 되었다.

한반도 전역이 전화선으로 연결된 때는 1914년 무렵이었다. 이해에 경성 – 원산 간, 경성 – 군산 간 전화가 개통됨으로써 대다수 도시가 전화선으로 경성과 연결되었다. 하지만 전화선 연결과 통화는 또다른 문제였다. 대다수 도시에는 전화 회선이 하나밖에 없었기 때문에, 한 통화가 끝나야 다음 통화가 연결되었다. 경성 사람이 부산 사람과 통화를 원할 경우, 먼저 교환국에 전화해서 수신자의 번호를 알려주고 교환국에서 연결됐다는 호출이 올 때까지 기다려야 했는데, 그 시간은 평균 5시간 이상이었다. 경성 – 부산 간 전화선은 1924년 2회선이 되었고, 다른 도시들과 연결되는 전화선도 차츰 늘어났으나 시외 통화가 곤란한 상황은 해방 후에도 꽤 오랫동안 계속되었다.

일제강점기 조선과 일본 사이의 전화는 '국제 전화'가 아니었지만, 전화선을 연결하는 일은 쉽지 않았다. 신의주와 중국 단둥 사이에는 1922년, 평양과 선양瀋陽 사이에는 1924년에 전화가 개통되었으나, 경성과 도쿄는 1928년에야 전화로 연결되었다. 이로써 일본-조선-만주를 잇는 전화망이 만들어졌다. 하지만 일본에서 만주로 전화하려면 여러 차례 교환수의 중계를 거쳐야 했다. 일본과 조선 사이의 직통전화는 1933년 6월 전화 전용 해저선이 놓인 뒤에 개통되었다. 일본 – 조선 – 만주를 잇는 이른바 '내선만內鮮滿 지하 전화선'은 1939년 6월에 연결되었고, 1939년 11월 1일에는 일본제국 전역이 국제 전화망에 편입되었다. 이날 오전 8시, 조선총독부 체신국장은 워싱턴에 있는 주미 일본 공사에게 전화를 걸어 8분간 기념 통화를 했다. 요금은 192원이었다. 유럽에서 제2차 세계대전이 발발한 지 두 달 뒤, 일본의 진주만 공습 2년 전의 일이었지만, 전화선은 세계를 통합했다.

초기 전화 통화에서 불가결한 존재가 교환수였다. 송신자가 전화 교환국에 전화를 걸어 수신자의 번호를 말하면, 교환수가 연결해주는 체계였기 때문이다. 전화가 처음 개통되었을 때는 남자들이 교환수 일을 맡았으나, 곧 여자들로 교체되었다. 일본의 한국 강점 직후에는 전화 가입자와 전화 교환수의 민족별 구성비가 대략 일치했다. 총독부는 일본인 교환수들에게 조선어를 가르쳤으나, 조선인 가입자들의 서툰 일본어와 일본인 교환수들의 서툰 조선어 때문에 전화가 잘못 연결되는 일이 흔했다. 그럴 때마다 교환수들은 가입자에게 심한 질책을 받았다. 교환수가 남성 가입자에게 속칭 '히야카시'(성희롱)를 당하는 일도 잦았다. 그런데도 교환수 일은 고된 데다가 박봉이었다. 1922년 12월의 조사에 따르면 교환수 한 사람이 1시간 동안 연결하는 전화 수는 260회에 달했다. 1분당 4~5회꼴이었다. 교환수 초임은 일급日給 75전이었다. 한 달 내내 쉬지 않고 일해도 월수입은 20원이 조금 넘는 정도였다. 좁은 공간 안에 모여서 일하는 환경도 문제였다. 1919년 초 스페인독감이 유행했을 때는 전화 교환수 전원이 감염되어 전화 업무가 마비될 정도였다. 1926년 5월 22일자『조선일보』는 전화 교환수의 실태를 다음과 같이 보도했다.

> 날마다 밤마다 허구한 날을 교환대 앞에 앉아서 '모시모시 남방'을 부르는 전화 교환수, 그들의 생활은 어떠한가? 누구나 전화국에 한 번 가서 구경하면 알 것이지만 귀에는 수화기, 입에는 송화기를 대고 번호를 명하는 대로 줄을 여기 꽂고 저기 꽂고 마치 번갯불처럼 손을 번쩍번쩍 놀리다가 조금만 실수를 하여도 가입자들로부터 빗발치듯 항의를 받는 속에서 그날그날을 보내는 이가 교환수들이다. 최근 통계에 의하면 경성중앙전화국의 본국本局, 광화문, 용산 3국을 통하여 교환수의 총수가 325명이라는데 그중에 조선인이 40명 이내라 하며, 연령은 제일 나이 많은 이가 25, 제일 나이 어린 이가 14살이요, 대부분은 미혼자라 한다. 학력은 보통

학교 졸업 정도가 최다수요, 여자고등보통학교 정도 학교의 중도 퇴학자들도 약간 있으며, 일본 여자들 가운데는 고등여학교를 마친 이까지도 있다 한다.

인용문에서 '남방'なんばん(何番)은 '몇 번'의 일본어이다. '모시모시 남방'은 "여보세요, 몇 번으로 연결할까요?"라는 뜻이다. 이 때문에 전화 교환수들은 '미쓰 남방'이라는 별명으로도 불렸다. 중노동, 박봉, 성희롱, 감염병에 시달리는 직종에서 일본인 우위 구도가 오래 지속될 수는 없었다. 1920년대 말에는 교환수의 민족별 구성이 바뀌었다. 그런데 그로부터 얼마 지나지 않아 교환수 직종 자체가 사라질 위기에 처했다. 1935년 10월 1일, 경성 중앙전화국에 '자동교환기'가 설치되었다. 동시에 중앙전화국 소속 교환수 전원이 실직했다. 전화국은 모든 교환수를 자동교환기로 대체할 계획을 세웠으나, 이 계획은 일본 패망 시까지 달성되지 못했다. 해방 뒤에도 '구내 전화 교환수 자격 시험'은 체신부 주관으로 1974년까지 시행되었다.

해방 이후에도 전화 사정은 크게 나아지지 않았다. 집이나 사무실에 전화기를 들여놓으려는 사람은 많은데 설치할 수 있는 전화기는 적은 상황이 지속되었다. 당첨자들이 웃돈을 붙여 전화기를 되파는 일은 이미 오래된 관행이었다. 추첨의 공정성도 의심스러웠다. '빽'을 써서 전화기에 당첨된 사람들에 관한 소문이 끊이지 않았다. 1970년 8월 31일, 정부는 당첨된 전화기의 전매를 금지하는 '극약처방'을 내놓았다. 1940년 8월 조선총독부가 개정했던 '전화규칙'을 부활시킨 조치였다. 다만 이미 매매된 전화기에는 소급 적용하지 않았다. 이로써 두 종류의 전화기가 생겼다. 매매가 가능한 전화기는 '백색전화', 불가능한 전화기는 '청색전화'로 불렸다. 전화기 대장臺帳의 색깔이 앞의 것은 백색, 뒤의 것은 청색이었기 때문이다. '청색전화'에 당첨되는 것이 좋은 일이었지만, 창업이나 그 밖의 이유로 급히 전화기가 필요한 사람은 '백색전화'를 사는 수밖에 없었다. 백색 전화기 값은 한때 서울의 집 한 채 값과 맞먹었다. 1984년, 한국 연구진이 TDX-1이라는 이름의 전자 교환기를 개발하는 데 성공했다. 이로써 전화 공급난은 완전히 해소되었고, 모든 집에 전화기가 놓이는 시대가 열렸다.

전화가 도입된 초창기, 자기 집안에 전화기를 들여놓은 사람들은 부호가 아니면 의사나 기생 등 언제고 남의 '부름'에 응할 준비를 갖추고 있어야 하는 사람들이었다. 전화기는 쌍방향 대화를 매개하지만, 본질에서는 호출기계에 가깝다. 전화를 거는 사람은 무슨 말을할지 미리 생각해두지만, 받는 사람은 '여보세요'라고 응답하자마자 갑작스러운 질문이나 부탁에 생각할 겨를도 없이 답해야 한다. 편지를 받은 사람은 한참 생각한 뒤 답장을 쓰지만, 전화기를 들고 오래 침묵하는 것은 전화 예절이 아니다. 전화를 이용한 사기 범죄, 즉 보이스 피싱이 끊이지 않는 것도 이 때문이다. 전화로 상대방의 심리를 교란한 뒤 돈을 갈취하거나 전화로 협박하는 범죄는 1920년대 중반부터 발생했다.

현대인은 하루에도 몇 통 혹은 몇십 통씩의 전화를 주고받으며 수많은 업무를 전화로 처리한다. 전화로 지시, 권유, 협박, 청탁받는 일도 흔하다. 전화로 권유하거나 사기 치는 일을 전문으로 하는 직업도 있다. 인류는 먼 옛날부터 상대의 표정을 살피면서 대화하는 습관을 들여왔다. 진실성을 담보하는 것은 말이 아니라 표정이기 때문이다. 하지만 현대인들은 전화기 때문에 상대의 표정을 알 수 없는 대화에 익숙해졌다. '여보세요'는 본디 '여기 보세요'라는 뜻이다. 현대 한국인들이 전화기에 대고 '여보세요'라고 하는 것도, 상대를 보고 싶기 때문인지 모를 일이다.

전화번호부

30.   혈연보다
       강한
       전연電緣

"신당동 62-73, 5-2097 / 장충동 1-110, 5-2207 / 초동 106-25, 2-0379" 서울중앙전화국 감수, 동아출판사 발행 『서울특별시 전화번호부(1960년 3월 1일 현재)』에 수록된 박정희, 이병철, 정주영의 주소와 전화번호다. 이 전화번호부는 인명과 상호, 광고까지 수록했음에도 국배판 383쪽의 아담한 책자였다. 당시 전화번호는 다섯 자릿수만으로 충분했다.

1902년 4월 24일에 제정된 '전화규칙' 제28조는 '(전화) 청원인의 성명과 호수號數를 통신원에서 인쇄하여 각 청원인 처處에 반급頒給함이라'였다. 하지만 전화번호부가 실제로 인쇄, 반포되었는지는 알 수 없다. 이해 민간인 전화 가입자는 4명뿐이었다. 1910년대까지도 각 관청, 회사, 상점, 요릿집, 기생조합 등의 전화번호는 신문 지면을 통해 알려졌다. 조선 최고의 요릿집이라는 세평을 얻은 명월관은 1907년 12월 5일부터 자기네 전화번호가 725번임을 알리는 신문 광고를 내기 시작했다. 하지만 당시 형편에서 군이 신문에 광고할 이유는 없었다. 교환수에게 "총독부 무슨 과요, 소방대요, 측후소요, 모모 의사요"라고 말만 하면 바로 연결이 될 정도로 전화 가입자 수가 적었기 때문이다. 전화가 필수적이었던 곳 중 하나가 기생조합(1918년부터 권번券番으로 개칭)이었다. 일제강점기에는 호출 전화를 받고 나가는 횟수가 많은 기생더러 '잘 나가는' 기생이라고들 했다. '잘 나간다'라는 말은 '전화를 자주 받는다'와 같은 뜻이었고, 이 의미는 지금껏 살아 있다.

현재 실물이 확인되는 가장 오래된 전화번호부는 1920년 이리우편국이 발행한 것이다. 경성우편국은 이보다 먼저 발행했을 것으로 추정되지만, 실물은 전하지 않는다. 경성 내 전화 가입자가 1,700명에 달한 1920년 7월, 경성우편국은 일본 문자 가나 이로하いろは 순(한글 가나다순에 해당)으로 편집한 전화번호부를 발간하여 가입자들에게 배포하고 이후로는 번호를 불러야만 전화를 연결하겠다고 공표했다. 전화번호부에는 광고도 실었는데, 이는 '구미의 예를 따른 것'이자 '조선에서는 최초의 시험'이었다. 우편국은 광고 덕에 돈 안 들이고 전화번호부를 만들 수 있었고, 광고주들은 이로하 순에 관계없이 자기네 전화번호를 눈에 잘 띄는 곳에 배치할 수 있었으니, 누이 좋고 매부 좋은 일이었다. 경성우편국은 이후 1년에 두 번씩 전화번호부를 발행했는데, 매번 조금씩 두꺼워졌다. 전화는 매매 양도할 수 있었기 때문에 전화번호부가 늘 정확하지는 않았다. 전화기를 매수하거나 양도받은 사람들은 새 전화번호부가 나오기 전에 전화국에 신고해야 했다. 전화번호 부여 체계가 바뀔 때에는 전화번호부가 전면 개정되기도 했다.

전화 보급률이 낮던 시기의 전화번호부는 '부자 인명록'이라고 해도 좋을 정도였다. 그렇다 보니 이 책이 범죄에 이용되는 일도 흔했다. 전화가 본디 비대칭적인 통신 수단인 데다가 전화 가입자의 실명이 공개되었으니, 전화로 협박하거나 사기 치는 범죄가 드물지 않게 발생했다. 전화번호부에 이름이 실린 사람들은 빛에 노출된 상태에서 어둠 속의 상대와 맞서는 상황에 직면하곤 했다. 전화번호부는 선거운동에도 이용되었다. 일제강점기 부협의원 선거권과 피선거권은 일정액 이상의 영업세를 납부한 사람들만 가질 수 있었기 때문에,

1962년도 서울 전화번호부 표지에 경찰과 소방서 전화번호가 적혀 있다. 애초 '부자 인명록'이었던 전화번호부는 1980년대 이후 모든 가정의 대표자 이름이 수록된 거대 책자가 되었다. 휴대전화기가 나온 뒤 책자형 전화번호부는 사라지고 대신 각자가 편집하는 디지털 전화번호부가 생겼다. 디지털 전화번호부는 현대인의 사회관계를 있는 그대로 드러낸다. 현대인들에게는 자기 휴대전화기에 전화번호가 저장된 사람이 '아는 사람'이다. 출처: 서울역사박물관

전화번호부는 유권자 명부와 대략 일치했다. 후보자들은 선거를 앞둔 시점에 전화번호부에 이름이 기재된 모든 사람에게 전화하곤 했다. 이에 따라 전화가 불통하는 일이 잦아지자, 총독부는 1931년부터 전화를 이용한 선거운동을 금지했다. 하지만 오늘날에도 선거철이면 사람들의 휴대전화기에는 수시로 선거운동 메시지가 도착한다.

전화 가입자가 늘어남에 따라 전화번호부의 두께와 무게도 계속 늘어나 전화번호가 일곱 자리 숫자로 바뀐 1976년 이후에는 목침이나 흉기 대용으로 쓰일 정도가 되었다. 전화번호부를 라면용 소형 식탁으로 사용하는 사람도 있었다. 1970년대부터 90년대까지, 각 가

정에 비치된 책 중 가장 두꺼운 것이 전화번호부였다. 책이 너무 두꺼운 데다가 동명이인도 많아서 검색의 효율성도 크게 떨어졌다. 휴대전화기가 보급되기 시작하자 전화번호부도 형체를 잃고 데이터화하여 휴대전화기 안으로 들어갔다. 1996년 CD롬 전화번호부가 발간되었으나, 2005년부터는 이조차 중단되었다.

오늘날 휴대전화기에는 각자에게 필요한 전화번호만을 모아 편집한 전화번호부가 들어 있다. 휴대전화기가 나오기 전, 전화번호는 한 가족이 공유하는 '공통부호'였다. 휴대전화기가 나온 뒤, 전화번호는 대표적 '개인 식별 부호'가 되었다. 가족이 공유하는 번호에서 각 개인이 독점하는 번호로 바뀐 것 자체가 '가족의 시대'에서 '개인의 시대'로 이행했음을 드러낸다. 게다가 개인들이 직접 편집하여 휴대전화기에 저장한 전화번호부는 그 사람의 사회관계와 그 사람 자신을 가장 잘 알려주는 핵심 정보다. 한국 사회의 공정성을 저해하는 요소로 지목되는 혈연, 지연, 학연도 전화번호부에 입력됐을 때만 힘을 발휘한다. 어떤 사람들은 수백 명의 서명을 받아 민원을 넣어도 못 하는 일을, 어떤 사람들은 전화 한 통화로 해결한다. 현대 한국에서 가장 강력한 연고는, 전화번호로 연결된 '전연'電緣이다.

휴대전화기

31.   기다림을
       제거하다

"커피 한 잔을 시켜놓고 그대 오기를 기다려봐도 웬일인지 오지를 않네. 내 속을 태우는구려." 1968년에 발표된 대중가요 〈커피 한 잔〉의 가사 첫머리이다. 다방 안에서 기다리는 가사 속 주인공의 '속'은 설렘, 궁금증, 걱정, 지겨움, 분노, 망설임, 아쉬움, 체념 등의 감정이 교차하면서 타들어갔을 것이다. 저 시대의 통신 조건에서 '기다림'은 일상적일 수밖에 없었다. '무소식이 희소식'이라는 속담은 소식이 없어도 기다림을 포기하지 않겠다는 의지의 표현이라고 보아야 한다.

기다림에 익숙한 문화에서 남을 기다리게 만드는 행위는 죄가 아니었다. 해방 직후부터 대략 1980년대까지, 외국인들뿐 아니라 한국인들끼리도 '코리안 타임'이라는 말을 자주 썼다. 시간 약속을 지키지 않아 남을 기다리게 만드는 것은 한국의 '고유 문화'이며, 이를 개선, 개혁하는 것이 한국 사회 공동의 과제라는 인식은 보편적이었다. 하지만 이는 '한국의 고유 문화'가 아니라 통신 사정이 서로 다른 문화권 사이의 차이에 불과했다. '코리안 타임'은 한 시간 정도의 오차를 용인하는 정도였지만, '이슬람 타임'은 하루 이상의 오차까지도 인정했다고 한다.

휴대전화기에 익숙한 현대인들에게는 '기다림'에 따른 감정의 변화가 낯설다. 요즘 사람들은 약속 시각에서 1분만 지나도 바로 만나

기로 한 상대에게 전화를 걸어 "오고 계시죠. 지금 어디인가요?"라고 묻는다. 약속 장소에 늦게 도착할 것 같으면 그 전에 전화를 걸어 얼마쯤 늦겠다고 통보하는 것도 당연한 예의로 자리 잡았다. 현대인에게 '하염없는 기다림'이란 전설과 설화에서나 접할 수 있는 행위이자 감정이다. 물론 상대가 전화를 받지 않을 때도 있다. 그럴 때 감정은 곧바로 분노나 좌절감으로 치닫는다.

"내 전화 좀 받아. 할 말이 많아. 내 전화 좀 받아. 내 맘 타들어가잖아. 전화 좀 받아. 오늘도 네 휴대전화 뚜루루루 울려. 허나 너는 나를 피해. 내 맘 주르르륵 울려 왜 왜." 2010년에 발표된 대중가요 〈전화 좀 받아〉의 가사다. 휴대전화기는 대체로 전화를 건 상대방의 전화번호를 알려준다. 전화를 받지 않는 것은 명백한 무시나 배척으로 해석되기 마련이다. 요즘 사람들은 '약속 시각에 늦은 이유'에 대해서보다 '전화를 못 받은 이유'에 대해 더 자주 변명한다. 변명조차 하지 않는 것은 절교나 절연, 적어도 불만과 기피의 의사를 표현하는 행위다. 휴대전화 시대 사람들은 '기다림' 때문이 아니라 '상대의 명백한 기피 의사' 때문에 속이 탄다.

전기 신호를 소리로 바꾸는 기술은 1876년에, 전선 없이 전기 신호를 전달하는 기술은 1895년에, 전선 없이 목소리를 전달하는 기술은 1906년에 각각 발명되었다. 그러나 목소리로 변환된 전기 신호를 특정인이 휴대한 수신기에만 정확히 전송하는 기술이 개발되는 데에는 이로부터 70년 가까운 시간이 걸렸다. 1973년 4월 3일, 미국 모토로라 연구소의 마틴 쿠퍼Martin Cooper는 1,000여 개의 부품으로 구성된 900그램짜리 무선 전화기를 만들어 벨 연구소의 전화기와 교신하는 데에 성공했다. 모토로라 사가 이 무선 전화기를 개량해 다이나택 8000X라는 이름의 상품으로 출시한 해는 1983년이었으며, 그 이듬해에는 우리나라에도 이 제품이 들어왔다. 크기는 보

세계 최초의 상용 휴대전화기인 모토로라의 다이나택 8000X를 사용하고 있는 개발자 마틴 쿠퍼 언제 어디서나 남이 부르면 대답해야 하는 존재는 '노예'라며, 휴대전화기를 일부러 사용하지 않는 사람도 더러 있다. 고유 번호가 붙어 있으며 언제든 호출 당하는 존재라는 점에서, 현대인은 모두의 노예라고 할 수 있다. 물론 이 기계는 모든 사람을 '노예 주인'으로 만들어주기도 했다. 출처: Pocketnow.com

온병만 했고 가격은 소형 자동차 한 대 값이었다.

국내에서 생산된 최초의 휴대전화기는 1988년 9월 삼성전자가 출시한 SH-100이다. 무게는 700그램으로 모토로라 제품보다 조금 가벼웠다. 이후 휴대전화기는 녹음기, 카메라, 컴퓨터 등의 기능을 추가하여 스마트폰으로 발전하면서도 손바닥 크기로까지 줄었다.

휴대전화기는 거의 모든 현대인을 고유 번호로 변환시켰다. 현대인은 이력서나 계약서에 주민등록번호와 휴대전화번호를 함께 기재해야 하는 사람이다. 심지어 세계에서 가장 폐쇄적이라는 북한에서도 휴대전화기 사용은 일반적이다. 휴대전화기는 현대인을 기다릴 줄 모르는 사람, 성질 급한 사람으로 바꾸는 데에도 결정적인 구실을 했다.

32.   경쟁과
      협동의
      이율배반

　　2021년에 열린 2020 도쿄 올림픽 때, 한 방송국 작가가 여
자배구 국가대표 선수 한 명에게 짓궂은 질문을 던졌다. "일본에 지
고 2위를 하는 게 나은가, 아니면 일본에 이기고 3위를 하는 게 나은
가?" 그는 어느 쪽을 선택할지 곧바로 결정하지 못했다. 일본의 식민
지배를 겪었기 때문에, 현대의 한국인들은 어떤 스포츠 종목에서든
일본 팀에는 이기기를 바란다. 그중에서도 특히 큰 기대를 받는 종
목은 축구다.

　　1926년 10월 16일, 일본 원정에 나선 조선축구단은 8전 5승 3무
의 성적을 거두고 그달 말 귀경했다. 조선축구단은 호남 부호의 아
들이자 재즈 연주자이며 한국인 최초로 스포츠카를 몰았던 백명곤
이 조선 땅에서 축구 잘한다고 소문난 선수들을 모아 1923년에 창
설한 팀이었다. 당시 한글 신문들은 일본 최강 코이쇼 구락부 팀을
상대로 한 경기에 대해 "일본인 선수들은 도저히 추종하지 못하는
조선군 득의의 롱슛과 교묘한 패스로 2점을 넣어 결국 2대 0으로 조
선군이 쾌승하였다"고 보도했다. 축구공 하나만을 무기로 삼은 군대
로나마 식민지 종주국 군대를 연파했다는 사실에 감격한 경성부민
들은 경성역으로 달려 나가 '조선군'을 열광적으로 환영했다.

　　일제강점기에 '조선인은 축구와 마라톤에 특장점이 있다'라는 말
은 상식을 넘어 진실처럼 통용되었다. 더불어 조선인이라면 모름지

기 축구를 해야 한다는 강박관념 같은 것이 사람들의 의식 깊은 곳에 자리 잡았다. 경성제국대학의 경우 검도, 유도, 수영, 승마, 농구, 야구 등의 운동부에는 일본인이 압도적으로 많았으나 축구부는 조선인 학생만으로 구성되다시피 했다. 다른 종목이야 어떻든 축구만은 일본에 져서는 안 된다는 '민족적 의지'는 이 무렵에 형성되었다.

이 땅에 상륙한 최초의 근대 축구공은 1882년 영국 군함 플라잉호스호의 수병水兵들이 가져온 것이었다. 하지만 공 차는 모습을 보는 것과 직접 공 차며 뛰는 것은 다른 일이다. 이들이 가져온 축구공은 조선인들에게 별다른 영향을 미치지 못했다. 축구공을 차며 뛰는 놀이에 참여하는 한국인은 1890년대 중반 이후에 출현한 것으로 추정된다. 갑오개혁 이듬해인 1895년, 관비 유학생으로 선발되어 일본에 건너간 조선 청년들은 그곳에서 축구공을 처음 접했고, 곧 그 매력에 빠져들었다. 2~4년 정도의 유학 생활을 마치고 귀국하여 대한제국 정부의 관리가 된 이들은 1900년에 '축구 구락부'를 조직했다. 1904년부터는 관립 외국어학교의 외국인 교사들이 한국인 학생들에게 체계적인 축구를 가르치기 시작했다. 그 얼마 뒤 축구공을 수입해 파는 잡화상점이 생겼고, 1910년대에는 운동구 전문 상점들도 생겼다.

축구는 공 하나만 있으면 경기장의 넓이나 참가 선수의 숫자에 관계없이 할 수 있는 경기이자 놀이다. 일제강점기 조선인이 축구와 마라톤에 강했던 것도 이들 종목이 가난을 용인했기 때문이다. 바람을 불어넣은 돼지 오줌보 겉을 새끼줄로 둘둘 만 것도 축구공 대용으로 쓸 수 있었다. 또 보통학교 운동장은 물론 벼 베고 난 겨울철 논바닥이나 도시의 골목 사이에 조그맣게 자리 잡은 공터 등도 축구장으로 활용할 수 있었다. 마라톤 역시 운동화 한 켤레만 있으면 할 수 있는 운동이다.

축구공을 들고 등교하는 남자 아이들 1972년 11월, 정부는 학교별로 매주 1회씩을 '자유학습의 날'로 정하여 초등학생들이 책가방 없이 등교할 수 있도록 했다. 이 조치는 얼마 지나지 않아 유명무실해졌으나, 시행 첫날 남자아이들은 책가방 대신 축구공을 들고 등교했다. 세계 대부분의 지역에서 남자아이들은 축구공과 함께 성장한다. 축구공은 아이들의 신체 조절 능력을 향상시켰으며, 경쟁과 협동이라는 이율배반적 가치를 함께 수용할 수 있도록 했고, 더 좋은 결과를 위해 기회를 양보하는 태도를 가르쳤다. 출처:『사진으로 보는 한국백년』

2022년 한국 축구는 10회 연속 월드컵 본선 진출이라는 대기록을 달성했다. FIFA에서 발표하는 순위와는 별도로 아시아 최강이라고 자부할 수 있는 성적이었다. 하지만 오늘날 '한국인은 축구와 마라톤에 생래적生來的 강점이 있다'라는 주장을 믿는 사람은 거의 없다. 축구에 대한 현대 한국인의 특별한 관심과 열정은, 유전자 때문이라기보다는 역사적 경험 때문이라고 보아야 할 것이다.

평등해서 대중적인 축구는 인간 의식의 심층에도 상당한 영향을 미쳤다. 현대인은 경쟁과 협력이라는 상반된 가치가 공존하는 모순적 상황에서 개인의 위치와 역할을 수시로 재설정해야 하는 어려운 함수 문제에 늘 직면하는 사람이다. 적어도 남자들에게, 축구공은 이런 문제를 해결하는 반복 학습의 핵심 교재였다.

33. 군중과 개인의
관계를
가르치다

"영화나 보러 갈까요?" 시쳇말로 '썸타던' 젊은 남녀 중 한 사람이 관계를 한 걸음 더 진전시키기로 작정했을 때 흔히 하는 말이다. 많은 한국인에게 극장은 첫 번째 데이트 장소다. 영화에 친밀감을 높여주는 묘용이라도 있는 것일까? 한 장소에서 수백 명이 같은 영화를 함께 보지만 서로 가까워지는 현상은 커플 단위로만 나타난다. 이들의 주된 목적은 영화를 '보는 것'이 아니라 극장이 제공하는 분위기를 '느끼는 것'이다. 그러니 "같이 극장에나 갈까요?"가 본심을 더 솔직하게 표현하는 말일 터이다.

수많은 사람이 한데 모여 같은 스펙터클에 열광하는 장소인 극장은 고대 도시의 필수 시설이었다. 어쩌면 극장이 도시의 원형이었을 수도 있다. 기원전 9,000년경, 신석기시대에 만들어진 튀르키예의 고대 도시 유적 괴베클리 테페는 신전神殿이거나 극장, 또는 그 둘을 겸하는 시설이었을 것으로 추정된다. 고대의 극장은 가족 단위로 서로 다른 일을 하는 도시민들을 하나의 공동체로 묶는 장소였다. 고대 로마인들을 하나로 묶은 것은 콜로세움이었다.

극장은 '놀러 가는 곳'이거나 '남들이 노는 걸 구경하러 가는 곳'이다. 우리말에서 '놀다'는 독특한 동사다. '놀다'는 대개 좋은 의미로 쓰이지만 '놀리다'는 나쁜 의미로 쓰인다. 명사형도 '놀이'와 '노름' 두 개가 있다. 다른 한국어 동사에서는 볼 수 없는 현상이다. 똑

같은 행위라도 '놀이'는 건전하고 '노름'은 불건전하다. 예컨대 명절날 가족끼리 모여 푼돈 걸고 하는 윷놀이는 건전한 민속놀이다. 그러나 거액을 걸고 하면 이름은 '놀이'지만 실제로는 '노름'이다. 화투, 카드, 바둑, 골프, 테니스 등 어느 것이나 '놀이'에 그칠 수도 있고 '노름'이 될 수도 있다. 놀이를 노름으로 만드는 건 다름 아닌 돈이다. 돈이 개입되면 건전한 것이 불건전한 것으로 바뀐다는 사실을 명료히 드러냈다는 점에서, '놀다'의 명사형을 '놀이'와 '노름'으로 나눈 것은 본질을 꿰뚫는 탁견의 소산이었다.

그런데 '놀이'와 '노름'은 20세기 이후에야 분리되었다. 그전에는 쉼, 잠, 얼음, 녹음, 아픔 등 다른 명사들처럼 '놀음'만이 '놀다'의 명사형이었다. 광대들이 넓은 마당에서 노는 건 '마당놀음'이었지 '마당놀이'가 아니었다. 노름 도구 또는 놀이 기구는 돈보다 먼저 탄생했다. 사기가 아닌 한, 노름의 승패는 '운수소관', 즉 신의 소관이다. 노름은 신이 누구 편을 드는지 알기 위한 행위였다. 나는 '놀다'라는 우리말 동사는 본래 '신을 부르다'라는 뜻이었다고 추정한다.『일본서기』에는 '놀이' 또는 '노름'에 해당하는 행위의 기원에 관한 신화가 담겨 있다. 일본의 시조신이자 태양신인 아마테라스 오미카미(천조대신天照大神)는 자기 동생인 바람신 스사노 오노미코토須佐之男命가 말썽을 부리는 데 화가 나서 동굴 깊이 들어가버린다. 그 탓에 세상이 캄캄해지자, 일본 전토의 수많은 신이 동굴 앞에 모여 악기를 두들기고 춤추며 떠들어서 시끄럽게 만들었다. 무슨 일인지 궁금해진 아마테라스 오미카미는 굴 밖으로 얼굴을 내밀고 구경했다. 때를 놓치지 않고 뭇 신이 아마테라스 오미카미를 굴 밖으로 끌어낸 뒤 굴 입구를 막아 다시는 들어갈 수 없게 했다. 이 신화에서 일본 전토의 뭇 신이 태양신을 끌어내기 위해 했던 일련의 행위들(춤추기, 노래하기, 악기 두들기기, 서로 싸우기 등등)이 '노름' 또는 '놀이'였다. '신나게 놀다'라는 말도 신이 나와 보게끔 시끄럽게 논다는 뜻일 것이다.

일단 신이 나오면(또는 신이 내리면) 인간은 그와 접촉하고 싶어 한다. 우리 무속에서는 인간이 신과 접촉하는 것을 '접신'接神이라고 한다. 접接은 닿다, 이르다, 미치다라는 뜻이다. 국어사전에는 '미치다'가 표제를 달리하여 각각 '정신 나가다'와 '~에 닿다, 이르다'로 정의되어 있지만, 둘은 본디 같은 뜻이었다. 옛사람들은 신과 접하면 본래의 정신이 나가고 그 자리에 신의 정신이 들어온다고 믿었다. 신들린 상태가 곧 '미친' 상태였다. 중세 유럽에서도 '미쳤다'는 '신에게 가까이 다가가다'라는 뜻으로 쓰였다. 극장은 수많은 사람이 모여 신을 불러내고, 신과 접촉하면서 동시에 미쳤다가 제정신으로 돌아오는 체험을 공유하는 장소였다. 수많은 사람을 한꺼번에 미치게 했다가 한꺼번에 되돌려놓을 수 있는 존재가 과연 무엇이겠는가? 극장은 신의 실존을 증명하는 장소였고, 이 시설로 인해 도시 공동체나 국가 공동체 구성원들은 '신 앞에 하나'임을 체감할 수 있었다.

유럽 도시들과는 달리 동아시아 도시들에는 동시에 수만 명을 수용하는 대극장은 없었으나, 소규모 실내 극장은 곳곳에 있었다. 중국의 경극, 일본의 가부키 등은 소규모 극장들을 배경으로 발달했다. 그러나 어쩐 일인지, 조선시대에는 서울에조차 극장이 없었다. 고려시대까지는 수도 안의 불교 사찰들이 때때로 극장 구실을 했으나, 조선시대 서울에는 사찰을 짓지 않는 게 원칙이었다. 극장이 없으니 축제라고 할 만한 것도 없었다. 불교 축제의 잔영殘影인 연등회 정도가 일종의 '거리 축제'로 명맥을 유지하는 정도였다. 조선 후기에는 서울 근교의 송파장과 양주장에서 산대놀음과 별산대놀음이, 조선 말기에는 도성 밖 아현 등지에서 무동연희舞童演戲가 펼쳐졌으나, 모두 '마당놀이'였다. 조선왕조가 표방한 유교적 엄숙주의는 '놀음'에 적대적이었다. 19세기 말 이 땅에 와 볼거리를 찾았던 한 오스

1902년 완공된 원뿔 모양의 소춘대 우리나라 최초의 실내 극장이다. 최남선은 로마의 콜로세움을 본떠 지었다고 기록했다. 원형 극장이라는 의미였을 것이다. 한때 무관학교 건물로 쓰이다가 상업 연예단체인 원각사에 넘어갔다. 원각사는 건물 모양을 따서 지은 이름이다. 극장은 도시민들에게 오락을 제공하는 시설일 뿐 아니라, 현대인에게 필요한 '소양'을 가르치는 곳이기도 했다. 현대의 도시민들은 매년 적어도 몇 차례씩 극장을 방문한다. 출처: 『사진으로 보는 한국백년』

트리아인은 '전 세계에서 극장 없는 도시는 처음 본다'고 불평을 늘어놓았다.

우리나라 최초의 극장도 1902년으로 예정됐던 '고종황제 어극 40년 망육순 칭경예식' 준비 과정에서 생겼다. 이해 서울 야주개(현 당주동)의 봉상사奉常司 자리에 로마의 콜로세움을 본뜬 500석짜리 원형 극장이 개관했다. 당대에는 희대戲臺 또는 소춘대笑春臺라 불렸지만, 이 극장에서 공연할 예정이었던 국립 연예단의 이름을 따 협률사 극장이라고도 한다. 협률사는 전국 각지의 명창, 악공과 평양·진주 등지의 기생들로 결성되었으며, 1902년 가을의 칭경예식이 연기되자 한동안 민간을 상대로 유료 공연을 했다. 황실에서 서울 체류비를 따로 주지 않았기 때문에, 이들로서는 당장 먹고살기 위해 돈벌이가 필요했다. 하지만 소춘대는 곧 '탕자蕩子 음부淫婦들을 끌어모으는 곳'이라는 엄숙주의적 비난에 직면했다. 몇 차례 문을 열었다 닫았다 하던 소춘대는 1908년 민간에 넘어가 원각사圓角社로 개칭되었으며, 그때를 전후해 광무대, 단성사, 연흥사, 장안사 등 500~1,000석 규모의 극장들이 서울 시내 곳곳에 속속 모습을 드러냈다. 1910년에는 일본인 가네하라 긴조가 현 을지로에 활동사진 상설 상영관으로 경성고등연예관을 설립했다. 이후 이 땅에서도 극장은 도시의 필수 시설이자 문화인 자격을 인증하는 장소가 되었다.

어둠 속에서 누군가가 제공한 스펙터클에 침묵하며 집중하는 군중, 감시의 눈초리가 없어도 장시간 꼼짝하지 않고 앉아 있는 사람들, 다중 속에 있으면서도 고립된 개인들, 한 공간에 밀집해 있으면서도 시선을 교환하지 않는 사람들, 서로 공감하나 교감하지 않는 사람들. 극장 안에서는 하나로 묶인 군중이었으되 극장 밖으로 나오는 순간 뿔뿔이 흩어지는 사람들. 같은 시간에 같은 메시지를 수용하고서도 서로 토론하거나 결집하지 않는 사람들. 극장은 사람들에게 개인과 대중이 관계 맺는 현대적 방법을 가르쳐온 특별한 시설이다.

극장 관객 같은 현대인의 특징은 때로 극장 안 같은 '암흑시대'를 연출하기도 했다. 극장에 익숙한 사람들에게 극장 같은 국가를 만들어 '무엇인가'를 보여주려 한 것이 파시즘이었다. 파시즘 체제에서 국민은 관객과 같은 역할을 부여받았다. 그들은 멋진 장면이 나올 때 박수 칠 의무는 있었으나 그 장면에 개입할 권리는 없었다. 그들은 눈 앞에 펼쳐지는 스토리에 집단적 공감을 표해야 했으나, 서로 교감해서는 안 되었다. 고대 로마의 콜로세움과 현대 서울의 복합상영관은 전혀 다른 모습이지만, 사람들을 일시적 광기에 빠뜨리고 그를 이용해 하나의 군중으로 묶는다는 점에서는 본질상 같다.

34.   열광의
       체험장

서기 80년, 로마에 거대한 원형 경기장 콜로세움이 건립되었다. 콜로세움이라는 단어의 유래에 대해서는 경기장 근처에 네로 황제의 청동상 콜로서스 네로니스Colossus Neronis가 있었기 때문이라는 설과 '거대하다'는 뜻의 이탈리아어 콜로살레Colossale와 어원이 같아서라는 설이 있는데, 중세에는 이 단어가 '거대한 건축물'을 뜻하는 보통명사로 사용되었다. 로마를 대표하는 문화유산인 이곳은 검투사 경기나 초기 기독교도 학살을 소재로 한 영화의 무대로 자주 소개되었으며, 우리나라 최초의 실내 극장인 협률사 극장(소춘대笑春臺)도 콜로세움을 본떠 만들었다고 한다.

고대 그리스와 로마의 도시들에는 거의 빠짐없이 거대한 극장 theatron과 경기장stadion이 있었다. 이들 시설은 해당 도시 인구 전체보다 많은 인원을 한꺼번에 수용할 수 있는 규모였다. 고대인들이 도시에 이런 시설물을 만든 이유는, 사람들을 끌어 모아 신의 존재를 직접 느끼도록 하기 위해서였다. 사람들은 이런 시설에서 같은 장면을 보고 같은 음악을 들으며 함께 열광熱狂했다. 수많은 사람을 동시에 열광 상태에 빠뜨릴 힘을 가진 존재가 신 말고 또 누가 있겠는가? 극장과 경기장은 신의 실존을 입증하는 시설이었다. 로마제국과 함께 소멸했던 거대 경기장은 국가를 신으로 섬기는 시대에 부활했다. 1896년 제1회 근대 올림픽을 한 해 앞두고 기원전 329년에 지어졌던 그리스 아테네의 파나티나이코 경기장Panathinaiko Stadium이 재건되었다. 세계를 하나로 묶으려는 근대적 기획은 이 재건 공사로부터 시작되었다고 해도 지나치지 않을 것이다.

우리나라 고대에도 활쏘기, 격구, 씨름 등 현대적 관점에서 스포츠라고 할 만한 인간 행위가 있었으나, 관중석을 갖춘 대규모 운동장의 유적은 발견되지 않았다. 특히 유교적 엄숙주의를 견지한 조선 왕조 정부는 극장, 경기장, 유희장 같은 놀이시설을 만들지 않았다. 민간에는 그런 시설을 만들 사람도 재원도 없었다. 현대의 운동장과 유사한 시설은 군사 훈련장밖에 없었다. 조선시대 서울에서는 동대문 안쪽에 있던 훈련원이 대표적인 군사 훈련장이었다. 동대문 밖의 남벌원, 동소문 밖의 삼선평, 살곶이벌과 뚝섬도 사냥터와 군사 훈련장으로 사용되었다.

이 땅에서 근대적 스포츠 경기는 조선 정부가 구미 각국과 통상조약을 체결한 뒤에 시작되었다. 구미인 고문관, 외교관, 선교사, 사업가들은 주로 서울 정동 일대에 모여 살면서 스포츠 경기를 할 수 있는 소규모 운동장을 만들었고, 조선인들에게도 경기 방법과 기술을 가르쳤다. 선교사들이 세운 서양식 학교들과 그를 본받은 관립·사립 학교들도 운동장을 갖추었다. 1896년 12월 『독립신문』은 관립 영어학교 학도들이 운동장에서 축구를 한다고 기록했다. 이듬해 1월에는 같은 학교 교사 허치슨W. F. Hutchison이 정부에 학교 운동장을 넓혀달라고 청원했다. 1905년 을사늑약 이후 민족 실력양성을 표방하고 설립된 사립학교들에는 대개 운동장이 있었다. 유교적 문치주의文治主義가 사회의 기풍을 문약文弱으로 몰았기 때문에 망국의 위기에 처했다는 생각은 다수 지식인이 공유하는 바였다. 그들에게 운동장은 상무尙武 정신을 고취하고 미래의 강병을 양성하기 위한 교육시설이었다. 학교에는 반드시 운동장이 있어야 한다는 생각은 식민지화 이전에 일반화했다. 일제강점기에는 운동장을 만들거나 넓혀달라고 요구하는 학생운동이 빈발했다.

학교 운동장은 다용도 공간이었다. 이름 그대로 학생들이 체육활동을 하는 공간일 뿐 아니라 입학식, 졸업식, 정례 조회, 학교 관계자의 장례식, 때로는 국가적 행사까지 치러지는 의례 공간이기도 했다. 학교에서 운동장이 점하는 상징적·실질적 위치는 도시에서 광장이 점하는 그것과 동일했다. 이곳은 일차적으로 교사들이 학생들을 가르치는 공간이었지만, 때로는 학생들이 반란을 일으키는 공간이 되기도 했다. 혁명이 민중의 도시 광장 점거로부터 시작되는 것처럼, 동맹휴학은 학생들의 운동장 점거로 시작되었다. 실제로 도시 내 광장은 운동장으로도 불렸다. 1915년 가정박람회 때 '박람회 운동장'으로 불린 곳은 경성일보·매일신보사와 덕수궁 사이에 있던 빈터였다. 현재의 시청 앞 광장에 해당한다. 시설이 좋은 학교 운동장에서는 학교 간 대항전은 물론 전국 단위 경기도 열렸다. 1915년 11월 공주부 내 3개 공립학교의 연합 대운동회는 공주농업학교 운동장에서, 1922년 9월 경성 소년 야구대회는 배재고등보통학교 운동장에서, 1923년 10월의 제1회 전조선 축구대회와 1929년 10월의 제1회 경성-평양 축구전은 휘문고등보통학교 운동장에서 열렸다.

학교들에 운동장이 생긴 지 얼마 되지 않은 1890년대 말부터, 훈련원이 각 학교의 연합 운동장 또는 시민들의 운동장으로 쓰이기 시작했다. 1899년 4월, 훈련원에서 각 관립 어학교 연합 대운동회가 열렸다. 관중이 구름처럼 몰려들었으나, 담장도 의자도 없었다. 훈련원 대청 위에 귀빈을 위한 의자가 몇 개 놓였을 뿐이다. 이런 장면은 이후로도 오랫동안 반복적으로 연출되었다. 고종이 일본의 강압으로 제위에서 쫓겨난 지 열흘쯤 뒤인 1907년 8월 1일, 대한제국 군부는 서울에서 근무하는 시위대와 친위대 병사 전원에게 훈련원으로 모이라고 지시했다. 맨손체조를 한다는 명목이었다. 병사들이 모이자, 군부협판 한진창이 황제 명의의 군대 해산 조서를 낭독했다. 해산 명령에 불복한 일부 군인은 일본군에 맞서 시가전을 벌이다가 전사하거나 지방으로 퇴각하여 의병이 되었다. 대다수는 몇 푼 안 되는 '은급'恩給을 받고 실업자가 되었다. 그들 중 소수는 일본 헌병 보조원이나 형무소 간수로 재취업했지만, 절대다수는 인력거꾼이나 지게꾼으로 생계를 이어야 했다. 한국군 병영과 군사시설 대부분은 일본군 차지가 되었다가 다시 전매국 등 다른 시설 용지로 바뀌었다. 빈터로 남은 훈련원은 경성부민의 공용 운동장으로만 기능했다. 1919년과 1926년에는 이곳에서 고종과 순종의 장례식이 거행되었다.

운동경기를 직접 하거나 보는 사람이 늘어나자, 운동장이라는 이름이 붙은 장소도 늘어났다. 장충단, 남산, 월미도 등의 공원 안에 있는 상대적으로 넓은 마당도, 전각이 철거된 경복궁과 경희궁 빈터도, 용산의 일본군 연병장도 '운동장'으로 불렸다. 때로는 이런 운동장에서 테니스 경기나 전승戰勝 봉축대회 등이 벌어지기도 했다. 하지만 대규모 관중을 수용하는 명실상부한 스타디움은 1920년대 중반에야 생겼다. 조선총독부가 경성역, 조선총독부 신청사, 경성부청, 조선신궁, 경성제국대학 등의 근대적 건축물로 서울 공간의 면모를 전면적으로 개조하던 무렵이었다.

1921년, 경성부는 1923년 가을부터 훈련원에서 근대적 종합경기장 건설 공사를 시작할 예정이라고 발표했다. 하지만 그해 9월 일본 관동(간토) 지방에 대지진이 일어남으로써, 건설 계획은 무산되었다. 1924년 1월, 일본 황태자 히로히토裕仁가 결혼하자 경성부는 이를 기념한다는 명목으로 종합운동장 건립 계획을 재추진했다. 총평수 2만여 평에 육상경기장, 축구장, 야구장, 정구장, 스케이트장, 수영장

준공 직후의 경성운동장 필드와 트랙, 관중석이 구비되었다. 필드와 트랙 사이에 수많은 학생이 도열한 것으로 보아 1925년 11월의 '경성부 체육데이 행사' 장면일 가능성이 있다. 높은 담장으로 둘러싸인 종합운동장은 운동하는 사람과 구경하는 사람을 확연히 갈라놓았으며, 운동장을 직업 활동 공간으로 삼는 운동선수들을 '현대의 영웅'으로 만들었다. 출처: 『사진으로 본 서울의 어제와 오늘』

을 갖춘 동양무비東洋無比의 국제적 종합경기장을 짓는다는 계획이었다. 경기장 용지 인근 토지 수용 문제로 잠시 난항을 겪던 건립 사업은 1924년 말에 본격화하여 1925년 10월 초에 마무리되었다. 그때까지 남아 있던 한양도성 성벽을 토대 삼아 지음으로써 공사비는 크게 절약되었으나, 대신 이간수문과 성벽 일부가 서울 주민들의 시야에서 사라졌다. 개장식은 10월 15일에 거행되었고, 그다음 날부터 이틀간 조선신사朝鮮神社(곧 조선신궁朝鮮神宮으로 변경) 진좌식鎭座式 축하 경기가 벌어졌다.

'동궁전하 어성혼御成婚 기념 경성운동장' 개장 보름 뒤인 11월 3일, 경성부 체육데이 행사가 이곳에서 열렸다. 경성부 내 보통학교 4학년 이상, 소학교 5학년 이상 '생도' 전원이 동원되었다. 보통학교는 조선인 초등학교, 소학교는 일본인 초등학교였는데 보통학교는 4~6년제, 소학교는 6년제였다. 보통학교 생도와 소학교 생도 동원 학년에 차등을 둔 것은 4년제 보통학교가 많았기 때문이다. 『매일신보』는 이 행사 장면을 다음과 같이 소개했다. "7,500명의 학생이 운동장에서 체조하는 모습을 수만 관중이 스탠드에서 지켜보았다." 한 공간 안에서 '장엄한 스펙터클'을 함께 보며 같은 느낌을 받는 '대규모 군중'이 출현한 것이다.

1980년 잠실 종합운동장이 개장할 때까지, 한국 스포츠 역사에 한 획을 그은 경기들은 대부분 경성운동장(해방 후 서울운동장, 잠실 종합운동장 건립 후 동대문운동장으로 개칭)에서 열렸다. 각 종목의 전조선 선수권 대회는 물론 조선 대표와 일본 대표 간 경기, 국제 경기도 열렸다. 1926년 7월에는 일본 중학 야구 선발대회에서 우승한 광릉중학廣陵中學 야구팀과 조선 중학 야구 리그에서 우승한 중앙고등보통학교 야구팀 사이의 경기가 경성운동장에서 열렸는데, 조선인 관중의 입에서는 수시로 '반일 구호'가 튀어나왔다.

식민지의 종합운동장은 때로 '국민 통합'의 공간이 아니라 '민족 대립'의 공간이었다. 식민 권력은 경성운동장이 이른바 내선융화內鮮融和와 내선일체內鮮一體에 방해가 되지 않도록 하면서도 일본인의 민족적 우위를 입증하는 공간이 될 수 있도록 세심한 주의를 기울였다. 민족 간 배척 감정을 유발할 수 있는 내지內地 대표와 조선 대표 사이의 경기는 흔치 않았다. 스포츠 기량과 돈 사이에는 분명한 상관성이 있기 때문에 내지인은 거의 모든 종목에서 우세했지만, 축구와 마라톤에서는 조선인이 이기는 경우가 많았다. 조선인 관중은 일본에 이길 가능성이 있는 경기에 몰려들었다. 반면 조선인과 서양인 사이의 경기는 순간적으로나마 내선일체를 실현하는 계기였다. 1933년 8월 경성운동장 특설 링에서 국제 권투대회가 열렸다. 개막 경기는 미국인 썬 스튜어드와 일본인 타가 야스로多賀安郎의 대결이었는데, 조선인 관중에게 '우리 선수'는 타가였다.

경성운동장이 생김으로써 스포츠 관람은 도시 생활 문화의 하나

로 굳게 자리 잡았다. 개장 첫 해 3만 9,000명 정도였던 입장객 수
는 1928년 24만여 명, 1930년 32만여 명으로 계속 늘었다. 근대의
신神인 자본이 운동경기 관람에 열광하는 사람들을 그냥 두고 볼 리
없었다. 경기 종목을 늘려야 했고, 그러려면 시설을 확충해야 했다.
1934년, 국제 기준에 맞춘 수영장과 승마장이 완공되었다. 인천, 부
산, 진남포 등의 도시들에도 상대적으로 규모가 작은 공설 운동장이
속속 건립되었다.

　운동장이 조장하는 광기는 정치적으로도 유용했다. 사실은 이 광
기 자체가 애초에 정치적이었다. 국가 간 스포츠 경기가 '총성 없는
전쟁'이라면, 국가 대표 운동선수는 '무기 없는 군인'이다. 스포츠 경
기에서 '자기편'을 응원하는 마음보다 훨씬 절실한 것이 전쟁에서
'자기편'을 응원하는 마음이다. 운동장에서 발산되는 광기는 전쟁에
도 동원할 수 있었다. 태평양전쟁 중의 경성운동장은 집단 광기를
끌어모으는 공간이었다. 중일전쟁 발발 5개월 뒤인 1937년 12월 2
일, 경성운동장에서 '남경 함락 축하식'이 열렸다. 경성운동장이 노
골적인 '정신 동원'을 목적으로 사용된 최초의 사례다. 이듬해 7월에
도 같은 장소에서 '국민정신총동원조선연맹' 결성식이 개최되었다.
이 행사에는 10만여 명이 동원되었다. 당시 경성 인구는 70만 명 정
도였다. 운동경기도 전쟁에 복무해야 했다. 1939년 6월, '전력 증강
경기대회'라는 명목의 종합 운동 대회가 경성운동장에서 열렸다. 대
회의 모토는 "체육의 목적은 전투력을 기르는 데 있다"였다. 1939년
9월에는 '일만지日滿支 청년단 교환대회', 속칭 '흥아興亞 청년대회'라
는 이름으로 일본, 조선, 만주, 중국, 대만의 각지 대표 5,000여 명이
경성운동장에 모였다. 운동장에서는 이들의 분립 행진과 연합체조
가 펼쳐졌고, 관중석에는 '감격에 넘치는 소용돌이'가 휘몰아쳤다.

　종합운동장은 해방 이후에도 자주 정치적 군중집회 장소로 쓰였

다. 1945년 12월 1일, 서울시민 10만여 명이 운집한 가운데 서울운동장에서 '임시정부 요인 환영회'가 개최되었다. 이듬해 1월 3일에는 '신탁통치 반대 민족통일 촉성 시민대회'가, 4일에는 '민족통일 자주독립 시민대회'가, 11일에는 '신탁통치 반대 국민대회'가 서울운동장에서 열렸다. 한국전쟁 이후에도 서울운동장에서는 '북진통일 궐기대회', '중공의 핵실험 규탄 시민대회' 등 각종 명목의 군중집회가 벌어졌으며, 학교와 신문들은 이런 집회에 '자발적으로' 참석하는 것이 시민의 도리라고 가르쳤다. 이런 군중집회에서는 종종 군중의 광기를 자극하기 위한 '혈서 쓰기' 등의 이벤트가 병행되었다. 문순태는 그의 소설 『잉어의 눈』에 이렇게 썼다. "아버지는 학생들과 공무원들이 동원되는 큰 궐기대회 때마다 혈서를 썼다. 혈서를 쓴 날의 저녁상엔 어김없이 푸짐하게 고기가 올랐다."

1960년, 효창공원 안에 서울 두 번째 종합운동장이 건립되었다. 효창공원은 본래 정조의 맏아들 문효세자의 묘가 있던 곳이고, 해방 직후 윤봉길, 이봉창, 백정기 세 의사의 묘와 안중근 의사의 가묘假墓가 만들어진 곳이며, 백범 김구가 묻힌 곳이다. 1956년, 이승만 정부는 느닷없이 효창공원 선열 묘역 옆에 대규모 현대식 운동장을 짓겠다고 발표했다. 대한체육회조차 "선열의 묘역 옆에서 웃고 뛰어노는 것은 예의가 아니다"라며 반대했지만, 정부는 계획대로 강행했다. 3·1운동 민족대표 33인 중의 한 사람인 이명룡은 눈물을 흘리며 기자들에게 "기가 막힌다. 그분들이 지하에서 어떻게 생각하겠는가? 묘지를 더 잘 모실 생각은 못 하고… 대통령이 잘못이야"라고 소리쳤다. 당대인들은 이 종합운동장이 김구와 삼의사를 추모하는 국민의 마음마저 '죽이기' 위한 악독한 시설이라는 사실을 알았으나, 당장 어쩔 도리가 없었다. 다만 이승만은 운동장의 완공을 보지 못하고 대통령 자리에서 물러났다.

제6대 대통령 선거를 1년쯤 앞둔 1966년, 박정희 정부는 1970년 아시안게임을 유치하겠다고 발표했고 아시아경기연맹은 이에 동의했다. 정부가 새 종합경기장 건립 용지로 지목한 곳은 잠실이었다. 하지만 경기 준비에 필요한 재원을 마련할 길이 없었다. 대통령 선거가 끝난 뒤, 정부는 결국 아시안게임 반납이라는 국제 망신을 감수하기로 결정했다. 그로부터 10년쯤 지난 1979년, 정치적 위기가 고조되는 상황에서 박정희 정부는 다시 올림픽 유치를 선언했다. 그해 2월 신임 대한체육회장에 대통령 경호실장 출신 박종규가 임명되었다. 그러나 이로부터 8개월 후 10·26사태가 일어났다. 12·12와 5·17쿠데타로 정권을 잡은 전두환은 올림픽 유치에 국가적 명운을 걸다시피 했다. 그는 올림픽 유치를 신군부가 광주에서 자행한 학살 행위에 대한 국내외적 면죄부로 삼으려 했다. 그야말로 '거국적'인 유치 운동이 벌어졌고, 국제올림픽위원회IOC는 1988년 올림픽을 서울에서 개최하기로 결정했다. 이어 86아시안게임 유치도 결정되었다. 잠실 올림픽경기장은 이로부터 3년 뒤인 1984년에 준공되었다.

1980년대 전두환 정부는 야구, 씨름, 축구 등 여러 스포츠 종목을 '프로화'했다. 섹스, 스포츠, 스크린으로 대중을 우민화하는 이른바 '3S 정책'의 하나라는 사회적 비판이 있었으나, 이는 각 종목의 운동장을 늘리는 계기가 되었다. 2002년 월드컵 축구 대회는 한국과 일본이 공동 개최했다. 이 대회를 앞두고 전국 여러 도시에 국제 규모의 축구 전용 경기장이 건립되었다. 이들 경기장에서 정치 집회가 열리는 일은 드물어졌으나, 대신 록 페스티벌 등의 '열광적인 축제'는 자주 열린다.

오늘날 한국의 거의 모든 도시에는 경기장이 있으며, 현대인들은 수시로 가족이나 친구들과 함께 운동장을 찾는다. 평소 점잖다는 말을 듣는 사람들도 경기장에는 '미칠 준비'를 하고 간다. 그들이 경기장에 가는 주된 이유는 '열광'하기 위해서다. 고대의 경기장은 관중에게 집단 신들림을 체험시키는 공간이었다. 그 점에서는 현대의 경기장도 다르지 않다. '신들림 체험'에 스트레스 해소라는 현대적 이름을 붙인 것이 다를 뿐, 인류는 가끔 제정신을 내보냈다가 되돌려 놓는 습성을 기른 특이한 동물종이다. 현대인들에게 경기장은 상대적으로 건전하게 '열광'을 체험하는 곳이며, 특히 '애국적 열광'을 마음껏 발산하는 곳이다.

티켓

35.   돈이 신분인
        시대를
        열다

"본사에서 소춘대 유희笑春臺 遊戲를 오늘부터 시작하오며 시간은 하오 6시부터 11시까지요 등표等票는 황지黃紙 상등표에 1원이요 홍지紅紙 중등표에 70전이요 청색지 하등표에 50전이오니 완상玩賞하실 군자들은 알아서 찾아오시되 시끄럽게 떠드는 것과 술 취해 얘기하는 것은 금지함이 규칙임." 1902년 12월 4일 협률사가 『황성신문』에 게재한 광고문이다.

1902년은 고종이 왕위王位에 오른 지 40년이자 망육순望六旬(51세)이 되는 해였다. 대한제국 정부는 외국 특사까지 초청하여 이 양대 경절慶節을 사상 최대 규모의 국제 행사로 치르려 했다. 축전에서 빼놓을 수 없는 것이 공연이다. 행사 예정일이 1년도 채 남지 않은 1902년 초, 궁내부는 전국의 재인才人과 악공, 여령女伶(잔치에 참여하는 기생)들을 불러 모아 협률사協律社라는 국립 공연단을 조직하는 한편, 봉상사奉常司(국가의 제사를 담당하던 관청) 자리에 로마의 콜로세움을 본뜬 500석 규모의 원형 극장을 지었다. 이 단체가 우리나라 최초의 '근대적 공연단'이며, 이 극장이 서울에 처음 등장한 실내 공연장이다.

그런데 행사를 불과 한 달 앞둔 시점에서 콜레라가 한반도를 급습했다. 당시로서는 치료도 예방도 불가능했던 치명적인 역병이었다. 황실은 행사를 다음 해 봄으로 연기하는 수밖에 없었다. 협률사

단원들도 당장 할 일이 없는 상태가 되었다. 행사 취소가 아니라 연기였으니, 바로 고향으로 돌아갈 수는 없었다. 반년 뒤의 행사에 대비해 서울에 계속 머물러야 했으나, 정부와 황실은 단원들에게 서울 체류비를 지급할 형편이 못 됐다. 1902년의 정부 재정 형편은 궁내부 내장원內藏院에서 돈을 꾸어 관리들의 녹봉을 지급해야 할 정도였다. 협률사는 자구책으로 민간 상대 공연을 시작했다. 이때 발행된 황색, 홍색, 청색의 3종 '등표'(등급표)가 우리나라 최초의 공연 티켓이다. 상중하의 극장 좌석 등급은 신분이 아니라 입장료 액수에 따라 결정되었고 백정이나 노비 출신이라도 출입을 금하지 않았으니, 이 광고는 신분이 아니라 '돈'이 '자리'(지위)를 결정하는 시대가 열렸음을 알려주는 포고문과도 같았다. 신분이 낮은 사람도 돈이 많으면 1원짜리 노란색 상등표를 살 수 있었고, 지체 높은 양반가의 후예라도 돈이 없으면 50전짜리 파란색 하등표를 사야 했다. 돈 액수에 따라 자리 등급을 나눴기 때문에 이름도 '등표'等票였다. 등표 사는 것을 '표 끊는다'고 했는데, 이 말은 발행자가 보관할 것과 매입자가 지참할 것을 한 장으로 만든 뒤 판매할 때는 매입자용만 따로 끊어서 주었기 때문에 생겼다.

등표라는 이름은 1910년을 전후한 시기에 입장권, 승차권, 관람권, 탑승권 등 여러 개로 나뉘었다. 물론 가장 흔한 것은 전차와 기차 탈 때 끊는 차표, 즉 승차권이었는데, 전차는 등표가 아니었으나 기차는 등표였다. 기차 상등칸 역시 책정된 금액만 지불하면 아무나 들어갈 수 있는 공간이었지만, 일제강점기에 상등칸에 타는 조선인은 공연한 눈총을 받기 쑤였다. 그다음으로 흔한 것이 활동사진관, 연극장, 박람회장, 연설회장, 연주회장 등에 들어갈 때 끊는 입장권이었다. 돈을 받고 보여주는 구경거리가 많지 않았던 1910년대 초반까지는 '입장권을 사용한다'라는 말이 '유료 입장'과 같은 의미였

1973년 춘계 대학 농구연맹전 입장권 현대는 기차, 배, 비행기, 극장, 전시장, 박물관 등 온갖 것들의 '표 끊기'를 요구하는 시대이며, 현대인은 표 끊는 데 익숙한 인간이다. 여러 명목의 할인권이나 우대권이 있기는 하지만, 티켓은 '돈만 따지는 시대'의 표상이라 해도 무방하다. 출처: 서울역사박물관

다. 이 무렵 서울에는 원각사, 장안사, 연흥사, 단성사 등의 활동사진관과 연극장이 여럿 있었지만, 지방에는 돈을 내야 입장할 수 있는 시설이 없었다. 한국인들을 입장권에 친숙하게 만든 계기는 1915년에 열린 조선물산공진회였다. 총독부의 신시정新施政을 자랑하는 이 행사를 보기 위해 전국에서 100만 명 가까운 사람들이 서울로 모여들었다. 물론 이들 중 상당수는 반강제로 동원된 사람이었다.

시골 사람이 서울에 가려면 먼저 기차표를 끊어야 했고, 남대문 정거장에서 여관 있는 동네까지 가려면 다시 전차표를 끊어야 했다. 공진회장인 경복궁에 들어가려면 다시 입장권을 끊어야 했으며, 서울 온 김에 활동사진관 구경이라도 하려면 다시 극장표를 끊어야 했다. 조금 과장하자면, 입장권을 끊지 않고도 들어갈 수 있는 곳은 여관과 상점밖에 없었다. 절대다수 한국인은 '서울에서는 어디에 가든지 표를 끊어야 했다'는 100만 명 가까운 사람들의 경험담을 '서울

은 눈 감으면 코 베어가는 곳'이라는 속담과 공유했다.

입장권, 승차권, 탑승권, 관람권 등을 통칭하는 용어인 '티켓'이라
는 말은 당연히 미국 거주 한인들을 통해서 국내에 소개되었다. 이
용어는 일제강점기에도 간간이 사용되었으나, 일반화한 것은 해방
이후의 일이었다. 어떤 종류의 티켓이든, 이 물건에는 시간, 등급, 좌
석 번호, 가격 등이 적힐 뿐, 구입자의 신상 정보는 기록되지 않는다.
그런 점에서 티켓은 개개인을 돈으로 치환하는 물건이라고도 할 수
있다. 티켓 판매자의 관점에서는, 등급별 구매자의 숫자만이 중요할
뿐 어떤 사람들이 들어왔는지는 중요하지 않다. 갓난아기들이 세상
에 입장할 때 지참한 귀족, 평민, 천민이라는 티켓이 늙고 병들어 퇴
장할 때까지 유효한 상황을 타파하는 것이 근대 이후 인류가 추구한
정의였다. 그 티켓의 이름이 금수저, 은수저, 흙수저로 바뀌는 상황
을 용납하지 않는 것도, 현대인이 지켜야 할 대의일 것이다.

화투

36. '돈신'이
  깃든
  놀이 도구

우리말 동사 '놀다'는 독특하다. 첫째, 능동과 수동의 어감이 전혀 다르다. 스스로 노는 건 누구나 좋아하지만, 남에게 놀림받는 걸 좋아하는 사람은 없다. 밖에서 싸우고 들어온 아이에게 왜 싸웠느냐고 물으면 대답은 십중팔구 "짜식이 놀리잖아"다. '놀리다'는 '놀게 하다'라는 뜻일 뿐이지만, 사람들은 남이 자기를 '놀게 하는' 것을 참고 견디지 못한다. 둘째, 이 동사의 명사형은 '놀이'와 '노름' 두 개가 있다. 현대의 국어사전은 놀이를 '여러 사람이 모여서 즐겁게 노는 일. 또는 그런 활동'으로, 노름을 '돈이나 재물 따위를 걸고 주사위, 골패, 마작, 화투, 트럼프 따위를 써서 서로 내기하는 일'로 달리 규정한다. 하지만 이 둘은 행위 자체로 구분되지 않는다. 윷놀이는 한국 전통놀이의 대표 격이지만, 돈이나 재물 따위를 걸고 할 수도 있다. 바둑, 장기, 골프 등은 건전한 오락이나 스포츠로 인정받지만, 돈이나 재물 따위를 걸고 하는 사람도 많다. 화투나 트럼프는 부인할 수 없는 도박용품이지만, 점치는 도구로도 쓰인다. 어떤 행위든, 어떤 도구를 사용하든, 돈이나 재물 따위를 걸고 하면 노름이고 그러지 않으면 놀이다. 사실 '놀이'라는 말은 20세기에 접어들 무렵 '노름'에서 분화했다. '놀다'가 어떤 행위이기에 이런 특성이 생겼을까?

국어사전은 '놀다'를 열 가지 이상의 의미로 정의한다. 놀이나 재미있는 일을 하며 즐겁게 지내다, 남을 조롱하거나 자기 뜻대로 좌지우지하다, 어떤 구경거리가 되는 재주를 부리다 등. 그런데 고대 신화의 보편적 서사를 통해 보자면, 애초 '놀다'의 뜻은 '신을 부르다'였던 것으로 보인다. 앞의 '극장' 항목에서 인용한 『일본서기』내용과 같이, 신을 굴 밖으로 나오게 하는 방법은 시끌벅적하게 노는 것이었다. 우리말 '신나게 놀다'도 같은 맥락에서 생긴 말일 것이다. 사실 노름은 누구의 운運이 더 좋은지를 점치는 행위이며, 운을 주관하는 존재는 신이다. 나는 '놀리다'라는 말이 '모욕하다'와 비슷한 뜻이 된 것은, 이 말이 애초에 '신을 부르기 위한 도구로 이용하다'라는 뜻이었기 때문일 것이라고 본다.

주사위, 골패 같은 도박 용구들은 돈보다 먼저 탄생했다. 이것들은 애초에 신의 뜻을 헤아리기 위한 도구, 즉 무구巫具였다. 지금도 화투나 카드는 점치는 도구로 사용된다. 무구 중 일부가 노름을 전문 영역으로 삼은 것은 재신財神을 최고신으로 숭배하는 화폐경제 시대가 열린 뒤의 일이었다. 노름은 재신이 누구 편에 강림하는가를 점치는 행위라고 할 수 있다.

우리나라에서도 상평통보가 본격 유통된 18세기 이후 돈을 걸고 하는 도박이 성행했는데, 이를 '돈 싸움'이라는 뜻의 '투전'鬪牋이라고 했다. 투전의 도구로는 동물의 뼈로 만든 골패骨牌나 두꺼운 종이로 만든 투전 등이 주로 사용되었다. 1895년 3월 내무아문은 각도에 행정 쇄신을 지시하면서 '투전鬪牋 골패骨牌 잡기장雜技場의 주인을 엄히 징치懲治할 것'이라는 내용을 포함시켰다. 을사늑약 무렵에는 일본에서 19세기 초부터 유행한 '하나후다'花札가 우리나라에 전래되었다. 『만세보』1906년 9월 2일자에는 "전립동戰笠洞(현 서울 종로구 내자동 일부)은 예전부터 일정한 직업 없이 무위도식하는 잡배가 많이 살기로 유명한 곳인데 근래에도 소위 건달배 19명이 무리를 지어 주

화투 오늘날 화투는 재수점 치는 도구, 심심풀이 놀이 도구, 전문 도박 도구로 두루 사용된다. 일본에서 전래한 물건이지만, 그를 이유로 이 물건을 배격하는 사회적 움직임도 거의 없다. 물론 이는 유럽에서 건너온 트럼프에 대해서도 마찬가지다. 각 종교의 '성서'와 마찬가지로, '돈신'의 상징인 화투도 국가와 민족을 따지지 않는다. 출처: photo-ac. com

야를 불문하고 화투 아니면 골패로 나날을 보낸다"라는 기사가 실렸다. 화찰花札의 '화'와 투전의 '투'를 합친 '화투'花鬪라는 말도 이 무렵에 생겼을 것이다.

일본이 종주국으로 군림하는 상황에서 일본 문화가 급속히 확산하는 것은 불가피한 현상이었다. 화투는 이 땅에 들어온 지 얼마 되지 않아 도박 도구의 패왕霸王 지위를 점했다. 도박장이 '화투국'으로 불릴 정도였다. 화투는 남녀노소 빈부귀천을 조금도 따지지 않았다. 귀족과 부호, 하이칼라와 신여성은 물론 토막土幕 거주자와 아이들까지 화투 노름 또는 화투 놀이를 즐겼다. 빈부 차이를 드러내는 것은 '판돈'의 크기뿐이었다. 1910년 10월, 조선총독부 경무총장은 '도박죄'를 저지르면 징역 1년 이하, 벌금 수십 원에 처하겠다고 엄포를 놓았으나 요원의 불길처럼 번져가는 화투 노름을 막을 수는 없었다. 도박의 역사는 인류 문명사만큼이나 길지만, 식민지 조선에서는 특히 성행했다. 할 일도 희망도 없는 사람이 많았기 때문이다.

식민지화로 인해 관리, 군인, 어용御用상인 대다수가 일자리를 잃었다. 이들 중 총독부 치하에서 재취업의 기회를 얻은 사람은 극소수였다. 실업 상태에서 일확천금을 노리는 사람이 늘어날 수밖에 없었다. 총독부 권력은 이들을 '부랑자'로 명명하고 수시로 검거하여 새끼 꼬기나 가마니 짜기를 가르쳤으나, 왕년의 기억에 묶인 사람들은 이런 일을 하려 들지 않았다. 설령 한다고 해도 생계를 꾸릴 수 없었다. 이들은 재산이 있으면 있는 대로 없으면 없는 대로, 주색잡기와 사기도박으로 세월을 보냈다.

농한기에는 농민들도 할 일이 없었다. 수천 년간 농민의 겨울철 노동을 수탈했던 역제役制는 갑오개혁으로 일단 소멸했다. 일제강점기에도 농민들은 각종 명목의 부역에 시달렸으나, 아무래도 역役의 총량은 줄어들었다. 게다가 오랫동안 마을 공동체를 지탱했던 '민속놀이'들이 급속히 사라져갔다. 그 시간적 공백을 메꾼 것이 화투 노름이었다. 할 일 없기는 조선 귀족들도 마찬가지였다. 1911년, '을사오적'의 한 명인 백작 이지용이 이왕직 사무관 이회구, 김규희 등과 '짓고 땡'이라는 화투 노름을 하다가 적발되었다. 조선인만 태형笞刑이 가해지던 1910년대에 도박죄에 대한 처벌은 보통 태 30대 내외였다. 조선에 둘밖에 없던 백작 중 한 명인 이지용이 과연 볼기짝을 맞을 것인가에 세간의 관심이 쏠렸는데, 재판소는 그에게 태 100대를 선고했다. 그와 동시에 일본 정부도 그에 대한 '귀족 예우'를 정지했다. 이지용은 항소하겠다는 뜻을 밝혔으나, 조선인에게 '본보기'가 되라는 압력을 받았음인지 곧 항소를 포기했다. 이지용이 죽기 직전 "일본에 속았다"고 술회했다는 이야기가 전하는데, 그게 사실이라면 이 일도 영향을 미쳤을 것이다.

총독부도 공식적으로는 도박을 금지했으나, 경찰과 헌병의 단속은 그야말로 이현령비현령 격이었다. 예나 지금이나 오락과 도박 사이에 분명한 선을 긋기는 어려웠다. '한 끝'에 5전짜리 화투를 쳤다가 옥살이하는 사람이 있었던 반면, 수만 원대 판돈을 걸고 화투를 치다가 적발됐으나 훈계방면되는 사람도 있었다. '액수의 다과와 관계없이 돈을 걸고 하면 무조건 범죄'라는 총독부 고등재판소 판례는 1938년 8월에야 나왔다.

1913년 10월 3일 오후, 서울 어느 집에서 남자들의 웃는 소리와 여자들의 우는 소리가 함께 들리는 걸 이상하게 여긴 순사보 한 명이 몰래 기색을 살폈다. 방 안 아랫목에 시체를 뉘어 놓고 그 옆에 남자들이 모여 노름하는 모습을 본 그는, 동료 순사보와 함께 집 안으로 돌입하여 9명을 체포했다. 체포된 사람들은 "한 사람이 친상親喪을 당해 조문차 모였는데, 생전에 노름을 좋아했던 고인이 좋은 곳에 갈 수 있도록 그가 즐기던 것을 했다"고 진술했다. 당시 신문은 '죽은 사람 앞에서 노름한' 이들에게 '골계적滑稽的 도박단'이라는 이름을 붙였지만, 상가에서 화투 치는 것은 이윽고 한국인의 풍습이 되었다.

도박은 대개 은밀한 골방에서 진행되었고 피해와 가해의 관계가 수시로 바뀌는 범죄였기 때문에, 경찰에 적발되는 일은 아주 드물었다. 도박범을 신고하는 사람은 사기도박으로 패가망신한 사람이나 남편의 도박중독을 견디지 못한 부인 정도였다. 그런 형편에서도 일제강점기 범죄 통계에서 도박은 자주 수위를 점했다. 화투 노름을 비롯한 도박은 종종 다른 흉악 범죄로 이어졌다. 도박꾼들의 싸움이 살인이나 상해로 이어지는 일은 흔했고, 도박 자금을 마련하기 위한 절도, 강도, 문서 위조 등은 이루 헤아릴 수 없었다. 심지어 도박 자금을 구하거나 도박 빚을 갚기 위해 딸이나 민며느리, 부인을 팔아 넘기는 자도 있었다. 1913년 9월, 경찰은 13세 된 민며느리를 도박

빚 대신 넘겨준 자에게 태형을 가했다. 1925년 1월에는 도박 자금을 구하려고 13세 된 딸을 60원에 팔아넘긴 자가 10일간의 구류 처분을 받았다. 도박판에서 돈을 딴 자들이 유곽이나 술집에서 한 턱 내는 게 관행이었기 때문에, 이런 자들의 주머니를 노린 범죄도 잦았다. 도박과 관련한 가정 폭력은 범죄로 취급되지도 않았다.

노름이 '도적을 기르는 일'이며, 노름꾼은 '부자 형제도 아랑곳하지 않는다'는 말이 속담이자 격언으로 자리 잡았으나, 해로운 줄 알면서 하는 것도 사람의 습성이다. 총독부는 1931년부터 화투 한 벌당 20전씩(1939년 30전으로 인상) 세금을 매겼는데, 1932년 한 해 동안 경성에서만 11만 4,526벌의 '과세 화투'가 팔렸다. 물론 관청에 신고하지 않은 '탈세 화투'나 '사제 화투'는 이보다 훨씬 많았을 것이다. 1933년에 도박 혐의로 검거된 사람은 3,670명에 달했다. 화투 노름에 빠져 패가망신하는 사람은 계속 늘었다. 사기도박 또는 사기도박꾼을 뜻하는 '타짜'라는 말은 화투 사용자가 급속히 늘어가던 1910년대 초부터 쓰이기 시작했는데, '칠 타打'에서 나왔다는 설이 지배적이나 사실 여부는 알 수 없다. 총독부 경찰에 따르면 1922년께 경성에만 유명한 '타짜 노름꾼'이 50~60명에 달했다. 심심풀이 삼아 화투에 손을 댔다가 타짜 노름꾼에게 전 재산을 털리고 폐인이 된 사람에 관한 소식과 소문은 끊이지 않았다.

한국인 일반의 강력한 반일 민족주의조차도 화투 앞에서는 힘을 잃었다. 한국인의 오래된 민속놀이들이 화투에 밀려 하나둘 사라졌다. 명절에 모인 가족들끼리 화투를 치며 노는 것도, 노인들이 경로당에 모여 화투 놀이로 소일하는 것도 당연한 일상 풍경이 되었다. 화투에 깃든 '돈신'이 최고신인 시대에, 돈과 관련이 적은 놀이들이 사라지는 것도 당연한 현상일 터이다.

37. 현대의
　　　귀족 놀음

　　　오늘날 한국의 젊은이들은 금수저와 흙수저로 나뉘고, 노인
들은 '치는 노인'과 '줍는 늙은이'로 나뉜다고들 한다. 치는 것은 골프
공이요, 줍는 것은 폐지다. 한국에서 골프는 스포츠 그 이상이다. 한
국의 옛날 귀족들은 풍광 좋은 곳에 모여 시를 짓고 그림을 그리며
악공의 음률과 기생의 가무를 즐기면서 놀았으나, 현대의 귀족들은
풍광 좋은 곳에 모여 골프를 치면서 논다. 기업인, 정치인, 언론인, 고
위 관료, 판검사, 의사 등 한국 현대의 엘리트들이 귀중한 정보를 교
환하고 은밀한 청탁을 주고받는 일도, 대개는 골프장에서 진행된다.
골프장은 현대 한국 상류층의 욕망이 적나라하게 전시되는 무대다.
오늘날 골프로 맺어진 연줄, 즉 '골프연'은 혈연, 학연, 지연보다 강력
하고 끈끈하다. 바로 그런 이유로, 골프는 상류층에 속하지 않는 사람
들도 상류층으로 진입하기 위해 배워야 하는 스포츠로 취급된다.

　　골프는 15세기 중엽 스코틀랜드에서 시작되었다. 땀 흘리지 않고
환담하며 즐길 수 있었기에, 처음부터 귀족 스포츠로 자리 잡았다.
1900년, 원산 해관海關에 고빙된 영국인들이 해관 구내에 6홀 규모
의 코스를 만들었는데, 이것이 우리나라 최초의 골프장이다. 이 골
프장은 일본인들이 해관 운영권을 장악한 뒤 사라진 것으로 보인다.
이 땅에 골프장이 다시 생긴 때는 3·1운동이 일어난 1919년 가을이
었다. 이해 9월, 서울 효창원에 9홀 규모의 골프장이 완공되었다. 소

유주는 남만주철도주식회사였으나, 구미인 관광객 유치가 목적이었기 때문에 운영은 조선호텔이 담당했다. 설계는 1915년도 일본 아마추어 골프 선수권 우승자였던 고베 거주 영국인 댄트H. E. Dannt가 맡았다. 댄트는 자기가 한 일에 관해 다음과 같이 회고했다.

> 1919년 5월, 나는 남만주철도주식회사의 초청으로 처음 경성을 찾았다. 조선호텔 지배인 이노하라 데이오猪原貞雄는 골퍼는 아니었으나 내가 경성에 도착했을 때 이미 골프 코스에 필요한 토지를 확보하고 9홀의 설계만 하면 되는 구체안을 마련해두고 있었다. 단지 티잉 그라운드와 벙커, 그리고 그린 위치만 정해주면 족할 정도였다. 그러나 송림이 울창하고 잡초가 무성한 효창원에 손을 대기는 쉬운 일이 아니었다. 울창한 나무를 베어 넘어뜨리고 페어웨이를 만들어야 했다. 효창원에 산재한 묘를 치워버리면 된다는 것은 누구나 아는 일이었지만, 조선인들은 절대로 달갑게 여기지 않을 일이었다. 코스를 만드는 데에는 여러 가지 애로가 있었고, 조심성이 필요했다. … 조선반도의 산山들은 모두 미신을 믿는 사람들에 의해 용龍이나 무언가와 관계있는 것으로 알려져 있다. 산길에는 서낭당이 있고 그 길을 가는 사람들이나 나그네들은 그곳에서 무사 안녕을 비는 풍습이 남아 있다.

효창원 골프장에는 코스마다 용산, 파라다이스, 알프스 등의 이름을 붙였다. 골프 코스와 별도로 대식당과 강당을 갖춘 '구락부 집'도 지었다. 효창원 골프장 개장 이듬해인 1921년, 구미인 40여 명에 7~8명의 일본인과 조선인을 더해 경성골프구락부가 결성되었는데, 이들 중 조선인이 누구였는지는 알 수 없다. 1925년께 한국인으로서

일제강점기 효창원 골프장 양복을 차려입은 골퍼들과 한복 차림의 소년 캐디들이 '귀족 대 천민'의 관계를 직관적으로 표현한다.

골프 잘 친다는 소리를 들은 사람은 영친왕 이은李垠뿐이었다. 댄트는 "골프 운동은 재미가 많아서 한번 시작하면 아편에 인이 박인 듯이 계집에 반하듯이 아니할 수가 없는 것"이라고 했다.

1924년에는 청량리에 새 골프장이 생겼고, 1929년에는 군자리(현 광진구 군자동)에 18홀 규모의 골프장이 개장했다. 이 무렵부터 '사치인지 오락인지 운동인지'를 분간할 수 없는 골프에 열중하는 한국인 부호들이 부쩍 늘어났다. 1930년대 초에는 서울에만 네 곳의 '베이비 골프장'(골프연습장)이 생길 정도였다. 경회루 뒤편의 경복궁 후원도 총독부 고등관 전용 골프연습장이 되었다.

그런데 골프에 부착된 '귀족성'은 일제강점기에도 사회 통합을 저해하는 요소로 인식되었다. 태평양전쟁 발발 한 해 전인 1940년 8월, 경성골프구락부는 국가 시책에 협조하기 위해 규정을 새로 만들었다.

1. 나이 30세 미만인 사람은 골프장에 출입할 수 없음.
2. 평일 오전에는 골프를 칠 수 없음. 골프장에 자가용 승용차나 택시를 타고 올 수 없음.

3. 골프채는 새것을 사용할 수 없음.

4. 경기 이후 연회는 일절 금지함. 과거 회원이 받은 은제銀製 우승컵은 헌납할 것.

5. 구락부가 소유한 시상용 컵도 헌납할 것.

6. 구락부 하우스 식당에서는 간소한 음식물 외에는 제공하지 말 것.

이듬해 태평양전쟁이 발발하자 총독부는 전시 식량 대책의 하나로 전조선 가정에 '한 평 농원'을 가꾸라고 지시했는데, 경복궁 골프 연습장도 이때 총독부 직원용 '농원'으로 바뀌었다.

해방 후 골프는 '전시戰時 국책적 규제'에서 풀려났다. 하지만 이 '귀족 스포츠'에 대한 사회적 시선은 여전히 곱지 않았다. 많은 분야에서 일본식 전시체제를 소환했던 박정희 정권도 골프를 박대했다. 이 땅에서 골프장은 '대량소비시대'가 열린 1980년대 말부터 부쩍 늘어났다. 전국에 수많은 골프장이 신설되어 자연림을 잔디밭으로 바꿔 놓았다. 한국의 산야를 가장 많이 훼손한 시설을 꼽으라면, 아마 골프장이 1위일 것이다.

근대 이전의 한국에서 한자어로 사초莎草인 잔디는 무덤에만 심는 풀이었다. 사초의 '사'와 죽을 사의 '사' 발음이 같기 때문이었다. 산 사람이 기거하는 집 마당에는 잔디를 들이지 않았다. 일제가 조선 왕조의 궁궐 건물들을 헐고 그 자리에 잔디를 심은 것도 한국인들에게 그 장소들을 '왕조의 무덤'으로 인식시키기 위해서였다. 하지만 오늘날 잔디밭에서 무덤을 연상하는 사람은 없다. 오히려 산속의 잔디밭은 '성공한 사람들의 놀이터'로 인식된다. '귀족 놀음'의 속성이 본래 그렇지만, 특히 한국의 아마추어 골프는 사회를 실질적으로 움직이는 은밀한 권력 운동이다.

38. 한국적
접대 문화의
탄생지

1903년 9월 17일, 지금의 일민미술관 자리에 요릿집 명월루가 문을 열었다. 후일 『매일신보』는 명월루(1907년 '명월관'으로 변경) 개업의 역사적 의의를 이렇게 기록했다.

조선 내에서 요리라 하는 이름을 알지 못할 때, 소위 '별별약주가' 외에 전골집, 냉면집, 장국밥집, 설렁탕집, 비빔밥집, 강정집, 숙수집 등속만 있어, 먼지가 산처럼 쌓이고 여기저기 깨진 밥상에 전라도 큰 대나무를 마구 잘라낸 긴 젓가락, 씻지 아니하여 아현동 놋그릇 만드는 집에서도 재료로 쓸 수 없는 길고 크고 둥글고 모나고 깊고 얕고 검고 갈색인 천태만상의 밥그릇에, 참고 먹기 어려운 어육魚肉과 채소 과일 등을 신사, 노동자, 노소남녀가 한 상에 둘러서서, 또는 무질서하게 섞여 앉아 먹고 마시고 씹고 토하던 시절에, 하나의 신식적, 파천황적, 청결적, 완전적 요리점이 황토현에서 탄생하니, 즉 조선요리점의 비조鼻祖 명월관이 이것이라.
— 『매일신보』 1912년 12월 18일자

19세기 말까지, 한국에는 상업적으로 운영되는 대규모 연회장이 없었다. 특별한 음식과 여악女樂이 공존하는 대규모 연회장은 궁중이었으며, 그보다 작은 규모의 연회는 지방 관청이나 승경지勝景地의 누정樓亭, 또는 양반집의 사랑채 마당에서 열렸다. 18세기 말부터 기방妓房이 소규모 유흥장 구실을 했으나, 문자 그대로 '방'房이었다. 수백 명씩 수용하는 대규모 요릿집이 생겨 돈 있는 사람이면 신분 고하에 관계없이 아무나 출입할 수 있게 된 것은 20세기 벽두부터였다. 이런 요릿집의 대표가 명월관이다. 명월관은 창업 이후 1950년 경까지 반세기 동안 한국 요릿집(요정料亭)의 대표이자 모범으로서, 궁중 연회를 시정市井에 펼쳐낸 선구이자 원조로 평가받아왔다.

다른 많은 '근대 문물'과 마찬가지로, 요리옥料理屋도 일본인들이 가져온 신문물 중 하나였다. 물론 요릿집이 생기기 전에도 '조선식' 음식점은 있었으나, 약주가, 전골집, 냉면집, 장국밥집, 설렁탕집, 비빔밥집, 강정집, 숙수집 등으로서 말 그대로 음식만 파는 곳이었고, 파는 음식도 한두 가지씩뿐이었다. 여러 개의 연회실을 구비하고 여러 규모의 단체 고객들에게 서로 다른 음식과 술, 공연예술과 섹슈얼리티를 함께 판매하는 요리옥은 개항 이후 일본인 거류지에 먼저 생겼다. 서울의 일본 요리옥 하나츠키花月 주인이 본국에서 게이샤를 불러온 해는 1888년이었고, 1895년에는 일본 영사관도 게이샤 고용을 공식 허가했다. 을사늑약 직후 서울에는 10여 곳의 일본 요리옥이 있었으며, 하나츠키에만 30여 명의 게이샤가 소속되어 있었다.

대한제국 선포 무렵, 한국인들도 일본식 요리옥을 모방한 요릿집을 내기 시작했다. 1898년께 인천의 상봉루라는 요릿집에는 여러 명의 기생이 있었으며, 서울에는 광교 남측 개천가에 수월루水月樓라는 목욕탕 겸 요릿집이 있었다. 1900년께 윤병규가 서린동 현 동아일보사 자리에 개업한 혜천관惠泉館은 '기생을 불러서 질탕한 유흥'도 하면서 고급 요리를 먹을 수 있는 전문 요릿집이었다. 혜천관이 생긴 지 3년쯤 지난 1903년, 일제강점기 '조선 요리옥'의 대명사가 된 명월관이 황토현 현재의 일민미술관 자리에서 문을 열었다. 개점 당시의 이름은 명월루였다. 그런데 명월루는 애초 '고종황제 어극 40년 망육순 칭경예식'과 관련하여 만들어진 것으로 추정된다.

명월루 개업 한 달 전인 1903년 8월 17일, 칭경예식사무소는 9월 26일에 예식을 거행하겠다고 공표했다. 칭경예식은 애초 1902년 9월 17일로 정해졌으나 콜레라 유행으로 1903년 4월 30일로 일차 연기되었고, 영친왕의 두창으로 다시 연기되었다. 그런데 이때의 칭경예식은 선대先代의 진연進宴처럼 궁중 행사로만 기획되지 않았다. 고종은 이 행사를 통해 제국의 위상을 대내외에 알리고 백성들에게 군민동락君民同樂하는 성의聖意를 보여주고자 했다. 황성신문사를 이주시키면서까지 황토현과 종로가 만나는 지점에 기념비전을 세운 것도 그런 의도에서였다. 칭경예식은 외국 특사가 참여하는 국제 행사로 기획되었으며, 백성들을 위한 축제도 준비되었다. 황토현 기념비전 앞은 그 축제의 마당이 될 예정이었다. 그런데 명월루는 축제 예정일 9일 전에 문을 열었다. 후일 명월관은 개업의 이유를 '순연한 영리적도 아니오, 일시의 오락적도 아니라, 조선에 요리점이 있다는 사실을 동서양 사람들에게 과시코자 함'이었다고 밝혔다. 당시 칭경예식사무소는 궁중에서 외국 특사에게 베풀 연회와는 별도로, 서울 거주 외국인들과 백성들이 함께 즐길 연회장을 마련할 필요가 있다고 생각했던 듯하다. 입지를 기념비전 바로 맞은편, 옛 우포도청 자리로 정한 것도 이 때문이었을 터이다.

하지만 두 차례나 연기된 칭경예식조차 예정대로 진행되지 못했다. 일본과 러시아 사이에 전쟁 위기가 고조되는 상황에서, 외국 특사들이 참석을 취소했다. 본 행사가 취소된 마당에 부수적 행사가 제대로 진행될 리 없었다. 궁중의 진연은 거행되었으나, 백성들과 함께하기로 한 행사는 모두 취소되었다. 칭경예식사무소는 외국 귀빈들을 위해 준비했던 인력거들을 대관들에게 나눠주고는 해산했다. 다만 공연을 위해 설립한 연예단 협률사와 극장 소춘대는 민간 상대로 영업을 계속했다. 행사 준비차 서울에 올라왔다가 눌러앉은 기생들에게는 명월루 출입도 주요 수입원이 되었다.

칭경예식을 1년쯤 앞둔 1901년 7월, 평양 기생 30여 명이 서울에 들어왔고, 며칠 후 진주 기생 6명이 합류했다. 상경한 지방 기생들은 태의원 의녀와 상의사 침선비로 구성된 궁중 기생들과 함께 며칠간 명동 교방사敎坊司에서 노래와 춤을 연습하다가 곧 협률사 극장으로 연습장을 옮겼다. 칭경예식 예정일 직전인 1902년 8월에는 관기들과 별도로 무명색無名色, 삼패三牌 등을 모아 예기藝妓 패를 조직, 협률사에 소속시켰다. 협률사에서는 이들에게 '신식 음률'을 가르쳤다. 내외국 귀빈을 위한 공식 연회 외에 신민 일반을 위한 대중적 연회도 필요하다고 여겼기 때문일 터이다. 무명색이란 명색은 기생이 아니나 기생 노릇을 하는 자요, 삼패는 무명색을 모아 만든 일종의 조합에 소속된 자이다. 참고로 일패는 관기, 이패는 관기로서 남의 첩이 되었다가 복귀한 사람들이었다.

칭경예식은 연기되었으나, 협률사는 해산되지 않았다. 기생들도 계속 서울에 남아 대기해야 했다. 당시의 재정 형편과 관행에 비추어볼 때, 황실이 지방에서 올라온 기생들에게 충분한 급료를 주었을 가능성은 거의 없다. 이들은 예전의 선배들처럼 서울에서 기부妓夫를 구해 살아야 했지만, 그러기에는 그 수가 너무 많았다. 요리옥은 기생들의 취업처로도 요긴했다. 명월관에서 고객이 쓴 돈의 대략 40퍼센트 정도는 기생 몫이었다. 명월관의 이미지도 요리보다는 기생의 이미지에 연동되었다. 조선시대에 기생은 비록 천민이었으나 그들의 공연을 가까이에서 관람할 기회는 특권층만 가질 수 있었다. 공연예술 전반이 변변치 않던 시절, 평범한 사람들에게 기생의 가무

구경은 평생에 한 번도 누리기 어려운 호사였다.

1905년 을사늑약 이후, 일제는 고종의 권한을 축소하고 황실 또는 황실과 가까운 한국인들이 가졌던 이권 대부분을 일진회원 등 부일附日 모리배에게 넘겼다. 일제는 1906년 7월 궁금령宮禁令를 공포하여 궁중 숙청 작업에 착수했고, 이듬해 11월에는 궁내부 관제를 개혁하여 24개 청에 달하던 관서를 12개 청으로 축소했다. 이때 궁내부에서 쫓겨난 관리만 166명에 달했고, 역원役員 3,809명, 여관女官(상궁) 232명, 임시 순검 이하 317명이 해고당했다. 이때 궁중에서 쫓겨난 숙수와 상궁 중 일부가 명월관의 종업원이 되었을 가능성이 크다. 궁중에서만 전승되던 '요리 비법'이 있었다면, 숙수나 상궁과 함께 명월관으로 흘러 들어갔을 수도 있다.

일진회 등의 친일 단체 간부나 일본에 빌붙으려는 고위 관리들은 일본군 장교들을 명월관에 초대하여 연회를 베풀곤 했다. 명월관을 '조선 요리점의 왕좌'에 앉힌 것은 일차적으로 이런 거래 관계였다. 명월관에서는 또 정부 고관을 위한 축하연이나 송별연, 각 기관 단체의 창립총회나 연회, 의사와 변호사들의 연회, 회사 발기인회나 주주총회, 학부형회나 사은회, 그 밖에 각종 조직의 친목회나 망년회 등이 수시로 열렸다. 명월관은 '요릿집 회식'의 원조라 할 수는 없을지라도, 이를 대중화한 대표 주자였다. 현재 요릿집이나 호텔 식당, 또는 컨퍼런스 홀에서 벌어지는 거의 모든 일이, 이미 20세기 벽두에 명월관에서 진행되었다. 1910년 5월에는 서울시내 실업가들이 신임 농상공부대신을 명월관으로 초청하여 환영회를 열었다. 관료와 기업인이 요정에서 만나 상호 '유익한 방침'을 논의하는 '요정 정치'가 시작된 것이다.

궁중에서 가무하던 기생들이 명월관에 출입한다는 소문은 시골 구석구석까지 퍼졌다. 경성역에 내린 시골 부호 자제들이 명월관부터 찾아간다는 말이 돌 정도가 되자, 명월관의 아성에 도전하는 요리옥들이 생겨났다. 천향원, 국일관, 장춘관 등에도 기생들이 출입했다. 조선인에게 접대받는 일본인 관료나 사업가들도 기생에게서 이국의 정취를 느끼는 한편, 기생의 몸을 '정복'함으로써 자신이 정복자이자 지배자라는 사실을 확인하고자 했다. 기생을 보는 조선인의 시선도 이에 영향을 받아 변해갔다. 기생의 정체성을 이루는 핵심 구성요소였던 기예는 부차화하고, 점차 성의 판매자라는 이미지가 전면에 부상했다.

기생과 창기로 양분되었던 '접대 여성' 공간의 외곽에 1920년대 후반부터 빠, 카페 등의 여급들이 나타난 것도 기생의 이미지 변화에 영향을 미쳤다. '접대 여성'들은 그들 자신이 체득한 기예의 유무가 아니라 유곽, 빠, 요릿집 등 그들을 접하는 장소의 위계에 따라 구분되었다. 1920년대 초까지는 '기생은 행실을 단정히 가져야 한다'는 말이 종종 나왔으나, 1920년대 중반에는 '한 시간에 얼마씩 팔리는 값싼 몸'으로 전락한 기생을 동정하는 내용으로 바뀌었다가, 이윽고 '기생 행실'이라는 말 자체가 퇴폐 방탕과 동의어가 되었다.

요정料亭이라는 말은 1910년대 중반부터 사용되었다. 예로부터 누정樓亭은 '놀이 장소'였으니, 요리보다 향락에 방점을 찍은 이름이라고 할 수 있다. 요정과 요리옥, 요릿집이라는 이름은 계속 혼용되었으나 사람들은 각각의 이름에서 구별되는 이미지를 느꼈다. 요정은 기생이 시중드는 고급 요릿집, 요리옥이나 요릿집은 기생이 없는 고급 요릿집, 음식점은 서민들이 밥 먹는 집이었다. 1920년대 이후 예능과 섹슈얼리티는 인적·공간적으로 분화해갔고, 그 분화는 기생의 몸에서도 일어났다. 이 무렵부터 기생은 화초기생과 소리기생으로 분류되었고, 1920년대 이후 소리기생들은 전문 소리꾼이나 가수의 길로 나섰다. 요정은 화초기생들이 점령했으며, 더불어 요릿집의 이미지도 술과 음식이 있는 '최고급 유곽'에 근접해갔다.

해방 이듬해인 1946년 10월 초, 서울의 명월관, 국일관, 천향원, 난정의 네 요정에서 '모리배, 기생, 유한마담'이 모여 미국 포르노 영화를 보다가 발각되는 사건이 일어났다. 당시 한국인 절대다수는 신문을 보고서야 이런 요지경 영화가 있다는 사실을 알았다. 그런데 네 곳의 요정이 이 영화를 입수한 경위는 알려지지 않았다. 요정들에는 일본인 고객이 사라진 대신 미국인 고객이 새로 생겼다. 그들역시 요정에서 '한국의 맛과 멋, 정취와 섹슈얼리티'를 느꼈을 터이다. 만주와 일본에서 전재민戰災民들이 쏟아져 들어오는 상황에서 서울의 요정들을 '전재민 수용소'로 개방하자는 여론이 빗발쳤으나, '고위층 인사'들을 뒷배로 둔 요정들은 꿈쩍도 하지 않았다. 정부 수립 이후인 1948년 12월, 서울시는 퇴폐의 온상으로 지목된 요정들을 폐쇄하는 한편 기생과 여급의 명칭을 접객부로 통일하라고 지시했다. 공식적으로는 요정과 기생이 함께 소멸한 셈이다. 하지만 이름을 바꾼다고 실체가 변하는 건 아니다. '접객부가 시중드는 고급 요릿집'은 사라지지 않았다.

전쟁을 겪으면서 서울 북촌의 내로라하던 한옥들의 소유권에도 변동이 생겼다. 월북한 사람, 납북된 사람, 부역자 혐의를 받은 사람들의 집 일부가 요정으로 바뀐 경위에 대해서는 그저 짐작만 할 뿐이다. 한국전쟁 이후 한국인 사업가들에게는 미군, 원조 관계자, 미국 고문단 등을 접대할 일이 더 많아졌다. 원조 물자를 받아 배정하는 일을 정부와 군대가 맡았으니, 한국인 관리와 고위 장교도 빼놓아서는 안 되었다. 이승만 정권 말기부터 '요정정치'料亭政治라는 말이 흔히 쓰이기 시작했다. 4·19와 5·16 직후에는 '요정정치'를 타파하라는 여론이 비등하기도 했다.

오늘날 '요정정치'란 잊힌 말이다. 그런 정치 행태가 사라졌기 때

1960년대 서울 종로구 익선동의 고급 요정가 1960~1970년대에는 서울 북촌의 '격조 있는 한옥' 상당수가 요정이었다. 해방과 동시에 기생조합인 '권번'券番이 해체됨으로써 기생의 실체는 사라졌지만, 그 후로도 오랫동안 요정 안에서는 기생이라는 이름이 살아 남았다. 요정은 고급 요리와 술, 기생의 섹슈얼리티를 함께 제공하는 '접대 문화'의 탄생지였다. 출처:『사진으로 보는 한국백년』

문이 아니라 요정들이 사라졌기 때문이다. 1993년, '서울 최후의 요정'이라 불리던 삼청각이 문을 닫았다. '접대 장소'가 요정에서 영어 이름을 가진 접객업소들로 이동하는 현상은 1980년대에 본격화했다. '기생'이라는 이름과 실체는 해방과 동시에 사라졌지만, 그 대신 '텐프로'니 뭐니 하는 명색名色이 새로 생겼다. 당연히 사업가와 고위 관료들이 밀실에서 만나 '상호 유익한 방침'을 논의하는 관행이 사라졌다고 단정하기는 어렵다. 요정은 사라졌지만, '밤에 이루어지는 역사'의 현장들은 여전히 남아 있다.

39.   성을
거래하는
업소

일본이 러시아를 상대로 전쟁을 도발한 1904년 2월, 푸치니의 오페라《나비부인》이 이탈리아 밀라노의 라 스칼라 극장에서 초연되었다.《나비부인》의 장소적 배경은 일본 나가사키였고 프리마돈나는 일본 게이샤 역을 맡았으나, 정작 당대의 일본인들은 이 오페라가 전 세계인에게 알려지는 걸 반기지 않았다. 그 시대의 구미인들은 게이샤藝者와 유곽遊廓의 유녀遊女를 일본의 표상으로 인식하고 낭만적 시선으로 바라봤지만, 일본 지식인 다수는 이들을 국가의 수치로 여겼다. 그들은 일본의 퇴폐적 이미지를 개선하기 위해 유곽을 폐쇄하자고 주장했다. 하지만 300년 가까운 역사를 가진 유곽은 일본의 전통문화 요소로 자리 잡은 지 오래였다. 게다가 이 전통문화 요소는 이성이 아니라 욕망과 결합해 있었다. 메이지 시대 일본이 탈아입구脫亞入歐의 의지로 뒤덮여 있기는 했으나, 욕망과 결합한 전통문화 요소를 배격할 정도까지는 아니었다.

유럽인들이 일본의 특색으로 인식했던 유곽의 기원은 일본 전국시대 말기로 거슬러 올라간다. 1583년 오사카성을 축조한 도요토미 히데요시는 이태 뒤 성 인근에 무사들을 위한 집창集娼 시설을 만들고 '유곽'이라는 이름을 붙였다. '은밀한 놀이 시설' 정도의 의미라고 할 수 있다. 도쿠가와 막부도 이 시설을 새 치소治所인 에도江戶에 두었다. 도쿠가와 막부는 지방 번주藩主와 무사들을 일정 기간 에도에 인질로 잡아 두는 참근교대參勤交代 제도를 시행했기 때문에, 막부에게 유곽은 정치적·군사적으로 유용한 시설이었다. 정치권력이 직접 만든 시설이라는 점에서, 유곽의 사전적 의미는 '공창'公娼이다.

오페라 《나비부인》이 밀라노에서 초연되던 바로 그때, 일본군은 한반도 전역을 점령하고 실질적인 계엄 통치를 시작했다. 그 때문에 한국에 거주하던 일본 민간인들도 순식간에 특권 집단이 되었다. 일본인이라는 이유만으로 특권을 누릴 수 있다는 생각에 수많은 일본인이 한국행 배표를 끊었다. 서울 거주 일본인 수는 1903년 3,865명이었으나, 7년 뒤인 1910년에는 군인을 제외하고도 47,148명에 달했다. 전 세계 이민의 역사에서 일반적으로 관찰되는 바와 같이, 이 무렵 한국에 들어온 일본인 중에도 남성 단독 이주자가 많았다.

대규모 일본군이 주둔한 데 이어 일본 민간인들까지 몰려 들어오자, 일찌감치 서울에 자리 잡았던 일본인들은 즐거운 비명을 질렀다. 음식점, 숙박업소, 이발소, 목욕탕 등이 연일 손님으로 가득 찼다. 당시 서울의 일본인 상가는 한 가지만 빼고 일본인들이 원하는 모든 것을 공급할 수 있었다. 그 한 가지가 바로 도요토미 히데요시가 처음 만든 이래 일본 대도시 전역으로 확산했고, 19세기 말께에는 유럽인들이 일본의 상징으로까지 여겼던 유곽이었다. 물론 그 이전에도 한국에 들어온 일본인 유녀들이 있었다. 1881년 부산과 원산의 일본영사관은 대좌부貸坐敷 영업규칙, 예창기 취체규칙을 공포하여 성매매 업소의 영업을 허가했다. 1880년대 말에는 서울의 일본인 요릿집들이 일본인 유녀들을 고용했고, 1902년에는 부산에 안락정安樂亭이라는 대좌부옥貸坐敷屋이 생겼다. 대좌부옥이란 사전적 의미에서 '방석 빌려주는 집'이라는 뜻으로 유곽의 기초 단위였다.

1904년 봄, 재경성 일본인 거류민단은 남산 아래 쌍림동 땅을 한성부로부터 빼앗다시피 하여 유곽 건설에 착수했다. 그들은 이를

'민단 최초의 공익사업'이라고 자찬했다. 유곽이 완공된 뒤에는 동네 이름을 '새마을'이라는 뜻의 '신마치'(신정新町)로 바꾸었다. 이로써 한반도 최초의 공창 지대가 생겼다. 그들은 이곳에 일본인 유녀뿐 아니라 공갈과 인신매매 등의 수법으로 한국인 여성들까지 끌어들였다. 더구나 유곽이 건설된 곳은 대한제국의 국립 현충 시설이던 장충단 바로 옆이었다. 지금의 국립 현충원이 한국인들에게 한국전쟁을 회상케 하는 시설인 것처럼, 당시의 장충단도 한국인들에게 일본 침략의 역사를 회상케 하는 시설이었다. 일본 거류민단은 일부러 장충단 옆에 유곽을 설치함으로써 충신열사의 공간을 퇴폐 향락의 공간으로 바꿔놓았다. 1906년에는 정조의 아들 문효세자의 무덤인 효창원 남쪽에 도산유곽桃山遊廓이 추가되었다.

1907년 고종을 퇴위시키고 한국의 내정을 사실상 장악한 일본은 춘추春秋로 지내던 장충단 제사를 폐지했다. 1919년 3·1운동 이후에는 장충단을 공원으로 개조하여 놀이터로 만들었다. 그러면서도 '장충단'이라는 이름은 그대로 두었다. 물론 대한제국 황제에게 충성했던 기억을 보존하기 위해서는 아니었다. '충신열사의 공간'이라는 이미지를 유곽으로 압도함으로써 조선-대한제국의 역사 전반을 모욕하려는 의도에서였다. 이후 장충단이라는 이름은 대중의 의식 안에 신마치 유곽 옆의 퇴폐적 공원이라는 이미지로 자리 잡았다.

충혼忠魂을 모시던 곳 환락장歡樂場 되었단 말인가?
천 가지 만 가지가 모두 유한遺恨뿐이니 말하기도 심난할 뿐이외다마는 말년에 이르러 장충단 신정新町 꼬락서니는 눈 없는 몸이나마 속이 틀려서 허다한 날에 보고 있을 수가 없습니다. 장충단으로 말하면 옛날 국가를 위하여 몸을 바친 장졸將卒의 충혼을 제사하던 곳이라. 나라의 흥망이 오로지

그들의 유혈流血에 정비례正比例하였으므로 성쇠盛衰의 자취
가 오직 장충단 한 모퉁이에 남았거늘 그들의 피를 넣은 후
손들은 장충단을 엄숙한 신역神域으로 섬길 줄을 모르고 경
성의 유일한 환락장으로 여겨 남산 마루턱에 새파란 달이
솟을 때가 되면 젊은 남녀의 속살거림이 몽롱한 대기大氣 속
에 잠기곤 합니다. 더욱 요새 같이 버들가지 눈 튼 뒤에 푸른
물 넘칠 때가 되면 탕부 음녀의 자동차가 고요한 천지를 진
동시켜 신역神域을 더럽힘이 이루 형용할 수가 없습니다.
─ 『동아일보』 1928년 4월 28일자

일제강점기에 유곽은 평양, 부산, 인천, 원산 등 대도시에는 물론
전주, 대전 등 중소 규모의 도시에도 만들어졌다. 유곽은 분명 '일본
식 시설'이었으나, 조선인의 출입을 제한하지 않았다. 성매매가 인
류 최초의 영업 활동 중 하나라는 말이 있을 정도고, 고대 로마 도시
들에도 성매매 업소는 있었으나, 조선시대 이 땅에는 공인된 성매매
시설이 없었다. 일본인들이 '신마치'(신정)라는 이름을 붙인 의도 그
대로, 유곽은 조선인들에게 '신천지'新天地를 보여주었다. 당대인들
도 유곽이 패륜의 온상이자 범죄의 소굴이라는 사실을 부인하지 못
했다. 인신매매·사기·성폭행 범죄의 피해자들이 유곽의 유녀로 끌
려왔고, 강도·절도·사기·폭행범들과 마약중독자들이 유곽의 고객
으로 드나들었다. 유곽은 총독부 권력이 범죄와 패륜을 양성한다는
증거였다. 한편으로는 이것이 일본의 '전통문화'에 속했기 때문이
고, 다른 한편으로는 이것이 조선인들의 의식을 퇴폐화하는 데 쓸모
가 있었기 때문이다. 태평양전쟁 중 일본군이 '종군 위안부'라는 이
름의 반인륜적 성노예 제도를 만들어 운영한 문화적·역사적 배경도
여기에 있다.

서울의 신마치 유곽 서울 거주 일본인들은 공창을 '공익 시설'로 인식했다. 일본이 한국 땅에 이식한 '공창'은 한국인들의 성의식과 성 문화를 바꿨다. 해방 후 공창이 폐지되자 사창이 그 뒤를 이었다. 출처: 『사진으로 보는 근대한국: 산하와 풍물』

물론 일제강점기에도 공창 폐지를 주장하는 사람은 적지 않았다. 조선의 지식인들은 유곽이 조선 청년들의 의식과 행실을 타락시키는 주범이라고 보았다. 일본인들에게도 유곽은 자기네 전통과 '인류 문명의 현 단계'가 대치하는 미묘한 지점에 있었다. 하지만 일본인 대다수에게 유곽은 칼과 마찬가지로 '사무라이 정신'이 담겨 있는 역사적 증거물이었다.

일본 패망 후 한반도에 진주한 미군은 곧바로 '공창제 폐지'를 단행했다. 하지만 공창제를 중심으로 형성된 성 문화까지 폐지할 수는 없었다. 성매매 여성들은 유곽에서 해방되었으나, 포주로부터 해방되지는 못했다. 해방 이후의 삶에 희망을 품을 근거도 거의 없었다. 포주와 유녀로 불리던 사람들은 번화가 뒷골목이나 주택가 골목으로 자리만을 옮겼다. 공창이 폐지된 대신 사창私娼이 급증했다. 이때부터 '사창가'라는 말이 널리 퍼졌다. 물론 일제강점기에도 유곽 밖의 성매매 장소는 있었으나, 이런 곳들은 '밀매음굴'이라고 불렸다.

한국전쟁 직후의 한국은 세계에서 가장 가난한 나라였다. 전쟁 중

남편이나 아버지를 잃은 여성, 가족 중에 좌익 혐의자가 있어 먹고 살 길이 아득한 여성, 가족을 부양해야 하는 여성이 목숨을 부지하기에는 현실이 너무 팍팍했다. 많은 여성이 성매매에 나섰다. 인구도 돈도 가장 많은 서울은 사창가가 차지하는 면적도 가장 넓었다. 태평양전쟁 종전 직전, 조선총독부는 미군의 공습에 대비한다는 명목으로 서울 종묘 앞에서 남산 기슭에 이르는 직선 구간의 집들을 강제 철거하고 공터로 만들었다. 이른바 '소개공지대'疏開空地帶라는 것이다. 휴전 이후 이 빈터에 무수한 판잣집이 들어서서 서울의 대표적인 슬럼을 이루었다. 1960년대 이 슬럼은 '세계 최대 규모의 사창가'로 꼽혔다. 1968년, 서울시는 군사 작전을 수행하듯 이 일대의 판잣집들을 전면 철거했다. 그 자리에는 국내 최초로 민간 자본을 유치하여 고급 주상복합 건물단지를 지었다. 이것이 지금의 세운상가世運商街다. 세칭 '종3'(종로3가 일대)의 사창가는 철거됐지만, 이번에도 성매매가 사라지지는 않았다. 사창가는 서울역, 용산역, 영등포역, 청량리역 등 서울의 역 주변으로 이동, 재배치되었다. 이후 오랫동안, 역 주변은 사실상 '공인된 사창가'였다.

2004년, '성매매방지 및 피해자보호 등에 관한 법률', 세칭 '성매매 금지법'이 제정, 공포되었다. 이로써 성매매는 '범죄'의 영역으로 추방되었다. 하지만 성매매가 사라지지는 않았다. 20세기 벽두에 일본이 이 땅에 이식한 성매매 문화는 이후 한 세기 넘는 세월 동안 한국 문화의 일부로 고착되었다. 해방 후 여러 영역에서 식민지 잔재 청산 운동이 벌어졌고 일본어 퇴치 등 일부에서 성과가 있었으나, 일본식 성매매 문화를 청산하려는 사회적 의지는 약했다. 유곽은 현대 한국의 '성 산업'과 '성 문화'의 초석을 놓은 시설이며, 그런 만큼 청산해야 할 대상이다.

라디오

40.　무시해도
　　　되는
　　　소리

　　　아기는 태어나 헤아릴 수 없이 많은 말을 들은 다음에야 말하는 법을 깨우친다. 인간은 '말하는 동물'이기 전에 '말 듣는 동물'이다. "말 좀 들어라"는 "시키는 대로 좀 해라"와 같은 뜻이며, '말 잘 듣는 사람'은 귀 밝은 사람이 아니라 순종적인 사람이다. '듣기 싫은 말을 참고 듣는 것'과 '하고 싶은 말을 참고 안 하는 것'은 인간이 생존본능처럼 익혀온 습성이다. 인내의 정도와 빈도는 대체로 권력의 크기에 반비례한다. 어느 집단이나 두 부류로 나뉜다. 아무 때나 하고 싶은 말을 해도 되는 사람과 허락을 얻은 뒤에야 조심스레 말할 수 있는 사람. 권력자의 말은 늘 일방적이었으며, 그 권력의 지배하에 있는 사람들에게는 침묵이 기본 의무였다.

　　권력에 순종한다는 것은 무엇보다도 권력자의 '말'에 순종하는 것이었다. 권력은 출현 당시부터 한 사람의 말을 모든 사람, 또는 수많은 사람이 듣게 하려는 의지와 결합해 있었다. 말과 글로 표현된 권력자의 의지가 도달하는 범위가 곧 '지배 권역'이었다. 권력은 이 의지를 실현하기 위해 여러 가지 통신수단을 개발했지만, 시간이 오래 걸리지 않으면 본뜻이 온전히 전달되지 못했다. 말과 글의 전달 속도와 그에 담긴 정보의 양은 반비례했다. 이 딜레마를 해결한 것이 전파電波였다.

　　1888년, 독일의 과학자 하인리히 헤르츠Heinrich Hertz는 전자기파의 존재를 확인한 후 '우주 공간 어디에나 냄새도, 무게도, 빛깔도 없는 에테르ether라는 것이 있어서 그것이 전파를 전달해준다'고 말했다. 이 말에 영감을 얻은 21세의 이탈리아 청년 마르코니Guglielmo Marconi는 전선 없이 전기신호를 전달하는 실험에 착수, 1895년 9월 2.4킬로미터 떨어진 곳까지 신호를 보내는 데에 성공했다. 이후 무선 전기신호의 전달 범위는 급속히 확장되어 1901년에는 대서양을 횡단할 정도까지 되었다.

전기신호와 음성을 상호 변환하는 기술은 1876년에 이미 개발되어 있었다. 에디슨의 조수였던 캐나다인 레지널드 페센든Reginald Fessenden은 마이크를 통해 소리를 전기신호로 바꾼 뒤 연속적 전파와 결합하는 방법을 연구했다. 1906년 12월 24일, 그는 바이올린 소리와 자기 노랫소리를 무선전기로 내보내는 데 성공했다. 당시 대서양을 항해하던 선박의 통신원들은 수신기에서 음악이 흘러나오자 무척 놀랐다고 한다. 이것이 세계 최초의 라디오 방송이었다.

광석 검파기crystal detector라는 광물 결정을 이용한 라디오 수신기는 1904년에 만들어졌는데, 그해에 진공관도 발명되었다. 페센든이 라디오 방송에 성공한 그해, 미국의 엔지니어 리 디 포리스트Lee de Forest는 전류를 증폭시키는 3극 진공관을 개발했다. 이 진공관은 트랜지스터가 출현할 때까지 라디오 수신기의 핵심 부품으로 사용되었다. 라디오 수신 기술의 발달에 힘입어 1920년 11월 2일, 미국 웨스팅하우스 전기회사가 설립한 KDKA 방송국이 대통령 선거 개표 결과를 라디오로 알렸다. 이것이 세계 최초의 상업적 라디오 방송이었다.

세상을 말하는 자와 듣는 자로 나눈다는 점에서, 라디오는 전제적 권력에 친화적이었다. 1930년대 독일의 나치 정권은 집마다 라디오 수신기를 보급한 뒤 히틀러의 연설을 반복적으로 방송하게 했

1959년 금성사가 출시한 첫 번째 국산 진공관 라디오 A-501 라디오를 켜면 한참을 기다려야 소리가 흘러나왔다. 라디오가 처음 나왔을 때는 "이 기계 안에 작은 귀신이 숨어 있다"는 헛소문에 속는 사람도 많았다. 화자의 주장을 불특정 다수에게 전달하는 라디오의 속성은 '독재 권력'과 유사했다. 하지만 청취자들은 이 기계를 주체적으로 통제함으로써 독재 권력의 시도를 좌절시켰다. 출처: 한국무역협회

다. 독일인들은 집에 새로 들어온 라디오 수신기에 매료되었고, 자기도 모르는 사이에 나치즘의 광기에 사로잡혔다. 물론 권력을 확대 강화하기 위해 라디오를 이용한 사람이 히틀러만 있었던 것은 아니다. 미국에서 최초의 상업 라디오 방송이 시작된 지 6년 만인 1926년 11월, 서울에 경성방송국이 설립되어 이듬해 2월부터 음성 전파 송출을 개시했다. '방송'放送이라는 말은 본디 '죄수를 풀어주어 집으로 돌려보낸다'라는 뜻이었는데, 이때부터 '전파를 내보낸다'라는 뜻으로 바뀌었다. 조선총독부도 라디오 방송을 사상 통제에 활용했다. 방송 개시 후 한동안은 시간대를 나누어 조선어 방송과 일본어 방송을 따로 내보냈으나, 중일전쟁 이후 '국어 상용' 정책을 강행하면서 조선어 방송을 폐지했다.

라디오를 통한 전 국민 사상 통제는 해방 후에도 계속되었다. 특히 박정희 정권의 새마을운동은 '농촌에 라디오 보내기 운동'과 함께 본격화했다. 이장 집 대문 옆 스피커에서 새벽부터 울려 퍼지는

라디오 소리는 그 마을이 '새마을'이 되었다는 표지와도 같았다. 국산 라디오를 생산하던 금성사는 이 운동으로 큰 덕을 보았다. 물론 라디오 방송이 '권력의 목소리'만을 전달한 것은 아니다. 듣기 싫어하는 사람들을 라디오 수신기 앞으로 끌어들이기 위해서는 오락적 요소도 필수였다. 라디오 방송 프로그램의 절반 이상은 판소리, 유행가, 가곡, 방송극 등으로 채워졌다.

정보를 전달하는 매체가 많아짐에 따라 라디오를 통해 정치적 메시지를 전달하려는 권력의 욕구는 크게 줄었다. TV가 처음 출현했을 때 라디오 방송이 곧 소멸하리라고 예상하는 사람이 많았으나 라디오에서 흘러나오는 소리는 여전히 많은 공간을 채우고 있다. 특히 자동차 안이나 공부방에 혼자 있는 사람들은 라디오 덕에 고독감을 던다. 그렇다고 청취자들이 신경을 집중해서 라디오를 듣지는 않는다. 듣기 싫으면 바로 꺼버릴 수 있는 기계가 라디오이고, 듣는 둥 마는 둥 흘려도 되는 말이 라디오에서 나오는 말이다. '듣는 둥 마는 둥 하는 것'과 '듣고도 못 들은 체하는 것'은 예로부터 권력에 대한 소민小民들의 소심한 복수 방법이었다. 권력은 라디오를 이용해 사람들에 대한 지배력을 키우고자 했지만, 사람들은 오히려 라디오를 통제함으로써 권력에 대한 자율성을 키웠다.

41. 한 사람의
     목소리를
     수만 명에게

기원전 490년, 마라톤 평원에서 아테네군이 페르시아군을 물리치자, 병사 페이디피데스Pheidippides는 아테네까지 40여 킬로미터를 쉬지 않고 달려가 "기뻐하라. 우리가 이겼다"고 외치고는 그 자리에 쓰러져 숨을 거뒀다. 마라톤 경기의 유래에 관해 널리 알려진 전설이다. 페이디피데스가 숨이 끊어지기 직전에 낸 목소리는 얼마나 컸을까? 그의 말을 알아들은 사람은 몇 명이었을까?

미국의 역사가 루이스 멈포드Lewis Mumford는 사람 목소리의 도달 거리가 고대 도시의 크기를 결정했을 것이라고 추정했다. 사람이 한복판에서 지른 소리가 겨우 들리는 지점들을 이어 성벽을 쌓았다는 것이다. 서울의 한양도성처럼 산 능선을 따라 성벽을 쌓은 도시에는 적용할 수 없는 이론이겠지만, 평지에 성을 쌓은 도시라면 적용할 수 있을 법도 하다. 흔히 '천군만마를 호령하는 장수'라는 말을 쓰는데, 한 사람이 목소리만으로 천군만마를 지휘하기란 불가능하다. 군대에서 기旗, 북, 징 등의 도구를 이용한 이유이다.

권력 구조란 명령의 전달 체계라고 해도 좋다. 옛날에는 소수의 사람에게 상세한 메시지를 시차를 두어 전달하는 방법도, 다수의 사람에게 간단한 메시지를 동시에 전달하는 방법도 있었으나, 다수에게 상세한 메시지를 동시에 전달할 방법은 없었다. 그래서 최고 권력자가 말로 하는 명령을 직접 들을 수 있는 거리 안에 있는 사람들이 '권력 핵심'이었다.

음성을 전기신호로 바꾸는 기기는 1827년 영국의 찰스 휘트스톤 Charles Wheatstone이 처음 고안했는데, 그는 여기에 작다는 뜻의 '마이크로'micro와 목소리라는 뜻의 '폰'phone을 합쳐 '마이크로폰'이라는 이름을 붙였다. 이 기기는 1877년 미국의 토머스 에디슨과 에밀 베를리너Emile Berliner에 의해 실용화했다. 우리나라에서는 1923년 5월에 이 기기가 처음 사용된 것으로 보인다. 이때 경성부 재무과장은 납세 선전에 확성기를 사용하겠다며 이렇게 말했다.

> 확성기라는 전기 작용의 축음기를 이용하여 시내 각처에서 4일간 납세 사상을 고취할 강연을 할 터인데, 이 기계는 연전年前 고토後藤 동경시장이 히비야 공원에서 수십만 시민에게 강연할 때 특수한 효과를 얻은 기계라더라.
> ―『매일신보』1923년 5월 19일자

'한꺼번에 수십만 명에게 목소리를 전달할 수 있는 전기 작용의 축음기'보다 더 간단명료하게 이 기계를 설명하기도 어려울 것이다. 그런데 이 기계가 제대로 작동했는지는 알 수 없다. 1924년 12월에는 조선일보사도 경성부 내 여러 곳에서 '무선전화' 신호를 확성기로 증폭하는 공개 실험을 했으나 성과는 그리 좋지 않았다.

1925년 10월에는 새로 준공된 경성역사 안에 열 대의 고성전화기高聲電話器가 설치되었다. 기차의 발착에 관한 각종 주의사항을 역사 안의 모든 사람이 들을 수 있도록 하기 위해서였다. 하지만 이 역시 잡음이 심한 데다가 '조선에서는 도저히 수리할 도리가 없어' 그대로 방치되었다. 2년 가까운 기간 동안 연구에 연구를 거듭하여 겨우 탁음을 제거하는 데 성공한 경성역 당국은 1927년 2월 14일 오후 직원 중에서 '목소리가 가장 아름다운' 일본인 시로이시白石와 조선인 한소선에게 아나운서 역할을 맡겨 장내 방송을 시작했다. 기록으로 보자면, 이것이 이 땅 최초의 '성공한 확성기 사용'이다.

경성역에서 첫 성공을 거둔 확성기는 이후 여러 곳으로 확산했다. 조선 주둔 일본군이 언제부터 확성기를 사용했는지는 알 수 없으나, 1930년대 초부터는 확성 축음기에서 흘러나오는 음악 소리가 경성 번화가를 덮었다. 1930년대 중반에는 이 물건이 학교의 필수 교구로 자리 잡았다. 1936년에 교동보통학교 학생들은 확성기에서 울려 퍼지는 음악 소리에 맞춰 체조했으며, 1937년에는 중등학교 학부형 한 사람이 '교육상 가장 필요한 물건'인 400원짜리 확성기를 자녀가 다니는 학교에 기증했다. 한 사람이 다수 인원을 통제하는 곳에서 확성기는 필수품이었다.

일본 군국주의는 1930년대 말 '전시 총동원 체제'를 구축하면서 확성기를 적극 활용했다. 1938년 7월 국민정신총동원조선연맹 발회식장에는 청중이 총독의 연설을 잘 들을 수 있도록 여러 대의 확성기가 설치되었다. 1939년 4월에는 경성역 구내 아나운서가 여자에서 남자로 교체되었다. 확성기에서 나오는 소리마저 전시 상황에 어울리도록 하기 위해서였다. 1939년 10월, 일본과 조선 사이에 무장애無障碍 케이블이 놓인 것을 기념해 일본 체신대신이 전화로 기념사를 했는데, 그의 목소리는 확성기를 통해 경성전화국에 모인 청중에게 전달되었다.

들고 다닐 수 있는 휴대용 확성기는 1967년에 출시되었다. 그로부터 5년 뒤, '10월 유신'이라는 이름으로 '전시 총동원 체제'가 재현되었다. 더불어 확성기도 전성기를 맞았다. 농촌과 도시에서 새마을운동이 벌어졌고, 지역과 직장에서 민방위대가 조직되었다. 새마을지도자와 민방위대장은 휴대용 확성기를 들고 사람들을 통제했다.

다섯 방향으로 배열된 확성기 확성기는 한 사람의 목소리를 '현장에서, 동시에' 수십만 명에게 전달할 수 있게 해주었다. 이 기계는 주로 통제용 또는 선전용으로 이용되었다. 현대의 '군중사회'와 '대중문화'는 확성기에 의존하는 바 크다. 출처: photo-ac.com

농촌 마을 주민들은 확성기에서 울려 퍼지는 '새마을 노래'를 들으며 하루 일과를 시작했고, 도시 주민들은 점심시간마다 확성기에서 나오는 체조용 음악을 들으며 '국민체조'를 했다. 1980년대에 확성기는 생활체육 지도자는 물론 학생 시위 주동자들의 손에도 들렸다. 1990년대 중반, 나도 확성기를 들고 서울 시내 학술 답사단을 인솔하다가 경찰의 제지를 받은 적이 있다. 하지만 2000년대 이후 개인용 리시버가 보급되면서 휴대용 확성기는 거의 자취를 감췄다.

오늘날 BTS의 노래를 10만 명이 한 장소에서 동시에 들을 수 있는 것도 확성기 덕분이다. 그런데 현장의 청중이 열광하며 듣는 소리가 사람의 목소리일까, 기계의 소리일까? 현대인은 기계가 지배하는 시대가 올까 봐 걱정하지만, 그 감수성이 기계에 동화한 지는 이미 오래다.

신호등

42. 사람을
    통제하는
    기계

1930년대 초반의 어느 여름날, 당시 20대 중반이던 기자이
자 소설가 심훈과 연극 연출가 박진은 대낮부터 만취해서
종로 네거리 한 귀퉁이에 비틀거리며 서 있었다. 네거리 한
복판에서는 흰 헬멧을 쓴 일본인 순사가 교통 정리를 하고
있었다. 취한 눈으로 그를 잠시 쳐다보던 심훈은 박진이 말
릴 새도 없이 달려가 "이놈아. 너 왜놈이 우리 보고 어째서
이리 가라 저리 가라 명령하느냐? 우리는 갈 길을 알고 있
다!"라고 소리 지르고는 헬멧을 빼앗아 제 머리에 썼다. 일
순 어이없어하던 순사가 "바카야로"라 외치며 달려들자, 그
는 재빨리 우미관 골목길로 도망쳤다.

— 박진의 회고

    서울 거리에 자동차가 다니기 시작한 지 10년 남짓 지난 1920년
6월, 종로와 남대문로에 교통 순사가 등장했다. 큰길을 자동차에 빼
앗긴 것도 모자라 일본인 순사에게 이리 가라 저리 가라 하는 지시
까지 받게 되었으니, 예민한 사람이라면 보행이라는 극히 기본적이
며 일상적인 동작에서조차 식민 통치의 그림자를 느꼈을 법하다. 하
지만 이로부터 10여 년 뒤 도심부의 네거리는 일본인 순사와 조선인
행인이 몸싸움이나 감정싸움을 할 이유가 없는 공간으로 바뀌었다.

조선인 행인들이 일본인 순사의 통제를 받는 데에 익숙해졌기 때문은 아니다. 순사의 역할을 기계가 대신했기 때문이다.

1934년 말, 서울 남대문로 네거리에 전기 교통신호등이 처음 모습을 드러냈고, 이듬해 봄에는 종로와 황금정(현 을지로) 네거리에, 다시 1936년 여름에는 광화문 앞 네거리와 서대문 네거리, 종로 4가 네거리에도 설치되었다. 처음 이 물건에 붙은 이름은 '고스톱 기계'였다. 진행과 정지를 알리는 기계라는 뜻이다. 교통 순사나 이 물건이나 일본산인 건 매일반이었으나, 이 물건에 달려가 "네까짓 게 뭔데 감히 가라 서라 명령하느냐?"고 대드는 사람은 없었다. 다른 인격체의 지시를 받는 데 굴욕감을 느꼈던 사람들도 기계의 지시를 받는데에는 불만을 품지 않았다.

신호등이 처음 설치된 곳은 철도역 주변이었다. 애초 기관차 운전수들은 역에 진입하기 전에 기적을 울렸고, 역에서 근무하는 사람들은 깃발로 진행, 정지 여부를 알려주었다. 수기를 흔드는 인간 노동을 기계화한 것이 신호등이었다. 정지 신호 색깔은 처음부터 적색이었다. 피의 색인 적색은 어느 나라에서나 위험을 알리는 색으로 널리 사용되었기 때문이다. 최초의 철도 신호등에서 주의 신호는 녹색, 진행 신호는 백색이었는데, 1914년 미국에서 일어난 열차 충돌 사고를 계기로 바뀌었다. 적색 신호등의 색유리가 깨져 기관사가 백색으로 혼동한 탓에 일어난 사고였다. 이후 녹색이 진행 신호, 황색이 주의 신호가 되었다. 자동차 운행이 늘어남에 따라 철로변에만 있던 신호등은 일반 도로변으로도 진출했다.

신호등은 일정한 간격으로 세 가지 색깔을 반복해서 비춰주는 단순한 기계였지만, 사람들의 동작과 의식 모두에 큰 영향을 미쳤다. 교통 순사는 행인과 차량을 감시했으나, 현대에는 보행자와 차량 운전자 모두가 이 기계를 주시해야 한다. 사람들은 또 파랑, 빨강, 노랑

1980년 서울 효제초등학교에 마련된 어린이 교통공원 신호등을 비롯해 각종 교통 관련 표지들을 설치하고 어린이들에게 '표지판 보는 법'을 가르쳤다. 글씨는 몰라도 살 수 있으나 신호등 보는 법을 모르면 살 수 없는 사람이 현대인이다. 출처: 『보도사진연감 '83』

의 세 가지 색깔이 의미하는 바를 배워야 했다. 그 의미를 모르는 사람은 길에서 비명횡사해도 할 말이 없는 사람으로 취급되었다. 아이든 어른이든 신호등 색깔의 의미를 모르고서는 혼자 큰길에 나설 수 없었다. 신호등만 설치해서 될 일이 아니었다.

1936년 8월 31일부터 9월 2일까지 사흘 동안, 종로 경찰서 보안계는 공중교통을 몰각沒却하는 시민에게 강제 훈련을 시키기 위해 2,000여 명을 잡아들였다. 붙잡힌 사람들은 신호등 보는 법, 보차도步車道 구분법, 좌측통행법 등에 관해 '강제 학습'을 한 뒤 가족과 이웃에게 알려주었다. 이후 경찰의 '신호등 보고 지키는 법 교육'은 일종의 연례행사가 되었다. 신호등에 익숙한 사람이 늘어나자, 경찰의 임무는 교사의 임무로 재배치되었다. 1970년대까지도 초등학교 신입생들은 신호등 보는 법부터 배웠다.

신호등은 색깔의 이미지에도 영향을 미쳤다. 녹색은 순조롭고 편안함을, 적색은 위태롭고 불안함을 뜻하게 됐다. 그렇지만 문화대혁명 당시 중국에서는 신호등 색깔의 의미를 세계 표준과 반대로 정했다. '혁명의 색인 적색은 세상에서 가장 좋은 색이니 진행 신호로 쓰고, 녹색은 독毒의 색이니 정지 신호로 써야 한다'는 것이 당시 중국 공산당의 지시 사항이었다. 이 지시 사항은 이후 10년 이상 관철되었다. 중국의 개혁 개방은 인류 공통의 색채 감각을 수용하는 것과 동시적 과정으로 진행되었다.

신호등은 자동차와 횡단보도의 증가에 비례하여 계속 늘어나 오늘날 전 세계 도시 도로에서 가장 흔히 보이는 물건이 되었다. 대다수 현대인은 부모나 스승, 직장 상사의 지시보다도 신호등의 지시를 훨씬 자주 받는다. 신호등의 출현은 기계가 사람의 동작을 통제하는 새 시대의 개막을 알리는 신호탄이었다. 현대는 기계의 리듬이 지배하는 시대다. 현대인은 아주 어려서부터 단조롭고 반복적인 기계의 움직임에 동작을 맞추어온 사람이다. 현대의 많은 소설과 영화들이 기계가 인간을 지배하는 암울한 미래를 그리고 있지만, 그런 미래란 사람들의 행위와 의식 속에 자리 잡은 기계적 속성이 지금보다 훨씬 커진 시대에 불과할 수도 있다.

전자오락기

현대의 국어사전이 동사 '놀다'의 명사형을 '놀이'와 '노름'으로 나눈다는 사실은 앞에서 지적했다. 사실 20세기 벽두에도 '놀다'의 명사형은 '노름' 하나였다. 우리말에서 동사를 명사로 바꿀 때는 'ㅁ'이나 '음'을 붙이는 것이 일반적이고 '~이'를 붙이는 것은 예외적이다. 앞에 해당하는 예는 얼음, 쉼, 잠, 깸, 함, 있음, 없음 등 무척 많으나 뒤에 해당하는 예는 놀이와 먹이 정도가 있을 뿐이다. 우리말에서 '놀이'라는 명사형이 따로 생긴 시점은 '어린이'라는 관념이 출현한 때와 대략 일치한다. 승부를 가린다는 점에서나 하는 동안 즐겁다는 점에서나 대체로 도구를 사용한다는 점에서나 노름과 놀이 사이에 차이는 없지만, 놀이는 건전한 심신 활동에 속하고 노름은 불건전한 범죄에 속한다. 건전과 불건전을 가르는 기준은 단하나, 돈이다. 돈이 걸리지 않거나 소액만 걸리면 '놀이'이고, 큰돈이 걸리면 '노름'이다. 건전한 것을 불건전한 것으로 바꾸는 능력을 갖췄다는 점만 보더라도, 돈의 본성이 어떤지 알 수 있다.

현대 사회는 놀이를 '어린이'들의 행위로 배정했다. 오늘날 "나가 놀아라"라는 말은 어린이에게나 쓸 수 있는 말이다. 어른에게 이 말을 쓰는 건 싸우자는 뜻이다. 물론 성인들도 수시로 놀지만, 그들에게 '노는 것'은 자랑스러운 일이 아니다. '노는 사람'은 실업자와 동의어다. 놀이는 영어의 game, 한자어 오락娛樂에 해당하며, 노름은 영어 gamble, 한자어 도박賭博에 해당한다. '놀이'는 아이들이나 하는 것, '노름'은 어른만 할 수 있는 것으로 정의된 것도 둘의 다른 점이다.

놀이든 노름이든, '노는 것'은 인간의 종적 특징을 규정한 행위다. 인간은 '노는 동물'이다. 수많은 인간과 단 하나의 신, 또는 소수의 신이 대응했기에, 노는 것은 혼자서 할 수 없는 일이었다. 장기, 바둑, 고누, 윷, 씨름, 격구, 화투, 트럼프 어느 것이든, 둘 이상의 사람이 있어야 했다. 악기 연주, 노래, 춤 등은 혼자 할 수 있는 '놀이'였으나, 상당한 경지에 오르지 않은 사람이 혼자 이런 행위를 하면 '실성한 사람' 취급받았다. 19세기 이후 '어린이' 시기가 독립하면서 '어린이용 놀이'도 여럿 만들어졌는데, 이것들도 마찬가지였다. 20세기 초부터 후반까지, 한국에서는 술래잡기, 다방구, 무궁화꽃이 피었습니다, 우리 집에 왜 왔니, 비석치기, 자치기, 사방치기, 구슬치기, 팽이치기, 딱지치기, 쥐불놀이, 썰매타기, 십자가놀이, 오징어놀이, 말뚝박기, 고무줄놀이 등 이루 헤아릴 수 없을 정도로 많은 '어린이용 놀이'가 있었다. 이들 중 혼자서 할 수 있는 놀이는 없었다.

혼자 하는 놀이는 인간과 놀아주는 기계가 발명된 뒤에 생겼다. 기네스협회가 공인한 바에 따르면, 최초의 전자오락인 비디오게임은 1952년 영국의 크리스토퍼 스트레이치Christopher Strachey가 발명한 컴퓨터 체커checkers 게임이다. 1958년에는 뉴욕 브룩헤븐 연구소의 윌리엄 히긴보섬William Higinbotham이 '두 사람을 위한 테니스'Tennis for Two라는 게임을 만들었다. 하지만 개발자들은 이들 게임이 인간의 습성까지 바꾸게 되리라고는 전혀 예상하지 못했고, 자기 발명품으로 돈을 벌 생각도 하지 않았다. 비디오게임은 모니터를 갖춘 컴퓨터가 나온 뒤에야 대중화의 계기를 얻었다. 1961년 미국 MIT 학생 스티브 러셀Steve Russell이 '우주전쟁!'Spacewar!이라는 슈

1990년대 오락실에서 게임에 열중하는 청소년들 인간과 놀아주는 기계로 만들어진 전자오락기는 급기야 '사이버 세계에 존재하는 또 다른 인간군'을 만들어냈다. 출처: KBS 《맥랑시대》

팅 게임을 만들었다. 물론 이때에도 모니터를 갖춘 컴퓨터는 대기업이나 대학의 연구실에서나 볼 수 있는 물건이었다.

　미국에 전자오락기가 있다는 사실은 1968년께 우리나라에 알려졌다. 이해에 전자오락기라는 단어가 처음 신문 지면에 등장했다. 그 실체는 1970년 남산에 어린이회관이 개관한 뒤 사람들에게 알려졌다. 개관 직후 어린이회관에는 어떤 기업체가 기증한 전자오락기 몇 대가 전시되었고, 그 얼마 후에는 어린이회관 주변에 사설 전자오락실도 생겨났다. 이들 오락실에는 세계 최초의 게임업체 아타리Atari가 1972년에 개발한 '퐁'Pong이라는 비디오 탁구 게임기가 비치되었다. 그로부터 10년이 지나지 않은 1970년대 말부터, 모니터와 조작 스틱을 장착한 작은 상자들이 학교 주변 문방구점 앞에 놓이기 시작했다. 1979년부터는 국산 전자오락기도 생산되었고, 이런 기계들을 모아 놓은 전자오락실이 전국 도처에서 문을 열었다. 갤러그,

스페이스 인베이더 등 이 기계에 들어앉은 귀신들은 어린이와 청소년의 혼과 결합했고, 그들과 함께 성장했다.

1980년대 말 PC가 본격 보급되면서, 전자오락은 컴퓨터 안으로 들어가 인터넷과 결합했다. 자체 네트워크를 갖춘 콘솔 게임기들도 생겼다. 오늘날의 스마트폰은 소형 전자오락기이기도 하다. 어려서부터 혼자서 전자오락기와 노는 데 익숙했던 현대인들은 게임 안에 또 다른 자기 세계를 구축했다. 이른바 사이버 세계 안에서, 그들은 현실의 자기 캐릭터와는 다른 '영웅 캐릭터'로 생활한다. 옛날 사람들은 죽어서 '천국의 백성'이 될 꿈을 꾸었으나, 현대인들은 살아서 '게임 속 영웅'이 된다. 현실 세계의 자기 캐릭터를 가꾸는 것만큼, 또는 그보다 더, 사이버 세계 안의 자기 캐릭터를 꾸미기 위해 애쓰는 사람도 많다. 이른바 '가상 화폐'가 현실 세계의 투자 대상이 된 것도, 현실 세계와 사이버 세계가 중첩 또는 병존하는 현상의 반영일 터이다.

한 세대 전까지만 해도 마을 빈터에서는 언제든 '노는 아이들'을 볼 수 있었으나, 오늘날 전자오락기는 그 모든 '놀이'를 소멸시켰다. 요즘에는 피시방에서 밤을 지새우는 어른도 많다. 그들은 다른 사람과 어울리면서 '신나게' 놀지 않고, 기계 안에 자기만의 세계를 구축한 채 누군지도 모르는 상대와 게임을 하면서 스스로 신神 노릇을 한다. 사람과 어울리는 것보다 기계와 노는 게 더 즐거운 사람이 계속 늘어나는 것은, 기계가 신인 시대가 목전에 다가왔거나 이미 시작되었다는 징조일 수 있다.

자동판매기

44. 인간과
거래하는
기계

> 큰 광통교 넘어서니 육주비전 여기로다. 일 아는 열립군과
> 물화 맡은 전시정은 큰 창옷에 갓을 쓰고 소창옷에 한삼 달
> 고 사람 불러 흥정할 새 경박하기 측량없다.
> ─〈한양가〉 중

19세기, 서울 종로 거리 좌우에는 열립군 또는 여릿군이라고 불린
사람들이 종일 늘어서 있었다. 줄지어 서 있어서 '열립군'列立軍이라
했다고도 하고, 남은 이익을 갖기에 '여릿군'餘利軍이라 했다고도 한
다. 이들은 물건 사러 나온 듯한 행인의 소맷자락을 잡고 주인의 상
전商廛이나 가게 앞으로 끌고 가서는 흥정을 붙였다. 손님 편을 들어
주인이 부르는 값을 후려치는 척하며 비싸게 팔아넘긴 뒤, 주인에게
수수료를 받았다. 이들과 주인은 손님이 알아들을 수 없도록 일종의
암구호를 사용했는데, 이를 변어邊語라고 했다.

서울 물정에 어리바리한 시골뜨기가 아닌 한, 변어를 모르는 사람
은 거의 없었다. 하지만 사람들은 그러는 줄 알면서도 끌려다녔고,
그들과 이야기를 나누는 게 물건 사는 재미 중 하나였다. '흥정'興情
이라는 말 자체가 본디 물건 사고 싶은 심정과 대화하고 싶은 심정
을 불러일으킨다는 뜻이었다. 열립군의 주 임무는 지나가는 사람의
마음을 움직이는 것이었다.

나는 중국이 개혁 개방을 시작한 지 얼마 안 된 1991년에 중국 동북 지방의 고구려 유적지를 답사할 기회를 얻었다. 어느 나라나 그렇듯이 유적지나 명승지 주변에는 특산품이나 공예품을 파는 상인들이 모여 있었고, 행인을 불러 흥정하는 그들의 태도는 여느 자본주의 국가 상인들과 다르지 않았다. 그들에게서 '사회주의' 냄새를 맡지 못한 나는 일부러 국영상점 한 곳에 들어가봤다. 어서 오라고 인사하는 판매원은 없었다. 물건을 고르는 중에 다가와 상품에 관해 설명해주는 판매원도 없었다. 기념품 삼아 그 무렵 중국인들이 흔히 쓰던 모자 하나를 집어 들고 계산대로 향했다. 판매원은 계산대에서 조금 떨어진 의자에 앉아 졸고 있었다. 그에게 얼마냐고 물으니 그제야 느릿느릿 다가와 무표정한 얼굴로 가격을 알려주고는 돈을 받아 서랍에 넣은 뒤 거스름돈을 내주었다. 거스름돈을 세는 동작은 무척 느렸고, 자기 일을 끝낸 뒤에는 다시 의자로 돌아갔다. 물론 고맙다거나 안녕히 가시라거나 또 오시라는 등의 인사는 없었다. 같이 들어갔던 친구가 나지막한 목소리로 뇌까렸다. "이거야말로 인간 자판기군." 물론 이 뒤 얼마 안 되어 중국에서도 '자판기형 판매원'은 완전히 자취를 감췄다.

사람 대신 물건을 판 최초의 기계는 기원전 215년 이집트 신전에 설치되었던 성수 자판기였다고 한다. 17세기 영국에서는 담배 자동판매기가 발명되었고, 1888년에는 미국 뉴욕 지하철에 껌 자동판매기가 등장했다. 우리나라에서는 1927년부터 '자동판매기'라는 말이 사용되었다. 이해 8월 21일자 『조선신문』은 기계 제작에 정통한 철원의 시계점주 도쿠오카德岡라는 사람이 캐러멜 자동판매기를 발명하여 특허를 출원했다고 보도했다. 기계에 대한 상세 묘사는 다음과 같았다.

높이 4척, 너비 3척의 상자로 장치 외부에는 쌍안경을 부착한 것으로서, 5전 백은白銀 1개를 투입하면 곧바로 내부의 전등에 빛이 들어오고 오르골이 울림과 함께 만화漫畵 활동사진을 배경으로 예쁜 인형들이 춤을 춘다. 약 2분간 음악을 듣고 있으면 5전짜리 캬라멜 곽이 엘리베이터를 타고 관객의 앞에 떨어진다.

—『조선신문』 1927년 8월 21일자

하지만 이 자동판매기가 실제로 시중에 나왔다는 기록은 없다. 1930년 10월 26일, 『동아일보』는 영국에 '축구공 자판기'가 등장했다는 소식과 함께 '구미에서는 담배의 60퍼센트가 자동판매기로 팔린다'고 보도했다. 1931년에도 인천에 사는 조선인 청년이 담배 자동판매기를 발명했으나, 역시 상품화에는 실패했다. 실용적인 자동판매기는 1933년 경성역에 설치된 입장권 자동판매기가 최초였고, 1936년에는 각 우편국 앞과 주요 대로변에 우표 자동판매기가 설치되었다.

한일협정 체결 2년 뒤인 1967년 3월, 경찰은 한일생산회사가 일본에서 밀수한 주스 자동판매기 5대 등을 압수하고, 밀수에 관여한 일본인 기술고문을 구속했다. 하지만 이후 정상적인 경로로 수입된 음료 자동판매기들이 유원지나 대로변에 설치되었다. 그 무렵 신문들은 자동판매기에 사용되는 플라스틱 컵이 비위생적이라는 기사를 내곤 했다. 식음료 자동판매기의 '위생 문제'는 종이컵이 나온 뒤 크게 줄어들었다. 1977년 주식회사 롯데가 일본에서 수입한 200대의 커피 자동판매기는 본격적인 자동판매기의 시대를 열었다.

오늘날 도시 거리와 빌딩 안 곳곳에는 어김없이 자동판매기가 있어, 온갖 식음료를 판매한다. 도시 거리에 이 물건이 등장한 지 꽤

1976년에 설치한 컵라면 자동판매기 전기 장치를 이용한 자동판매기는 이미 20세기 초
에 유럽과 미국에서 실용화했고, 한반도에는 1930년대 초 입장권과 우표 판매용으로 들
어왔다. 1960년대 말에는 음료 자동판매기가 도시 곳곳에 설치되었다. 자동판매기는 현
대의 한국인들이 가장 자주 허리를 굽히는 대상이기도 하다. 출처: 삼양식품

시간이 흐른 뒤에도, 기계에 돈 집어놓고 허리 숙여 물건을 꺼내야
한다는 사실에 자존심 상한다는 사람이 적지 않았다. 하지만 어떤
굴욕감도 익숙함을 이기지는 못하는 법이다. 돈 집어넣고 버튼 누른
뒤 허리 숙여 물건 집는 것은, 현대인에게 가장 익숙한 동작 중 하나
다. 넓게 보자면, 집안의 TV와 손안의 스마트폰도 일종의 자판기가
되었다. 정해진 값을 지불할 작정을 하고 버튼 몇 개만 누르면, 하루
이틀 사이에 물건을 받을 수 있다. 다른 사람과 말을 섞지 않고 물
건을 살 수 있게 해준 자동판매기는 작정作定만 있고 흥정은 없는 시
대, 인간이 기계를 닮아가는 시대의 표상이다.

45. 하늘을
감시하는
기계

나는 초등학교 시절부터 몇 년간, 매달 15일 민방위 훈련 날마다 교실에서 '적의 공습'에 대비한 훈련을 반복했다. 경계경보가 울리면 책상에 엎드려 조용히 기다렸다가, 공습경보가 울리면 의자를 책상 위에 올려놓은 뒤 책상 밑으로 기어들어가 쭈그리고 앉았다. 다시 화생방경보가 울리면 미리 준비해간 비닐을 뒤집어쓰고 숨을 참았다. 비닐 한 장으로 과연 독가스, 세균과 바이러스, 핵폭탄의 공격을 막을 수 있을지는 궁금하지 않았으나, 실제로 전쟁이 일어나면 소리보다 빠르다는 제트기가 날아오는 것을 어떻게 미리 알 수 있을지는 궁금했다.

초등학생조차 궁금히 여기는 문제를 군사 전문가들이 그냥 넘길 리 없었다. 1935년 1월, 영국 항공부는 기상 연구소에 '라디오파 발신기로 비행기에 타격을 줄 방법이 있는지'에 대해 문의했다. 기상 연구소 직원 로버트 왓슨 와트Robert Watson-Watt는 전파와 빛의 속성이 같다는 점에 착안했다. 아무리 빠른 비행물체라도 빛보다 빠를 수는 없었다. 전파로 비행기에 타격을 줄 수는 없지만, 그 위치와 이동 방향, 속도는 측정할 수 있었다. 그는 하늘을 향해 쏘아 보낸 라디오 전파가 금속 물체에 닿아 반사되면 그를 감지해 모니터에 표시하는 기계를 발명하고 '레이더'라는 이름을 붙였다.

1935년 2월 26일, 영국군은 레이더 실험에 착수했고, 실험이 성공

한국 해군의 추적 레이더 STIR 180 레이더는 라디오 전파 송수신기와 모니터로 구성된다. 모니터에 표시되는 점들은 일차적으로 전파를 반사한 금속 물체들이지만, 기상 관측 레이더는 구름의 입자 크기와 밀도까지 표시한다. 레이더는 인간에게 대기권에서 일어나는 모든 변화를 감시할 능력을 주었다. 출처: 위키피디아

하자 이 기계들을 대륙과 가까운 해안 지대에 설치했다. 1940년 8월 13일, 영국을 향해 은밀히 출격했던 독일 공군기 수백 대는 영국 상공에 도달하기도 전에 영국 공군의 기습을 받았다. 군사용 레이더의 위력이 처음 드러난 순간이었다. 레이더는 비행기를 이용한 기습 공격의 효용을 크게 감퇴시켰다. 비행기 시대의 전쟁이 대개 '공중전'으로부터 시작되었기 때문에, 군사용 레이더가 감시하는 범위는 계속 넓어졌다. 적대국의 군용기가 이륙하는 순간부터 바로 레이더로 추적하지 못하는 나라는 전쟁할 자격이 없는 나라로 간주되었다. 군사용으로 성공한 기술이 민간으로 이전되는 것은 상례였다. 레이더는 곧 민간 공항 관제탑과도 연결되어 모든 항공기의 운항과 이착륙을 감시하는 역할을 맡았다. 오늘날에는 지구의 대기권 전체가 세계 각국의 군사용, 민간용 레이더에 의해 몇 겹으로 감시되고 있다.

우리나라에는 한국전쟁 중에 처음 레이더가 배치되었다. 1952년

12월, 유엔 공군 대변인은 "공산군의 미그 제트기가 전선으로부터 약 40킬로미터 남쪽에 있는 서울을 향해 접근하는 것을 레이더 장치로 확인하고 즉시 세이버 전투기 30대를 출격시켜 요격했다"고 브리핑했다. 이후 군사적 요충지의 산 정상부 곳곳에 레이더 기지가 만들어졌다. 물론 레이더 기지가 어떤 곳에, 몇 개나 있는지는 어느 나라에서나 군사기밀이다. 1960년대 중반부터 레이더의 용도는 비행물체를 식별하는 데 그치지 않고 하늘의 변화 전체를 관찰하는 것으로 확장되었다. 1969년에는 서울 관악산에도 기상 관측 레이더가 설치되었다.

'보는 것'에도 여러 종류가 있다. 이해하려고 보는 것이 '관찰'이고, 통제하려고 보는 것이 '감시'다. 옛사람들은 하늘의 뜻을 이해하기 위해 관찰하기만 했으나, 레이더 이후 시대 사람들은 하늘에서 일어나는 변화를 통제하기 위해 감시한다. 그런 점에서 레이더는 상대를 이해하려는 의지는 줄어들고 통제하려는 욕망만 커진 현대인에게 잘 어울리는 물건이다.

46. 인간을
    닮은
    기계

　　1970년대 초 한국 초등학생들에게 가장 인기 있던 TV 프
로그램은《우주 소년 아톰》이었다. 집에 TV가 없는 대다수 아이는
친구 어머니의 눈총을 받으면서도 저녁 식사 시간 직전까지 남의 집
TV 앞에 앉아 있곤 했다. 제 자식이 천덕꾸러기 취급 받는 걸 견디
지 못하는 부모들은 아이들에게 용돈을 주어 만홧가게 TV 앞으로
보냈다. 종이딱지, 필통, 크레파스통, 책받침, 책가방 등 거의 모든
'어린이 용품'이 아톰을 광고 모델로 삼았다. 일본 만화가 데쓰카 오
사무의 만화《철완鐵腕 아톰》을 토대로 만든 이 애니메이션은 전 세
계에서 인기를 누렸다. 만화 연재는 제2차 세계대전 종전 7년 뒤인
1952년부터 시작되었다. '작은' 아톰이 거대 로봇들을 차례로 격파
하는 스토리에 '제2차 세계대전 패배에 대한 일본인의 복수심'이 담
겼다는 사실은 꽤 시간이 흐른 뒤에 알려졌다.

　　《우주 소년 아톰》의 뒤를 이어 역시 일본산 애니메이션인《마징가
Z》도 선풍적인 인기를 끌었다. 이 애니메이션의 주제가는 '로보트'
라는 외래어의 대중화에도 큰 구실을 했다. 어린이용 잡지들에는 거
의 매호 로봇으로 인해 도래할 유토피아적 미래에 관한 기사가 실렸
다. 로봇의 인기가 하늘을 찌르자, 한국산 애니메이션《로보트 태권
V》도 나왔다. 사람이 사람을 죽이는 장면은 어린이에게 적합하지 않
다고들 생각했지만, 로봇이 로봇을 파괴하는 장면을 문제 삼는 사람

일본 애니메이션 《우주 소년 아톰》 일본에서는 1963년부터, 한국에서는 1970년부터 TV로 방송되었다. 인간을 괴롭히는 거대 '악당 로봇'을 물리치는 꼬마 로봇은 '귀축미영'鬼畜米英과 맞선 일본을 표상했지만, 당대의 어린이들은 '전쟁 세대' 일본인의 복수심에는 관심이 없었다. 이 애니메이션은 어린이들의 의식 깊은 곳에 인간을 닮았으되 '초인적' 능력을 지닌 기계, 신을 닮은 로봇의 이미지를 심어주었다. 로봇에게 신과 초인의 속성을 부여한 것도 인간이고, 이 신의 지배를 두려워하는 것도 인간이다.

은 없었다. '나쁜 로봇'이 사람을 괴롭히면 '좋은 로봇'이 나타나 물리쳐준다는 상상은, '신의 아들'인 영웅이 '괴물'을 물리쳐 인간을 구제한다는 그리스 로마 신화의 서사 구조와 똑같다. 사람을 닮았으면서 사람보다 훨씬 큰 능력을 지닌 존재로 상정된 현대의 로봇은, 고대에 영웅과 괴물이 차지했던 자리를 대체했다.

인류가 인간의 일을 대신 맡는 자동기계를 상상하고 초보적으로나마 실현한 것은 기원전부터의 일이지만, 현대인에게 익숙한 로봇 개념은 한 세기 전에야 출현했다. 1920년 체코의 극작가 카렐 차페크Karel Čapek가 《로섬의 만능 로봇》이라는 연극을 무대에 올렸는데, 이후 로봇은 인간의 형상을 하고 인간처럼 행동하는 기계라는 뜻으로 통용되었다. 로봇이라는 말은 1925년 2월 9일자 동아일보 기사 '카렐 차페크의 인조 노동자'를 통해 우리나라에 전래되었다. 비행기나 잠수함이 그랬던 것처럼, 로봇도 존재 이전에 상상이 있었다.

처음 애니메이션의 주연이거나 조연이었던 로봇은, 1970년대 말부터 드라마나 영화를 통해 현실감 있는 모습을 얻었다. 인간의 몸에 로봇 기능을 일부 추가한 《600만 달러의 사나이》와 《소머즈》Bionic Woman, 인간의 뇌 기능 일부와 신경만 남기고 모든 신체 부위를 로봇으로 바꾼 《로보캅》 등은 '인간에게 봉사하는 로봇' 덕에 편리하고 안전해진 미래에 대한 상상을 담았다. 그러나 1980년대 중반부터 인공지능과 결합한 로봇이 인간을 지배하거나 멸종시키는 디스토피아적 미래에 대한 상상이 영화와 드라마로 제작되기 시작했다. 수많은 SF 창작물에서 로봇은 인간의 미래가 유토피아일 것인지 디스토피아일 것인지를 결정하는 물건으로 취급된다. 로봇 덕에 인간이 고된 노동에서 해방될 미래에 대한 기대와 로봇 탓에 직장을 잃거나 로봇에게 지배당할 미래에 대한 공포 사이에, 현대인의 미래관이 있다.

오늘날 로봇은 산업현장은 물론 의료현장에서도 흔히 사용된다. 로봇은 힘, 정교함, 일관성, 지구력 등 여러 면에서 인간을 압도한다. 능력能力은 성능性能과 마력馬力을 합친 개념이다. 인간이 능력을 최상의 가치로 삼는 한, 결코 로봇과 경쟁해서 이길 수 없다. 능력 지상주의는 로봇 숭배로 이어지기 마련이다. 영웅을 뜻하는 영단어 hero는 '이종 접합자', 즉 '서로 다른 종 사이에서 태어난 존재'를 의미하는 hetero와 어원이 같다. 그리스 신화의 영웅들인 헤라클레스, 페르세우스, 아킬레우스 등은 모두 제우스 신과 인간 사이에서 태어난 반인반신半人半神이다. 기독교의 메시아인 예수 그리스도도 하나님과 인간 사이에서 태어난 영웅이다. 그런데 21세기를 대표하는 영웅은 로봇과 인간의 결합체인 '아이언맨'이다. 상상 속의 로봇은 이미 옛날 신의 자리를 차지했다. 인공지능 기술이 급속히 발달함에 따라 로봇이 인간의 일자리를 빼앗는 디스토피아적 미래는 이미 현실이 되었다. 로봇에게 빼앗기지 않을 일자리에 관한 고민이 이 시대의 화두이다. 하지만 문제를 만드는 주체도 인간이고 해결하는 주체도 인간이다. 로봇이 인간을 닮아가는 것이 문제가 아니라, 인간이 로봇을 닮아간 역사가 문제였다. 로봇의 능력을 갖추려 애쓰고 로봇처럼 되려 하면서도 로봇의 지배를 두려워하는 것은 자기모순이다. 로봇이 결코 가질 수 없는 '인간다움'의 영역을 찾고 확장해야, 로봇이 지배하는 미래를 피할 수 있을 것이다.

3장

조성하고
개조하다

사회·문화

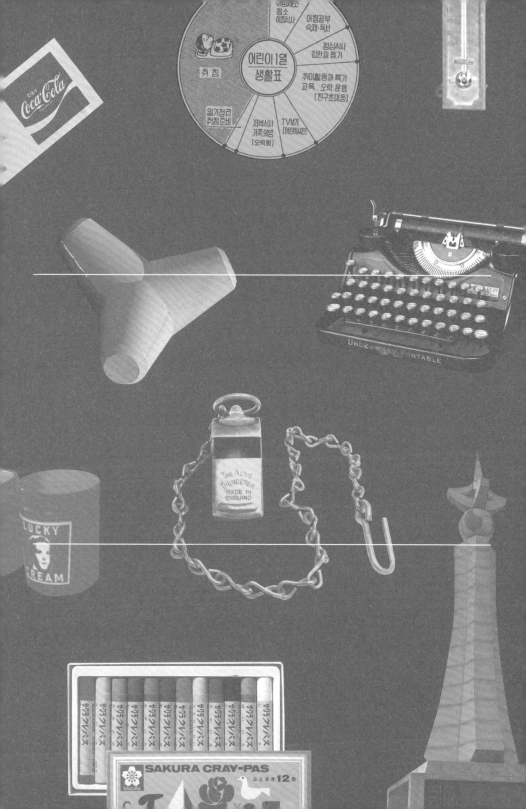

기상 관측 기기

47. '하늘의 뜻'을
     미리
     알다

'기상 관측 이래 최대 강우량', '기상 관측 이래 최고 기온' 같은 말들이 신문 방송의 관용어로 자리 잡은 지 꽤 오래되었다. 그런데 정말 '기상 관측 이래' 최대이거나 최고일까? 인류는 언제부터 기상을 관측했을까? 인간은 등을 땅에 대고 자는 유일한 동물이다. 구석기시대 인간들이 잠들기 직전, 그리고 잠에서 깨자마자 본 것은 대개 하늘이었다. 구름의 색깔이나 형상을 보고 그날의 기후를 예측해보려는 의지는 아마 그때부터 생겼을 것이다. 신석기시대부터 청동기시대에 걸쳐 사람들은 별자리 운행의 규칙성을 이해하고 그를 토대로 연年, 월月, 일日, 시時 등의 시간 개념도 정립했다. 〈천상열차분야지도〉로 전해지는 고구려의 천문도는 그 시대 사람들이 얼마나 정밀하게 천체를 관찰하고 기록했는지 잘 보여준다.

밤에 보이는 별자리가 천문天文이고, 낮에 보이는 구름이 기상氣象이다. 천문과 기상은 인간이 먹이로 삼은 동물의 이동과 식물의 생장에 영향을 미쳤을 뿐 아니라, 인간의 기분도 좌우했다. 장맛비가 하루 종일 주룩주룩 내리는 날에는 괜스레 기분이 가라앉는 것이 인지상정이다. '기상'은 수많은 사람을 '같은 감정 상태'에 몰아넣는다. 만약 1987년 6월 10일에 비가 억수같이 쏟아졌다면, '6·10 민주화운동'의 숫자는 바뀌었을 가능성이 크다.

기상은 언제나 인간 사이의 연대의식이나 대립의식을 고조시키는

275

구실을 했다. 임진왜란과 병자호란을 포함하는 '17세기 동아시아 대전大戰'이 '소빙기小氷期 재해災害'와 관련 있다는 학문적 견해가 제출된 지도 꽤 오래되었다. 기후 변동으로 인한 농업 생산력 감퇴가 인간 집단의 정복욕을 자극했다는 논지이다. 일국사 차원에서도 홍수나 한발 등의 자연재해는 대개 역병과 기근으로 이어졌고, 이런 상황은 내란, 폭동 등 정치적·사회적 대변동의 원인이 되기도 했다. 1860년대 초의 한발로 인한 한반도 대기근은 이른바 '삼남민란'과 한인들의 만주와 연해주 이주를 촉발했다. 기상이 인심에 총체적인 영향을 미친다는 점에서, 기상을 통해 '하늘의 뜻'을 살핀다는 중세적 관념이 마냥 허튼 것만은 아니었다. 그렇기에, 천문과 기상을 살피는 일은 왕정의 첫 번째에 해당했다. 고려와 조선시대의 왕이 잠자리에서 일어나자마자 가장 먼저 접하는 정보도 '기상'에 관한 것이었다.

조선시대 천문기상 관측을 담당한 관서의 첫 이름은 서운관書雲觀이었다. 대원군이 살았던 운현궁은 '서운관 고개'에 있었기에 붙은 이름이다. 서운관은 세조 때 관상감觀象監으로 이름이 바뀌었는데, 현재 서울 종로구 원서동에 있는 보물 제1740호 관상감 관천대는 조선 초기에 만들어진 천문 기상 관측 기구다. 관천대는 창경궁에도 있다. 현재까지 남아 있는 우리나라 기상 관측 기구 중 가장 오래된 것은 신라시대에 만들어진 첨성대다. 조선 세종 때 만들어진 혼천의, 앙부일구, 측우기 등도 모두 천문 기상 관측기구다. 그러니 '기상 관측 이래 최대나 최초' 등은 모두 원칙상 틀린 말이다.

1907년 2월 1일, 대한제국 정부는 측후소 관제를 공포하고 같은 달 19일 인천에 측후소를, 한성과 평양, 대구에 각각 측후지소를 설립했다. 측후소에는 온도계, 기압계, 풍향계, 습도계 등을 설치했으니, 우리나라에서 '기상 관측 이래'는 이때부터다. 한성 측후지소는

기상청 서울관측소 2014년 등록문화재 제585호로 지정되었다. 온도, 기압, 풍속, 풍향, 습도, 강우량 등을 측정하는 여러 종류의 기상 관측 기구를 갖춘 이 시설은, 기상 변화에 대한 인간의 대처 능력을 키워주었다. 이제 기상 변화가 '신의 뜻'이라고 생각하는 사람은 거의 없지만, '기후 변화'가 인간의 의식과 행동에 미칠 영향에 대한 고민은 더 깊어져야 할 것이다. 출처: 국가문화유산포털

현 서울대학교병원 남쪽에 있었는데 1908년 경성측후소로 승격했고, 1933년 송월동으로 옮겼다. 1998년 기상청이 대방동으로 이전한 뒤 기상청 서울관측소가 된 이곳 마당에는 벚나무 등 몇 종류의 꽃나무가 있다. 이들 나무에 꽃이 피는 날이 서울의 꽃 종류별 공식 '개화일'이다. TV 뉴스에서 '오늘 서울에 벚꽃이 피었다'고 할 때의 '오늘'은, 기상청 서울관측소 마당의 벚나무에 꽃이 핀 날이다. 서울에 '첫눈'이 내린 날도, 서울관측소 마당에 첫눈이 내린 날이다.

　문명 진보의 역사는 인간이 미래를 예측하고 그에 대처하는 능력을 키워온 과정이다. 지난 한 세기 동안 기상 변화를 예측하는 인간의 능력은 비약적으로 진보했다. 오늘날 10퍼센트 단위로 표시되는 '내일의 강수 확률'은 정권에 위협적인 대규모 시위가 예정된 등의 특별한 정치적 상황이 아니면 거의 틀리지 않는다. 하지만 다른 사

람들의 마음을 살피는 '사람의 능력'은 거의 진보하지 못한 듯하다. 천문 기상을 관측하는 목적은 본래 '천심'天心을 살피는 것이었고, 천심이 곧 민심民心이었다.

온도계

48.   체감을
       기계적 수치로
       바꾸다

     다른 동물에게 공감할 수 있는 능력이 없거나 부족한 건, 인간에게는 축복이었다. 죽어가는 동물의 고통이 느껴졌다면, 인간은 고기도 먹지 못했을 것이고 모피 옷도 입지 못했을 것이다. 그런데 사람과 사람 사이의 거리라고 해서 사람과 동물 사이의 거리보다 아주 가깝지는 않았다. 그랬기에 고대 로마의 귀족들은 원형 극장 특별석에 비스듬히 누운 채 음식을 먹어가며 검투사들끼리 서로 죽고 죽이는 장면을 볼 수 있었다.

     만약 생명체의 감각을 측정하여 수치로 표시해주는 기구가 있었다면, 인간이 공감할 수 있는 대상의 범위는 지금보다 훨씬 확장되었을지도 모른다. 과학혁명 이래 인류는 모든 것을 수치화하는 데 열중해왔지만, 감각의 정도에 대해서는 아직까지도 다른 요인으로 인한 것들과 직접 비교하는 방도밖에 찾지 못했다. '뼈를 깎는 듯한 아픔', '생살이 찢기는 듯한 고통', '애끓는 사랑' 등. 다만 온도와 관련된 영역에서는 감각을 수치화하는 데 성공했다. 오늘날 '살을 에는 추위', '찌는 듯한 더위'라는 감각은 수치로 표시되는 기준점과 연계된다.

     사물, 생체, 대기 등 모든 것의 온도를 측정하여 표시하는 기구, 즉 온도계를 처음 발명한 사람은 갈릴레오 갈릴레이Galileo Galilei와 그 제자들로 알려져 있다. 그들은 온도와 공기 밀도 사이의 상관관계에 주목하여 1593년에 물의 높낮이로 온도 변화를 측정할 수 있는 기계를 만드는 데 성공했다. 이 기계는 온도 변화를 직관적으로 표시하기는 했으나, 그를 수치로 표시하지는 못했다. 1612년, 이탈리아의 의사 산토리우스Santorius of Padua는 물과 유리관을 이용한 온도계에 처음 눈금을 새겼다. 그의 목적은 환자의 체온을 가급적 정확하게 측정하는 데에 있었다. 이후 기온과 체온을 수치화하려는 집단의지가 본격 작동하여 많은 사람이 온도계 제작에 뛰어들었다.

문제는 온도에 따라 팽창하거나 수축하는 물질을 담는 유리관이었다. 정확한 온도계를 만들려면 유리관에 일정한 크기의 구멍을 뚫어야 했지만, 그 기술을 표준화하기가 쉽지 않았다. 이 문제를 처음으로 해결한 사람이 독일 태생으로 네덜란드에서 활동하던 기기 제작자 가브리엘 파렌하이트Gabriel Daniel Fahrenheit였다. 그는 1714년 물의 어는점을 32도, 끓는점을 212도로 정하고 두 점 사이를 180등분한 눈금자가 달린 유리관 온도계(화씨 온도계)를 만들었다. 유리관 안에는 처음 알코올을 넣었다가 곧 수은으로 바꿨다. 그가 왜 32와 212라는 기준 수치를 정했는지는 알려지지 않았다. 그가 정한 세 번째 기준 수치는 96도였는데, 이는 보통사람의 정상 체온이었다. 이 온도계는 당대 의학계에 널리 수용되었다.

1742년에는 스웨덴의 천문학자 안데르스 셀시우스Anders Celsius가 다른 기준 수치를 제시했다. 그는 1기압에서 물이 어는점을 0도, 끓는점을 100도로 정하고 그 사이를 100등분 했다. 이 기준이 훨씬 편리했지만, 파렌하이트의 온도계가 먼저 나왔기 때문에 오늘날까지도 화씨 온도와 섭씨 온도는 전 세계에서 혼용된다. 화씨와 섭씨란 중국인들이 파렌하이트에게 '화씨'華氏라는 중국 성을, 셀시우스에게 '섭씨'攝氏라는 중국 성을 임의로 붙여주었기 때문에 생긴 말이다. 현대적 체온계는 섭씨 온도계가 출현한 지 1세기쯤 지난 1867년

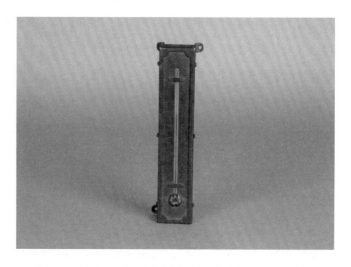

조선총독부에서 제작한 철제 온도계 벽면에 붙이게 되어 있다. 온도계는 추위와 더위를 '느낌'에서 '수치'로 전환한 물건이다. 근래에는 '체감온도'라는 말이 쓰이고 있으나, 그래도 온도의 객관적 기준은 체감이 아니라 수치다. 온도계는 느낌을 부차화하고 기계적 수치를 절대화한 현대 문명을 만드는 데 큰 구실을 했다. 출처: 서울역사박물관

영국의 올벗이 만들었다. 온도계의 제작 원리에서 발전이 있었던 건 아니다. 눈금을 새긴 작은 유리관을 만들 정도로 기술이 진보하는 데 시간이 걸렸기 때문이다. 참고로 기상청과 방송사들은 여전히 사람들에게 화씨와 섭씨 온도를 알려주지만, 기압이나 물질의 속성에 영향받지 않는 온도 기준은 1848년 켈빈Baron Kelvin이 제시했다. 이 온도를 절대온도라 하고 단위는 켈빈K을 쓴다.

체온 측정은 서양 근대 의학의 최초 진단 행위에 속하기 때문에, 1879년 부산 일본인 거류지에서 개원한 제생의원에는 체온계가 있었을 것이다. 또 1884년 겨울 민영익을 치료한 미국인 선교의사 알렌이 환자의 체온에 대해 언급한 것으로 보아, 그도 체온계를 가지고 입국했을 것이다. 대기의 온도를 측정해 표시하는 온도계는 '추위와 더위를 계측하는 기기'라는 뜻의 '한난계'寒暖計라고 했는데, 1903년 봄 광성상업학교 졸업식 때 우등생 상품으로 한난계를 준

것으로 보아, 1900년경에는 이를 비치한 가정이 적지 않았을 것이다. 1907년 측후소가 생긴 뒤로 매일 매일의 온도계 수치는 국가가 관리하는 통계표에 기록되었다.

1930년대 이후로는 더위와 추위를 묘사하는 언론 기사에 '수은주'라는 말이 관행적으로 사용되었다. 그만큼 온도계에 대한 대중의 이해도가 높아졌기 때문이다. 1939년에는 전자온도계가 발명되어 온도와 수은의 상관관계는 별 의미가 없어졌으나, 그래도 이 말은 현재까지 일반적으로 쓰인다.

오늘날 방송사들의 뉴스 프로그램은 일기예보로 끝을 맺는다. 사람들은 다음 날의 최고 온도와 최저 온도, 강수 확률에 관한 정보에 따라 입을 옷과 할 일을 결정한다. 온도계는 집안의 보일러와 에어컨에도 내장되어 있다. 같은 온도라도 자기 몸의 조건에 따라 더 춥거나 덥게 느껴질 수 있으나, 현대인들은 대체로 자기 느낌을 온도계에 표시되는 수치에 맞추려 든다. "실내 온도가 24도나 되는데 뭐가 춥다고 그래?" 같은 말이 일상적으로 쓰인다. 현대인은 시곗바늘, 온도계 눈금 등 기계가 제시하는 수치에 자기 몸을 적응시키는 훈련을 거듭해온 사람이다. 기계가 제시하는 수치에는 민감하고 타인의 느낌에는 둔감한 시대로 발전하는 데에, 온도계가 수행한 역할은 적지 않다.

전봇대

49. 전기 시대의 표상

"부위독급래"父危篤急來. 집집마다 전화기가 놓이기 전에는, 이런 암호 같은 문자가 적힌 종잇조각을 받아들고 놀라는 경험을 한 사람이 적지 않았다. 지금은 축전祝電이나 조전弔電 같은 의례용품으로 격상된 데다가 그나마 거의 쓰이지도 않지만, 1880년대부터 90여 년의 세월 동안 전보는 서민들의 사실상 유일한 긴급 통신 수단이었다. 글자 수에 따라 요금이 부과되었기 때문에 전보문을 쓸 때는 "아버지가 위독하시니 빨리 돌아오기를 바람"이라는 말을 '부위독급래'로 축약해야 했다. 그래도 어지간하면 무슨 뜻인지 다들 알았다. 그런데 긴급한 일 중에는 기쁜 일보다 슬프거나 나쁜 일이 많기 마련이다. 특히 한국전쟁 당시 자식을 전장에 보낸 부모들에게는 전보 배달부가 그 누구보다 무서운 사람이었다. "위 자는 서기 1950년 ○○월 ○○일부로 ○○지구에서 혁혁한 공훈을 세우고 애석하게도 전사하였음을 통지함"이라는 문구가 적힌 전사통지서가 대개 전보로 전달되었기 때문이다. 이에 따라 '무소식이 희소식'이라는 속담도 설득력이 높아졌다.

전보에 관한 정보는 개항 전에 우리나라에 들어왔다. 1876년 6월 1일, 고종은 수신사로 일본에 다녀온 김기수에게 물었다. "전선電線, 화륜선, 농기계에 대해 들은 것이 없는가? 저 나라에서는 이 세 가지를 가장 급선무로 여기고 있다는데 과연 그렇던가?" 이 시점에서 그가 궁금해한 전선은 전기 통신선이었다. 그로부터 7년 뒤인 1883년 1월, 조선과 일본 사이에 '부산항 해저 전선 설치 조관'이 체결되었다. 이 조관에 따라 덴마크 대북부전신회사가 일본 큐슈 서북 해안으로부터 쓰시마를 거쳐 부산의 일본인 거류지까지 전선을 설치했다. 이것이 이 땅에 들어온 최초의 전선이다.

1885년 6월 6일에는 '중조전선조약'中朝電線條約이 체결되었다. 이 조약에 따라 인천항에서 한성을 거쳐 의주까지 1,130리 구간에 육로 전선을 가설하는 공사가 시작되었다. 비용은 청나라의 전신 기관인 화전국華電局에서 제공한 은銀 10만 량의 차관으로 충당했다. 목재와 인부를 구하는 데에는 차관 자금을 쓸 수 없고 차후 수리 비용도 조선 정부가 부담한다는 조건이었다. 전선을 이으려면 기둥을 세워야 했다. 10분의 1리(40미터)당 한 개씩만 세운다고 해도 1만 1,300개의 기둥이 필요했다. 우리나라 사람들은 이 기둥에 여러 가지 이름을 붙였다. 사료에 등장하는 첫 이름이 전죽電竹인 것으로 보아 처음에는 대나무를 쓰려고 했던 듯하다. 공사 개시 직전인 1885년 6월 24일, 고종은 대신들을 소견한 자리에서 "전죽을 얻기가 제일 어려워서 필경 민폐를 많이 끼치게 될 것이니 참으로 딱한 일"이라고 말했다. 하지만 그해 8월에 공사를 담당한 친군전영親軍前營은 전주電柱를 운반하는 일에 관해 보고했고, 다음 달에는 김홍집도 기둥 재료를 목료木料라고 했다. 사실 전선이 아무리 가벼워도 대나무를 기둥으로 쓸 수는 없었다. '전죽'이라는 관념은 '전봇대'라는 이름에만 담겼다.

인천과 의주 간에 전선이 연결되자마자 '부산항 해저전선 조관 속약'이 체결되어 부산의 일본인 거류지에서 인천으로 이어지는 '남로 전선' 가설 공사도 시작되었다. 이로써 의주에서 부산까지, 전선을 떠받치는 나무 기둥의 기나긴 행렬이 만들어졌다. 1886년 2월 19일에 체결된 '중국대판조선육로전선속관합동'中國代辦朝鮮陸路電綫續款合同

1899년 서울 전차 부설 직후 종로의 전봇대 어떤 총각이 전봇대에 붙은 광고문을 보고 있다. 전봇대는 처음부터 다용도였는데, 이 총각의 자세는 술래잡기나 다방구 같은 놀이에서 술래의 기본자세이기도 했다. 출처:『사진으로 본 한국백년』

에서 이 기둥은 '간'桿이라고만 했다. 1893년 전보총국이 기둥 수리를 요청할 때는 '간목'桿木이라고 했다. 1899년 한성전기회사 동대문발전소가 생긴 뒤로는 서울 한복판 전차 선로 좌우에도 기둥이 늘어섰다. 이 무렵 한글 신문들은 이를 '전간'電桿, '전간목'電桿木, 또는 '전기 간목'으로 표기했다. 공식 문서에서는 1910년대까지 전간목이라는 말이 주로 사용되었다. 하지만 민간에서는 전신주電信柱나 전봇대라는 말을 썼던 듯하다. 안중근이 1910년에 쓴 『안중근역사』에는 이런 문장이 있다. "마부가 전신주를 가리키며 욕을 하기를, 지금 외국인이 전봇대를 설치한 후로는 공중의 전기를 모두 거두어 전보통에 가두기 때문에 공중에 도무지 전기가 없어서 비를 만들지 못해 이렇게 큰 흉년이 든 것이오." 그는 전신주와 전봇대를 혼용했다. 애초에 전신電信 또는 전보電報 용도로 세운 것이었기에, 민간에서는 전신주나 전봇대라고 불렀을 것이다.

일본인들은 이 기둥을 '전주'電柱라고 불렀다. 일제강점기에 공포된 각종 법령도 '전주'로 표기했다. 하지만 1920년대 이후 발간된 한글 신문들은 전봇대나 전신주라는 말을 더 자주 썼다. 전선주나 전선대라는 말을 쓰기도 했다. 다른 일본식 용어들과는 달리 한국인들이 전주라는 말을 흔쾌히 수용하지 않았던 이유는 이미 '전주'라는 지명이 있어 혼동할 우려가 있었기 때문인 듯하다. 예컨대 "전주에 벼락이 떨어져 사람이 죽었다"라는 말에서 '전주'는 전봇대일 수도, 도시 이름일 수도 있다.

전차와 전등, 전기 동력기가 생기면서 전봇대는 계속 늘어났다. 1915년 7월 전국의 전봇대는 54,365개였고, 그중 1만 개 정도는 그해에 교체한 것이었다. 1918년에 2,624개였던 서울의 전봇대는 1930년대 말 1만 개 가까이로 늘었다. 일제강점기 전봇대의 재료는 압록강 영림창에서 제재한 소나무였으나, 1934년부터는 '도시의 풍치'를 개선한다는 명목으로 번화가에 철제 전봇대가 세워지기 시작했다. 전봇대 하나의 가격은 1920년대 중반 25원, 1930년대 중반 35원이었다.

전기가 교통·통신·조명·동력 등에 필수 에너지가 됨으로써 전봇대를 보호하고 관리하는 일도 중요해졌다. 처음 전봇대를 설치할 때 고종과 관료들은 "우리나라 백성들의 민심이 순박하여 전봇대를 파괴하는 일이 없다"는 사실을 다행으로 여겼다. 중국과 일본에서 전봇대 파괴 운동이 있었다는 사실을 알았기 때문이다. 전봇대 위의 전선 때문에 가뭄이 든다는 소문이 광범위하게 유포되었으나, 한국인들이 일부러 전봇대를 파괴했다는 기록은 없다. 그런데도 일본 식민지 지배자들은 가급적 한국인들이 전봇대에 접근하는 일 자체를 막으려 들었다. 1912년 4월 1일부터 시행된 '경찰범처벌규칙'은 '전봇대 부근에서 연을 날리거나 기타 전선에 장해가 될 만한 행위를 하거나 하게 한 자', '전주에 우마를 묶어 두는 자'를 구류 또는 과료에 처하게 했다. 당시 상황에서 이는 태형笞刑에 처한다는 것과 같은 뜻이었다. 조선총독부는 또 1918년 7월에 제령 제16호로 '조선전신 전화건설령'을 공포하여 전봇대 설치 장소에 대한 이의 제기를 원천 봉쇄했다. 자기 집 대문 옆이나 경작지 안에 전봇대 세우는 걸 반대하는 사람이 적지 않았기 때문이다. 전봇대에는 세금도 붙었다. 1914년 부제府制 실시 이후 경성부는 전봇대 한 개에 연간 1원씩의 세금을 부과, 징수했다. 세금은 경성전기회사 부담이었다. 전주세는 1924년 1원 50전으로, 1927년에 8원으로 인상되었으며, 1936년 경성전기회사가 낸 전주세는 8만여 원이었다.

전봇대가 생긴 뒤로는 이와 관련한 사고도 심심치 않게 일어났다. 전봇대에 벼락이 떨어지거나 썩은 전봇대가 폭우에 쓰러져 정전되는 것은 흔한 일이었다. 1917년 2월에는 전차에 탄 젊은 여성이 창밖으로 머리를 내밀었다가 전봇대에 부딪쳐 사망하는 일이 일어났다. 자전거를 타고 가다가 전봇대에 부딪쳐 다치는 사고는 이루 헤아릴 수 없을 정도로 많았다. 하지만 전봇대와 관련한 사고는 다른 '문명의 이기'들로 인한 사고에 비하면 무시할 수 있을 정도였다.

사람들은 공공장소 곳곳에 서 있는 이 기둥을 여러 용도로 사용했다. 가장 흔한 용도는 광고물 게시였다. 1910년대부터 각종 상품광고나 구인광고들이 전봇대에 들러붙었다. 총독부나 경찰도 홍보물이나 경고문을 전봇대에 붙였다. 이른바 '자치제'가 시행된 1920년대부터는 전봇대에 선거 홍보물을 붙이는 후보자도 나타났다. 1923년 11월, 총독부 경찰은 전봇대에 선거 홍보물을 부착한 후보자를 처벌하겠다고 밝혔다. 전봇대는 독립운동이나 사회운동에도 이용되었다. 1923년 3월 13일 청운동에 있는 세 개의 전봇대에, 10월 2일에는 경복궁 동문인 건춘문 부근 전봇대에, 각각 '대한독립만세'와 '조선독립만세'라 쓰인 종이가 나붙었다. 1930년 5월에는 경성부 내 전봇대 여러 개에 '메이데이 격문'이 부착되었다.

전봇대는 범죄에도 사용되었다. 도둑들은 전봇대를 남의 집 담을 넘기 위한 사다리로 이용했다. 1927년 11월에는 후지타쿠미藤田組라는 토목회사의 일본인 직원들이 '모래 한 줌'을 집어 간 조선인 노동자를 전봇대에 묶어 놓고 공사용 몽둥이로 무차별 구타하기도 했다. 해방 후에도 이런 일은 적지 않게 발생했다. 마을 공터에 선 전봇대는 아이들 놀이의 중심이기도 했다. 술래잡기나 다방구, 무궁화꽃이 피었습니다 같은 놀이에서 전봇대는 으레 술래의 자리였다.

이제 대도시 지역에서는 전선 지중화로 인해 전봇대가 사라지고 있지만, 앞으로도 오랫동안 지구의 산야에는 수많은 전봇대가 서 있을 것이다. 전봇대는 현대가 '전기의 시대'임을 알려주는 대표적 물건이다.

쓰레기

50. 현대인이
가장 많이
생산하는 물질

1896년 6월 27일, 서울 돈의문(서대문)에 한성부 관찰사 명의의 방榜이 붙었다. 내용인즉 "길을 고친 후에는 길가에 더러운 물건과 온갖 그릇 깨진 것을 버리지 말며 물건들 파는 좌판을 늘어놓지 말며 대소변을 못 보게 하니, 만일 이 조목을 범한 자는 죄를 무겁게 다스리겠다"는 것이었다. 길가에 '더러운 물건'을 버리지 못하게 한 금령禁令은 이것이 최초였다. 이에 앞서 1883년 한성판윤에 임명된 박영효는 김옥균이 지은 『치도약론』治道略論과 『치도약칙』治道略則을 기준 삼아 서울의 도로변을 정비하고 하수도를 설치하려 했으나, 3개월 만에 좌천됨으로써 이 구상은 물거품이 되었다.

『독립신문』은 이와 관련해 "조선 백성을 살리려면 개천을 치고 길을 깨끗하게 하고 더러운 물건을 길가와 문 앞에 쌓지 못하게 하고 대소변을 길가에서 못 보게 하는 것이 제일 상책"이라고 썼다. 당시 고종은 러시아공사관에 있었고, 정부는 경운궁(덕수궁) 주변 도로를 신설, 정비하는 중이었다. 그 전해인 1895년에는 이른바 '을미 콜레라'가 창궐하여 수많은 인명을 앗아갔다. 세균이 발견되지는 않은 때였으나, '더러운 물건'과 콜레라 사이의 인과관계에 대해 잘 알았던 구미인 의사들은 왕과 고관들에게 '더러운 물건'을 없애야 역병을 막을 수 있다고 조언했다. 『독립신문』이 "조선 백성을 살리려면"이라고 한 것은 이 때문이다. 그런데 이때의 '더러운 물건'이란 어떤 것들이었을까?

쓰레기란 '쓸어버리는 것들'이라는 뜻이다. 쓸모없어진 물건을 버리는 것이야 당연한 일이지만, 옛날에는 그런 물건이 거의 없었다. 목제품과 종이제품은 최종적으로 땔감이 됐고, 금속제품은 계속 녹았다 굳었다 하면서 자태를 바꿨으며, 섬유제품도 닳아 없어질 때까지 각종 용도로 재활용됐다. 이런 상태에서 쓰레기의 대종은 음식 찌꺼기와 분뇨 정도였다. 이런 것들은 곧 자연으로 환원되었으나 문제는 그러는 도중에 악취를 풍기고 파리와 구더기 떼를 끌어모으는 데에 있었다. 사람들이 파리와 전염병 사이의 관계에 대해 잘 모르던 시절에는 참아 넘길 만한 일이었으나, 위생에 관한 지식이 확산하자 쓰레기 더미에 모여드는 해충은 귀찮은 존재를 넘어 공포의 대상이 되었다.

1896년의 한성부민들이 파리가 전염병을 옮긴다는 사실을 알았든 몰랐든, 파리 떼가 꼬이는 쓰레기 더미를 집안에 두려는 사람은 없었다. 당연히 '길가나 문 앞'에 '더러운 것들'을 버리지 말라는 한성부 관찰사의 지시를 지키는 사람도 거의 없었다. 집안에 쌓아두어 자기 식구들만 괴롭히는 것보다는 길가에 내버려 행인들을 괴롭히는 편이 낫다고 생각하는 사람이 훨씬 많았다. 공公과 사私가 충돌할 때 사私를 앞세우는 것은 인간의 오래된 습성 중 하나다. 사람들에게 공적 의무 이행을 요구하려면, 먼저 공公이 자기 책무를 다해야 했다. 하지만 한성부 관찰사는 쓰레기를 집안에 쌓아두면 한성부에서 처리해주겠다고 약속하지 않았다. 각 관청 일꾼에게는 매일 아침 청사 앞을 청소하는 임무가 추가되었고, 대문 앞에 쓰레기를 쌓아둔 집 주인이 처벌받는 사례가 종종 있었으나, 정부와 한성부는 쓰레기 청소를 자기들의 책무로 여기지 않았다. 쓰레기 청소는 가벼운 잘못을 저지른 군병 등의 '아랫것'들이 벌로 하는 일이었지, 지체 높은 관료들이 책임질 일은 아니었다.

1904년 러일전쟁 발발 이후, 서울을 점령하고 주둔한 일본군은 제국주의 점령군들이 늘 그랬듯이, 점령지의 인간보다 세균을 더 두려워했다. 일본군의 서울 점령 석 달 뒤이자 덕수궁 화재 한 달 뒤인 5월 6일, 주한 일본 공사 하야시 곤스케는 한국 외부대신 이하영에게 일본군의 건강 보호와 방역을 위해 한성 내에 청결법을 제정, 시행하라고 요구했다. 그가 제시한 '청결법'의 요지는 다음과 같았다.

1. 내부대신 또는 경무사를 위원장으로 하고 내부內部 군부軍部 등의 고위 관료를 위원으로 하는 청결위원회를 조직할 것.
2. 한성 내의 막힌 배수로를 뚫을 것.
3. 한성 내 쓰레기를 성 밖으로 배출할 것.
4. 일본군 주둔지 주변의 배수로를 청소하고 쓰레기를 일소一掃하며, 배수로에 분뇨를 버리는 행위를 엄단嚴斷할 것.
5. 일본군 주둔지 주변에 공중변소를 신설하고, 주둔지에 가까운 가호의 변소에는 분뇨를 담아두는 통桶이나 옹기甕器를 설치할 것.
6. 일본인 거류지에 공중변소를 증설할 것.
7. 분뇨를 성 밖으로 운반하는 방법을 정할 것.
8. 배수로와 공중변소는 자주 석회로 소독할 것.
9. 소요 비용은 한국 정부, 일본 거류민 역소, 일본 군대가 분담할 것.

일본군이 한반도 전역을 사실상 점령한 상황에서, 한국 정부가 일본 공사의 요구사항에 토를 달 수는 없었다. 곧바로 '청결법'이 제정되었으나, 일본인 거류민단과 일본군은 약속을 지키지 않았다. 일본군의 비호를 받는 일본인 모리배의 관심사는 분뇨와 쓰레기 운반비를 '내는 것'이 아니라 '받는 것'이었다. 그들은 분뇨 처리 회사를 만들어 한성부의 분뇨 처리를 독점하려 했고, 일본군도 그들을 위해 움직였다. 그 탓에 한성부의 분뇨와 쓰레기 처리 방식은 여러 차례 바뀌었고, 제대로 작동하지도 않았다.

1907년 7월 19일 고종을 강제로 양위시킨 이토 히로부미는 일본 황태자 요시히토嘉仁의 한국 방문을 추진했다. 한국 황태자 영친왕의 답방을 유도한 뒤 일본에 인질로 붙잡아두려는 술책이었다. 요시히토의 방한이 임박하자, 서울의 쓰레기와 파리가 그의 안전을 위협하는 최대 문제로 다시 부각되었다. 일본 헌병들은 서울 시내 곳곳을 다니며 쓰레기를 치우라고 협박했고, 조금이라도 열이 있는 사람은 붙잡아다 격리시켰다. 요시히토가 체류하는 동안, 서울은 눈에 띄게 깨끗해졌다. 그가 돌아간 직후인 12월 21일, 한국 정부와 통감부는 공동고시 1호로 '한성위생회규약'을 공포했다. 이에 따라 '한성 및 부근 지역의 위생 상태 개선'을 목적으로 하는 한성위생회가 설립되었다. 회장은 내부차관, 평의원은 경무국장, 한국 주차 일본군 군의부장, 경시총감, 경성이사청 이사관, 한성부윤, 경성 거류민단장, 한성부민 총대로서, 한·일인 공동 기구였다. 소요 비용은 한국 정부의 보조금과 서울 거주자에게 징수하는 금액으로 충당하도록 했다.

영조 대 준천濬川 이후 서울 주민들은 '조강전'糟糠錢이라는 이름의 개천 청소비를 냈다. '조강지처'할 때의 그 '조강'으로 개천에서 퍼낸 흙이 지게미나 쌀겨 같았기 때문에 붙은 이름이다. 돈을 걷는 주체는 때에 따라 달랐다. 준천사濬川司가 걷기도 했고 한성부가 걷기도 했다. 이 돈은 대략 2년에 한 차례씩 개천을 준설하는 데에 쓰였다. 그러나 분뇨와 쓰레기 청소비를 내지는 않았다. 한성위생회가 생김으로써, 서울 주민들에게는 쓰레기 수거비 납부 의무가 생겼다. 이 의무는 1908년 11월 21일 한성부령 제3호로 공포된 '한성위생회 비용 수립의 표준 및 과율'로 구체화했다. '위생비'라는 이름의 쓰레기 수거비는 한국인과 외국인에게 차등 부과되었다. 한국인은 건물 1칸당 한 달에 2전, 외국인은 1인당 한 달에 8전이었다. 이로써 건물과 토지의 소유자 또는 점유자가 쓰레기와 분뇨를 한곳에 모아두면 한성위생회가 전부 수거하여 처리하는 체계가 만들어졌다. 한성위생회는 이 일을 위해 수백 명의 인부를 채용했으며, 사사로이 분뇨를 수거하여 반출하는 행위를 금지했다. 분뇨 처리는 일본인이 세운 남산상회南山商會가 독점했다.

'쓰레기통'이라는 단어는 1908년 5월 한글 신문 지면에 처음 등장했는데, 이때의 쓰레기통은 '집 밖에 내놓은 분뇨통'과 같은 의미였다. 일본이 한국을 강점한 후, 조선총독부는 한양도성 밖에 쓰레기 하치장과 분뇨 처리장을 만들었다. 분뇨 처리장은 동대문 밖, 용산 만리창, 밤섬 3곳이었고, 광희문 밖 신당리와 독립문 밖 아현리, 기타 몇 곳에는 임시 처리장이 있었다. 쓰레기 적치장과 소각장은 광희문 밖 신당리에 두었다. 하지만 소각장의 규모가 작아, 신당리 일대에는 늘 쓰레기가 쌓여 있었다. 독립문 옆과 옥인동 주변도 쓰레기 적치장이었다.

1912년 4월 1일, 조선총독부는 경찰이 즉결 처분할 수 있는 '범죄' 사항을 규정한 '경찰범처벌규칙'을 제정·공포했다. 제59조는 '함부로 짐승의 시체 또는 쓰레기를 버리거나 그 청소를 게을리한 자'였다. 이에 따라 쓰레기를 함부로 버리거나 청소를 게을리하는 행위는 과료나 태형에 처할 죄가 되었다. 경찰은 수시로 시내 곳곳을 순찰하며 청소를 지휘 감독했다. 1914년 일본인들의 경성거류민단역소가 '경성부'京城府로 개편되면서 한성위생회의 업무도 경성부로 이

관되었다. 당시 경성부 세출 중 3분의 1이 쓰레기 처리비를 포함한 '위생비'였고, 쓰레기 처리 인원은 일본인 순사 16명, 조선인 순사보 14명, 기타 일용인부 평균 600명이었다. 이제 '위생비'는 세금처럼 되었고, 조선인들은 이를 '오물세'라고 불렀다. 이 이름은 해방 이후 에도 오랫동안 유지되었다.

1915년은 일본의 한국 강점 5주년을 기념하는 조선물산공진회가 열린 해였다. 전국에서 100만 명 가까운 사람이 서울에 들어올 이 행사를 앞두고 총독부 경찰은 쓰레기 처리에 관한 조선인 훈육을 한 층 강화했다. 총독부 경찰은 조선인 가옥을 순시하며 쓰레기통 설치 와 변소 개조를 강요했고, 쓰레기 적치장 인근 주민들을 동원하여 파리를 잡게 했다. 조선물산공진회를 거친 뒤, 서울의 모든 집 대문 옆에는 쓰레기통이 놓였다. 당장 쓰레기통을 설치할 여력이 없거나 대문 앞이 비좁은 집들은 공동 쓰레기통이라도 만들어야 했다. 집 을 세놓고 쓰레기통을 만들어주지 않는 집주인은 경찰의 처벌 대상 이었다. 당연히 그런 사정을 이용하는 쓰레기통 임대업자도 생겼다. 공동 쓰레기통 이용 가구는 '오물세' 외에 쓰레기통 임자에게도 돈 을 내야 했다.

쓰레기통 덕에 길바닥의 쓰레기는 줄어들었으나, 대신 쓰레기통 주변에서 자주 참극이 벌어졌다. 1910년대에도 쓰레기의 대종은 여 전히 음식물 찌꺼기였다. 1918년 한 해 동안 서울에서 배출된 분뇨 는 43만 8,000석, 쓰레기는 32만 8,500석이었다. 쓰레기보다 분뇨의 양이 훨씬 많았다. 하지만 거지와 가난한 집 아이들은 참외 껍질이 라도 주워 먹으려 쓰레기통을 뒤지곤 했다. 쓰레기통에서 찾은 생선 뼈와 알을 끓여 먹은 사람이 죽는 사고는 매년 한두 차례씩 일어났 다. 1917년 12월 14일부터 28일까지 단 15일간 서울에서 쓰레기통 을 뒤지다 쓰러져 동사한 행려병자行旅病者는 28명에 달했다. 극빈자

연탄재 쓰레기로 뒤덮인 1978년의 서울 정릉 산업혁명 이후 물질 생산의 증가는 쓰레기의 증가를 동반했다. 게다가 현대에는 쓰레기 대부분이 자연으로 환원되지 않는다. 국가는 쓰레기의 양을 줄이기 위해 여러 제도를 도입했지만, 사용가치가 남은 물건과 썩지 않는 물질을 버리는 현대인의 행태를 바꾸지는 못했다. 현대의 지구는 '쓰레기로 몸살을 앓는 행성'이다. 출처: 『보도사진연감 '79』

들은 쓰레기통에서 먹을 것을 구했고, 쓰레기 적치장에서 일거리를 찾았다. 쓰레기 더미에서 고철 파편과 유리 조각 등을 주워 고물상에 파는 직업이 생겨났는데, 이 직종에 취업하려면 경성부청의 허가를 받아야 했다. 해방 후 이들은 '넝마주이'로 불렸다. 쓰레기 적치장에서 '쓸 만한 물건'을 골라내는 직업은 2000년대 초까지도 존속했다.

난방 연료가 나무에서 연탄으로 교체되고 수세식 화장실이 일반화하며, 플라스틱·비닐 등의 화학 물질이 일상에 침투하면서 쓰레기의 성분은 본질적으로 달라졌다. 특히 연탄재는 1960년대부터 서울에서 배출되는 쓰레기의 대부분을 차지했다. 겨울철에는 보통 1인당 하루 한 개꼴로 연탄을 썼으니, 서울 인구가 600만 명에 달한 1976년에는 하루에 600만 개, 한 달에 1억 8,000만 개, 겨울철 석 달 동안 6억 개 정도의 연탄재가 버려졌다. 연탄재는 쓰레기통 안에도 들어가지 못하고 밖에 쌓였다. 일부는 눈 온 날 미끄럼 방지용으로 쓰였고, 대부분은 1970~1980년대 한강변 공유 수면 매립 사업 과정에서 저지대 땅속에 묻혔다. 연탄 사용이 급감한 뒤 쓰레기의 양은 줄었으나, 그 대신 석유를 원료로 하는 썩지 않는 쓰레기가 급증했다.

쓰레기의 대종은 변했으나 경성부 시절의 쓰레기 처리 방식은 대체로 유지되었다. 유상 수거, 처리·수거 담당 공무원 배치, 쓰레기 적치장과 소각장 설치 등은 지금도 여전하다. 쓰레기 적치장과 소각장 주변 주민들의 '불공평에 대한 항의'도 100년 가까이 계속되고 있다. 다만 대도시 집집마다 대문 옆에 놓였던 커다란 쓰레기통은 거의 사라졌다. 아파트를 비롯한 공동주택 생활이 일반화했기 때문이다. 1995년 쓰레기 종량제, 2013년 음식물 쓰레기 종량제가 각각 시행됨으로써 쓰레기는 쓰레기통이 아니라 '쓰레기봉투'에 담는 것이 되었다.

산업혁명 이전의 쓰레기는 대부분이 늦어도 1년 안에 자연으로 환원되었다. 쓰레기는 '환경 문제'를 유발하지 않았다. 하지만 석탄이 나무와 숯을 대신하고, 잘 썩지 않는 물질이 발명되며, 사용가치가 남은 것들이 버려지면서부터 쓰레기는 엄청난 속도로 늘어나 지구를 덮기 시작했다. 지난 150년간, 한반도의 인구는 4배쯤 늘었으나 1인당 쓰레기 배출량은 1,000배 이상 늘었다. 현대인이 가장 많이 생산하는 물질은 쓰레기라고 해도 지나치지 않다. 자연으로 환원되지 않으며 태워도 유독물질이 나오는 쓰레기가 세상을 덮은 시대에, '인간쓰레기'라는 말이 생긴 것도 이상한 일은 아니다.

플라스틱

51. 현대인의
     생활 공간을
     채운 물질

몇 해 전, 모 박물관의 구입 대상 유물 심사장에서 오래된 의료 기구 세트를 구경했다. 매도 신청자는 "대한제국 시기 미국인 의료 선교사가 서울에서 사용한 것"이라는 설명서를 첨부했다. 그러나 설명서 내용을 믿을 수 없었다. 손잡이가 플라스틱이었기 때문이다. 20세기 초까지 지구상에는 플라스틱이라는 물질이 없었다. 의료 기구의 손잡이는 상아象牙나 나무로만 만들었다.

옛날 단단한 물건을 만드는 데 쓰는 최고급 재료는 상아였다. 코끼리가 살지 않는 우리나라에서도 조선시대 2품 이상 고관의 호패는 상아로 만들었다. 조선 전기에는 상아를 명나라에 조공품으로 보냈고, 명나라에서 회사품으로 받기도 했다. 조선시대 사람들이 아는 세계는 중국, 일본, 류큐(현 오키나와), 동남아시아, 인도 등 상아 무역으로 연결된 나라들뿐이었다고 해도 과언이 아니다.

당구공도 상아로 만들었다. 당구는 애초 귀족들이나 즐기던 스포츠였으나 자본주의 세계시장이 형성된 19세기 중엽부터는 사업가들의 스포츠로 그 저변이 확대되었다. 1910년께 한국인 중 당구를 가장 잘 친 사람은 전 대한제국 황제 순종이었다고 한다. 당구 열풍은 코끼리 사냥 열풍으로 이어졌고, 상아 값도 다락같이 올랐다. 원료를 구할 수 없게 된 미국 뉴욕의 당구공 제조 협회는 상아를 대체할 물질을 발명하는 사람에게 1만 달러를 주겠다는 광고를 냈다. 이 광고를 본 인쇄공 존 웨슬리 하이엇John W. Hyatt이 1869년 상아와 흡사한 물질을 발명하고 '셀룰로이드'라고 이름 붙였다. 1909년에는 미국 화학자 베이클랜드가 송진과 비슷한 합성수지를 만들어 '베이클라이트'로 명명했다. 이로부터 합성수지 공업이 본격 발흥했다.

열이나 압력을 가해 원하는 모양으로 만들 수 있는 합성수지들이 속속 발명되자 이것들을 통칭하여 '플라스틱'이라고 부르게 되었다. 모양 내기 알맞다는 뜻의 그리스어 플라스티코스plastikos를 변형시킨 말이다. 일본인들은 처음 이를 '화학도기'로 번역했다가 1930년대 후반부터 '인조수지' 또는 '합성수지'라고 불렀다. 1937년 중일전쟁을 도발한 일본은 동철銅鐵의 대용품으로 플라스틱 제품 생산을 독려했다. 한반도에도 이 무렵에 플라스틱 제품들이 들어왔다. 하지만 한국인들은 해방 이후에야 플라스틱이라는 단어를 접했다. 1948년 3월, 미국에서 발행된 『국민보』는 하와이에 거주하는 김찬제가 플라스틱으로 일광욕복을 만들어 미국 정부에 특허를 출원했다고 보도했다.

1947년, 일제강점기에 화장품 유통업으로 재산을 축적한 구인회具仁會가 부산에 락희화학공업사樂喜化學工業社라는 화장품 제조 회사를 설립했다. 즐겁고 기쁘다는 뜻의 락희樂喜는 영단어 럭키 lucky의 음차音借였다. 시장에서 일제 화장품이 사실상 자취를 감춘 뒤라서 생산품은 날개 돋친 듯 팔렸다. 용기가 부족해 생산량을 조절해야 할 정도였다. 유리나 도자기제보다 값싸고 대량생산할 수 있는 소재가 필요했다. 전쟁 중이던 1952년 9월, 구인회는 화장품으로 벌어들인 3억 환을 플라스틱 제조 사업에 전액 투자했다. 생산된 플라스틱 제품은 제조원가의 20~30배 가격으로 팔려 나갔다. 이 덕에 락희화학은 1955년 자본금 기준 국내 4위 기업으로 급성장했다.

1950년대 중반부터는 국내에서 발행되는 신문 지면에도 합성수

1947년 락희화학이 제조 판매한 화장품 '럭키 크림' 제품은 선풍적인 인기를 끌었으나, 용기 뚜껑이 자주 깨지는 게 큰 문제였다. 1952년, 락희화학은 화장품 용기 뚜껑을 자급하기 위해 '플라스틱 제조'에 뛰어들었다. 이후 플라스틱은 세상 만물의 소재를 바꾸었고, 오늘날에는 세상을 해치는 대표적 물건이 되었다. 출처: LG케미토피아

지나 인조수지 대신 '플라스틱'이라는 단어가 쓰이기 시작했다. 이 무렵 플라스틱은 '목재나 벽돌보다 값싸고 모양 나는' 신소재로 소개되었고, 1950년대 말부터는 플라스틱 공업 육성이 나라의 '후진성'을 극복하는 길이라는 담론이 유포되었다. 당시만 해도 플라스틱은 건축, 기계 기구, 직물과 의류, 의료품, 농기구 등 거의 모든 산업 부문에 활용될 가능성이 큰 '미래의 신소재'였다.

그로부터 60여 년 만에 한국인의 일상생활 공간은 플라스틱제 물건으로 가득 찼다. 장난감, 학용품, 사무용품, 주방용품, 전자제품 등 현대인의 생활필수품 중에 플라스틱이 들어가지 않은 물건은 거의 없을 정도다. 근래에는 플라스틱 제품에 들어 있는 '환경 호르몬'이 건강을 해친다는 것이 상식으로 자리 잡았지만, 플라스틱은 주사기 등의 의료용품에도 보편적으로 들어간다.

플라스틱은 세상에 모습을 드러낸 지 한 세기 만에 지구 전역을

뒤덮었다. 목재는 소비자가 직접 재가공할 수 있었고 철재는 자체로
가치가 있었으나, 플라스틱 폐기물은 '깨진 그릇'과 마찬가지였다.
화학도기나 일반 도자기나 일단 깨지면 더 쓸모가 없었다. 게다가
플라스틱 폐기물은 '깨진 그릇'과 달리 자연으로 환원되는 데에 500
년의 시간이 걸린다. 오늘날에는 사용 중인 플라스틱 제품보다 플라
스틱 폐기물이 더 많으며, 이것들은 지구상의 모든 생명체에게 심각
한 위해를 가하고 있다. 인간, 특히 현대인은 자연과 자신을 해치는
물질을 만드는 특이한 동물이며, 플라스틱은 그중 가장 많이 만들어
진 물질이다.

52. 자연을
가두는
감옥

인류 문명의 발상지들은 모두 강변이다. 강이 비옥한 충적토를 제공하여 농사에 유리한 조건을 제공했기 때문만은 아니다. 강은 모순적이고 변덕스러운 자연물이다. 그것은 수로인 동시에 육로를 차단하는 장애물이다. 강은 자연이 만든 경계선이었으며, 인간 집단은 이 선을 기준으로 생활 공간을 설정했다. 오늘날 강은 많은 나라의 국경선이기도 하다. 이 때문에 강은 남의 땅을 빼앗으려는 자들과 자기 땅을 지키려는 자들 사이에 사활을 건 싸움이 일어나는 현장이 되기도 했다.

강은 자기 주변에 사는 사람들에게 기름진 토지와 아름다운 경관을 누리게 하다가도 일순 범람하여 문명의 성과들을 쓸어버리곤 했다. 강은 자기와 주변 땅의 형상을 변화시키며 자기가 죽인 것들을 재생시키고 오염시킨 것들을 정화한다. 강변에 정착한 사람들은 모순적이고 변덕스러운 강의 위협에 대처하기 위한 능력을 키워야 했다. 아놀드 토인비Arnold Joseph Toynbee는 인류 역사가 '도전과 응전'을 통해 발전한다고 주장했거니와, 인간에게 가장 자주, 가장 심각하게 도전해온 자연물은 강이었다.

강의 변덕을 제어하고 위협 요소를 축소하기 위한 인간의 노력은 문명 발생 당초부터 시작되었다. 요순堯舜에 이어 중국 고대 문명사의 여명기를 장식한 우禹는 황하의 물길을 다스린 공로로 임금이 되었다. 그는 강변에 제방을 쌓는 데에서 한 걸음 더 나아가 물길을 여러 갈래로 나누어 농경지에 물을 대는 방법을 창안했다고 한다. 우리나라에도 김제 벽골제, 제천 의림지, 밀양 수산제 등 삼국시대 이전에 축조된 보洑들이 남아 있다. 이 보들은 벼농사의 개시를 알리는 증거물이기도 하다.

한반도에 거주한 사람들이 삼한 시대부터 남방에서 전래한 벼를 주곡으로 선택한 것은 이후 한국 문화 전체에 심대한 영향을 미쳤다. 벼는 강우량이 많고 기온이 높은 아열대 지역에서 잘 자라는 작물이다. 지력地力 회복 기술이 발달한 오늘날 필리핀, 베트남 등 동남아시아 답작畓作 지대에서는 1년에 서너 차례씩 쌀을 수확한다. 그러나 한국의 기후는 벼농사에 적합하지 않았다. 어린 벼가 한창 자라면서 다량의 물을 흡수해야 하는 5~6월에는 대체로 가물었고, 벼가 다 자라 추수를 앞둔 시점에는 태풍이 몰아치기 일쑤였다. 한반도의 농민들은 동남아시아의 농민들보다 논 관리에 훨씬 많은 노동력을 투입해야 했다. 논 관리에서 가장 중요한 일이 물 관리였다. 농업용수를 확보하기 위해 강 상류의 물길을 막는 일은 한반도의 답작 지대 농민들에게는 숙명과도 같았다.

보가 벼농사에 필수 시설이었던 만큼 그 건설과 물 이용을 둘러싼 싸움이 빈번했으며, 때로는 역사의 물줄기를 바꾸기도 했다. 1894년 동학혁명운동이 일어난 배경 중 하나는 만석보 건설과 이용료를 둘러싼 분쟁이었다. 1931년 중국 만주의 만보산 일대에서 물 이용을 둘러싸고 일어난 조선인과 중국인 사이의 분쟁은 조선 내의 격렬한 화교 배척 폭동으로 이어졌다. 일제는 이 폭동으로 고조된 조선인들의 반중 정서를 만주 침략에 동원했다. 1920년대 산미증식계획의 일환으로 전개된 보 건설 사업은 수리조합비(물세)를 둘러싼 소작쟁의를 촉발했다.

성지곡댐 등록문화재 제376호. 우리나라 최초의 콘크리트제 중력식 댐이다. 하부에 음수사원飮水思源, 즉 '물을 마시면서 그 근원을 생각하라'는 글귀가 쓰여 있고, 정초석에는 융희隆熙 3년이라는 대한제국 연호가 새겨졌다. 애초 식수용으로 건설되었으나, 나중에는 산업용수도 공급했다. 인류 문명사는 치수로부터 시작했다고 해도 지나치지 않지만, 자연은 수시로 인간의 과신을 비웃었다. 출처: 문화재청

영단어 댐dam을 영어사전에서 찾아보면 '댐'이라고 나온다. 국어사전은 '댐'을 '발전發電·수리水利 따위의 목적으로 강이나 바닷물을 막아두기 위하여 쌓은 둑'으로 정의한다. 댐을 '보洑'로 번역하지 않은 이유는 알 수 없다. '보'가 '논에 물을 대기 위한 수리 시설의 하나로서 둑을 쌓아 흐르는 냇물을 막고 그 물을 담아두는 곳'이라면, 댐과 다른 점은 규모와 위치 정도일 것이다. 법률적으로는 높이 15미터 이상의 물막이 시설을 댐이라고 하지만, 둘 사이의 차이가 명료하지 않기에 오늘날에는 저수지에 쌓은 보도 흔히 댐으로 통칭된다. 보와 댐을 구별하는 문제가 사람들의 관심사로 떠오른 것은 이명박 정권 때의 이른바 '4대강 사업' 과정에서였다. 정부는 강물의 흐름을 막는 수중 시설물을 굳이 '보'라고 불렀고, 환경단체들은 쓸모없이 자연만 파괴하는 '댐'이라고 규정했다.

기존의 보와 형태상, 재료상, 용도상으로 구분되며 '댐'으로 명명

된 우리나라 최초의 시설물은 1909년에 건설된 동래 성지곡댐이다. 이는 농업용수가 아니라 식수를 모아두기 위한 것이었다. 1928년에는 물길을 바꿔 전기를 생산할 목적의 댐이 압록강 지류인 부전강에 건설되었다. 이후 한강 상류에도 화천댐(1944년 완공), 청평댐(1944년 완공), 의암댐(1967년 완공) 등 수력 발전용 댐이 속속 건설되었다. 1973년에는 수력 발전, 산업용수 공급, 홍수 예방 등 다목적 용도를 가진 다목적댐으로 소양강댐이 준공되었다.

조선시대 서울의 절경을 노래한 '한도십영'漢都十詠 중 하나로 '마포범주'麻浦泛舟가 있다. 서해안을 따라 북상한 배들은 수백 석의 쌀이나 그에 상당하는 물건을 실었는데, 이 무거운 배를 몰고 강을 거슬러 오르는 건 보통 일이 아니었다. 뱃사람들에게는 다행스럽게도 한반도 서해안 조수간만의 차는 10미터가 넘었다. 세곡선과 상선들은 강화도 앞바다에 정박했다가 만조가 되면 일제히 닻을 올리고 역류하는 바닷물의 힘을 빌려 소항遡航했다. 석양 무렵이 만조일 경우 서쪽에서 수십 척의 돛단배가 한꺼번에 몰려오는 걸 보면 누구라도 장관이라 여겼을 것이다. 1980년대 초까지 한강 하류부에는 바닷물이 들락거리면서 강바닥의 더러운 흙을 바다로 옮겨갔다.

1981년, 88 서울 올림픽 유치가 확정된 뒤 정부는 북한군 특수부대가 한강 하구로 침투하여 잠실 올림픽 경기장을 공격할 가능성에 대비하기 위해 신곡 수중보를 만들었다. 북한군의 침투 가능성이 상존한다고 하더라도 지금은 초음파나 레이저 등 다른 방법으로 얼마든지 탐지, 저지할 수 있다. 하지만 이런 인공 시설에도 기득권이 붙기 마련이다. 신곡 수중보를 철거하여 한강과 바다의 통합성을 회복하자는 주장은 오래전부터 계속 제기되었는데, 이에 대해서는 염분 때문에 주변 농업에 피해가 생긴다거나, 한강 수위가 낮아져 심각한 문제가 발생한다거나, 북한군을 이롭게 하는 행위라거나 하는 등의 반론도 만만치 않다.

강은 물만 흐르는 자연물이 아니다. 바닥의 흙과 모래, 자갈이 함께 흘러야 온전한 강이다. 댐과 보로 막힌 강은 물은 흐르나 바닥의 흙과 모래, 자갈은 흐르지 못하며, 흐르지 못하면 무엇이든 썩게 마련이다. 한강 바닥의 썩은 흙을 퍼 올리는 데에만 매년 40억 원씩이 들어가는 형편이다. 사람은 산수山水를 닮는다는데, 바닥은 썩게 만들어 놓고 물 위의 녹조만 걷어내는 짓을 언제까지 계속할 것인가? 본바탕은 썩었으면서 겉만 번지르르하게 꾸민 모습이 현대 한국인의 자화상으로 기억되게 해서는 안 될 터이다.

터널

53. 자연에
    뚫은
    구멍

"아리랑 아리랑 아리리요, 아리랑 고개를 넘어간다." "문경
새재는 웬 고갠고. 굽이야 굽이굽이가 눈물이로구나." 길은 물을 만
나면 끊어지고 산을 만나면 굽어진다. 인간의 평균적 신체를 기준으
로 산을 넘는 데에 드는 시간과 체력 사이의 타협선에 만들어진 길
이 고갯길이다. 조선시대 경상도 양산이나 합천 사람들은 조세곡을
어떻게 서울까지 운반했을까? 왜구의 약탈 위험 때문에 동남해안
의 뱃길은 이용할 수 없었고, 배에 세곡을 가득 싣고 낙동강을 거슬
러 오르는 것도 불가능했다. 육로로 옮기는 수밖에 없었는데, 험한
산길이 많아 수레는 무용지물이었다. 수백 명이 일단을 이루어 각자
지게에 쌀 한 가마니씩 싣고 걷는 것이 사실상 유일한 운송법이었
다. 1903년 프랑스인 에밀 부르다레Émile Bourdaret가 측정한 한국 남
성의 평균 신장은 162센티미터 정도였으니, 평균 체중은 아마 55kg
내외였을 것이다. 지게 무게까지 합해 자기 몸무게의 두 배 가까이
되는 짐을 지고 문경 새재를 걸어서 넘다 보면, 굽이마다 눈물이 날
수밖에 없었다. 한국인의 정서를 대표하는 민요 〈아리랑〉에서 아리
랑 고개가 아리고 쓰린 심정의 환유인 것도, 감당하기 어려우면서도
피할 수 없는 것이 고개 넘는 고통이었기 때문일 것이다.

고갯길을 넘지 않고 바로 산을 통과할 수 있게 해준 게 터널이다.
터널의 역사는 구석기시대 사람들이 동굴 벽을 파냈을 때부터 시작

우리나라 최초의 교통용 터널인 아현터널 교통용 터널 덕에 인간은 고갯길을 오르내리는 수고를 면할 수 있었다. 하지만 이 시설은 산과 인간의 오랜 관계를 변화시켰고, 유서 깊은 길들을 소멸시켰다. 출처: 국토교통부

되었는데, 이후 인간은 금·은·동·철 등의 광물을 캐내기 위해, 적의 성벽을 통과하기 위해, 도시의 생활 하수를 성 밖으로 내보내기 위해, 수많은 터널을 팠다. 터널은 한자어로 수도隧道라고 했는데, 조선 시대에는 묘도墓道, 즉 무덤의 배수로와 비슷한 뜻으로 썼다. 한국인들 사이에서 수도 대신 터널이라는 영어가 일반화한 것은 1910년대 중반 이후의 일이다. 당연한 일이지만, 터널이라는 말은 미주 한인들이 가장 먼저 사용했다. 1910년 5월 하와이에서 발행된 『신한국보』는 터널을 '산을 뚫은 굴'로 정의했다.

최단 거리의 평탄한 육로를 만들기 위한 터널은 철도 교통이 개시된 뒤에 출현했다. 우리나라 최초의 터널은 1904년에 개통된 경의선 아현터널이다. 그 직후 의영터널도 개통되었는데, 두 터널은 서울역에서 신촌역 사이에 인접해 있다. 한반도에 산이 많았기 때문에, 철도 공사는 터널 굴착 공사와 병행되었다. 러일전쟁 발발 직후 일본

군은 임시군용철도감부를 만들어 일본인의 경부철도주식회사로부터 경부선 부설권을 매입하고 대한제국 궁내부의 서북철도국으로부터 경의선 부설권을 빼앗았다. 일본군은 병력과 군수품을 만주의 전장까지 기차로 운반하려는 단기 목표를 세우고 공사를 서둘렀다. 공사장 인근의 수많은 한국인이 강제로 동원되어 총검의 위협과 채찍질 아래에서 중노동에 시달렸다. 그 결과 경의철도는 연장延長 대비 최단 시간에 완공된 노선으로 당시의 기네스북에 등재되었다. 기네스북에 등재되지는 않았으나 당시 경부-경의 철도가 세계 기록을 세운 것이 또 있었으니, 바로 터널이었다. 경부철도에는 435킬로미터에 27개, 경의철도에는 500킬로미터에 20개의 터널이 있었다. 터널 수는 철도 노선의 신설, 개량, 복선화 공사가 진행됨에 따라 계속 늘어났다.

터널은 철도 운송에 필수였지만, 살인 시설이기도 했다. 러일전쟁 직후 터널 공사 과정에서 얼마나 많은 사람이 목숨을 잃었는지는 알 수 없다. 일제강점기 내내 터널 공사 중 다이너마이트 폭발이나 붕괴로 인한 사망 사고는 끊이지 않았다. 사람이 기차용 최단 거리 통행로를 이용하다가 참변을 겪는 일도 흔했다. 1970년대까지도 터널 안에서 놀다가 레일에 신발이 끼인 아이, 소달구지를 끌고 터널을 통과하던 농부, 진짜 '치킨 게임'을 하던 청년들이 기차에 치여 죽었다는 소식은 신문에 종종 보도되었다. 한국전쟁 중에는 터널이 양측 군인들의 민간인 학살 장소로 사용되기도 했다.

이 땅에 철도 레일이 없는 도로 터널은 1932년에 처음 생겼다. 이해 경남 통영에서 태합굴太閤堀이라는 이름의 터널이 개통했는데, 이는 동양 최초의 해저 터널이기도 했다. 태합太閤은 도요토미 히데요시가 자기에게 붙였던 존칭으로, 당시 일본인들은 도요토미의 조선 출병, 즉 임진왜란을 기념하는 의미에서 이런 이름을 붙였다. 현재의 문화재 명칭은 '통영해저터널'이다. 노선 변경으로 폐지된 철도 터널을 도로용으로 전용한 예가 몇 있기는 하나, 일제강점기에 도로용으로 개착된 터널은 이것이 유일했다. 일본 패망 직전 부산과 대전에서 방공호 겸 도로용 터널 공사가 시작되었으나, 공사가 본격화하기 전에 전쟁이 끝났다. 대전과 금산을 잇는 추부터널은 1959년, 부산 영주동 터널은 1961년에야 개통되었다.

중일전쟁 발발 2년 뒤이자 태평양전쟁 발발 2년 전인 1939년, 조선총독부는 '경성 방공防空 도시계획'에 임정林町(현 중구 산림동)에서 일본군 사령부 연병장까지 남산을 관통하는 터널을 뚫어 자동차 도로 겸 방공호로 사용한다는 구상을 담았다. 하지만 재원과 자재가 부족했던 데다가 조선신궁 밑으로 길을 내는 것은 '신역神域의 존엄을 모독하는 일'이라는 일본인들의 반대 여론 때문에 착수조차 하지 못했다. 남산에 터널을 뚫어 전시 방공호 겸 평시 자동차 도로로 삼는다는 계획은 1978년에야 남산1~3호터널로 실현되었다.

우리나라에서 도로용 터널 건설은 1967년 서울 사직터널이 준공된 이후 본격화했다. 이듬해 경부고속도로 건설이 시작되면서 다시금 전국의 산에 터널이 뚫렸다. 1974년 서울 지하철 1호선 개통을 시작으로 각 도시에 건설된 지하철도망도 터널에 해당한다. 이후 터널 굴착용 기계, 터널 내 통신 기술, 터널 조명 기술 등이 계속 발전함으로써 근래에는 길이 10킬로미터가 넘는 터널까지 생겼다. 현재 대한민국에서 가장 긴 터널은 2017년에 개통된 인제-양양 터널로 길이가 11킬로미터에 달한다. 세계에서 열한 번째로 긴 터널이기도 하다. 우리나라에서 가장 높은 곳에 뚫린 터널은 해발 1,263미터 고지에서 태백과 정선을 잇는 두문동재터널이다. 국토교통부 통계에 따르면 2020년 현재 한국의 터널은 2,742개, 총연장은 2,157킬로미터에 달한다. 2016년에 2,189개였던 것에 비하면 4년간 무려 553개가 늘어난 것이다.

오늘날 고갯길을 걸어서 넘는 것은 사서 고생하려는 등산객들이나 하는 일이다. 터널이 뚫릴 때마다 유서 깊은 고갯길들이 폐도가되거나 '추억의 길'로만 남는다. 속도와 편의를 중시하는 문화에서터널이 늘어나는 것은 당연한 현상이다. 하지만 인간이 자연에 뚫은구멍인 터널은, 인간을 역사와 단절시키는 시설이기도 하다.

지적도

54.　정밀한
　　　권력
　　　분포도

"잃어버린 강아지를 찾습니다. 찾아주신 분에게는 후사하겠습니다." 주택가 골목길을 걷노라면, 담벼락이나 전봇대에 이런 문구가 쓰인 종이가 붙어 있는 걸 흔히 보게 된다. 큰길 교차로 주변에는 간혹 "교통사고 목격자를 찾습니다"라는 문구가 쓰인 현수막이 걸린다. 보통사람이 도시 공간 안에 메시지를 새겨 많은 사람에게 전달하는 방법은 이것밖에 없다. 홍보에 적지 않은 돈을 쓸 수 있는 땡처리 전문 업체들은 행사장 인근에 수천 장의 벽보를 붙이기도 하는데, 이런 것들을 훼손해도 처벌받지는 않는다. 반면 선거관리위원회가 부착하는 선거 벽보는 개인 집 담벼락에 붙어도 집주인 마음대로 뗄 수 없다.

도시 공간에 종이 한 장, 현수막 한 개 붙이는 일도 돈과 권력이 좌우한다. 그러니 길을 내거나 건물을 짓거나 조형물을 세우는 일은 말할 나위도 없다. 수십, 수백 평의 땅을 가진 사람은 자기가 원하는 모양의 집이나 빌딩을 지을 수 있고, 수천, 수만 평의 땅을 가진 사람은 건물군이나 리조트를 세워 제 맘대로 이름 붙일 수 있다. 그러나 한 평도 못 가진 사람은 지표 위에 아무런 흔적도 남길 수 없다.

민주주의 체제에서 정치적 주권은 모두가 평등하게 나눠 갖지만, 땅에 대한 주권은 평등하게 분배되지 않는다. 인류는 먼 옛날부터 집단 또는 개인 단위로 남보다 더 많은 땅을 차지하기 위해 다퉜고,

311

그 결과들이 불평등한 토지 소유권으로 나타났다. 사람들은 땅 위에 자연이 그은 선과는 별도로 인위적 선을 그어 나눠 가졌다. 아주 넓은 땅을 가진 사람이 있었던 반면 좁은 땅을 가진 사람도 있었고, 아예 땅을 갖지 못한 사람도 많았다. '세력이 있는 집은 전답田畓이 동서남북으로 연결되어 있으면서도 역역役에 응하는 자가 하나도 없고, 가난하고 미천한 백성은 송곳 하나 꽂을 땅도 없으면서 온갖 침탈을 다 당한다'라는 말은 언제 어디에서나 진실이었다.

오늘날에는 인간이 선을 그어 나눠 가진 땅의 단위를 필지筆地라고 하는데, 글자 그대로 풀면 '붓으로 그린 땅'이라는 뜻이니, 본질을 이보다 잘 드러내는 표현도 찾기 어려울 것이다. 그런데 '필지'는 일본인들이 조선토지조사사업을 추진할 때 도입된 단어다. 조선시대에도 경작지 측량과 경작지 대장이 있었고, 각 개인이나 집안이 차지한 규모가 다른 전답들이 있었다. 경작지 측량을 양전量田, 경작지 대장을 양안量案 또는 전적田籍이라고 했으며, 갑을병정甲乙丙丁 순으로 번호를 매긴 단위 경작지를 자정字丁이라고 했다. 하지만 측량은 눈대중으로 어림하는 목측目測이었고, 경작지 모양도 대충 그렸다. 경작지가 아닌 땅은 측량 대상이 아니었다. 당대인들 생각에, 조세를 징수할 수 없는 땅을 측량하는 것은 행정력 낭비였다. 게다가 이런 측량도 제때 하지 못했다. 조선의 법은 20년마다 한 번씩 전국의 경지를 조사하게 했으나, 1719~1720년의 '삼남三南 양전'을 마지막으로 대규모 양전은 시행되지 않았다. 그렇다 보니 양안에 기록된 내용과 실제 경작지 상황이 맞지 않아 지방 수령과 아전들이 농간을 부릴 여지가 생겼고 국가 세수는 줄어들었다. 이른바 삼정문란三政紊亂 중 하나인 전정田政 문란의 근저에는 양안의 오류가 있었고, 조선 후기 폐정弊政 개혁론의 중심에는 양전이 있었다.

우리나라에서는 갑오개혁 때부터 '지적'地籍이라는 말이 호적戶籍

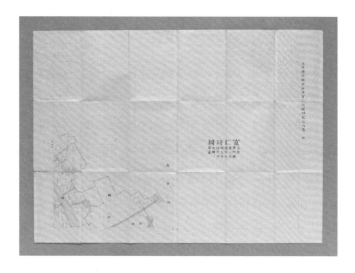

1908년 한성부 지적도 1906년 '토지가옥증명규칙' 제정 이후 작성된 지적도로 현재의
서울 종로구 인사동과 낙원동 일대의 필지가 표시되어 있다. 지적도는 공간에 대한 사
람들 사이의 권력관계를 직관적으로 드러내는 지도이다. 출처: 서울역사박물관

에 상당하는 개념으로 사용되기 시작했다. 1895년 3월 칙령 제53호
로 제정, 공포된 '내부관제'는 판적국版籍局에서 '지적에 관한 사무'를
담당하도록 했다. 호적이 호구戶口, 즉 사람에 관한 정보를 담은 문서
철이라면 지적은 땅에 관한 정보를 담은 문서철이다. 지적이라는 말
을 사용한 것은 정부의 땅에 관한 관심이 전답에서 국토 전체로 확
장되었음을 의미한다. 대한제국 선포 이듬해인 1898년부터 전국에
걸쳐 양전 사업과 지계地契 사업이 진행되었다. 지계 사업이란 땅 주
인들에게 소유권 증명서를 발급해주는 사업을 말한다. 이때의 양전
은 근대적 측량 기계를 사용하여 진행되었으며, 사업 개시를 전후하
여 공사립 학교들에 측량과가 생겼다. 측량 결과 일부 지역의 지적
도가 만들어졌으나, 사업은 완결되지 못했다.

　일본이 한국을 강점하기 직전인 1910년 3월, 토지조사사업이 시
작되었다. 조선총독부가 명시한 사업의 이유는 '지적을 명확히 하고

소유권을 확인하여 토지의 개량 및 이용을 편하게 함으로써 각 개인의 부력富力을 증진하는 한편, 각지各地의 지위地位 등급을 식별 사정査定하여 지세地稅 부담의 공평을 도모하는 것'이었다. 조사의 방법은 (1)구역 명칭 확정, (2)소유지 신고, (3)개황도 작성, (4)지목地目 결정, 지적도 작성, (5)지번 부여, (6)소유자 확정, 토지대장 제작, (7)지세액地稅額 결정, (8)소유권 등기登記 순이었다. 임야를 제외한 전국의 지적이 다 표시된 지도는 1917년 말에, 임야를 포함한 지적도는 1934년에 완성되었다. 지적도에는 지번, 지목, 면적, 경계, 인접지에 관한 정보가, 토지 대장에는 소유자의 이름, 토지의 등급과 지가地價가 기록되었다.

10년이면 강산도 변한다는데 지적이 한결같을 수는 없었다. 세월이 흐르면 소유권 변동, 필지의 분할 및 합병, 지목 변경, 도로 건설 등으로 인한 지형과 경계 변동 등이 생기기 마련이다. 변동이 생길 때마다 필지별 지적도는 다시 그려야 했다. 때로는 광역 지적도를 새로 만들기도 했다. 하지만 토지조사사업과 임야조사사업 이후 전국 단위 지적도 제작은 이뤄지지 않았다. 대한민국 정부는 1997년부터 전국 3,400만 필지의 지적도를 전면 재작성하려는 계획을 세웠으나, 공교롭게 외환위기가 닥침으로써 실현하지 못했다. 2000년부터는 지적도를 디지털화하는 사업이 진행 중인데, 언제 끝날지는 알 수 없다.

땅 소유권을 확보, 확대하려는 것은 통시대적이고 보편적인 인간의 욕망이다. 지적도는 '땅에 대한 주권'을 표시하는 지도다. 넓은 필지를 가진 자와 좁은 필지를 가진 자, 여러 필지를 가진 자와 한 필지도 못 가진 자의 차이는 지적도에 가감 없이 표시된다. '땅에 대한 주권'은 넓이와 가격에 따른 '차별적 주권'으로서, 형식상 1인 1표씩 나눠 갖는 정치적 주권보다 훨씬 강력하고 실질적이다. 그런 점에서 지적도는 실체에 가장 근접한 권력 분포도이다.

55.   공유하는
       미래상

1492년, 크리스토퍼 콜럼버스 일행을 태운 산타마리아호는 땅끝에서 출발해 망망대해를 지나 또 다른 땅끝에 도착했다. 1543년, 니콜라우스 코페르니쿠스는 하늘이 아니라 땅이 돈다는 증거를 제시했다. 하늘과 땅의 형상에 관한 인류의 오랜 믿음이 깨지기 시작했다. 그때까지 천원지방天圓地方, 즉 하늘은 둥글고 땅은 네모나다라는 관념은 인류에게 보편적이었다.

별자리의 원운동은 눈에 보이지만, 땅은 네모로 보이지 않는다. 네모는 인류가 밭갈이를 시작하면서 발명한 도형이다. 인간의 손이 닿지 않은 자연물 중에 정사각형이나 직사각형은 없다. 그래서 네모는 땅의 도형인 동시에 인간의 도형이었다. 네모의 발명으로 인간의 설계 능력은 비약적으로 커졌다. 인간은 네모를 일차적으로 경작지에 적용했다. 직선으로 오가며 땅을 갈다 보면 경지는 자연스레 네모 형상이 되었다. 네모난 경지는 각자가 일할 구간을 나누는 데에도, 나아가 후손들에게 땅을 나누어 주는 데에도 편리했다. 사각형은 면적 계산이 가장 쉬운 도형이다.

다음 차례는 집의 평면이었다. 청동기시대까지도 사람들의 집은 대개 타원형이나 부정형不定形이었지만, 이윽고 사각형으로 통일되었다. 하지만 집의 형상은 집 짓는 이의 머릿속에 있었고, 평면도는 땅에 직접 그렸다. 설계도를 미리 그리는 경우는 매우 드물었다. 우

대한의원 탑 상세도(1907) 우리나라에서 가장 오래된 설계도 청사진이다. 청사진은 문서와 도화를 모두 복사할 수 있었지만, 주로 설계도 복사에 이용되었기에 설계도와 같은 뜻처럼 되었다. 청사진이 '미래에 대한 꿈과 희망'이라는 뜻이 된 것도 이 때문이다. 사람들이 미래에 대한 구체적 상상을 공유할 수 있게 된 데에는 청사진의 공도 컸다. 출처: 국가기록원

리나라의 경우 1860년대에 중건한 경복궁조차 설계도가 없다. 한 장의 설계도만으로는 공사를 나누어 진행할 수 없었고, 똑같은 설계도를 여러 장 그리기도 어려웠으며, 설계도의 수명이 대체로 공사 기간보다 짧았기 때문이다. 공사 기간이 100년을 넘는 건축물들의 경우 착공 당시 설계자의 머릿속에 있던 모습과 완공된 모습이 같을 수 없었다. 이런 건축물들은 여러 사람이 서로 다른 시간대에 구상한 설계안들의 총합체였다.

1842년, 영국의 존 허셜John F. W. Herschel이 청사진 제작법을 발명했다. 시약을 바른 흰 종이 위에 설계도가 그려진 반투명한 종이를

덮은 뒤 빛에 노출시켰다가 적혈염(황산 제일철에 사이아나이드칼륨을 더하여 가열해서 얻는 노란색 결정) 수용액으로 씻으면 검은 선이 그려진 부위는 흰색이 되고 나머지 부위는 청색이 되는 도면 복사법이다. 이 기술 덕에 한 장의 설계도를 여러 장으로 만들 수 있었고, 설계도의 수명도 엄청나게 늘어났다. 청사진은 여러 사람이 같은 설계도를 공유할 수 있게 해주었다. 건축 공사를 부분별, 분야별로 나누어 진행할 수 있게 된 데에는 청사진의 공이 컸다.

우리나라에서는 1906년 탁지부 건축소에 청사진실이 만들어진 이후부터 청사진이 제작되었다. 현존 건축물의 청사진으로 가장 오래된 것은 1907년에 착공된 대한의원 설계도이다. 이후 대형 건물을 지을 때는 거의 빠짐없이 청사진이 제작되었다. 설계도를 기초로 한 건축 행위가 일반화한 1920년대에는 민간 '청사진 공장'들도 생겼다. 청사진은 소량의 문서를 복사하는 데에도 이용되었다. 1920년대 경성 전차 안에는 승객들의 주의를 촉구하는 공고문이 붙었는데, 청사진으로 복사한 것이었다.

청사진이라는 단어는 1950년대 중반 무렵 '건축 설계도의 복사본'이라는 뜻을 넘어 '미래에 대한 구체적 계획과 실현 방안'이라는 뜻의 관용어로 정착했다. 청사진은 1980년대 중반 이후 건축 설계용 컴퓨터 프로그램과 대형 출력기가 보급됨에 따라 급속히 소멸했지만, 아직도 신문과 방송 등에서는 이 말을 자주 쓴다. 개혁의 청사진, 장밋빛 청사진, 도시 개발 청사진, 경제 발전 청사진 등. 하지만 수많은 정치적 수사에 포함되었던 청사진 중 그대로 실현된 것은 별로 없다. 실체는 소멸했는데 말만 남았기 때문일까? 요즘에는 청사진이라는 말의 뜻이 '실현 불가능한 꿈'으로 바뀐 듯하다.

56.   세계를
        덮은
        물질

조선이 점차 개발됨에 따라 근래 '세멘토'의 수용이 더욱 증
가하여 1년간 이입량이 약 2천만 통에 달하고 (…) 조선인들
은 이를 대개 분묘에 이용하는데 일반 조선인이 장래에 이
세멘토를 사용하게 되면 그 수용은 막대히 증대하리라더라.
— 『매일신보』 1915년 8월 25일자

시멘트는 '부순 돌'이라는 뜻의 라틴어 caementum에서 유래한
말로, 본래 건축용 접착제 일반을 뜻했다. 인류는 신석기시대부터
접착제를 써서 건축물을 만들었으며, 이집트의 피라미드에도 석고
와 모래를 섞은 접착제가 사용되었다. 가장 오랫동안 널리 사용된
것은 석회인데, 주된 건축 재료가 흙과 나무였던 우리나라에서도 석
회는 필수적이었다. 오늘날 일반적으로 시멘트라 부르는 것은 1824
년 영국에서 '발명'된 포틀랜드 시멘트로서, 석회석에 점토 등을 섞
어 구운 이 물질을 물과 섞어 굳히면 포틀랜드산 석재와 비슷한 색
깔이 났기에 이런 이름이 붙었다.

우리나라에 포틀랜드 시멘트가 언제 처음 도입되었는지 단정하기
는 어렵지만, 서양식 건축물이 들어서고 철도 부설 공사가 진행되던
19세기 말에는 흔히 사용되었으리라고 추정된다. 1897년에 착공된
한강철교에는 시멘트 5,000포대가 투입되었으며, 1900년에 개시된

(京 134)　THE SHIM-BRIDGE AND KOKWAMON CITY　京城光化門前通新橋　（所名鮮朝）

광화문 앞 신교의 모습을 담은 사진엽서 이 다리는 1908년 철근 콘크리트를 사용하여 개축되었다. 100년 전만 해도 이 땅에 시멘트나 철근 콘크리트를 사용한 건조물은 거의 없었다. 그러나 오늘날에는 시멘트를 전혀 사용하지 않은 건조물은 없다고 해도 무방하다. 철근과 시멘트를 사용한 건물들의 수명이 나무와 흙을 사용한 건물보다 짧은 것도 희한한 일이다. 온 세상을 시멘트로 처바르는 것이 현대인의 보편적 욕망인지도 모른다.

덕수궁 석조전 공사에는 1867년 프랑스에서 처음 개발된 철근 콘크리트가 사용되었다. 1908년에는 목교木橋였던 황토현 신교新橋(현재 일민미술관 앞에 있던 다리로 1901년에 준공되었다)가 철근 콘크리트를 사용하여 개축되었고, 식민지화 이후 광교廣橋를 확장할 때도 교량 양편을 철근 콘크리트로 보강했다. 1917년 한강인도교 건설에도 시멘트가 주재료로 사용됐고, 1918년에는 철근 콘크리트만으로 청계천 관수교가 신축되었다. 당시만 해도 시멘트나 콘크리트라는 말을 이해하는 사람이 거의 없었기에, 『매일신보』는 친절하게 그 정의를 알려주고 공법을 설명했다.

　　철근 콘크리트라는 것은 속에다 철장대를 집어넣고 양회로 굳히는 것이라 (…) 이 방법으로 놓은 다리는 돌다리보다 튼튼한 것이요, 그리고 이 다리를 놓기에 제일 힘 들인 곳은 다

리발 세우는 공사였소. 처음에 개천 바닥을 깊이 파고 생바
닥이 나온 뒤에 세 칸 길이씩 되는 통나무 방천을 수백 개
내리 박아서 바닥을 굳히고 그 위에다가는 돌을 깔아 다졌
으며 그 위에 양회(시멘트)를 깔고 또 한층 그 위에다 철근 콘
크리트를, 뒤에 역시 철근 콘크리트로 다리발을 세웠으므
로 아주 튼튼할 것은 물론이오 또 다리 바닥도 처음에 철근
콘크리트를 석 자 두께나 되게 깔아 바닥을 아주 굳히고 그
다음에 황토를 깔았으며 그 위에 돌을 붓고 또 흙을 깔고 또
돌을 깔아 지금 증기차로 고르는 중인 즉 경성 안 다리 중에
서는 제일 완전한 다리라 하겠습니다.

— 『매일신보』 1918년 3월 30일자

도시의 도로가 보도와 차도로 구분되기 시작한 1920년대 초부터
는 차도의 일부가 시멘트로 포장되었고, 보도와 차도의 경계도 시멘
트로 구분되었다. 광화문통 등 주요 간선도로의 인도에는 시멘트 블
록이 놓였다. 1930년대에는 전차 궤도를 받치는 침목枕木도 시멘트
제로 교체되었다.

한반도에서는 1919년 함경남도 문천군에 건설된 오노다小野田 시
멘트 공장이 가동하면서부터 시멘트 생산이 시작되었다. 이 공장은
당시 전 산업 분야를 통틀어 조선 내 공장 중 최대 규모였다. 이후 벽
돌, 기와 등 시멘트로 만든 건축자재를 생산하는 중소기업도 계속 늘
었다. 근대적 빌딩은 물론, 흙으로 구운 벽돌과 기와, 목재만을 사용
하던 한옥에도 시멘트 구조물이 들어가기 시작했다. 조선 내 시멘트
사용량이 급증하자 1936년에는 황해도 황주와 사리원에 조선시멘트
주식회사와 아사노淺野시멘트주식회사의 공장이 건립되었다. 1942년
에는 오노다 시멘트가 강원도 삼척에 공장을 더 지었다. 하지만 이

들 공장에서 생산된 시멘트 대부분은 한반도에서 사용되지 않았다.

1937년 중일전쟁 발발 이후, 시멘트도 군수물자가 되었다. 조선산 시멘트의 상당 부분이 만주로 운송된 데다가 한반도 내에서 시멘트를 운반할 트럭도 부족했다. 이에 따라 도로, 교량, 관공서, 학교 건설 등 각종 관급 토목공사는 물론, 이미 시멘트에 익숙해진 민간 주택 건설에도 차질이 생겼다. 민가에서는 시멘트로 바른 부뚜막이 깨져도 고칠 수 없는 형편이었다. 1939년부터는 도지사가 발행한 구입증을 가진 기업이나 개인만이 시멘트를 살 수 있었으며, 국민정신총동원조선연맹은 시멘트 사용 금지 운동까지 벌였다.

해방 이후 미국이 시멘트를 원조했으나, 분단된 남한에는 시멘트가 태부족했다. 시멘트를 생산하는 곳은 삼척의 구 오노다 시멘트 공장(동양시멘트의 전신) 하나뿐이었다. 이런 형편에 전후 복구 사업이 제대로 진행될 리 없었다. 사람과 곡괭이가 아무리 많아도, 시멘트 없이는 건물을 새로 짓거나 고칠 수 없었다. 시멘트 수급 사정은 문경에 대규모 시멘트 공장(쌍용양회 문경공장)이 새로 들어선 1957년 이후에야 나아졌다.

시멘트 산업은 1960~1970년대 압축 성장 과정에서 견인차 구실을 했다. 도로, 교량, 아파트, 대형 빌딩 등 모든 건설 사업에 시멘트가 사용되었다. 새마을운동에 '초가집도 없애고 마을 길도 넓히는' 사업이 추가된 것은 생산 과잉으로 고심하던 모 시멘트 회사 사장이자 '권력 실세'였던 사람의 입김이 작용한 결과라는 설도 있다. 사실이든 아니든, 새마을운동을 통해 농촌 마을에도 시멘트가 침투했다. 현대인들, 특히 대도시 주민들은 대부분의 시간을 시멘트가 주성분인 콘크리트 벽체 안에서 보낸다. 건물 밖 대로변을 둘러싸고 있는 것도 역시 콘크리트 덩어리들이다. '사람은 환경을 닮는다'라는 말이 맞다면, 현대인의 의식이 콘크리트화하는 것도 당연한 현상일 터이다.

57. 자연이
     소거된
     강변

"엄마야 누나야 강변 살자. 뜰에는 반짝이는 금모래빛, 뒷문 밖에는 갈잎의 노래…" 한국인라면 모르는 사람이 거의 없을 김소월의 시 「엄마야 누나야」가 묘사한 강변 집 풍경이다. 김소월이 평안북도 사람이고 그가 이 시를 지은 해가 1922년이니, 아마도 그 무렵의 압록강이나 그 지천변의 모습이었을 게다. 그런데 압록강변에만 이렇게 사람의 마음을 흔드는 아름다움이 있었을까?

강은 변덕스러운 자연물이다. 금빛 비늘 같은 햇살을 반사하며 잔잔히 흐르다가도 일순 사나운 물살이 되어 주변 땅을 집어삼키곤 한다. 강변의 한쪽 면을 계속 깎아내어 기암괴석이 모인 장관을 연출하기도 하고, 산 계곡에서부터 고운 흙과 모래를 끊임없이 실어 날라 쌓아 두기도 한다. 그래서 강변 풍경은 하나가 아니었다. 넓은 모래밭이 있었는가 하면, 진흙밭 자갈밭도 있었고, 깎아지른 절벽도 있었다. 이 변덕스러움과 다채로움이 변화를 이해하려는 인간의 지적 욕구를 자극했고, 예술적 감수성을 고조시켰다. 인류의 문명이 모두 강변에서 발생한 것은 우연이 아니다.

서울 한강변의 풍경도 다채로웠다. 큰 돌들이 우뚝우뚝 솟아 있던 입석포立石浦, 광활한 모래밭이 펼쳐져 있던 광나루, 버드나무들이 흐드러졌던 양화진楊花津, 고운 흙이 삼베처럼 깔려 있던 삼개 등. 삼개를 한자로 옮긴 것이 마포麻浦인데, 여기에서 마麻는 삼베의 '삼'이

1950년대의 한강철교 밑 모래밭 강변은 전시에는 방어선, 평상시에는 나루터이자 승경지, 놀이터였다. 하지만 한강변 경관이 단조로워짐으로써 한강유람선을 타는 것은 물색없는 일이 되었다. 흔히 '한강의 기적'이라고들 하지만, 이는 동시에 '한강 착취'이자 '자연 수탈'이었다. 출처:『격동한반도새지평』

고 개는 갯벌의 '개'다. 갯벌은 바닷가뿐 아니라 강가에도 있었다. 물이 불어나면 물에 잠겼다가 물이 빠지면 땅으로 드러나는 곳이 '개'다. 개는 자갈로 덮이기도 하고 진흙으로 덮이기도 하며 모래로 덮이기도 한다.

지금의 한강대교 북단에서 이촌동에 이르는 일대는 한강변 최대의 모래밭이었다. 조선시대에는 이 모래밭이 쓸모없는 상태로 방치되었으나, 1920년대부터 여름이면 강수욕객들로 인산인해를 이루었고, 겨울에는 스케이트 타는 사람들로 북적였다. 1950년대에는 서울에서 가장 가난한 사람들이 이촌동 강변에 수백 채의 판잣집을 짓고 모래와 자갈을 채취해 생계를 이었으나, 모래가 줄지는 않았다. 강물이 상류로부터 운반해 쌓아놓는 모래의 양은 사람들이 삽으로 퍼내는 양보다 많았다.

고대로부터 치수는 모든 국가의 기본 사업이었으나, 조선시대 내

내 한강은 자연 상태로 유지되었다. 치수사업을 벌이기에는 강이 너무 크고 넓었고, 하상계수河狀係數(유량이 가장 적을 때와 가장 많을 때의 비율)도 높았다. 사람들은 한강이 범람해도 피해를 보지 않도록, 강변 가까이에는 집을 짓거나 경작지를 만들지 않았다. 한강변이 변하기 시작한 것은 '세기적 홍수'로 일컬어지는 1925년 을축대홍수 뒤의 일이었다. 이때 용산, 풍납동, 성수동, 이촌동, 망원동 등 한강변 마을 대부분이 엄청난 피해를 입었다. 용산 일대는 물론 도심부까지 물바다로 만든 기록적인 폭우로 상대적으로 높은 곳에 있던 집들까지 물에 잠겼다. 총독부는 또 다른 재난을 예방하기 위해 '한강 개수사업' 계획을 입안, 추진했다. 이 사업의 결과 한강변 일부 구간에 제방이 생겼다. 북쪽 제방 위로는 철도도 놓였다. 하지만 이 제방이 강갯벌을 없애지는 않았다.

1967년 제6대 대통령 선거를 1년 남짓 앞둔 1966년 4월, 대통령 박정희는 당시 부산시장이던 공병장교 출신 김현옥을 서울특별시장으로 임명했다. 한일협정으로 받게 된 청구권 자금 중 일부를 건설 중장비 400대로 받은 직후였다. 박정희는 이 장비들을 김현옥에게 몰아주며 선거 전에 가시적 성과를 내라고 당부했다. 김현옥은 곧바로 '돌격 건설'이라는 공격적 구호를 내걸고 도시 개발 공사에 착수했다. 그는 먼저 세종로에 지하도를 건설했고, 만초천(덩쿨내, 욱천旭川)을 복개했다. 이어 한강변에 새 제방을 쌓고 제방도로를 건설하는 한편, 새 제방과 옛 제방 사이에 생긴 땅을 아파트 단지용으로 매각했다. 물이 얕은 곳은 '공유수면 매립사업' 대상지로 삼아 서울시가 직접 연탄재를 파묻어 육지화하거나 재벌 건설사들에 매립권을 주었다. 이 과정에서 한강변의 다채롭던 경관은 획일화했다. 모래밭, 자갈밭, 진흙밭, 바위더미 가릴 것 없이 모두 사라졌다. 88 서울 올림픽을 앞둔 1982년부터는 서울시 주관으로 '한강종합개발사업'이 시행되었다. 강변을 콘크리트 블록으로 둘러싸고 그 위의 '고수부지'를 체육시설로 만드는 사업이었다. 한강에 유람선을 띄우기 위한 준설과 북한 무장간첩의 침투를 막기 위한 수중보 건설도 함께 진행되었다.

강변 경관뿐 아니라 강바닥도 바뀌었다. 한강 바닥은 오랫동안 골재 채취 지역이었다. 서울과 그 주변에서 벌어지는 토목 건설공사용 모래와 자갈 중 상당량이 한강에서 조달되었다. 골재 채취로 인해 비극적 사건도 자주 발생했다. 내가 중학교 2학년이던 1976년, 같은 반 친구 세 명이 한강에 빠져 목숨을 잃었다. 그때만 해도 한강변에서 노는 아이들이 많았다. 물에 빠져 죽은 친구들도 10년 이상 한강에서 놀았던 경력자들이었다. 그 아이들이 빠져 죽은 날, 학교도 동네도 발칵 뒤집혔다. 매일 놀던 곳에서 세 명이 한꺼번에 익사했으니, 물귀신 소행이라는 둥, 애들에게 뭐가 씌었다는 둥 별별 얘기들이 돌아다녔다. 진상은 금세 밝혀졌다. 그 전날 밤 모래 채취선이 아이들 놀이터의 모래를 퍼가서 그곳 수심이 갑자기 깊어진 탓이었다. 모래 채취선은 그 자리에 '위험' 표시조차 하지 않았다. 당시에는 주권자 의식이 지금 같지 않아 부모들은 어디에도 항의하지 못했다.

1960년대 중반부터 한강은 자연의 지위를 잃어갔다. 강변 풍경은 다채로움을 잃고 콘크리트 호안 블록, 체육공원, 자동차 전용도로, 아파트 단지의 연속으로 획일화했다. 이명박 정권 때의 4대강 사업은 다른 강변들도 한강변과 비슷하게 바꿔 놓았다. 오늘날 한국의 강변은 이젤 앞에 앉아 그림 그리는 사람을 찾아보기 어려운 희한한 강변이다. 이런 곳에서 마음에 아름다움을 담기는 어려울 터이다. 자연이 아름다움을 잃으면, 인간의 마음에서도 아름다움이 사라지기 마련이다.

테트라포드

58. 땅과
    바다의
    경계

인류가 떠돌아다니며 먹을 수 있는 것은 무엇이든 닥치는 대로 먹던 구석기시대부터, 바닷가는 식량을 구하기에 편리한 장소였다. 조개는 동물이지만 사냥이나 낚시가 아니라 채집으로 얻는 식품이다. 인간이 채집해서 먹고 버린 조개껍데기 덩어리, 즉 조개무덤은 우리나라 연안에만 500군데 이상 남아 있다.

인간이 바닷가에서 조개를 채집할 수 있었던 것은 물과 뭍의 경계선이 주기적으로 달라졌기 때문이다. 게다가 그 경계선도 일정하지 않았다. 큰 파도가 몰아치는 때에는 물이 집어삼키는 뭍의 권역이 많이 늘어나곤 했다. 물이 되었다가 뭍이 되었다가 하는 곳을 우리 말로 '개'라고 하며, 뭍인 동안에는 '갯벌'이라고 한다. '개'는 '가이'의 준말이다. 물가, 길가, 바닷가 등의 말에서 알 수 있듯, '가'는 끝, 한자로 극極이라는 뜻이다. 한국인이면 누구나 아는 노래 〈어머님의 마음〉 가사 중에서 '가이없어라'와 '지극하여라', '그지없어라'는 모두 같은 뜻이다. 사극에 종종 등장하는 대사 '성은이 망극罔極하옵니다'의 망극도 '가이없다'는 뜻이다.

바닷가만 개가 아니라 강가도 개였다. 조수 간만의 차 때문에 바닷가가 땅이 되었다 물이 되었다 한 것처럼, 강가도 폭우나 해수 역류 때문에 땅이 되었다 물이 되었다 했다. 물과 땅이 맞닿은 곳은 배가 닿는 곳이기도 하다. 배 닿는 곳을 의미하는 한자는 항港, 포浦,

진津 등이 있는데, 이들 중 '포'는 본래 돛배가 정박할 수 있는 곳을, '진'은 노 젓는 배가 정박하는 곳을, '항'은 여러 척의 배가 동시에 정박할 수 있는 큰 개를 의미했다고 한다. 조선시대 한강변에는 마포, 두모포, 입석포 등의 포와 노량진, 양화진, 동작진 등의 진이 있었다.

물이 되었다 뭍이 되었다 하는 '개'는 채집 활동에는 유리했으나 항해에는 불리했다. 배를 뭍에 대었다 물에 띄웠다 하기 위해서는 물때를 잘 맞춰야 했다. 하지만 큰 파도나 해일 앞에서는 정박한 배도 안전하지 않았다. '바다를 지배하는 자가 세계를 지배한다'는 말이 있는데, 그 첫걸음은 바다의 가장자리, 개를 지배하는 것이었다. 규칙적인 듯하면서도 심하게 변덕스러운 바다의 기세를 꺾으려면 거센 파도가 몰아쳐도 뭍을 안전하게 지킬 수 있는 제방, 즉 방파제 防波堤가 필요했다.

인류가 언제부터 방파제를 쌓기 시작했는지는 정확히 알 수 없으나, 2,000여 년 전 로마제국이 쌓은 방파제가 아직도 남아 있다. 우리 선조들도 삼국시대부터 방파제를 쌓았던 것으로 추정되는데, 고려 말~조선 초에 배로 세곡을 운반하는 조운漕運 제도가 시행되면서 그 수가 크게 늘었다. 우리나라에서 방파제라는 말은 1910년 전후에야 쓰이기 시작했고, 그전에는 해방海防 또는 대방大防이라고 했다. 해방은 바다를 막는 방책防柵, 대방은 큰 방책이라는 뜻이다. 대방은 '악惡과 혼란으로부터 세상을 지키는 큰 도리'라는 뜻이기도 했다.

하지만 아무리 튼튼한 인공 구조물이라도 바다의 거센 힘에 맞서 오래 버틸 수는 없었다. 거대한 바위도 쪼개고 부수는 파도의 힘 앞에서, 방파제는 수시로 무너졌다. 인류의 해상 활동이 급증한 17세기 이후 방파제의 내구성을 높이기 위한 시도가 거듭되었으나 성과는 그리 신통치 않았다. 1949년, 프랑스 네이픽Neyrpic 사가 중심에서 사방으로 뿔이 뻗은 형태인 거대한 콘크리트 구조물 테트라포드

1949년 프랑스 네이픽 사가 개발한 테트라포드 테트라포드는 곧 가장 경제적이고 효율적인 방파제로 인정받았다. 오늘날 인간의 거주지와 가까운 전 세계 바닷가는 거의 빠짐없이 테트라포드로 덮였다. 더불어 바다와 육지를 나누던 '자연의 선'도 '인간의 선'으로 바뀌었다. 출처: 위키피디아

tetrapod를 개발했다. 개당 5톤에서 10톤에 달하는 이 물건은 뭍을 공격하는 바닷물의 힘을 대부분 흡수함으로써 방파제를 보호하거나 스스로 방파제 구실을 했다. 방파제를 수시로 개수改修하는 편보다 테트라포드를 쌓아두는 편이 훨씬 경제적이라는 사실은 곧 입증되었다. 테트라포드는 발명 직후부터 전 세계 바닷가에 쌓이기 시작했다. 우리나라에서는 1974년부터 특허료를 지불하고 이 물건을 생산했다.

오늘날 해수욕장과 어장 주변을 제외한 한반도 남부의 해안선 대부분은 테트라포드에 포위되어 있다. 우리나라에만 테트라포드를 무더기로 쌓아둔 방파제는 무려 4,400여 개에 이른다. 반면 본디 바

다와 육지의 경계부였던 한반도의 갯벌 상당 부분은 숱한 간척 사업으로 사라졌다. 한국의 갯벌은 2021년 유네스코 세계 자연유산 목록에 등재될 정도로 희귀한 자연 요소가 되었다. 테트라포드는 땅과 바다의 경계마저 인공물로 바꾼 물건이다.

59. 현대 건축물의
색채

산기슭에 작은 마을이 있는데, 진흙에 나뭇가지와 풀잎을
섞어 만든 곤충이나 새의 집들이 모여 있는 것처럼 보인다.
그곳에서는 인간 행위의 예리함이 조금도 드러나지 않는다.
지붕과 담장에는 주변 자연경관과 확연히 구별되는 강렬한
색채도, 예각적인 선도 없다. 조선 농민들은 자기 바로 옆에
있는 풀을 뜯어 초가지붕을 만들고 바로 옆에 있는 흙을 긁
어모아 담장을 세워서는 그 안에 들어가 산다.

1943년 경성제국대학 교수 스즈키 에이타로鈴木榮太郎가 쓴 『조선
농촌사회답사기』의 한 구절이다. 일제강점기 절대다수의 일본 지식
인은 한국인들이 염색하지 않은 옷을 입고 색칠하지 않은 집에서 사
는 것은 문명의 혜택을 입지 못했기 때문이라고 생각했다. 그들은
건축물의 선과 색을 통해 인간 스스로 자연과 대립하는 존재임을 표
현하는 것이 문명이라고 보았다. 그들에게 자연과 잘 구별되지 않는
인공물은 '야만'의 증거일 뿐이었다. 이에 대해 한국의 몇몇 지식인
은 한국인이 흰옷을 입는 것은 민족성이 순결하기 때문이며 집에 색
칠하지 않는 것은 '자연미'를 추구하기 때문이라고 반박했다. 하지
만 '자연 그대로'를 야만으로 간주하는 세계관이 지배하던 시대에,
이런 반박은 큰 설득력을 갖지 못했다.

자기 거주 공간에 그림을 그리고 색칠하는 인류 문화는 구석기시대의 동굴벽화로부터 시작되었다. 우리나라 삼국시대 고구려 고분 내벽에도 채색 그림들이 있다. 신라의 솔거가 황룡사 벽에 그린 소나무는 새들도 실물로 착각할 정도였다고 하는데, 이 역시 채색 그림이었을 터이다. 우리의 경우 건물에 채색하는 것을 단청丹靑이라고 했는데, 조선시대 단청은 궁궐이나 사찰 등 특별한 권위를 지닌 건물들에만 입혔고 민간 건축물에는 허용되지 않았다. 글자 그대로 단청의 '단'은 붉은색, '청'은 푸른색이다. 붉은 염료는 주사朱砂로, 푸른 염료는 동록銅綠으로 만들었다. 둘 다 독성이 있는 광물질로서, 단청의 실용적 목적은 건물 안에 벌레가 들어오지 않도록 막는 것이었다. 단색丹色과 청색 외에 백색, 흑색, 금색 등을 사용하는 금단청錦丹靑('쇠 금'이 아니라 '비단 금'이다)의 주 용도는 건물의 미관보다 권위를 표현하는 데에 있었다.

합성수지를 사용한 건물용 페인트는 1820년대에 유럽에서 발명되었다. 이후 합성수지 페인트는 건축 자재의 내구성을 증진하고 미관을 개선하는 물질로서 거의 모든 건축물에 사용되었다. 합성수지 페인트는 서울과 개항장 도시들에 유럽식 건축물이 들어서기 시작한 1880년대부터 우리나라에 도입되었다. 일제강점기에는 관공서와 학교, 교회 건물에 페인트가 흔히 사용되었고, 페인트 수입상도 여럿 생겼다. 이 땅에서 페인트 생산이 언제 시작되었는지는 정확히 알 수 없다. 1912년에 설립된 조선총독부 중앙시험소 응용화학 시험부는 페인트 원료 물질인 보일유boiled oil를 생산하여 1915년 조선물산공진회에 출품했다. 1917년 경성부에는 페인트 생산업체 한 곳이 있어 연간 5,591원어치를 제조했다. 1924년에는 일본 오사카에 본사를 둔 오리엔탈 와니스페인트 주식회사도 조선에 지점을 내고 페인트 생산에 착수했다. 1940년에는 부산에 조선도료유지주식회사

1978년에 준공된 온수 연립주택 빨간색과 파란색 페인트칠한 기와를 번갈아 사용했다.
현대 한국인들은 건물 외벽은 물론, 실내의 문과 문틀, 가구들에도 페인트칠을 한다. 현
대인이 가장 많이 만지는 물질이 페인트라고 해도 지나치지 않을 정도다. 자연경관과
확연히 구별되는 강렬한 색채가 문명의 표상이라면, 현대 문명은 자연에서 확실히 이탈
한 셈이다. 출처: 『79서울』

가 창립되어 페인트를 대량 생산했다. 1935년 3월에는 경성페인트
직공조합이 임금 인상을 요구하며 파업에 돌입했는데, 당시 조합원
이 140여 명이었던 것으로 보아 페인트 수요가 상당히 많았음을 알
수 있다.

　오늘날 한국 건축물들의 선은 자연의 선을 압도할 뿐 아니라 그
색채도 자연의 색과 뚜렷이 대비된다. 일제강점기에는 물론 해방 이
후에도 사람들은 페인트paint를 흔히 일본어투로 '뺑끼'라고 했다.
그 발음이 '속이다'라는 뜻의 영어 feint와 비슷해서였는지, 아니면
페인트칠 자체가 사물의 본색本色을 속이는 행위라고 생각했기 때문
인지, '뺑끼칠하다'라는 말은 '속이다'와 같은 의미로 사용되었다. 건
물에 칠하지 않는 것은 '자연미를 좋아한 한국인의 미의식' 때문이
었다는 사람들의 말이 맞는다면, 현대 한국인은 자연미에서 멀찍이
떨어졌다고 보아야 옳을 것이다.

60.　개발지상주의의
　　　표상

　　　1394년, 전국에서 징발된 11만 8,070명이 50일간의 고역 끝에 한양도성을 쌓았다. 1760년에는 서울 주민 15만여 명과 고용된 장정 5만여 명이 57일간의 공사 끝에 개천을 파냈다. 산을 깎고 바위를 부수며 물길을 바꾸는 토목공사는 문명 발생과 동시에 시작되었지만, 중국에서 만리장성을 쌓기 시작했던 기원전 5세기경이나 서울 개천을 파냈던 서기 18세기나 속도에는 큰 차이가 없었다. 삽, 곡괭이, 망치와 정의 성능은 거의 변화가 없었으며 사용하는 사람의 힘과 숙련도에 따라 효용이 조금 달라졌을 뿐이다.

　　인간의 자연개조 능력을 비약적으로 향상시킨 것은 크고 튼튼한 삽과 곡괭이, 지게 등을 장착하고 어디든지 돌아다니는 건설기계들이었다. 특히 1923년 미국에서 발명된 불도저는 20세기 건설기계의 총아이자 대표 격이었다. 불도저는 내연기관으로 캐터필러(무한궤도)를 돌려 진행하며, 앞쪽에 쟁기plough가 있어 지면의 튀어나온 부분을 깎아 평평하게 만드는 차량이다. 나무를 뿌리째 쓰러뜨리거나 눈을 치우거나 도로에 모래를 까는 등의 작업에도 사용된다. 한반도에 처음 들어온 불도저는 1930년대 말 북한 지역의 군수공장과 철도 건설 현장에 투입된 미국 캐터필러사 제품이었다. 그런데 기밀을 요하는 공사였던 데다가 현장이 오지였기 때문에 그 사실을 아는 사람은 거의 없었다.

해방 후 미군이 몇 대의 불도저를 가지고 한반도에 진주했고, 이 때부터 한국인도 이 기계의 위력에 관한 소문을 듣게 되었다. 사람들은 근처에 불도저가 나타났다는 소식이 들리면 바로 달려가 집채만 한 짐짝을 번쩍 들어 올리거나 웬만한 언덕쯤은 순식간에 깔아뭉개는 모습을 지켜보며 탄성을 지르곤 했다. 하지만 불도저를 실제로 본 사람은 매우 적었다. 한국 정부나 민간 토건 회사에는 미국산 불도저를 수입할 돈이 없었을 뿐 아니라 그럴 의지도 없었다. 휴전 이후 실업자가 넘쳐나는 상황에선 값싼 노동력이 기계의 유력한 경쟁자였다. 1958년에 시작된 청계천 복개 공사장과 이듬해에 시작된 효창운동장 건설 공사장에 2~3대의 불도저가 모습을 드러내기는 했으나 모두 미군 소유였다.

1966년 정부는 한일 국교 정상화에 따른 대일 청구권 재정차관 650만 달러로 불도저 150대와 그 밖의 건설기계 214대를 도입했다. 박정희의 재선 여부가 결정되는 대통령 선거를 앞둔 때였다. 당시 서울시장은 제3공화국 출범과 동시에 임명된 윤치영이었다. 그는 윤치호의 사촌이자 윤치소의 동생으로 조선 말 세도가문의 일원이었고, 이승만의 제자이자 비서였으며, 대한민국 초대 내무부 장관이었고, 한때는 이승만의 후계자로 꼽힌 인물이다. 4·19 이후 자기보다 한 살 많은 조카 윤보선이 대통령에 당선되었으나, 이승만에 대한 의리를 저버렸다는 이유로 가까이하지 않았다. 5·16 군사정변이 일어나자, 이승만의 원수를 갚을 수 있게 됐다며 군사정변을 열렬히 지지했다. 그는 박정희를 '단군 이래 최고의 지도자'라고 찬양했다가 '단군 이래 최고의 아첨꾼'이라는 별명을 얻었다. 5·16 군사정변 직후 공화당 창당준비위원장과 의장, 박정희 후보 선거대책위원장 등을 맡았던 그는 자기가 적어도 국회의장이나 국무총리 정도는 되리라 기대했다. 그러나 박정희는 그에게 '고작' 서울시장 자리를 주었다.

내무부 장관에서 물러난 지 10년 만에, 박정희 정권 탄생을 위해 견마지로를 다 했는데, 당시에는 내무부 장관보다 한참 아랫급인 서울시장이 됐으니, 심사가 뒤틀리지 않을 수 없었다. 그래서인지 그는 '일 안 하는' 시장으로 명성을 날렸다. 국회에서 "전쟁으로 서울이 폐허가 됐는데, 이참에 도시계획을 잘해서 서울을 좀 멋지게 가꿀 생각은 없느냐?"라는 질문이 나오자, 그는 당당하게 "내가 도시계획을 할 줄 몰라서 안 하는 게 아니다. 그러나 서울을 살기 좋게 만들면 촌사람들이 자꾸자꾸 밀려오지 않겠느냐, 지금도 촌사람들 때문에 골치가 아픈데 서울을 살기 좋게 만들어서 어쩌란 말이냐?"라고 대답했다. 서울 명문가 출신의 뒤틀린 '자의식'을 꾹꾹 눌러 담은 말이었다. 박정희는 이런 사람을 서울시장 자리에 그대로 두고서는 서울시민의 표를 얻기 어렵다고 판단했던 듯하다. 일본에서 건설 중장비가 도착할 무렵, 그는 서울시장을 전격 교체했다.

새로 서울시장이 된 사람은 공병장교 출신으로 당시 부산시장이던 김현옥이었다. 박정희는 불도저, 포크레인, 레미콘, 페이로더 등 건설 중장비가 부산항에 하역되자마자 김현옥에게 내주었다. 김현옥에게는 토목공사가 군사작전이었고, 건설중장비는 최신 무기였다. 그는 건설중장비를 받자마자 '돌격 건설'이라는 시정 구호를 내걸고 불도저를 앞세워 서울 전역의 땅을 헤집기 시작했다. 세종로 지하차도 공사, 만초천 복개 공사, 세운상가 건설, 강변도로 건설, 시민아파트 건설, 여의도 개발, 강남 개발, 도심부 상가아파트 건설 등의 토목 건설 사업이 숨가쁘게 진행되었다. 불도저를 이용한 토목공사는 김현옥 시정의 거의 전부였고, 사람들은 그에게 '불도저 시장'이라는 별명을 붙여주었다. 불도저가 '물불 안 가리고 밀어붙이는 추진력'을 의미하게 된 것은 나중 일이다.

1971년 불도저를 이용한 서울 변두리의 택지조성 사업 불도저는 인간의 자연개조 능력
을 비약적으로 향상시켰다. 자연개조는 곧 파괴와 건설이다. 이 기계는 자연의 일부였던
인간 본성도 일부를 파괴하고 새로 만들었다. 장소의 역사와 단절된 인간, 이웃과 소통
하지 않는 인간은 불도저 시대의 신新인간이다. 출처:『'71 서울』

불도저 시대가 열린 지 이제 반세기, 그동안 숱한 토목건설 기계
가 발명, 도입, 생산되었고, 인간의 자연개조 능력은 비약적으로 향
상되었다. 자연을 인공으로 바꾸는 것이 개발이다. 현대인은 개발과
재개발을 거듭하면서 자연과 멀어진 인간이다. 개발과 재개발을 통
해 이익을 얻는 데 익숙해진 사람들은 지금도 제2, 제3의 '불도저 시
장'이나 '불도저 대통령'이 나오기를 바란다. 하지만 웬만한 언덕과
집쯤은 순식간에 깔아뭉개는 기계는 그 장소에 누적된 역사와 사회
관계들도 간단히 깔아뭉개는 법이다. 불도저는 특정 지표면에 정착
하여 이웃과 어울리며 살아온 사람들 사이의 관계도 무너뜨렸다.

61. 공중公衆과
     여론이
     형성되는 곳

영어 퍼블릭public은 한자어 '공'公에, 프라이빗private은 한자어 '사'私에 대응하지만, 어떤 번역어든 문명권 사이의 세계관 차이까지 완벽하게 표현하지는 못한다. 영어 퍼블릭과 프라이빗은 지상의 공간을 구획하는 개념에 가깝다. 집 담장 안쪽의 가족끼리만 이용하는 공간과 그 안에서 이루어지는 행위들이 프라이빗, 여러 사람이 함께 이용하는 그 바깥 공간과 거기에서 이루어지는 행위들이 퍼블릭이다. 유럽인들에게 세계는 퍼블릭과 프라이빗이 합쳐진 공간이다. 퍼블릭과 프라이빗은 상대되는 개념이지만, 서로 배척하는 개념은 아니다. 위르겐 하버마스Jürgen Habermas는 퍼블릭을 '여론이 형성되는 사회적 생활의 공간'으로 정의했다. 사람들이 지나다니며 마주치는 공간이 아니라, 한데 모여 이야기를 나누고 의견을 모을 수 있는 공간이 퍼블릭인 셈이다.

반면 한자 문화권에서 '공'은 지상에 구현된 하늘의 도리를 뜻하며, 사私는 그에 어긋나는 모든 것을 의미했다. '공'은 왕을 보필하여 천명을 수행하는 일이자, 그 일을 하는 사람이었다. '사'는 천명과 무관하게 사람이 먹고살기 위해 하는 일들이었다. 공과 사는 수평적으로 병립하지 못하고 수직적 위계를 이루었다. 그래서 멸사봉공滅私奉公이나 선공후사先公後私 같은 규범이 생겼고, 사리사욕私利私慾이나 사심私心 등의 단어가 부정적 의미로 사용된다. 한국인들이 토지 공개념과 사유재산제가 배치된다고 생각하는 것도 전통적 공개념과 현대적 공개념 사이의 괴리 때문일 터이다.

유럽 도시들에서 공이 표현되는 대표 공간이 광장이다. 고대 로마의 도시들에서는 신전이나 교회, 정청政廳과 법원으로 둘러싸인 광장을 포럼forum이라고 했다. 이곳에서는 종교 축전, 군대의 출정식, 죄수의 처형 등 여러 행사가 벌어졌고, 그때마다 도시 주민들이 모여들어 자기 눈앞에서 벌어지는 일들에 관해 이야기를 나누었다. 이 이야기들이 '여론'輿論으로 번역된 퍼블릭 오피니언public opinion이었고, 여론을 만드는 인간 집단이 '공중'公衆으로 번역된 퍼블릭이었다. 특별한 일이 없을 때 도시의 광장은 시장으로 쓰였기 때문에 사람들의 만남과 의견 교환은 일상적이었다. 고대 로마 도시의 기본 구조는 중세 유럽의 자치 도시들에도 이어졌다. 광장의 기본 역할은 권력의 위세를 드러내는 것이었으나, 때로는 기존 권력을 전복하는 역할도 했다. 혁명과 봉기도 광장에서 일어났다.

반면 고대와 중세의 동아시아 도시에는 광장이 없었다. 이 지역 도시들에서는 궁궐 앞에 길게 뻗은 대로가 지상에 펼쳐진 하늘의 도리를 표현하는 구실을 했다. 『주례』周禮 「동관 고공기」冬官 考工記의 '천자구궤天子九軌 제후칠궤諸侯七軌 공경대부오궤公卿大夫五軌'라는 구절에서 보듯이, 이 도로의 너비는 권력의 크기를, 길이는 권력이 미치는 범위를 표상했다. 도로는 사람들이 모이는 곳이 아니라 이동하는 곳이다. 동아시아 수도들에서도 국혼國婚, 국상國喪, 정벌征伐 등의 행사가 있을 때 사람들이 도로변에 모여 구경하면서 이야기를 나누기는 했으나, 이런 일은 매우 드물었다. 광장이 폐쇄적이고 고정적이며 정형적인 공간이었던 반면, 대로는 개방적이며 유동적이고 확장성이 있는 공간이었다. 광장은 많은 사람이 점거할 수 있었지만, 사람이 아무리 많아도 대로를 점거하기는 어려웠다. 동아시아 역사

일제강점기의 경성역 광장 개인, 특히 이방인이 광장을 대면하면서 느끼는 감정은 위압감과 막막함이다. 1904년 '한일의정서'를 강요하여 서울에서만 철도 시설 용지로 50만 평을 빼앗은 일제는 1925년 경성역사를 신축하면서 인간적 척도를 넘어서는 넓이의 광장을 조성했다. 서울에 오는 지방민들에게 '제국의 위세'를 드러내기 위해서였다. 일제강점기의 서울에서도 3·1운동과 6·10만세운동 등 대규모 시위가 일어났지만, 광장을 점거하지는 못했다. 인구에 비해 광장이 너무 넓었기 때문이다. 출처: 서울역사아카이브

에는 군중이 왕궁 앞 대로를 점거하고 봉기한 기록이 없다.

　서울의 특정 장소에 '광장'이라는 이름이 처음 붙은 해는 1914년이다. 도시 공간에 갓 출현한 자동차들에 회전할 공간을 마련해주기 위한 '교통광장'이 이런 이름을 처음 얻은 장소들이었다. '넓은 마당'이라는 의미의 이 단어는 곧 연병장이나 운동장으로 쓰이던 장소들과 대형 건물 앞의 빈터에도 붙었다. 일제강점기에는 훈련원 광장과 경성역 광장이 서울의 대표적 광장이었고, 지금의 율곡로가 만들어진 뒤에는 총독부 앞과 도로 교차점 사이의 넓지 않은 공간에도 광장이라는 이름이 붙었다. 해방 후에는 시청 앞 광장에서 미국 대통령 방한 환영 행사 등 국가적 행사가 열렸고, 5·16 군사정변 이후에는 대규모 사열식장 겸 유사시 비행장으로 여의도에 5·16광장(후에 여의도광장으로 개칭, 현재 여의도공원)이 만들어졌다. 조선시대에 경

복궁 전로前路라 불리던 대로도 최근에 '광화문 광장'으로 바뀌었다. 1960년의 4·19, 1987년의 6월 민주화운동, 2016~2017년 겨울의 촛불시위에 이르기까지, 한국 현대의 대중적 민주화운동은 모두 광장을 점거하는 방식으로 진행되었다. 프랑스혁명이 바스티유 광장의 봉기에서 시작한 것처럼, 한국의 현대 민주주의도 광장에서 탄생하고 성장했다.

62. 　공동체의
　　　　기억

"사람들이 하늘에 닿는 탑을 쌓으려 하다가 하느님의 노여움을 사 서로 말이 달라졌다." 기독교의 구약성서에 나오는 바벨탑 이야기다. 인류가 언제부터 하늘에 신이 있다고 믿었는지는 알 수 없다. 동굴벽화 등을 통해 보건대, 구석기시대 사람들은 큰 동물이나 사람 자신에게 신성이 있다고 믿었던 듯하다. 신석기시대 말기부터 청동기시대에 걸쳐, '하늘에 신이 있다'라는 믿음이 보편화했다. 이 믿음은 하늘이 허공虛空(the space)일 뿐이라는 사실이 밝혀진 뒤에도 변하지 않았다. 인류는 하늘에 신이 있다고 믿으면서 숱한 행동양식과 의례를 만들어 전승했다. 한자어 인사人事는 '사람의 일' 또는 '사람이 지켜야 할 도리'라는 뜻인데, 행위로는 상대방에게 자기 몸을 굽히는 것으로 표현한다. 기도할 때 두 손을 모으고 손끝을 하늘로 향하는 것도 보편적 종교의례다.

술을 마실 때 첫 잔을 자기 입보다 높은 위치까지 들어 올리는 것도 하늘의 신에게 감사하는 의례였다. 고대인들은 술을 '신성한 음료'라고 믿었다. 술을 마시면 제정신이 나가고 그 자리에 다른 정신(신의 정신)이 들어온다고 생각했기 때문이다. 실제로 술에 취한 사람들은 자기가 초인적 능력을 갖추게 된 것처럼 착각하곤 한다. 인간의 한계를 뛰어넘어 신의 경지에 도달한 사람이 '초인'이다. 오늘날 여러 나라 박물관이 소장한 '역사적·예술적 가치'가 있는 도자기들은 대개 술병 아니면 술잔이다. 신성한 음료는 특별한 그릇에 담아 마셔야 한다는 생각이 보편적이었기 때문이다. 여럿이 술을 마실 때 잔을 높이 들어 서로 부딪치며 건배乾杯하는 것도, 모두가 같은 신을 섬기는 '신앙공동체'라는 생각을 공유하는 의미였다.

인사, 기도, 건배 등이 신을 섬기는 행동거지와 의례인 것처럼, 하늘을 향해 치솟은 건조물인 탑塔은 신에게 조금이라도 더 가까이 다가가려는 인간의 의지를 담은 성물聖物이다. 신석기시대에 만들어진 인류 최초의 도시 유적인 튀르키예의 괴베클리 테페는 하늘을 향해 치솟은 돌기둥들로 구성되어 있다. 한반도의 청동기시대를 대표하는 유물인 고인돌도 큰 돌을 '공중'에 띄워 올린 것이다. 고대 이집트의 오벨리스크, 중세 유럽 성당의 첨탑들, 불교 국가들의 불탑들이 모두 하늘의 신을 섬기고 그의 은총을 빌기 위해 만들어졌다.

큰 돌로 만든 기념물은 신에 버금가는 권세를 가진 왕들을 위해서도 만들어졌다. 서기 414년, 고구려의 장수왕은 자기 아버지 광개토대왕의 업적을 영구히 기리기 위해 큰 돌에 글자를 새겨 왕릉 옆에 세웠다. 서기 561년에서 569년 사이에 신라의 진흥왕은 자기가 정복한 땅을 순시한 기념으로 여러 곳에 글자를 새긴 큰 돌을 세웠다. 비碑는 인간의 업적을 기리기 위해 세우는 기념물이다. 전 세계 묘지에 숱하게 늘어서 있는 묘비墓碑들도 일종의 기념비다.

재료가 돌이든 나무든, 신을 섬기기 위해 짓는 건축물이 탑이고 사람을 기리기 위해 세우는 것이 비다. 신과 인간이 다른 만큼, 탑과 비를 혼동할 이유도 없다. 그러나 근대 이후 한자문화권 나라들에서는 기념탑과 기념비라는 말이 함께 쓰이며, 둘의 형태가 뚜렷이 구별되지도 않는다. 큰 비석을 기념탑이라 부르기도 하고, 탑을 쌓아놓고 기념비라 부르기도 한다. 국가와 신의 역할이 뒤섞인 국민국가 시대의 문화 현상일 터이다.

1927년 11월 23일, 신의주 용암산에서 일로전역기념탑日露戰役紀念塔 제막식이 거행되었다. 이것이 이 땅에 처음 세워진 '기념탑'이라는 이름의 구조물로 추정된다. 일본인들은 1900년에도 서울 남산에 청일전쟁 승전 기념 석재 구조물을 세웠으나, 이름은 갑오역기념비甲午役記念碑였다. 1929년에는 '오오지마여단기념탑'과 '일본해해전기념탑'이 각각 서울 용산과 경남 진해에 건립되었다. 이후 전국 곳곳에 일본 국가와 관련한 기념탑들이 우후죽순 격으로 만들어졌다.

해방 두 달 뒤인 1945년 10월, 오세창 등이 남산의 조선신궁 자리와 인천공원에 해방 기념탑을 건립하기 위해 건설준비회를 조직했으나 목적을 이루지 못했다. 이듬해에는 기미독립선언기념사업회에서 기념탑을 세우려 했으나 역시 좌절했다. 독립선언기념탑은 1963년에야 탑골공원 안에 아담한 규모로 만들어졌다. 그나마 1979년에는 '석연치 않은 이유'로 철거되어 삼청공원으로 옮겨졌다. 한국전쟁 이후에는 학도의용군 기념탑, 반공 기념탑, 반공투사 위령탑 등 사람을 기리는 탑들이 곳곳에 만들어졌다. 반공反共이 국시國是의 제일의第一義, 즉 '국가종교' 같은 구실을 하던 시대의 표상들이라 할 수 있다.

오늘날의 대한민국을 대표하는 탑은 다보탑 석가탑도 아니고, 감은사지 3층 석탑도 아니며, 원각사지 10층 석탑도 아니다. 서울 남산 꼭대기에 있는 남산타워다. 애초 TV 방송사들의 전파 송출을 위한 종합 전파탑으로 계획되었으나, 당대의 정치권력은 여기에 '국가적 비전'을 담으려 했다. 남산타워 건설 당시 서울시는 이 탑이 남산을 포함하면 세계에서 가장 높으며, 탑신만으로도 일본의 도쿄타워보다 높다고 자랑했다. 하지만 종합 전파탑이 '국민을 통합하는 종교적 상징'이 될 수는 없다.

1889년, 프랑스는 혁명 100주년을 기념하는 의미로 파리 만국박람회를 유치했다. 이때 박람회장 정문으로 세운 것이 에펠탑이다. 프랑스혁명 100주년 기념탑인 셈이다. 건립 당시에는 논란이 많았으나, 에펠탑은 이후 파리의 상징이자 자유·평등·박애라는 프랑스혁명의 정신을 표현하는 구조물이 되었다. 2003년 아일랜드의 1인당 GDP가 영국을 추월했을 때, 아일랜드인들은 더블린 광장의 넬슨Horatio Nelson 동상을 철거하고 그 자리에 '더블린 스파이어 첨탑'을 세웠다. 영국의 식민지 상태에서 벗어난 뒤 자신들이 이룬 역사적 성취를 기념하고 길이 후손에게 물려주기 위해서였다. 이런 기념탑들은 도시의 상징이자 국가의 상징이며 국민 통합의 상징이다.

2019년 한국의 구매력 기준 1인당 GDP가 일본을 앞질렀다. 2021년 유엔은 한국을 '선진국 그룹'으로 분류했다. 20세기 전반 제국주의 체제에서 식민지였던 나라가 선진국 그룹에 진입한 것은 세계 최초의 일이었다. 한국이 이룬 성취는 한국인만의 것이 아니라 제국주의 시대에 식민 지배를 받았던 나라의 사람 모두에게 던지는 희망의 메시지라 할 수 있다. 게다가 2019년은 3·1운동 100주년이었다. 3·1운동은 제1차 세계대전 이후 승전국 식민지에서 일어난 최초의 거족적 민족운동이라는 점만으로도 의의가 크지만, 운동이 표방한 '정의와 인도'가 프랑스혁명의 이념인 자유·평등·박애에 못지않은 정신사적 가치를 갖는다는 점이 더 중요하다. 인류 평등의 대의는 20세기 후반 이후 인류가 지향한 보편가치이기 때문이다. 1919년의 기미독립선언서는 '인류통성人類通性과 시대양심時代良心이 정의正義의 군軍과 인도人道의 간과干戈'라고 천명했다. 이 정신은 1948년의 유엔 인권선언과 대한민국 헌법에 그대로 담겼다. 대한민국 제헌헌법 전문과 현행 헌법 전문에는 모두 '정의 인도와 동포애로써 민족의 단결을 공고히 한다'라는 구절이 있다.

나는 3·1운동 100주년을 맞기 몇 해 전부터 운동의 발상지인 서

장충단공원에 있는 '삼일독립운동기념탑' 정부 수립 50주년인 1998년 8월 15일에 착공하여 3·1운동 80주년 기념일인 1999년 3월 1일 준공했다. 높이는 19미터 19센티미터로 1919를 표현했다. 하지만 이 기념탑은 3·1운동의 기본 정신인 '정의와 인도'를 표현하지도, 알리지도 못한다. 게다가 3·1운동의 발상지와도 무관하다. 3·1운동 100주년 기념탑을 발상지인 서울 도심에 세우는 일은 아직 늦지 않았다. 미국 독립 100주년 기념조형물인 '자유의 여신상'은 독립 선언 110년 뒤인 1886년에 건립되었다. 출처: 서울특별시

울에 100주년 기념탑만은 꼭 세우자고 주장하고 다녔지만, 그야말로 바닷물에 모래알 던지기였다. 삼일절, 광복절과는 별도로 '건국절'을 제정하려 했던 정부는 물론, 3·1운동 100주년을 '대한민국 100주년'으로 인정한 정부조차도 기념탑 건립에는 관심을 두지 않았다. 민간 주도로 100주년 기념탑을 세우려는 움직임이 나타나긴 했으나, 정부와 언론의 무관심 속에서 흐지부지되었다.

나는 도시 공간에 기념비를 많이 세우는 걸 탐탁지 않게 보는 편

이지만, 다른 것들을 다 철거하더라도 3·1운동 100주년 기념탑만은 꼭 있어야 한다고 생각한다. 프랑스 파리의 에펠탑이나 바스티유 광장의 7월 기념비를 보면, 누구나 자유·평등·박애를 떠올린다. 그러나 3·1운동의 발상지 서울에는 정의와 인도를 연상케 하는 기념물이 없다. 그러니 '정의·인도·동포애'가 대한민국 헌법 정신의 요체라는 사실을 모르는 국민이 대다수인 것도 무리는 아니다. 기념탑은 한 도시 또는 국가에 통합적 상징성을 부여하는 물건이다. 대한민국이라는 국가의 틀과 정신이 탄생한 지 100주년에, 정의와 인도라는 세계 보편의 정신사적 가치를 국가 건설의 토대로 삼았으면서도, 그를 표현하는 기념탑 하나 세우지 못한 건 우리 자신과 후손에게 부끄러운 일이다.

63.　　현대의
　　　　신상

　　모든 생명체는 매 순간 조금씩 변한다. 하루하루 자라다가 하루하루 늙어가는 것이 생명체의 삶이다. 생로병사에서 벗어날 수 있으면 생명체가 아니다. 물론 무기물도 변하지만, 그 속도는 매우 더뎌서 영원불멸하는 것처럼 보인다. 인류는 신에게 유기체와 무기물의 속성을 아울러 부여했다. 신은 생각하고 행동하는 생명체이면서도 무기물처럼 영생불사하는 불변의 존재였다. 신을 경배하고 닮으려는 인류의 열망은 마침내 형상은 사람이나 변하지 않는 실체를 창조해냈다.

　석상이나 동상 등의 조상彫像은 애초에 신의 속성을 지닌 신물神物이었다. 나무나 돌, 진흙 등으로 신상神像을 만들어 그에 경배하며 소원을 비는 것은 고대로부터 보편적 종교 의례였다. 고대 그리스인과 로마인들은 자기들 신화 속의 여러 신들을 석상으로 만들어 현실 세계로 소환했다. 돌로 된 몸을 얻은 최초의 실존 인물은 로마의 초대 황제인 아우구스투스Augustus로 알려져 있는데, 이것이 석상이나 동상으로 사람을 신격화하는 선례가 되었다. 이후 사람들에게 신에 버금가는 존재로 인정받은 초월적 권력자들은 동상이나 석상으로 부활하여 영생을 누렸다. 유럽에서는 황제들의 동상이 계속 만들어졌으나, 어떤 이유에서인지 동아시아 사람들은 불상과 신상 외에 사람의 동상을 만들지 않았다. 현재까지 알려진 바로는, 근대 이전에 동상으로 만들어진 우리나라 사람은 고려 태조 왕건뿐이다. 그조차 왕건임을 알 수 있게 하는 명문이 없었다면, 불상으로 착각할 만한 형상이었다.

근대 국민국가 시대가 열리자, 전 세계에서 민족 영웅들이 새로 신격을 얻었다. 죽은 뒤 동상으로 부활한 민족 영웅들은 민족적 숭배의 대상이자 '민족정신'을 가르치는 스승이었고, 그들이 서 있는 자리는 새로운 성소聖所가 되었다. 20세기 벽두에는 우리나라에도 사람을 동상으로 만들어 신격화하는 문화가 전래했다. 1903년『제국신문』에는 일본에서 키타시라카와메미야 요시히사 친왕親王의 동상이 건립되었다는 기사가 났다. 이것이 동상에 관한 우리나라 최초의 기록이다. 1905년 을사늑약 직후 충정공 민영환이 자결하자, 그가 설립한 흥화학교 교직원들이 충정공 동상 건립을 추진했다. 하지만 동값이 너무 비쌌을뿐더러, 당장 동상을 만들 수 있는 사람도 없었다.

두 번째 동상 건립 운동의 대상이 된 인물은 이토 히로부미였다. 1909년 10월 26일 안중근 의사가 하얼빈에서 이토를 척살하자, 먼저 일본인들이 이토 동상 건립을 제창했다. 일본인이 서울에서 발행하던 신문인『조선신보』는 "일한 양국인이 함께 대규모 추도회를 개최하고 이토 동상을 서울에 건립하여 양국의 영원한 기념으로 삼자"고 주장했다. 뒤이어 한국인 친일파들이 이 주장에 동조했다. 의거 10일 후인 11월 5일, 장석주, 민경호, 민영우, 이민영 등 20여 명이 동아찬영회東亞贊英會라는 단체를 조직했다. 동아시아의 영웅을 찬양하는 모임이라는 뜻이다. 이들은 서울 북부 순화방(현 통인동 일대)에 이토 동상과 송덕비, 비각碑閣을 세우되, 동상은 일본에 주문하기로 했다. 이들이 계획한 비각의 규모는 80여 칸, 고종 즉위 40년과 망육순望六旬을 기념해 세운 '황제 어극 40년 망육순 칭경기념비전'보다

훨씬 컸다. 건립 비용은 전국 13도에서 매 호당 10전씩을 거둬 충당
하기로 했다. 이듬해 1월에는 이토의 사당을 지어 봄, 가을 두 차례
제사를 지낸다는 계획을 추가했다. 그러나 이들이 획책한 일은 실현
되지 못했다. 한국인 절대다수에게 이토의 죽음은 애도할 일이 아니
라 축하할 일이었다. 통감부도 이들의 의도를 의심했다. 이들의 진
정한 목적이 송덕비와 동상 건립을 핑계로 기부금을 거둬 횡령하는
데 있다고 판단한 통감부는 계획을 중단시켰다.

세 번째 동상 건립 대상이 된 인물은 애국부인회 전주지회 창립
자인 오무라 이오히奧村五百子였다. 하지만 아무리 부유한 친일파 집
안 여성들의 단체라 해도, 지방 도시 여성단체의 재력만으로는 동상
을 만들 수 없었다. 1919년 초대 조선 총독 데라우치 마사다케寺內正
毅가 죽자, 일본 육군은 그의 동상을 도쿄 육군성 앞에 세우기로 했
다. 그들은 조선인 친일파와 관공리들에게도 동상 건립 기금을 거뒀
다. 데라우치의 동상은 '조선인의 돈'이 들어간 첫 번째 동상이었던
셈이다.

기록상 이 땅에 선 최초의 동상은 미국 북감리회 선교사이자 배
재학당과 정동교회 창립자인 아펜젤러 상像이다. 배재학당 졸업생들
과 정동교회 신자들의 기금으로 조성된 동상의 제막식은 1920년 10
월 26일에 거행되었다. 이후 학교 안에 설립자의 동상을 세우는 것
이 졸업생들의 '평균적 지위'를 표현하는 일처럼 되었다. 1930년대
부터는 주駐조선 일본 공사를 지낸 하야시 곤스케林權助, 을사늑약 이
후 재정고문이었던 메가타 다네타로目賀田種太郞, 초대 한국 통감 이
토 히로부미, 제3대 조선 총독 사이토 마코토齋藤實 등의 일본인 동
상도 속속 건립되었다.

1937년 중일전쟁 도발 이후, 일제는 '동상銅像의 헌신獻身 종군從
軍'이라는 말까지 만들어내면서 동상들을 녹여 포탄으로 만들어서는

전선으로 보냈다. 한국인과 외국인의 동상 전부와 일본인 동상 일부가 포탄이 되었다. 이토 히로부미 동상 등 해방될 때까지 남아 있던 일본인 동상들은 한국인들이 전부 파괴했다. 해방은 한국을 다시 '동상 없는 나라'로 만든 셈이다. 그러나 그 시간이 길지는 않았다. 한국인들은 일본의 '민족 영웅'을 신격화한 역사를 지워버리고 한국의 '민족 영웅'을 추앙하는 역사를 새로 쓰고자 했다.

1945년 12월 12일, 서울 장충단공원에 대한민국임시정부 요인을 비롯한 수백 명이 모여 '장충단 재건 및 안중근 의사 동상 건립 기성회'를 결성했다. 참석자들은 박문사 안의 이토 히로부미 동상을 철거하고 안중근 의사 동상을 조성해 건립하기로 결의했다. 장충단은 대한제국의 국가 추모 시설이었다. 영국의 웨스트민스터 사원이나 미국의 알링턴 국립묘지처럼 국가 추모 시설은 사람들을 '국민'으로 만드는 장치이자 국가적 성소聖所다. 옛날의 왕들은 신전 앞에서 서약했으나, 현대의 국가 원수들은 자국의 국가 추모 시설 앞에서 서약한다. 대한제국의 장충단은 그만큼 중요한 성소였다. 장충단 재건은 끊어진 나라의 역사를 잇는 일이었다. 물론 해방이 제국의 부활로 이어져서는 안 되었다. 1919년 3·1운동 이후 '대한'이라는 이름을 승계하면서 국체國體를 '민국'으로 바꾸었듯이, 장충단을 재건하되 민족국가의 이상에 부합하는 사람들을 모셔야 했다. 그 첫 번째 인물로 안중근이 거론된 것은 당연했다. 안중근은 이토 히로부미와 함께 붙어 다닌 이름이었다. 일본인들이 이토 히로부미가 한국에 베푼 은덕을 찬양하면 할수록, 안중근의 이름도 알려질 수밖에 없었다. 국외에서 활동한 독립운동가들에 대해 잘 모르는 사람도 안중근의 이름 정도는 알았다.

1946년 5월에는 이와 별도의 '기린각麒麟閣 건립기성회'가 이승만, 김구, 김규식 등의 발기로 결성되었다. 민영환, 이준, 안중근 등 129

명의 선열을 추모하기 위해 기린각이라는 이름의 시설을 만들고 선열들의 동상도 건립한다는 취지였다. 하지만 뜻이 있는 곳에 늘 길이 있는 것은 아니다. 정치적으로 사생결단의 싸움이 벌어지는 와중에, '민족 영웅'에게 신격을 부여하는 일은 뒷전으로 밀려날 수밖에 없었다. 게다가 정부 수립 후 요직을 차지한 사람들의 '독립운동 영웅'에 대한 태도는 일반인들보다 훨씬 냉담했다. 안중근을 비롯한 독립운동가 동상 건립 운동이 좌초한 상태에서, 전쟁 중이던 1952년 4월 13일 해군본부가 있던 경상남도 진해에 충무공 동상이 건립되었다. 해방 후 이 땅에 선 최초의 동상이었다. 제작 기간 1년, 높이는 16척, 중량은 3톤, 제작비는 1억 6,000만 원이었다. 국민방위군으로 끌려간 수만 명이 사망한 직후였다. 충무공 영혼의 힘이라도 빌고 싶은 마음이 없었다면, 동상 제작에 이토록 큰돈을 쓰지는 않았을 것이다.

독립운동가 동상 건립 논의는 휴전 이후에야 재개되었다. 가장 먼저 거론된 인물은 이승만이었다. 휴전 이태 뒤인 1955년 3월, 국회의사당에서 국회의장 이기붕 주도로 '이승만 대통령 80회 탄신축하위원회'가 결성되었다. 위원회가 계획한 핵심 사업은 이승만 동상 건립이었다. 같은 해 11월 17일, 역시 이기붕이 회장으로 있던 대한소년화랑단이라는 단체가 높이 2미터 40센티미터의 이승만 동상을 제작, 한동안 시청 앞 광장에 세워 두었다가 이듬해 3월 31일 탑골공원으로 옮겨 제막식을 거행했다. 탑골공원에 이승만 동상을 세운 것은 그에게 '3·1운동으로 건립된 대한민국'의 대표이자 3·1운동의 '정신적 지도자'라는 권위를 부여하기 위해서였다.

탄신축하위원회가 만든 동상은 '왜정시대 왜인들의 성지로서, 일본의 조선 식민 지배를 상징했던 곳'인 남산 구舊 조선신궁 터에 건립되었다. 제막식은 제11회 광복절이자 제7회 대한민국 정부 수립

남산에 있던 이승만 동상 건립 당시 세계에서 가장 큰 동상이라는 '찬사'를 받았다. 동상으로 부활한 사람은 늙지도 죽지도 않는다. 사람을 동상으로 만드는 것이 곧 '신격화'다. 사람은 살아서 신이 될 수 없다. 산 사람의 동상을 세우는 것은 현상적으로는 '신격화'지만, 빨리 죽으라는 '저주'라고 해도 무방하다. 출처: 『대한민국정부기록사진집』

기념일이며, 제3대 대통령 취임일인 1956년 8월 15일에 거행되었다. 본체 높이는 7미터, 좌대 높이 18미터, 총 높이 25미터로서 척수 尺數로는 81척이었다. 탄신축하위원회는 '80회 탄신을 기준으로 다시 한 걸음 나아가는 재출발의 첫걸음'을 표현하기 위해서 동상 높이를 81척에 맞추었다고 설명했다. 동상은 '민족의 태양'이라는 이미지에 맞도록 해 뜨는 동쪽을 바라보게 세웠다. 남산 자락에 높이 솟아 서울 시내 전역을 오시傲視하던 이 동상은 당시 세계 최대 규모를 자랑했다.

이승만 동상 건립이 준비되던 무렵, 안중근 동상 건립 운동도 재개되었다. 처음 동상 건립을 추진했던 단체는 소멸하고 대한애국선열유가족원호회라는 단체가 생겨 장충단공원에서 먼저 안중근 의사 동상 건립 지진제地鎭祭를 거행했다. 지진제란 '땅 기운을 누르는 제사'라는 뜻으로 지진이 잦은 일본에서 건축 공사 전에 지내던 제례를 말한다. 이와 별도로 1956년 2월 대한순국충렬기념사업협회는 안중근, 이준 등 순국선열 5인의 동상을 세우기로 계획하고 장충단공원을 안중근 동상 부지로 선정했다.

그러나 두 단체의 동상 건립 작업은 거의 진척되지 않았다. 오히려 1957년 3월에는 애국선열유가족원호회 회장 서형이 동상 건립기금 횡령 혐의로 체포되었다. 경찰은 그가 주로 공무원을 상대로 모금하는 한편, 건립기금을 마련한다는 명목으로 안중근 메달을 개당 32환씩에 만들어서는 300환씩에 팔아 착복했다고 발표했다. 이 사건으로 인해 동상 건립기금 모금에도 차질이 생겼다. 대한애국선열기념사업협회와 안중근의사기념사업협회 등 7개 단체는 서형과 자기들은 무관하다는 성명을 내고, '안중근 의사 동상 건립위원회'를 공동 결성하기로 합의했다고 발표했다. 안중근 동상 건립을 둘러싼 잡음이 끊이지 않자, 국회가 개입했다. 1957년 5월, 국회 교육위원회와 문화위원회 상임위원들은 연석 간담회를 열어 동상 건립 제1후보지를 세종로, 제2후보지를 장충단공원으로 하며, 2,200만 환의 예산으로 조각가 김경승에게 제작을 맡기기로 했다. 공무원과 중고등학교 학생들을 주 대상으로 한 모금도 급진전했다.

안중근 동상 기공식은 1957년 9월 4일 서울역 광장에서 열렸다. 남산의 박문사를 헐고 장충단에 안중근 동상을 세운다는 데에는 해방 직후부터 사회적 합의가 이어져온 바였으나, 이승만 정부는 그 장소를 탐탁지 않게 여겼다. 항일 민족운동의 대표 상징 자리를 두고 안중근과 이승만이 경쟁하는 구도를 원치 않았기 때문일 터이다. 또 중앙청 앞길인 세종로는 국가를 상징하는 장소이자 이승만이 자주

지나다니는 장소였다. 1957년 9월, 정부는 동상 건립 사업을 문교부에서 주관하도록 했다. 문교부는 높이 12척, 받침돌 18척, 총 30척으로 이승만 동상 3분의 1 규모의 안중근 동상을 서울역 광장에 세우겠다고 발표했다. 그러나 그 직후 문교부 장관은 서울역 광장 사용을 불허했다. 그는 안중근 동상 자리로는 '조선토지조사시정기념비' 자리(현 반공청년운동기념비 자리)가 적합하다고 주장했다. 장충단공원과 서울역 광장 대신 사람들 눈에 잘 띄지 않는 자리에 동상을 세우라고 한 것이 문교부 장관 개인의 뜻만은 아니었을 터이다.

건립 장소가 결정되지 않은 상태에서 국회의원들은 동상 건립비로 1인당 1,000환씩을 걷었고, 기념사업협회는 동상 제작이 완료되었다고 공표했다. 이런 상황에서 문교부는 돌연 동상 건립을 취소했다. 기념사업협회와 대한애국선열기념사업협회가 별도로 동상 건립을 추진하는 형편에서 어느 한쪽의 손을 들어줄 수 없다는 것이 이유였다. 하지만 기념사업협회의 동상은 완성되었으나 대한애국선열기념사업협회는 모금조차 시작하지 못한 상태였다. 동상 건립 취소로 이어진 갈등의 한 당사자인 대한애국선열기념사업협회 회장은 자유당 소속 민의원 황경수였다. 이로부터 10개월이 지난 1958년 11월 14일, 기념사업협회는 신문에 광고를 내어 '본의는 아니지만' 정부의 권고를 받아들여 '통감부 건물이 있던 남산 밑, 서울 방송국 서편'(현 숭의여자대학교 안)에 동상을 세운다고 공표했다. 옛 경성신사와 통감부 사이라서 안중근 의거를 기리는 데 적격이라는 것이었다. 하지만 이보다는 안중근의 자리를 '민족의 태양' 이승만 아래에 배치하는 '공간정치'의 일환이었다고 보는 편이 더 적절할 것이다.

안중근 의사 동상 제막식도 순국 50주기인 1959년 3월 26일로 예정되었으나, 석연치 않은 이유로 연기되어 5월 23일에 거행되었다. 제막식에는 장면 부통령과 한의석 국회부의장, 김세완 대법관, 주한 중국 대사, 안중근의 며느리 정옥녀 등 유가족이 참석했다. 제막식 6일 뒤인 29일, 이승만은 비서들을 거느리고 안중근 동상에 가서 헌화하고는 서울중앙방송국 정원을 산책했다. 이 박사가 안중근을 냉대한다는 여론이 부담스러웠기 때문일 터이다.

1960년 4월 26일 오전 9시 45분께, 일군의 학생과 시민들이 탑골공원에 서 있던 이승만 동상의 목에 철삿줄을 걸어 쓰러뜨렸다. 시민들은 철삿줄에 묶은 이승만 동상을 끌고 세종로 방향으로 행진했다. 15분쯤 후, 이승만은 경무대에서 "국민이 원한다면 대통령직을 사임하겠다"고 발표했다. 후일 이승만의 비서들은 그가 '국민이 원한다면'이라는 단서를 단 것은 하야할 뜻이 없었기 때문이라고 회고했다. 이승만은 극소수 시위대를 제외한 대다수 국민의 '충성심'을 믿었다는 것이다. 남산의 이승만 동상은 덩치가 너무 커서 시민의 힘으로 무너뜨릴 수 없었다. 1960년 7월 23일, 국무회의는 이승만 동상을 철거하기로 했다. 다음 날 『동아일보』는 "살아 있는 사람의 동상을 굳이 세워 본인에게도 욕되게 하는 결과를 가져왔다"고 보도했다. 철거는 8월 말에야 완료되었다. 1968년 11월, 서울시는 이승만 동상이 있던 자리에 분수대를 세우겠다고 발표했다. 이듬해 여름, 당시로서는 국내 최대 규모인 물줄기 높이 15미터의 분수대가 모습을 드러냈다.

제6대 대통령선거를 앞둔 1966년 말, 자타공인 정권 2인자였던 김종필 주도로 애국선열조상건립위원회가 발족했다. 위원회에는 정계, 재계, 종교계의 유력 인사들이 두루 참여했다. 목적은 서울 시내 요소요소에 애국선열들의 동상들을 세워 국민 일반의 애국심을 함양하겠다는 것이었다. 도시 중심부에 '민족 영웅'들의 동상을 늘어세워 애국주의를 고취한다는 발상의 저작권은 히틀러에게 있다. 나치 치하의 베를린 중심 대로에는 게르만 민족의 영웅들 동상이 늘어서 있었다. 물론 김종필이 히틀러의 저작권을 고의로 침해했다고 단정할 수는 없다. 철학이 같으면, 발상도 비슷해지는 법이다.

애국선열조상건립위원회의 애초 구상은 세종대왕 동상은 세종로에, 충무공 동상은 충무로에, 을지문덕 동상은 을지로에 세우는 것이었다. 박정희가 재선에 성공한 이듬해인 1968년 4월, 세종대왕과 충무공의 동상이 거의 동시에 완성되었다. 제막식 직전, 동상들의 위치가 갑작스럽게 바뀌었다. 당시 김종필이 위원장인 애국선열조상건립위원회의 결정을 바꿀 수 있는 사람은 한 명밖에 없었다. 4월 27일 세종로 입구, 누구나 세종대왕 동상 자리라고 생각했던 곳에 뜬금없이 충무공 동상이 섰다. 세종대왕 동상은 아무 연고도 없는 덕수궁 안으로 밀려났다. 다른 위인의 동상들도 애초 계획되었던 자리에 서지 못했다. 애국선열조상건립위원회가 해체된 뒤에도 동상은 계속 늘어났다. 오늘날 서울 시내에 있는 동상만 해도 50좌가 넘는다.

현대인들은 도시의 가로를 거닐며 신격화한 민족 영웅들을 만나고 그들의 가르침을 내면화한다. 권력은 특정한 영웅의 동상을 세움으로써 그가 표상하는 가치를 '국민적 가치'로 만들려고 한다. 조선시대 양반 관리들에게 가장 명예로운 일은 죽은 뒤 공신당功臣堂에 배향되는 것이었으나, 현대인들에게 가장 명예로운 일은 죽은 뒤 동상銅像으로 거듭나는 것이다. 동상은 민족 영웅이 신神인 시대의 신상神像이다.

64.   자본의
        바벨탑

인류가 신은 하늘에 있다고 믿은 뒤부터, 어느 언어에서나 '높다'라는 뜻의 단어는 특권적 지위를 누렸다. '높은 것'은 신에게 더 가까이 있기에 신의 은총을 더 많이 받는 존재다. 그래서 높다는 '신성하다'와 같은 뜻으로 쓰인다. '지위가 높다', '직급이 높다', '신분이 높다' 등에서 '높다'는 결코 키가 크다는 뜻이 아니다. 자기보다 나이가 많거나 권력을 더 많이 가진 사람이 '높은' 사람이다. 상대가 자기보다 높은 사람임을 인정하는 행위가 '인사'人事, 곧 '사람의 일'이다. 종교나 문화가 달라도, 인사의 방식은 기본적으로 같다. 자기보다 조금 높은 상대에게는 목만 꺾고, 그보다 높은 상대에게는 허리를 꺾으며, 아주 높은 상대에게는 무릎을 꿇고 엎드린다. 온몸을 땅바닥에 대는 오체투지五體投地는 인간이 신을 대하는 가장 솔직한 동작이라고 할 수 있다.

물론 낮은 사람이라고 해서 늘 고개를 숙이거나 허리를 굽히고 살수는 없다. 낮은 사람이 자기 몸을 숙이지 않고도 높은 사람을 우러러볼 수 있게 만드는 장치 또는 기구가 필요했다. 아주 먼 옛날부터 인류는 이런 장치들을 만들어왔다. 지상 공간에 인위적 단차를 만들어 높은 사람은 높은 곳에 서게 하고 낮은 사람은 낮은 곳에 서게 하는 것이 이런 장치가 작동하는 방식이었다. 그런 점에서 '지위'地位란 매우 적절한 말이다. 사람의 신분이나 직급, 신으로부터 받은 은총의 정도는 그가 서는 '자리'로 표현된다. 그가 서는 자리가 곧 그의 신분이다.

인류는 신분과 신장身長 사이에 어떤 비례관계도 만들 수 없었으나, 신분과 거주 공간 또는 생활 공간 사이에는 분명한 비례관계를 만들었다. 높은 사람은 고루거각高樓巨閣에 살았고, 낮은 사람은 '찌그러져가는' 집에 살았다. 높은 사람이 사는 건물은 높은 축대 위에 지었고, 낮은 사람이 사는 건물은 땅바닥에 붙도록 짓거나 땅바닥을 파고 지었다. 한자 문화권에서는 건물의 위계位階를 사람의 위계와 등치했다. 폐하陛下의 '폐'는 섬돌을 뜻하며, 전하殿下, 합하閤下, 각하閣下의 전, 합, 각은 모두 건물의 규모와 격식을 가리키는 글자다. 가장 높은 사람이 사는 건물보다 더 높게 지어야 했던 것은 신이 사는 건물, 즉 신전神殿이었다.

신성한 건조물은 높은 곳에 높게 지었다. 신전들은 축대와 기둥, 천장, 층고 등이 인간이 사는 집보다 훨씬 크고 높아야 했다. 위대한 신이 거처하는 건조물의 규모를 인간 신체의 척도로 계산해서는 안 되었다. 신전의 일부로든 별도로든 하늘을 찌를 듯한 탑을 세우는 것도 모든 종교의 공통점이다. 건조물의 실체적·상징적 높이는 그것이 표상하고 기리는 대상의 신성성에 비례했다. 나무를 깎아 기둥을 세우는 목조 건축물로는 신성성의 차이를 두드러지게 표현하기 어려웠으나, 깎은 돌을 쌓아 올려 기둥을 세우는 석조 건축물에서는 이런 차이가 두드러졌다. 하지만 대비되는 정도가 달랐을 뿐, 신성한 건물은 높아야 한다라는 통념에는 차이가 없었다. 당연히 가장 신성한 건물은 하늘과 맞닿은 건물이었다. 중세까지 대부분의 지역에서 하늘과 맞닿은 건물은 모두 신전이나 성당이었다.

16세기 과학혁명 이후 신의 지위를 차지한 것이 과학이었다면, 18세기 산업혁명 이후 신의 지위를 차지한 것은 자본이었다. 더불어

'자본의 건물'이 신전의 양식을 취하기 시작했으며, 이윽고 가장 높은 신전보다 더 높아졌다. 1913년 미국 뉴욕에서 울워스Woolworth 빌딩이 준공되었다. 높이 241.5미터의 57층 건물로서 고딕, 로마네스크, 비잔틴 등 종교 건축의 요소들을 두루 차용한 빌딩이었다. 이 건물은 준공되자마자 '상업의 성전'Cathedral of Commerce이라는 별명을 얻었다. 이 건물은 하늘 아래에서 가장 신성한 것이 자본인 시대가 열렸음을 상징적으로 선언했다.

영단어 스카이스크래퍼skyscrapper를 번역한 한자어 '마천루'摩天樓는 1920년대 중반 우리나라에 전래했다. 1924년 12월 14일자 『시대일보』는 '노국露國에서 마천루 건설'이라는 제하에 "모스크바에서는 최초의 스카이스크래퍼(마천루)를 근근 가설할 터인바 노농국립은행에서 그 비용으로 오백만 원을 지불할 터라고 한다"라고 보도했다. 엠파이어스테이트 빌딩이 준공된 1929년을 전후해서는 '마천루'라는 말이 시대의 유행어처럼 되었다. 1935년, 『동아일보』와 『조선중앙일보』는 '20세기 현대 문명의 정수는 마천루'라고 단언했다. 1936년 『동아일보』는 마천루를 '20층 이상의 건물'로 정의했다.

하지만 '하늘에 닿을 듯한 건물'이라는 개념은 '마천루'라는 말이 생기기 전에도 있었다. 1894년 서울 사람들은 명동성당을 보고 '하늘에 닿을 듯한 건물'이라고 했고, 1901년 대한제국 외부는 각국 공사관에 보낸 공문에서 정동에 있던 2~3층짜리 외국 공관들을 '하늘을 찌를 듯한 건물'로 지목했다. 하지만 1950년대까지 한국인들은 10층짜리 건물조차 볼 수 없었다. 이 땅의 건물로 처음 '마천루'라는 영예로운 이름을 얻은 것은 1932년 평양에 건립된 90척(27미터) 높이의 망루였다. 1937년에는 부산에 준공된 5층짜리 미나카이三中井 백화점에도 '마천루'라는 별명이 붙었다. '상업의 신전'다운 마천루는 이 건물이 최초였다. 이후 종로의 화신백화점, 황금정(현 을지로)

일저강점기에 마천루로 불린 '상업의 신전' 부산 미나카이 백화점 인류는 오랜 옛날부터 '하늘에 닿을 듯한 건물'에서 신성함을 느껴왔다. 현대에도 여러 종교가 병립하지만, 모든 사람에게 숭배받은 사실상의 유일신은 '돈신'이자 '물신'이다. 현대의 마천루 거의 전부가 '상업의 신전'인 것은, 현대가 '물신의 시대'라는 증거다.

의 반도호텔 등 5층 이상의 고층으로 신축된 건물들이 차례차례 '마천루'로 불렸다.

『동아일보』가 1936년에 제시한 '20층 이상'의 조건에 부합하는 건물은 1969년부터 우리나라에 모습을 드러냈다. 이해 남대문로에 지상 23층짜리 한진빌딩이 건립되었으며, 1971년에는 삼일로 한복판에 지상 31층, 높이 114미터의 삼일빌딩이 들어섰다. 삼일빌딩은 이후 10년 이상 한국의 발전을 상징하는 사진 모델 구실을 했다.

1985년에는 63빌딩이 한국 최고의 마천루가 되었으며, 2000년대 이후 목동 하이페리온, 해운대 위브 더 제니스, 포스코타워-송도 등이 잇달아 최고층 건물 기록을 갈아치웠다. 2017년에 완공된 잠실 롯데월드타워는 지상 123층에 높이 555미터로 세계에서 다섯 번째로 높으며, 연면적 32만 8,350제곱미터로 한 세기 전이라면 하나의 도시를 구성했을 인구를 수용한다.

1969년에 창립된 세계초고층도시건축학회CTBUH, Council on Tall Buildings and Urban Habitat는 높이 300미터 이상을 '슈퍼초고층'Supertall, 600미터 이상을 '메가초고층'Megatall으로 규정했다. 2017년 기준으로 전 세계 슈퍼초고층 빌딩은 126개이며, 메가초고층 빌딩은 아랍에미리트의 부르즈 칼리파(828미터), 중국의 상하이타워(632미터), 사우디아라비아의 아브라즈 알 바이트 클락 타워(601미터) 3개로 모두 아시아에 있다. 슈퍼초고층 빌딩도 대부분이 아시아와 미국에 분포하며 한국은 최근 슈퍼초고층 빌딩 증가 속도가 세계에서 가장 빠른 편에 속한다.

인류는 아주 오랫동안 하늘에 닿는 건물을 지으려는 종교적 열정을 품어왔으나, 그 꿈을 실현한 것은 자본이었다. 옛날의 바벨탑은 인류를 서로 다른 언어권으로 분열시켰으나, 현대의 마천루는 종교와 언어를 따지지 않고 모든 인간을 자기 안에 받아들여 통합한다. 마천루는 돈이 가장 신성한 시대, '지름신'이 최고신인 시대의 표상이다. 다만 지름신교 신도들은 '유일신'에 복종하면서도 서로 연대하지 않는다. 그런 점에서는 바벨탑을 쌓다가 신의 분노를 사 서로 쓰는 말이 달라진 바빌론 시대의 사람들과 비슷하다.

65.   도시에
        길들여진
        자연

한국어에서 '자연'의 반대말은 '인공'이며, '자연스러운'의 반대말은 '인위적인'이다. 벌이나 개미가 지은 집은 자체로 자연의 일부지만, 인간이 지은 건조물은 인공물이다. 인간은 자연에 대립하는 유일한 자연물이다. 자연은 인간을 낳음으로써 학대받는 어버이와 비슷한 처지가 되었다. 오랫동안 자연을 두려워했던 인류는, 어느덧 자연의 품을 벗어나 이제는 자연에 대한 '보호자' 역할을 자임한다. 인류 문명사는 인간이 자기 편익을 위해 자연을 개조하고 순치馴致시켜온 역사다.

도시는 인간의 자연 개발과 순치가 집중적으로 이루어진 공간이자 문명을 보관하는 창고였다. 인류는 지표상의 일정 공간을 성벽으로 둘러싸고 그 안을 인공 구조물들로 가득 채웠다. 산과 나무, 개울과 바위 등 자연경관이 압도적인 농촌과는 달리, 도시경관은 인공 구조물들에 지배된다. 하지만 인류는 이 공간 안에도 자연을 길들여 배치했다. 영어로 파크park, 한자어로 원園 등으로 불리는 도시 안 또는 성벽 인근의 '인위적 자연'은 도시와 함께 출현했다. 인간의 통제 아래 도시 안에 남은 자연은 인간의 자연 정복을 상징하는 장소였다. 다만 이 장소의 사용권은 왕과 귀족 등 도시의 권력자들만 가졌다.

시민혁명으로 귀족이 사라지고 산업혁명으로 도시 환경이 악화한 19세기 초부터, 유럽의 일부 도시에서 옛 왕과 귀족의 장원莊園이 일반 시민들에게 개방되기 시작했다. 공원公園이란, 시민들이 공유하는 '인위적 자연'을 의미한다. 1844년 영국 리버풀 시민들은 기금을 조성하여 버컨헤드 파크를 공원으로 개조했다. 이것이 근대적 공원 설계의 시작이다.

우리나라 최초의 공원은 1888년 인천 개항장 외국인 거류지에 조성된 만국공원(현 자유공원)으로서, 인천 거류 외국인의 사교장이자 산책지로 이용되었다. 1897년에는 서울 남산 주변에 거주하던 일본인들도 왜성대공원을 만들었다. 이에 앞서 1894년 7월, 군국기무처는 도시 관리 사무 일반을 경무청 관할로 삼고 도로, 교량, 철도, 전선, 거마車馬, 건축 등과 함께 공원을 도시 시설로 지정했다. 우리나라 법규에 공원이 처음 등장한 것이다. 이어 1896년에는 독립협회가 공원 건설 계획을 발표했다. 설립 당시 독립협회가 표방한 목적은 민권 자강운동이 아니라 독립문 건립과 독립공원 조성이었다. 독립협회는 『대조선독립협회보』 제1호에 실은 윤고輪告(사람들에게 두루 고하는 글)에서 협회 설립의 목적을 이렇게 밝혔다.

영은문 터에 독립문을 새로 세우고 예전 모화관을 고쳐서 독립관이라 하여 예전의 치욕을 씻고 후세의 표준을 만들고자 함이요, 그 부근 땅을 버려둘 수 없으므로 독립공원을 다시 창설하여 그 문과 관館을 보관코자 한다.

한국인이 처음 만든 공원의 용도는 독립문과 독립관을 보관하는 것이었다. 독립공원은 1897년 7월에 완공되었다. 나무와 화초를 심고 돌을 가져다 놓는 등 공원의 모양새는 갖추었으나, 서대문 밖에 있던 이곳을 일부러 찾는 사람은 많지 않았다. 이 공원은 주로 독립협회 회원들의 옥외 집회 장소로 이용되었다. 독립공원이 생긴 지

이태 뒤인 1899년 봄, 한성부는 옛 원각사 터를 공원으로 바꾸는 공사에 착수했다.

지금 탑골공원이 있는 원각사 터는 역사 지층이 무척 두터운 곳이다. 고려시대에는 흥복사라는 큰 사찰이 있었는데, 조선왕조 개창이후 여러 관청이 사찰의 전각들을 사용했다. 세조는 즉위 3년(1457)에 흥복사를 폐하고 건물을 약학도감藥學都監에 내주었다. 그 7년 후승려가 된 삼촌 효령대군을 통해 부처의 영험을 경험한 세조는 그자리에 다시 새 사찰을 짓기로 했다. 절 이름은 원각사圓覺寺로 정했고 경내에 십층 석탑을 세웠다. 이 석탑의 정교함과 아름다움은 일본에까지 알려졌으며, 범종梵鍾은 후일 보신각 종이 되었다. 원각사는 착공 이듬해 4월 초파일에 완공되었다. 불교를 혐오했던 세조의증손자 연산군은 원각사를 다시 폐하고 연방원聯芳院을 신설하여 시설 전체를 사용하게 했다. 연방원은 연산군의 향락을 위해 전국에서모아들인 기생들을 관리하고 훈련시키던 관서였다. 연방원에 소속된기생들은 흥청, 운평, 계평, 속평 등 여러 등급으로 나뉘었는데, '흥청망청'이나 '흥청거리다'라는 말이 모두 흥청興淸에서 나왔다. 연방원은중종 반정 직후 폐지되었고, 건물은 한동안 한성부가 사용했다.

임진왜란 중 원각사 건물은 모두 불에 타 없어졌고, 탑의 꼭대기 2개 층도 땅으로 떨어졌다. 왜병이 일본으로 가져가려고 탑을 해체하던 중 갑자기 천둥 번개가 치는 바람에 놀라 그만두었다는 이야기가전한다. 양란兩亂 후 서울 인구가 늘면서 원각사 터는 민가들이 잠식했다. 18~19세기에는 이 일대에 미투리 삼는 사람들이 모여 살았는데, 그 집들의 굴뚝에서 나오는 연기로 인해 백탑白塔이 까맣게 그을렸다고 한다. 동네 이름은 원각사가 있었기에 사동寺洞이라 했고, 서울의 랜드마크이던 원각사 탑을 둘러싼 동네라 탑골이라고도 했다. 현재의 인사동은 1914년 일제가 관인방寬仁坊의 '인' 자와 대사동大寺

洞의 '사' 자를 따서 새로 만든 이름이다. 원각사 탑 뒤쪽, 현재의 낙원상가 주변에 이덕무, 박지원의 집이 있어 그들과 어울리던 사람들이 백탑파로 불렸다. 백탑파는 박지원의 손자 박규수를 통해 개화파로 이어졌다.

한성부가 원각사 터의 민가들을 철거하고 공원 조성에 착수한 것은, 1902년 9월로 예정된 '황제 어극 40년 망육순望六旬 칭경예식'을 치르기 위해서였다. '어극 40년'은 고종이 즉위한 지 40년이라는 뜻이고 망육순은 51세라는 뜻이다. 현대에는 노인 되는 것이 서글픈 일이지만, 옛날에는 그렇지 않았다. 평민들에게 노인이 되는 것은 일단 국역國役에서 벗어난다는 의미였다. 환갑잔치는 당사자가 오래 산 것을 축하하는 행사라기보다는 면역免役을 축하하는 행사였다. 요즘으로 치면 '제대除隊 축하연'에 가깝다. 또 노인이 되면 잔소리 들을 의무는 사라지고 잔소리할 권리만 남는다. 살날이 얼마 남지 않았다는 점이 아쉽기는 했지만, 짧은 기간이나마 대접받는 것은 기쁜 일이었다. 실제로 젊다고 해서 노인보다 살날이 많이 남았다고 장담하기도 어려운 형편이었다. 역병과 전쟁은 젊은이들의 살날을 보장하지 않았다.

평민은 나이 60세에 면역되었지만, 70세까지 관료 생활을 한 양반들은 원로 대접을 받았다. 조선시대에는 나이 70세가 넘은 전현직 관료들의 명부를 관리하고 때에 맞춰 선물을 전달하는 기로소耆老所라는 관청이 있었는데, 이 관청 명부에 등재되는 것을 '기로소 입소'라고 했다. 왕도 70세가 되면 입소했으니, 기로소는 왕이 소속된 유일한 관청으로 조선시대 관청 서열 1위였다. 그런데 18세기에 들어 왕에게 신하들과 똑같은 규정을 적용하는 건 부당하다는 주장이 제기되면서, 숙종, 영조 등은 규정보다 일찍 기로소에 입소하기도 했다. 왕이 나이 70세에 입소하는 것은 '왕도 사대부의 일원'이라는 노론의 주장에 힘을 실어주는 행위였고, 일찍 입소하는 것은 '왕에게 적용하는 예禮는 사서인士庶人에게 적용하는 것과 달라야 한다'고 주장하는 남인의 말에 손을 들어주는 행위였다. 왕이 언제 기로소에 입소하느냐는 왕권王權에 직결된 문제였다. 1897년에 황제로 즉위한 고종은, 신하들보다 20년이나 먼저 기로소에 입소하여 '원로' 자격을 얻고자 했다. 자기가 황제이자 원로가 되면 신하들의 간섭과 잔소리도 줄어들리라고 기대했을 것이다. 고종은 본인의 즉위 40주년과 기로소 입소를 '쌍대경절'雙大慶節로 지정했고, 만백성에게 이를 축하하라고 했다. 그런데 이 쌍대경절 지정의 목적은 만백성과 함께 축하하는 데에 머물지 않았다.

공원 조성 공사 3년 반 전인 1896년 3월 11일, 고종은 러시아 니콜라이 2세 대관식에 파견할 전권공사로 민영환을 임명했다. 대관식 참석 후 귀국한 민영환은 이듬해 3월 다시 빅토리아 여왕 즉위 60주년 기념 칭경예식에 참석하기 위해 영국으로 향했다. 고종은 이 두 행사에 대한 정보를 통해 황제의 즉위 기념 칭경예식이 국내 축전祝典 겸 국제 행사가 될 수 있다는 사실을 알았을 것이다. 민영환은 두 차례에 걸친 사실상의 세계 일주 덕에 유럽 각국 수도의 모습을 두루 살필 수 있었다. 임무를 마치고 귀국한 그는 자기가 보고 들은 것들을 고종에게 보고했다. 마침 5년 뒤는 고종의 망육순이자 즉위 40년의 겹경사가 드는 해였다. 고종은 이 겹경사를 잘 이용하면 백성의 '충군애국'하는 마음을 고취하고 대한제국이 문명국가라는 사실을 열강에 알릴 수 있으리라고 생각했다. 그러려면 먼저 수도首都 공간 위에 문명의 증거들을 구축해둘 필요가 있었다.

1898년부터 황궁인 경운궁 안에 서양식 건물들을 신축하는 공사, 종로와 남대문로 일대의 가가假家들을 철거하고 도로를 확장하는 공사, 경운궁 주변에 새 도로를 만들고 하수도를 정비하는 공사, 종로

일제강점기의 탑골공원 대한제국 정부는 1902년의 칭경예식을 앞두고 프로이센 군악대 장이던 프란츠 에케르트를 초빙해 군악대를 창설했다. 군악대 연습실은 탑골공원 서쪽에 두었다. 군악대는 1902년 가을부터 매주 목요일 오전 10시에 연습을 겸해 시민을 위한 무료 연주회를 열었다. 한국인들이 서양 음악의 선율에 익숙해진 것도 탑골공원 덕이었다.

에 전차를 부설하는 공사 등이 숨가쁘게 진행되었다. 근대 도시의 필수 시설이 된 공원 조성도 빼놓을 수 없는 일이었다. 후일 탑골공원이라는 이름을 얻은 종로 한복판의 공원은 칭경예식 직전인 1902년 9월에 완공되었다. 백탑 앞에는 팔각정을 세웠는데, 동아시아에서 팔각형은 심상하게 쓸 수 있는 도형이 아니었다. 팔각형은 원형과 사각형의 중간에 해당하는 도형으로서, '하늘은 둥글고 땅은 모나다'라는 천원지방天圓地方 사상에 따르면 하늘과 땅을 연결하는 신성한 도형이었다. 조선시대에 팔각정은 중국 사신을 위해 지은 모화관 옆에 하나가 있었을 뿐이며, 대한제국 선포 이후에야 원구단 옆에 황궁우를 팔각형으로 지을 수 있었다. 황궁우는 천신, 지신, 인신人神의 위패를 함께 모시는 건물이었으니, 신성한 도형을 취하는 게 당연했다. 탑골공원 내 정자는 대한제국 시기에 건립된 두 번째 팔각 건물이다. 백성이 사용할 공원에 팔각정을 둔 이유는, 백성을 하늘에 버금가는 존재로 여기겠다는 '민본의식'을 표현하기 위해서였을 것이다.

유럽 도시들에 공원이 생긴 이유는 산업화에 따라 도시 환경이 나빠졌기 때문이다. 도시에 산재한 공장 굴뚝들이 뿜어내는 연기는 도시 주민들의 허파를 끊임없이 공격했다. 도시 부르주아지들이 탁한 공기를 피해 교외로 이주해야 할 정도였다. 폐결핵은 19세기 도시민들의 생명을 위협한 대표적 질병이었다. 이런 상황에서 공원에는 처음부터 '도시의 허파'라는 별명이 붙었다. 그러나 19세기 말의 서울은 아직 '산소 공급'이 필요한 도시가 아니었다. 탑골공원 공사가 착공된 그해에 발전發電을 시작한 동대문발전소가 석탄 태운 연기를 뿜어내는 정도였다. 외국인이 만든 것이든 한국인이 만든 것이든, 한국의 공원은 애초부터 '문명의 표지'였다.

한국의 공원들은 도시에 산업시설이 늘어난 1920년경부터 '도시의 허파'로 기능하기 시작했다. 서울에는 장충단공원, 삼청공원, 남산공원 등이 잇달아 만들어졌고, 사람들도 공원을 도시의 필수 시설로 인식하게 되었다. 1917년에는 남산 일대를 '삼림공원'으로 지정하자는 제안도 나왔다. 공원 덕에 오늘날의 도시민들은 인공구조물에 둘러싸여 살면서도 틈틈이 가까운 곳에서 자연을 느낄 수 있다. 하지만 도시 공원 안의 자연은 인간에게 완전히 순치된 자연이다. 반려견이 늘어난다고 해서 동물 생태계가 회복되는 것이 아니듯, 도시 공원이 늘어난다고 해서 자연이 살아나는 것도 아니다. 인간이 자연의 변화를 통제할 수 있는 시간이 앞으로 10년밖에 남지 않았다고 한다. 어쩌면 공원은, 인간에게 자연을 길들일 수 있다는 오만한 신념을 심어준 시설일 수도 있다.

66. 가축과
비슷해진
나무

"조물주의 유일한 실수는 인간을 창조한 것"이라는 우습지
않은 우스개가 있다. 인류는 문명을 창조한 이래 조물주가 만든 다
른 피조물들을 자기 생활공간 주변에서 쫓아내고 망가뜨리는 데에
탁월한 능력을 보였다. 인간은 자기 정착지 안과 그 인근의 생명체
들에게 죽거나 쫓겨나거나 길드는 것 외에 다른 선택의 여지를 주지
않았다. 인간의 필요에 따라 가축·곡식·채소·화훼·과수 등으로 이
름 붙여진 생명체들만이 인간의 공간에서, 인간을 위해 살다가 인간
을 위해 죽을 수 있었다.

사람에게 공존 허락을 받은 생명체라도 인구가 조밀한 곳에는 살
자리를 얻기 어려웠다. 도시의 시장에는 죽은 동물과 뿌리 뽑힌 식
물이 넘쳐흘렀으나, 산 것들에게 배정된 공간은 아주 협소했다. 개·
고양이·말 등의 동물은 물론 나무조차도 사람 집 담장 안에서 사람
과 함께 살았다. 특히 과실을 맺지 못하는 나무는 부잣집 마당에나
뿌리 내릴 수 있었다.

고대 로마인들은 행군하는 병사들에게 그늘을 제공하기 위해 로
마와 변방 지역을 잇는 큰길 좌우에 소나무를 심었는데 이것이 길가
의 나무, 즉 가로수의 기원이다. 그러나 가로수는 각 도시들의 도로
가 차도와 보도로 분리된 뒤에야 보편화했다. 조선시대 서울에도 경
복궁 앞 대로변과 청계천변에는 나무들이 있었다. 그런데 이 나무

369

전찻길 좌우로 늘어서 있는 우리나라 최초의 가로수들 1920년대 동대문 밖. 이 가로수들은 1930년대 중반 경성부가 청량리 일대 도로를 개수改修하면서 사라졌다. 출처:『한일병합사』

들은 엄밀히 말해 가로수가 아니라 천변수였다. 조선 초 도성 한복판을 가로질러 흐르는 하천을 개착開鑿한 뒤 제방이 무너지는 사고가 빈발하자, 성종은 개천가에 버드나무를 심으라고 지시했다. (하천을 개착하는 일을 개천開川이라 하는데, 인위적으로 개착한 하천도 개천이라고불렀다.) 버드나무 뿌리는 흙이 흩어지는 것을 막아 제방을 보호하는구실을 했다. 경복궁 앞 큰길 양쪽, 육조六曹 관아의 담장 앞에는 작은 도랑이 있었다. 육조 관아에서 흘러나오는 하수下水를 처리하고빗물이 도로를 침범하지 않도록 하는 시설이었다. 이 도랑과 도로사이에도 버드나무들이 있었다.

우리나라에서 명실상부한 가로수는 1897년 명성황후 국장 직전에 처음 등장했다. 이때 혜화동에 사는 홍태윤이 사비를 들여 국장행렬이 지날 예정인 동대문 밖에서 홍릉에 이르는 연도에 수백 그루의 백양나무를 심었다. 명성황후가 마지막 가는 길에 애도를 표하려는 의도에서였는지, 서울을 근대 도시답게 꾸미려는 의도에서였는지는 알 수 없다. 그는 일본이 한국을 강점한 직후 살구잼 제조를 시도한 적이 있는데, 이로 미루어보면 근대 문물에 대한 식견과 관심이 상당히 높았던 사람으로 보인다. 진짜 의도가 무엇이었든, 그는 나무 심은 공로로 홍릉감독 벼슬을 얻었다. 이 가로수는 홍릉 위병衛兵들이 극진히 관리한 덕에 무척 잘 자라 1930년경에는 동대문에서 청량리에 이르는 도로가 전국 최고의 가로수 길로 명성을 날렸다.

1906년에는 경무청 주관하에 광화문에서 덕수궁을 지나 남대문에 이르는 도로와 동대문에서 서대문에 이르는 도로, 종로에서 남대문에 이르는 도로에 10칸 간격으로 가로수를 심었다. 수종樹種은 포플러였다. 포플러는 라틴어 arbor populi에서 유래한 이름으로 the people's tree, 즉 '인민의 나무'라는 뜻이다. 유럽에서는 사람이 많이 모이는 곳에 흔히 심었던 나무로 가로수로는 범용汎用이었던 셈이다. 이로써 서울 주요 간선도로는 모두 '가로수 길'로 바뀌었다. 이후 가로수 식재와 관리는 도시 행정의 불가결한 구성요소가 되었다. 하지만 사람이 도시에 새로 심는 나무보다는 도시화로 인해 베어지는 나무가 훨씬 많았다. 도시가 새로 생길 때마다, 도시 규모가 커질 때마다, 도로가 확장될 때마다, 수많은 나무가 잘려나갔다. 나무를 베어 길을 만들어 놓고, 그 길가에 또 다른 나무를 심는 것은 일상적인 도시 행정 업무였다.

오늘날 도시의 도로변은 가로수들로 이루어진 선형의 숲이다. 인공 구조물들에 둘러싸여 자연과 격절된 채 일상을 영위하는 현대의 도시민들은 가로수를 보고 겨우 계절의 변화를 느낀다. 가로수는 도시민들을 자연과 연결해주는 가냘픈 매개물이자, 설 자리를 잃은 다른 생명체들에 대한 인간의 죄책감을 덜어주는 물건이다.

4장

타고
오가다

사회·문화

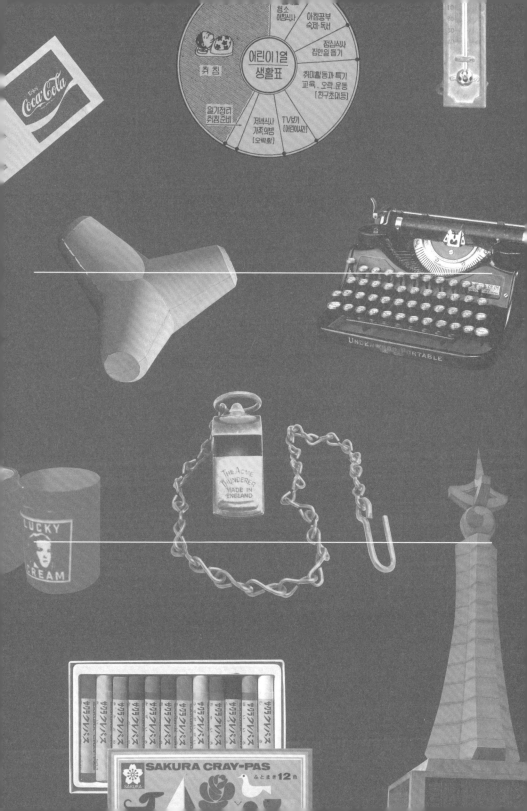

승강기

67.　현대인이
　　가장 자주
　　타는 것

　　20년쯤 전, 신도시 고층 아파트에 갓 입주한 40대 남성이 퇴근 후 귀가하자마자 사망했다. 건강해 보였던 그를 갑작스러운 죽음으로 몰아간 것은 고장 난 승강기였다. 그의 심장은 20층이 넘는 계단을 걸어 올라가는 과잉 운동을 견디지 못했다. 문명의 이기가 다 그렇듯이, 이 경우 엘리베이터는 사람을 해치는 흉기로 작동했다.

　　암벽 꼭대기에 도르래를 걸어 놓고 사람과 물자를 끌어올리는 수동 승강기는 먼 옛날에도 있었고, 18세기 후반에는 프랑스 왕궁 안까지 들어왔다. 1853년 미국의 발명가 오티스E. G. Otis는 추락 방지 장치를 발명해 승강기의 안전도를 높였으며, 1880년에는 독일의 지멘스 사가 전기로 움직이는 승강기를 개발했다. 빠르고 안전해진 승강기는 건물의 고층화를 이끌었다.

　　1910년, 금괴와 화폐 운반용으로 조선은행(현 한국은행 화폐박물관)에 승강기가 설치되었다. 이것이 한반도 최초의 승강기이다. 1914년에는 철도호텔(현 웨스틴 조선호텔의 전신)에 사람을 실어 나르는 승강기가 설치되었다. 호텔 구경은 엄두도 못 내는 보통사람이 이용할 수 있는 승강기는 1922년 인사동에 건립된 조선극장이 처음 선보였다. 개관 당시 "경성의 극장 중에서는 일본인 측의 경성극장을 제한 외에 가장 훌륭하다"는 평을 들은 이 극장은 조선인 황원균이 세웠다. 3층 건물에 놓인 엘리베이터는 호사품의 일종이었다. 많은 사람

1930년에 개관한 미쓰코시 오복점 엘리베이터 출입구 현재 신세계백화점 본점 1층 중앙 엘리베이터 자리에 있었다. 초창기 엘리베이터는 상류층의 전유물이자 서민을 '주눅 들게' 만드는 물건이었다. 1971년에 완공된 24개동짜리 여의도 시범아파트는 98명의 엘리베이터걸을 고용하여 '특수층 공동주택'이라는 이미지를 홍보하는 데 이용하기도 했다. 그로부터 반세기도 안 지난 현재, 승강기는 사람들이 가장 자주 타는 '탈것'이 되었다. 출처:『신세계 25년의 발자취』

이 엘리베이터를 타보려고 일부러 조선극장을 찾았다. 조선극장은 1937년 소실되어 현재 그 터에는 종로 민영 주차장이 들어서 있다.

1930년에 개관한 4층 높이의 미쓰코시 오복점(현 신세계백화점 본점의 전신)에도 엘리베이터가 놓였다. 더불어 미쓰코시 오복점 4층 식당은 부자들의 데이트 장소로 각광받았다.

경성시내에서 남산공원 영락정 조선신궁 한강을 두루 다닌 후 자동차 타고 삼월오복점으로 가서 엘리베이터 타고 4층 식당으로 올라간다. 미츠마메蜜豆(일본식 디저트) 20전, 스시

376

35전, 양요리 60전, 소다수 20전 소비하고 난 후 한 시간 동안 미쓰코시 정자옥 시찰한다.

— 『별건곤』 1929년 9월. 대경성특집호

1937년 11월에는 종로 한복판에 지하 1층, 지상 6층, 총 건평 3,011평의 화신백화점이 준공되었다. 한국인 건축가 박길룡이 설계한 이 건물은 당시 서울에서 가장 높은 건물로서 엘리베이터 운행 거리도 가장 길었다. 당시 한 한글 신문은 화신백화점의 엘리베이터에 대한 사람들의 반응을 이렇게 소개했다.

엘레베타 앞에는 뚱뚱한 신사를 필두로 수많은 사람이 엘레베타가 내려오기를 대단히 긴장한 채 대기하고들 섰다. (…) 엘레베타는 일사천리 위로 달음질치듯 올라간다. 그 순간! 시골서 온 듯한 영감님의 눈은 경이와 불안을 느낀 채 급속도로 회전한다.

승강기의 증가 속도는 고층 건물의 증가 속도에 정확히 비례했다. 1970년대까지도 고층 건물에는 상류층이거나 상류층 기분을 내려는 사람들만 드나들 수 있었다. 그래서 건물주들은 탑승 요금을 받지도 않으면서 '엘리베이터걸'이라는 전문직 여성을 고용하곤 했다. 평범한 사람들에게 엘리베이터 탑승은 택시 이용보다 더 고급스러운 체험이었다.

고층 아파트 시대는 곧 엘리베이터의 대중화 시대였다. 현재 한국의 승강기는 50만 대 이상, 인구 100명당 한 대꼴로 세계 최고 수준이다. 수많은 사람이 집과 직장에서 하루에도 몇 차례, 또는 수십 차례씩 승강기를 이용한다. 현대인이 가장 많이 이용하는 '탈것'은 자동차가 아니라 승강기다. 하지만 지금도 "택배 사원과 음식점 배달부는 승강기 이용 금지"라는 공고문을 내붙이는 아파트 단지가 있다. 표면적인 이유는 승강기가 손상되고 내부에 냄새가 밴다는 것이지만, 진짜 이유는 승강기를 여전히 '특권의 상징'으로 생각하는 사람이 있기 때문일 것이다.

승강기는 현대 건축물과 주택의 고층화를 뒷받침했을 뿐 아니라, 사람들이 일상적으로 수직적 공간 이동을 체험할 수 있도록 했다. 그런 점에서 이 물건은 수직적 신분 상승을 열망하는 현대인들과 아주 잘 어울린다. 다만 50~60층 주거용 건물과 100층 넘는 상업용 건물이 속속 들어서는 시대에, 승강기가 멎는 상황이 오면 어떻게 될지 걱정하는 사람이 드물다는 것은 무척 희한한 현상이다.

자전거

68. 바퀴에 익숙한
인간을
만들다

"찌르릉 찌르릉 비켜나세요. 자전거가 나갑니다. 찌르르르
릉, 저기 가는 저 영감 조심하세요. 어물어물하다가는 큰일 납니다."
1933년 김대현이 작사 작곡한 동요 〈자전거〉의 가사다. 정부 수립
후 초등학교 음악 교과서에 이 노래가 실릴 때 '찌르릉'은 '따르릉'
으로, '영감'은 '사람'으로 바뀌었다. 내가 초등학생이던 시절 음악
교과서에는 이 노래가 수록된 페이지에 세발자전거 타는 어린이 삽
화가 포함되어 있었다.

아이들 장난감이던 목마의 앞뒤에 바퀴를 단 자전거가 처음 발명
된 해는 1791년, 핸들 달린 자전거가 출현한 해는 1817년, 페달 달
린 현대식 자전거가 만들어진 해는 1839년이다. 자전거는 1860년대
부터 상품으로 판매되기 시작했고, 1868년에는 세계 최초의 자전거
경주 대회가 열렸다. 영어사전에 바이시클bicycle이라는 단어가 등재
된 해도 1868년이다.

우리나라에는 미국인들이 처음 자전거를 들여왔다. 1884년 주조
선 미국 공사관 해군 무관으로 임명되어 후일 대리공사가 된 조지
클레이턴 포크George Clayton Foulk는 자전거를 가지고 여정에 올랐다.
제물포에 도착한 그는 이 물건을 타고 서울까지 이동했다. 1886년
육영공원 교사로 초빙된 달즐 아델베르트 벙커Dalzell Adelbert Bunker
도 자전거를 가지고 왔다. 그가 부임하자 조선 정부는 6명의 가마꾼

을 보내주었는데, 그에게는 가마가 너무 불편했다. 벙커는 가마꾼들에게 다른 일을 맡기려 했으나, 그들은 '대감의 가마꾼' 일 외에 다른 일은 할 수 없다고 버텼다. 벙커는 하는 수 없이 가마꾼들을 되돌려 보내고 자전거로 서울 시내를 돌아다녔다. 1884년 의료 선교사로 조선에 들어온 호레이스 알렌Horace N. Allen은 1887년 주미 조선공사관 참찬관으로 귀국했다가 1890년 재입국했는데, 이때 자전거를 가지고 왔다. 그는 『The Korean Repository』 1896년 8월호에 기고한 글에서 당시 서울에는 14대의 자전거가 있었고, 그중 4대는 여성이 탄다고 했다. 서울의 자전거 대다수는 '즐기는 용도'가 아니라 선교사들의 시골 탐방용으로 쓰였다. 그에 따르면 서울에서 자전거 타기에 가장 좋은 곳은 동대문에서 홍릉에 이르는 13마일(약 21킬로미터) 정도의 길이었다. 일본군이 경복궁을 점령했을 때 권총을 들고 고종을 호위했던 제중원 의사 에비슨Oliver R. Avison도 자전거를 타고 궁궐에 출입했는데, 고종은 그때 자전거를 처음 보았다. 고종은 위태로운 상황에서도 그의 자전거에 큰 관심을 보였다고 한다. 한국인 중에서 처음 자전거를 탄 사람은 1895년 미국에서 귀국한 윤치호였다. 그는 독립협회 회장 시절, 지금의 견지동 자택에서 독립관까지 자전거를 타고 다녔다. 최남선은 "나는 어릴 때 그가 종로 네거리를 자전거 타고 씽씽 달리는 것을 보면서 나도 언제 저 사람처럼 되나 하며 얼마나 부러워했는지 모른다"고 회고했다. 1899년 미국인이 경영하던 상점 개리양행은 『독립신문』에 한글로 된 자전거 판매 광고를 실었다.

우리 전에서 미국에 기별하여 여러 가지 유명한 자행거가 많이 나왔다고 기위 여러 번 광고하였거니와 또 지금 아무 자행거에나 맞을 불 켜는 등과 종과 자행거 수레바퀴에나

맞을 인도고통과 공기 집어넣을 무자위와 자행거에 앉을 자
리와 바퀴의 살들과 속에 넣는 쇠공과 사실이며 기외에 여
러 가지 기계가 있으며….

—『독립신문』1899년 7월 29일자

바이시클bicycle의 첫 우리말 번역어는 '자행거'自行車였으나, 을사
늑약 이후 일본식 '자전거'로 바뀌었다. 도입 초기에는 외국인들이
나 타는 물건이었기 때문에, 한국인들은 자전거를 귀물貴物로 취급
했다. 서양인들을 '양대인'洋大人으로 부르는 관행이 자전거에까지 미
친 것이다. 알렌은 서양인의 자전거에 치인 한국인이 '행로를 방해
해서 죄송하다'라며 되레 사과하는 모습을 보았다고 기록했다. 귀물
에는 탐심이 생기는 법, 1899년 5월 '각 학교 대운동회' 때에는 최초
의 자전거 절도 사건이 일어났다. 자전거 가진 사람이 몇 안 되던 때
였으니, 자기가 타거나 팔아넘길 목적은 아니었을 것이다.

인력으로 움직이는 자전거는 애초부터 '교통수단'이자 '스포츠
용품'이었다. 이 땅 최초의 자전거 경주 대회는 을사늑약 이듬해인
1906년 4월 22일에 열렸다. 일본인 자전거 판매업자들이 판촉 행
사로 기획한 대회였다. 장소는 동대문 안 훈련원이었고, 참가 선수
는 모두 일본인이었다. 이듬해 6월 20일, 서울 시내의 한·일인 자전
거포 주인들이 '내외국인을 막론하고 자전거를 소유한 사람'은 모두
참가할 수 있는 자전거 경주 대회를 역시 훈련원 광장에서 열었다.
대회는 대성공을 거두었고, 이후 여러 단체가 각종 명목으로 자전거
경주 대회를 개최했다. 1925년 9월에는 조선인 자전거 판매업자들
이 따로 서울 윤업회輪業會를 조직하고 '전全조선 자전거 대경주회'를
열었는데, 처음으로 '여자부' 경기를 치렀다. '여자 선수'는 대정권번
大正券番 소속 기생들이었다. 1937년에는 조선학생자전거경기연맹이

엄복동이 타던 자전거 2010년 등록문화재로 지정되었다. 영국 럿지 사Rudge-Whitworth제품으로 1910~1914년 사이에 제작된 것으로 추정된다. 럿지 사는 1910년대 초 인천에 총대리점을, 전국 주요 도시에 매팔점賣捌店(대리점)을 두고 있었다. 자전거 대회 우승 상품도 대개 럿지 자전거였기 때문에, 상품으로 받은 것일 수도 있다. 출처: 국가문화유산포털

창립되었는데, 이 단체는 이듬해 조선자전거경기연맹으로 개칭하고 조선체육회 산하 기관이 되었다.

자전거 경주 대회의 인기는 축구 경기를 능가할 정도였는데, 거기에는 조선인 선수 엄복동의 특출함이 단단히 한몫했다. 1913년 11월, 일선인日鮮人 자전거상회 연합 추기秋期 자전거 경주 대회 상황을 보도한 『매일신보』는 "대개 엄복동에 대해서는 자전거 대왕이라는 말이 자자하였는데, 능히 엄복동의 기예를 당할 자가 없으므로 우승에 참례를 허락하지 않고 다만 선생으로 대접하는 일을 볼진대, 가히 진기하고 탄복할 일"이라고 썼다. 엄복동은 1910년부터 1929년 은퇴할 때까지 수많은 대회에서 우승했는데, 일본에서 원정 온 선수들과 대결한 경기에서도 발군의 기량을 과시했다. 조선인들은 그의 경기를 보면서 식민지 피압박 민족의 설움을 달랬다. 1922년 안창남이 고국 방문 비행을 한 뒤에는 "올려다 보아라 안창남 / 내려다 보

아라 엄복동 / 간다 못 간다 얼마나 울었던가 / 정거장 마당이 한강수 되노라"라는 노래가 크게 유행했다. 그의 도벽盜癖에 대한 평판과는 별도로, 일본인 선수들을 거듭 꺾은 엄복동은 '민족의 영웅'으로 추앙받았다. 물론 수입도 상당했다. 대회 우승자는 대개 100원 상당의 고급 자전거 한 대를 받았다. 말단 관리 한 달 봉급이 40원쯤 하던 시절이었다. 장래 제2, 제3의 엄복동이 되려는 소년이 늘어날 수밖에 없었다.

돈 받고 일정 시간 동안 자전거를 빌려주는 대여업체가 언제 처음 생겼는지는 알 수 없으나, 1910년대 중반쯤에는 서울 시내 곳곳에서 아이들이 자전거를 빌려 타고 경주하는 모습을 흔히 볼 수 있었다. 자전거 운전에 서툰 아이들이 경주하다 다치거나 사람을 치는 일이 드물지 않았기 때문에, 경찰은 종종 '아이들 경주'를 단속했다. '아이들 경주용'으로까지 쓰일 정도로 자전거의 증가 속도는 빨랐다. 경성부 내의 자전거 수만 하더라도 1916년 2,400여 대이던 것이 1924년 8,400여 대, 1930년 1만 5,000여 대, 1938년에는 5만 1,300여 대가 되었다. 1930년대에는 매년 3,000대 이상씩 폭증한 셈이다. 오토바이는 '자동 자전거'라고 했는데, 그 수는 많지 않았으나 증가세가 가팔랐다. 1922년 14대, 1924년 29대, 1927년 63대, 1930년 118대, 1936년 160대였다.

자전거가 늘어나는 데 따라 사고도 빈발했다. 자전거 조작에 서툴면서도 겁이 없는 젊은이들이 전차, 자동차, 사람, 건물과 충돌하는 일은 무척 흔했다. 사고 대부분은 경찰이 모르는 새에 수습되었으나 인명 피해가 생기기도 했다. 술에 취한 채 자전거 타고 가다 청계천 다리에서 떨어져 죽은 사람도 있었고, 속도를 줄이지 않고 내리막길을 달리다가 자동차와 충돌해 죽은 사람도 있었다. 자전거로 인한 인명과 재산의 손실을 줄이기 위해서는 법적 규제가 필요했다.

1913년 5월에 공포된 '도로취체규칙'에는 '경음기와 전조등을 부착한 자전거만 시내 도로에서 운행할 수 있다'라는 조항이 포함되었다. 1914년 10월부터는 자전거에도 잡종세雜種稅가 부과되었는데, 세액은 연간 1원 50전이었다. 경성부는 또 1916년부터 모든 자전거에 감찰표鑑察票를 달도록 했다. 자전거 등록제라고 할 수 있는데, 세금을 내지 않는 미등록 자전거가 얼마나 되는지는 경찰도 제대로 파악하지 못했다.

1917년 10월 27일에는 경무총감부령 제1호로 '자전거취체규칙'이 공포되었다. 자전거에는 반드시 경음기와 전조등을 부착할 것, 13세 미만인 자는 도로에서 자전거 연습을 하지 말 것, 한 대의 자전거에 두 사람이 타지 말 것, 반드시 두 손으로 핸들을 잡고 운행할 것, 좁은 길과 내리막길에서는 자전거에서 내려 걸을 것, 교통에 방해가 되는 곳에서는 자전거 연습을 하지 말 것, 군대·학생·장례 행렬 등을 횡단하지 말 것, 두 대 이상의 자전거가 나란히 운행하지 말 것, 짐은 허용된 중량과 부피 이내만 실을 것, 브레이크 없는 자전거는 시가지에서 운행하지 말 것, 자전거를 타면서 종아리의 반 이상을 드러내지 말 것 등 '자전거 타기'와 관련된 모든 행위를 통제하는 종합 법규였다. 조선총독부의 법령 대부분이 맹자가 말한 망민網民(백성을 그물로 잡다)에 부합했지만, 이 규칙은 특히 더했다. 이 규칙에 따르면 자전거로 배달하는 노동자는 모두 '범죄자'일 수밖에 없었다.

소년 점원들이 자전거에 음식이나 상품을 실어 배달하는 관행은 1910년대부터 시작되었는데, 1930년대에는 소년 점원들이 타고 다니는 짐 자전거의 퍼레이드가 명절과 세모歲暮마다 펼쳐지는 거리 풍경이 될 정도였다. 지금까지 영업 중인 인사동 '이문설렁탕'의 경우 1934년에는 20대 이상의 배달용 자전거를 갖고 있었다. 전시 휘발유 부족으로 시내버스와 택시가 사실상 운행 중단 상태에 빠진 1939년에는 '자전거 택시'도 출현했다. 유아용 세발자전거는 1920년대 중반경에 출시된 것으로 보이는데, 당시에는 '아기 자전거'라고 했다.

무엇이든 흔해지면 천해지는 법, 1900년경 귀물로 대접받았던 자전거는 1930년대 후반부터 매년 수백 대씩 버려졌다. 버려진 자전거를 수거해서 처분하는 일이 경성부와 경찰의 골칫거리가 되었다. 물론 자전거를 버린 사람들은 다시 새 자전거를 마련했다. 자동차를 장만할 형편이 아닌 한, 자전거에 익숙해진 몸은 자전거 없는 생활을 견디지 못했다. 자전거 시장은 계속 커졌으나 태평양전쟁 중에는 일본에서 자전거를 들여오는 일도 쉽지 않았다. 일본 군국주의가 패망하기 직전인 1944년, 서울에 경성정공주식회사가 생겨 자전거 생산을 개시했다. 이 회사가 국산 자전거 제조사의 대표 격인 삼천리 자전거의 전신이다.

현대의 젊은이들은 아주 어려서부터 바퀴 달린 물건을 타면서 자란 사람이다. 처음에는 부모가 밀고 끄는 유모차를 타고 다음에는 작은 바퀴가 달린 보행기를 탄다. 제 발로 걸을 수 있게 되면 곧 세발자전거를 탄다. 세발자전거 다음에는 보조 바퀴가 달린 두발자전거, 그다음이 보조 바퀴 없는 자전거다. 이 밖에도 인라인스케이트, 킥보드, 스케이트보드 등 온갖 바퀴 달린 것들이 그들의 청소년기를 장식한다. 그들 대다수는 어른이 되자마자 자동차 운전면허를 취득한다. 현대인은 바퀴에 익숙한 인간이며, 자전거는 그런 인간을 만든 대표적 물건이다.

69.   현대를
       연
       물건

　　소나 말이 끌지 않아도 저절로 굴러가는 탈것은 하늘을 나는 탈것과 더불어 오랜 세월 인류의 상상 속에나 있던 물건이었다. 증기기관의 발명은 이 상상을 현실화할 실마리를 열어주었으나, 그 기관汽罐을 움직이는 것은 말을 부리는 것보다 더 비용이 많이 들고 불편했다. 그런 탈것을 만들려면 석탄보다 효율적인 연료, 말보다 작은 엔진이 필요했다. 1860년, 프랑스의 르노Louis Renault는 가스로 작동하는 내연기관內燃機關을 발명했다. 1883년에는 독일의 다임러 Gottlieb Daimler와 마이바흐Wilhelm Maybach가 고속 가솔린 엔진을 개발했으며, 1885년에는 역시 독일의 다임러가 가솔린 기관으로 움직이는 이륜차를, 벤츠Karl Friedrich Benz가 삼륜차를 개발했다. 다임러는 이듬해 가솔린 기관 사륜차를 만드는 데에 성공했다. 그 직후부터 오토모빌automobile 또는 오토비이클auto vehicle은 전 세계 도로 위에 모습을 드러냈다. 한자 문화권에서는 이 탈것에 자동차自動車라는 이름을 붙였다. '스스로 굴러가는 차'를 뜻하는 '자전거'自轉車라는 이름이 이미 바이시클bicycle에 붙었기 때문이다. 자동차란 '동력기관을 내장한 수레'라는 의미에 가깝다.

　　우리나라에 처음 들어온 자동차는 궁내부가 '황제 어극 40년 망육 순望六旬 칭경예식'을 치르기 위해 고종의 어차御車로 구입한 미국산 1903년형 포드A다. 외국 특사들이 참석할 이 예식의 하이라이트는 경희궁에서 거행될 열병식閱兵式이었다. 열병식은 현재까지도 외국 국가 원수에 대한 최고 수준의 의전이다. 고종은 열병식을 위해 경희궁을 정비했고, 경운궁과 경희궁을 잇는 무지개다리를 만들었다. 미국에 자동차도 주문했다. 그는 열병식 당일에 자동차를 타고 무지개다리를 건너 현장에 도착할 계획이었다. 하지만 무슨 사정이 있었는지 미국에 주문한 차량은 1902년 가을로 예정된 기념예식 전에 도착하지 않았다. 근대 국가의 군주답게 자동차를 타고 등장하려던 계획에 차질이 생겼으나, 공교롭게도 예식일을 두 달쯤 앞두고 평안도에서 콜레라가 창궐한다는 소식이 들렸다. 역병이 도는 나라에 외국 귀빈을 부를 수는 없었다. 예식은 다음 해 봄으로 연기되었다. 자동차는 그때에 맞추어 도착했으나, 이번에는 영친왕이 천연두에 걸려 예식을 또 연기하는 수밖에 없었다. 고종이 시승했는지는 알 수 없지만, 자동차는 경운궁 밖으로 나가지 못했다. 1904년 2월에 러일전쟁이 일어났고, 4월에는 경운궁에 큰불이 났다. 그 와중에 이 어차도 어디론가 사라졌다. 일본군이 마음대로 징발해갔을 가능성이 크지만, 당시의 대한제국은 그런 국제 범죄에 항의할 수 있는 형편이 아니었다.

한국에 두 번째로 들어온 자동차는 1908년에 프랑스 영사가 가져온 이탈리아산 란치아 사 제품이었다. 한국인들이 거리에서 자동차를 본 건 이때가 처음이었다. 쇳덩어리 괴물 같은 물건이 사람을 태우고 거리에 나타나자, 사람은 물론 소도 말도 놀라 어쩔 줄 몰랐다. 하지만 무엇이든 처음이 놀라울 뿐이지 두 번째부터는 별것 아니게 되는 법이다. 일제의 한국 강점 직후에는 조선 총독과 고종, 순종에게 각각 승용차가 배정되었는데, 이때쯤에는 이미 많은 사람이 자동차에 관한 정보를 갖고 있었다. 사람들은 자동차를 아주 높은 분들이 타는 탈것 정도로 인식했을 뿐, 그를 보고 놀라지는 않았다.

『London Graphic News』 1909년 2월 20일자에 실린 삽화 프랑스 영사의 이탈리아산 란치아 자동차가 서울에 나타난 장면을 그린 것이다. '한국인들은 혼비백산하여 사방으로 흩어졌으며, 들고 가던 짐도 내버리고 숨기에 바빴다. (…) 소와 말도 놀라서 길가 상점이나 가정집으로 뛰어들었다'라는 설명이 부기되었다. 자동차는 도로 위의 폭군으로 등장했고, 사람들은 그 폭군을 소유함으로써 신이 되려 했다.

초대 조선 총독 데라우치 마사다케는 행차 때마다 자동차를 이용했다. 총독부 기관지 『매일신보』는 그가 자동차로 이동했다는 사실을 빼놓지 않고 적었다. 고종과 순종도 궁궐 밖으로 출타할 때 자동차를 이용했기 때문에 궁궐 안과 밖을 나누는 경계선이었던 월대月臺와 계단을 철거해야 했다. 창덕궁과 덕수궁, 경복궁 앞의 월대가 사라진 것도 자동차 때문이었다. 1914년 11월, 왕실의 수원 능행陵幸에는 여러 대의 자동차가 행렬을 지었다. 이때쯤에는 왕실 가족과 이왕직 장관 등에게도 자동차가 배정되었다. 궁궐 문으로 자동차가 드나드는 장면이 일상적으로 연출되었다. 1915년 3월 대제학 박제순

388

은 자동차를 타고 문묘 제례에 참석했다. 총독부 고관이나 친일 귀족이 아닌 민간인으로 자동차를 처음 구입한 사람은 천도교주 손병희였다. 그는 1915년부터 캐딜락을 타고 다녔다. 1916년 3월, 그가 캐딜락을 타고 경찰서에 출두하여 조사받은 사실은 일시 장안의 화제가 되었다.

1915년 경복궁에서 열린 '시정 5주년 기념 조선물산공진회'의 볼거리 중 하나는 자동차였다. 공진회장 안에도 자동차가 전시됐지만, 그보다 더 사람들의 눈길을 끈 것은 고관과 신사들이 타고 입장하는 자동차들이었다. 전국에서 100만 명 가까운 사람을 동원한 공진회는 새 시대의 주역이 자동차라는 사실을 대대적으로 홍보한 행사이기도 했다. 이 뒤에도 총독부 신년 연회, 이태왕 탄신 축하연, 운현궁 이준 장례식 등 장안의 큰 행사 때에는 여러 대의 자동차가 출몰했다. 1917년 이왕李王(순종)이 함흥에 갈 때는 18대의 자동차가 남대문역에서 출발하는 기차에 실렸고, 1918년 일시 귀국한 영친왕은 조선 총독과 마찬가지로 이동할 때마다 자동차를 이용했다.

당시의 자동차는 조선 총독과 왕공 귀족, 대부호들이 타는 물건이었다. 이 무렵 서울의 좋은 기와집 한 칸 값이 200원 정도였다. 10칸 정도면 번듯한 기와집이라는 말을 듣던 시절이었는데, 자동차 한 대의 가격은 2,000원을 넘었다. 1930년대 초까지도 자동차 수를 세는 단위는 집과 마찬가지로 '채'였다. '집채만 한 자동차'란 집만큼 큰 자동차일 뿐 아니라, 집만큼 비싼 자동차이기도 했다. 자동차가 부귀와 출세의 상징이 된 것은 당연했다. 1919년에는 아무나 탈 수 있는 택시가 출현했고, 1922년부터는 도장관이나 경찰서장급의 관리에게도 관용차가 지급됐지만, 이 상징성은 흔들리지 않았다. 1925년 경까지도 서울 곳곳에서는 '문 안 사람'과 '문 밖 사람' 사이에 편싸움이 벌어지곤 했는데, 이 싸움은 20세기 벽두까지 계속된 '돌싸움'

의 연장이었다. 그런데 이 무렵에는 '자동차에 기생을 싣고 공연한 호기를 부리며 다니는 문 안 사람'들에 대한 '문 밖 사람'들의 질시가 편싸움의 원인으로 추가되었다. 경찰 당국과 언론은 전래의 민속놀이이던 편싸움이 자동차로 인해 '계급투쟁'의 양상을 띠게 되었다고 분석했다.

실제로 자동차는 빈부 간 대립과 갈등 양상을 두드러지게 표현했다. 조선 전역에 자동차가 30대 미만이던 1913년에 이미 '부랑자, 기생, 밀매음녀들이 자동차를 타고 돌아다니면서 호기를 부린다'는 신문 기사가 나오기 시작했다. 요릿집에 나가는 기생이 자동차를 타느냐 인력거를 타느냐는 기생의 '인기도'를 직관적으로 드러냈다. 경찰은 기생과 함께 자동차에 타고 경성 시중을 호기롭게 '달려 다니는' 젊은이들을 '부랑자'로 규정하고 단속하기도 했다. 1917년 9월 초, 경찰은 '방탕한 부랑자' 일제 단속을 실시하여 59명을 체포했다. 하지만 서울에 가서 기생을 옆에 끼고 자동차를 타보려는 시골 부호 자제들의 호기를 꺾을 수는 없었다. 어떤 일이든 흔해지면, 사람들의 반응도 덤덤해지는 법이다. 1920년대 이후 젊은 남녀가 자동차를 타고 한강변이나 교외로 드라이브하는 것은 당연한 '일상의 삽화'가 되었다. 학생들조차 택시를 타고 교외로 나가서 은밀한 데이트를 즐기곤 했다. 자동차를 사치, 방탕, 일탈의 중심에 놓는 사회적 태도는 1990년대 '오렌지족'이나 '야타족' 논란에 이르기까지 계속되었다. 지금도 고급 외제 승용차를 타는 젊은이를 보는 사회적 시선은 곱지 않다. 그렇다고 자동차가 '불륜과 연애의 도구'인 것만은 아니었다. 1929년 3월, 평양의 한 예배당에서 결혼식이 열렸다. 식이 끝난 뒤 신랑 신부는 자동차를 타고 평양 시내를 일주했다. 짧은 신혼여행이었던 셈이다. 금강산, 경주 등 전국 명승지 주변의 대로가 얼추 개수된 1930년대 중반부터는 자동차 관광도 시작되었다.

눈에 잘 띄는 데다가 기차나 전차와 달리 사람 많은 곳까지 몰고 갈 수 있는 자동차는 '선전용'으로도 제격이었다. 꽃으로 장식한 홍보용 자동차는 1915년 10월 조선물산공진회 때 처음 등장했다. 이후 꽃자동차는 권력과 자본이 주관하는 대규모 행사 때마다 거리를 누볐다. 선전 문구가 적힌 깃발을 꽂거나 악단을 태운 자동차가 시내 각처로 돌아다니며 행사, 상품, 사건을 홍보하는 일도 흔했다. 이른바 '무산자'無産者들도 자동차를 이용했다. 1921년 12월, 조선청년연합회 회원들은 서울에서 열린 전국대회를 앞두고 자동차 2대에 분승分乘하여 선전 삐라를 살포했다. 1923년 5월에는 전국 여러 도시에서 노동자들이 자동차를 타고 메이데이 기념 선전 활동을 벌였다. 1936년 9월 15일, 미국에서 프로권투 밴텀급 세계 6위에 오르고 귀국한 서정권 선수 환영회가 경성역 앞에서 열렸다. 경성의 각 신문사와 사회단체들이 이 행사에 자동차 20대를 제공했다. 서정권 일행을 태운 20대의 자동차는 경성부 내를 한 바퀴 돌며 조선인 시민들의 환호를 받았다. 이것이 이 땅 최초의 개선凱旋한 스포츠 선수 환영 카퍼레이드였다. 그러나 베를린 올림픽 마라톤에서 우승한 손기정이 귀국했을 때는 카퍼레이드가 없었다. '일장기 말소'에 자극받은 총독부가 허가하지 않았던 듯하다.

자동차가 '아무나 타는 것'이 되자, '특권계급'에 속한 자들은 자동차를 고급화함으로써 자기의 우월성을 표현했다. 하기야 가마꾼의 숫자로 신분을 드러낼 수 없는 시대가 되었으니, 자동차의 외양으로 표현하는 수밖에 없었다. 조선 총독과 경성제국대학 총장의 차는 1만 2,000원짜리 패커드Packard였고, 총독부 국장들은 허드슨, 크라이슬러, 뷰익 등 5,000~6,000원짜리 차를 탔다. 1931년에는 경성부윤이 '감히' 7,000원짜리 차를 샀다. 관용차에는 세금이 부과되지 않았으나, 자가용 자동차를 가진 자들은 세금을 내야 했다. 자동차세는 기생 영업세, 인력거세 등과 함께 '잡종세' 중 하나로 1914년 10월부터 부과되었다. 자동차에 부과되는 연간 세금은 160엔으로 보통학교 교사의 넉 달 치 월급에 상당했다. 세액은 1939년 50퍼센트 인상됐다.

자동찻값과 세금이 아무리 비싸도 총독부 고관이나 부호들처럼 고급 자동차를 타보려는 사람들의 욕망을 꺾지는 못했다. 택시업자들도 고객들의 환심을 사려 고급화 경쟁에 뛰어들었다. 1920년대 중반까지 포드 자동차 일색이던 서울 거리에 냇슈, 뷰익, 쉐보레, 스타 등 고급차들이 속속 모습을 드러냈다. 1원짜리 지폐 한 장이면 5,000~6,000원짜리 고급차 뒷좌석에 잠시나마 앉을 수 있었으니, 택시 타는 것은 서민들도 누릴 수 있는 호사였다. 택시 타는 것을 호사로 여기는 풍조는 이후로도 오랫동안 계속되었다.

1929년 10월 조선박람회는 입장객을 늘리기 위해 1,500원에 상당하는 자동차를 경품으로 내걸었다. 당시까지 유례가 없던 최고액 경품이자 우리 역사상 최초의 자동차 경품이었다. '경품취체규칙' 위반이라는 이유로 경찰이 추첨을 불허했기 때문에 당첨자는 나오지 않았으나, 운이 좋으면 보통사람도 자동차를 가질 수 있다는 환상을 세상에 퍼뜨리는 데에는 효과가 있었다. 현실에서나 상상에서나 자동차는 사람들의 일상에 가까워졌다. 1920년 50대뿐이던 경성부 내 자동차는 1935년 700대에 육박할 정도로 늘어났다. 이해 서울 시내의 인력거는 115대에 불과했다. 1910~1920년대 도시 교통의 왕좌를 점했던 인력거의 시대는 급속히 저물었다. 하지만 일본이 전쟁의 수렁에 빠진 1930년대 말, 자동차에도 일시 암흑기가 닥쳤다.

1937년 일본이 중국을 침략하자 미국, 영국 등 열강과 그 식민지들은 전략물자의 대일 수출을 중단했다. 석유도 그중 하나였다. 가솔린 부족 상태가 계속되자 총독부는 자동차 운행을 규제하고 사람들에게 '걷기'를 권장했다. 자동차를 타고 요릿집에 가는 사람은 '국책에 순응하지 않는 부랑자'로 지탄받았다. 가솔린 배급 제한 때문에 택시의 태반은 차고에 머물렀고, 버스는 연료를 목탄 가스로 대체했다. 하지만 목탄 버스는 고장이 잦아 곧 운행 자체를 중단했다. 1940년 7월 총독부는 '사치품 제조 판매 제한규칙'을 공포했다. 이에 따라 구급차, 관용차, 신문사용 자동차를 제외한 모든 자동차가 사치품으로 규정되었고, 택시 운전사들에게는 요릿집에 가는 손님의 승차를 거부할 권리가 부여되었다. 일제 패망 직전에는 가솔린이 없어 구급차나 관용차조차도 운행을 중단해야 할 형편이었다. 일단 길에 나서면 '하루에 10채 이상의 자동차를 보던' 경성부민들의 시야에서 자동차가 아예 사라지다시피 했다.

일제강점기에 자가용 승용차는 부귀의 상징인 동시에 방탕과 사치의 대명사였지만, 그 수는 매우 적었다. 시내 도로 위의 자동차는 대부분 영업용이거나 관용차와 군용차였다. 관용차 중에는 조선총독부와 이왕직李王職, 경성부 등이 소유한 고급 승용차도 있었지만, 행정 업무를 수행하는 특수 차량도 많았다. 1917년에는 경성 소방대가 수관水管 자동차, 즉 소방차를 도입했고, 1918년에는 경찰에 범인 체포 및 수송용 자동차가 배치되었다. 3·1운동 주도자 47인은 형무소에서 법정까지 자동차로 왕래했다. 1924년에는 경성부 내 모든 경찰서에 자동차가 배치되었다. 1926년에는 경무국에 따로 자동차 형사대가 조직됐으며, 이후 독립운동 관련 사건, 사상思想 사건, 동맹 파업이나 동맹 휴학 관련 사건 등 관련자가 많은 사건이 발생하면 으레 자동차 형사대가 출동했다. 신문들은 출동한 자동차 대수로 사건의 규모를 암시하곤 했다. 1931년 1월 경성부 내 학생들이 만세시위를 벌였을 때는 경찰차와 택시를 합해 100여 대의 자동차가 동원됐다. 1932년 2월, 총독부 경무국은 반만항일反滿抗日 유격대의 국내 진공進攻에 대응할 목적으로 장갑 자동차 5대를 국경 지대에 배치했다.

1921년 4월 16일에는 우편자동차가 운행을 시작했다. 빨간색 차체에 우편국 부호를 그린 차량이었는데, 이 색상은 지금까지 유지되고 있다. 같은 무렵, 경성부 위생계는 구급차 2대를 확보하여 응급 환자 이송에 이용했다. 이것이 기록상 최초의 공공 앰뷸런스다. 1924년에는 경성부가 살수차와 쓰레기 운반차를 도입하여 운행하기 시작했다. 이들 차량은 일본인 거주지인 남촌에서만 돌아다녔다. 1925년 을축대홍수로 경성의 우물 대부분이 침수되자, 경성부는 자동차로 물을 실어 날라 부민들에게 공급했다. 물탱크를 장착한 급수 자동차는 1936년에 생겼다. 1935년 여름에는 거리에 살충제를 살포하는 방역 자동차가 운행을 개시했다.

1931년 11월에는 미나토 자동차회사가 영구차靈柩車 임대를 시작했다. 이후 홍제동 화장장 주변에는 매일 영구차가 드나들었다. 삶과 죽음 사이의 거리를 넓게 벌려놓는 한국 문화에서 영구차는 불운의 상징이었다. 화장장 주변 아이들에게는 땅에 침을 뱉고 제자리에서 깨금발로 한 바퀴 도는 '액땜'이 일상화했다. 자동차 타는 것이 호사였기 때문에, 시신을 자동차로 '운반'하는 데 대한 정서적 거부감은 거의 없었던 듯하다. 분뇨 운반 자동차는 1940년에 도입되었다. 이 세칭 '똥차'는 이후 수십 년간 영구차보다 더 천대받았다.

조선물산공진회가 열린 1915년, 서울 시내 자동차는 20여 대였는데, 그중 15~16대는 '세貰를 주는' 자동차였다. 당시 서울 장곡천정長谷川町(현 소공동)에는 미국인이 경영하는 자동차 임대업체가 있었다. 임대료가 얼마였는지는 알 수 없으나, 차 빌릴 사람을 찾기보다 운전수를 구하기가 더 어려웠을 것이다. 우리나라에서 자동차 운수업과 임대업을 경영하려는 시도는 꽤 이른 시기부터 시작되었다. 고종의 어차가 실종된 직후인 1905년 3월에는 경성 거류 일본인들이 자본금 20만원으로 대한자동차주식회사를 창립하고 경성이사청에 허가를 청원했으나, 인허받지 못했다. 이듬해 10월에는 권병수, 구연소 등이 자동차 10대를 구입하여 경기 내외에서 행객과 화물을 운송하겠다고 농상공부에 청원했으나 역시 인허되지 않았다. 자동차 운송업은 1912년 초에야 실제로 개시되었다. 이해 1월, 총독부는 진주, 마산, 삼천포 사이에서 여객과 화물을 수송하겠다는 일본인 사업가의 신청을 허가했다. 이어 경상북도, 전라남·북도, 충청남·북도, 평안남도에도 동종의 회사가 설립되었다. 1915년 11월 전국의 자동차 운송 구간은 30개였고, 여기에 투입된 차량은 53대였다. 이 수치는 12년 뒤인 1927년에 노선 189개, 영업자 수 202인, 자동차 수 1,000대로 늘었다. 이해 자동차 영업 거리는 철도 영업 거리의 5배에 달했다.

1917년 3월, 경성자동차회사는 경성에서 충주까지 직통 자동차를 정기 운행하기 시작했다. 이 땅 최초의 시외버스였다. 1927년부터는 경성과 춘천 간에도 16인승 시외버스가 운행되었다. 1928년에는 경성에서 시내버스 운행이 시작되었다. 이보다 10여 년 전인 1917년 4월에는 황금정 1정목(현 을지로 1가)에서 일본인이 시내 택시 영업을 개시했다. 1914년 미국인이 임대한 자동차를 택시로 인정하지 않는다면, 이것이 이 땅 최초의 택시였다. 다음 달에는 경성의 마츠다 자동차상회가 왕십리에서 뚝섬까지 1인당 20전의 요금으로 자동차 운행을 개시했다. 승객 단위로 요금을 징수했고 정해진 구간을 운행했다는 점에서 노선버스와 유사했으나, 4인승 차량이었기 때문에 버스라고 할 수는 없다. 이해 가을에는 종로 자동차상회도 택시 영업을 개시했다. 이후 택시업체는 해마다 급증했다. 경성부 내 택시업체는 1927년 20여 개, 1931년 56개, 1939년 62개였다. 1930년대 말 경성부 내에서 운행하는 택시만 300대에 달했다.

　자동차는 고장나면 바로 버리는 물건이 아니다. 차는 일본에 주문해서 받을 수 있었지만, 정비와 부품 교체, 수리는 조선 내에서 하는 수밖에 없었다. 1914년 4월 현재, 서울에서는 자동차 임대업을 하던 미국인과 철공소를 운영하던 일본인이 자동차 수리업과 부품 판매업을 겸했다. 수리비는 사소한 고장에 260원, 큰 고장에 500원 정도였다고 한다. 정기 점검과 일반적인 부품 교체는 대개 조수 담당이었다.

> 차가 먼 곳에 나갔다가 바퀴가 터진다던지 또는 기체가 파손되던지 하야 통지를 받으면 아무리 추운 날이라도 자전거를 타고 그 곳에 쫓아가 차디찬 눈구덩이 속에서 차를 수선해야 하는 것이다. 그보다도 자동차가 전복되기라도 하면 분골쇄신이 되기도 하고 실수로 사람과 가축을 상해하고 감옥에 가는 일도 있으니 자동차 조수란 어쨌든 끔찍한 직업이다. 조수가 이렇게 쓰리고 괴로운 직업이면서도 반면에 다소 유쾌하다든지 기쁨을 느끼는 것은 자동차 운전하는 법을 차차 배우게 되고 또 기계 속을 한 가지 한 가지씩 알아서 고장난 차를 가끔 완전하게 고치기도 하고 또 운전수와 같이 먼 곳에 나갔다가 들어오는 길에 잠깐이라도 내 손으로 직접 운전을 해 보는 때이다.
> ―『별건곤』 1927년 10월

　택시업체들도 정비소와 수리업체를 겸했다. 전문적인 자동차 정비업체는 1924년에 처음 설립되었는데, 1936년에는 용산에만 5곳의 업체에 91명의 정비공이 있었다. 1931년 4월에는 야마모토 자동차 판매점이 문을 열었으며, 1935년경에는 자동차 차체만 제조하는 공장도 생겼다. 일제강점기에 자동차용 주유소는 따로 없었다. 휘발유는 석유 판매점에서 취급했고, 주유는 운전수나 조수의 일이었다. 먼 거리를 운행할 때는 차에 여분의 기름통을 실어야 했다. 지하에 기름 탱크를 묻어 두고 지상에 자동 주유기를 설치하는 '가솔린 스탠드'는 1930년대 중반 미국에서 발명되었는데, 그 후에도 꽤 오랫동안 조선인들은 이 편리한 장치에 대해 상상만 할 수 있었다.

지금도 그렇지만, 일제강점기에도 택시요금은 관의 통제하에 있었다. 1934년까지 경성부 내 택시요금은 승객 수와 관계없이 한 번 승차에 80전~1원 사이였다. 4명이 택시를 이용할 때 1인당 25전꼴이었으니 자동차 타는 호사를 누리기가 어려운 일은 아니었다. 다만 청량리 등 교외로 나가거나 한강을 건널 때는 추가 요금을 내야 했다. 택시요금 미터제는 1935년 5월 1일부터 시행되었다. 2킬로미터까지 기본요금 50전, 500미터당 10전, 대기 시간 5분에 10전으로 현행 택시 미터제와 거의 같았다.

중일전쟁 이후의 연료난은 택시업계를 직격했다. 택시업체들 간에 가솔린을 얻기 위한 경쟁이 치열해졌다. 총독부로서도 업체별 가솔린 배급량을 둘러싸고 뒷말이 나오는 상황이 불편했다. 1939년 10월, 경성의 62개 택시업체를 통합한 경성교통주식회사가 설립되었다. 하지만 가솔린 부족을 타개할 방도가 없었기 때문에 이 회사는 이윽고 개점휴업 상태로 내몰렸다.

전국의 자동차가 100대 미만이던 1915년 7월 22일, 경무총감부령 제6호로 '자동차취체규칙'이 공포되었다. 일본의 자동차 관련 법규를 일부 수정한 이 규칙은 자동차의 등록 절차, 구조와 형식, 영업자, 소유자, 운전자, 탑승자, 운행 방법, 속도 제한 등 자동차에 관련된 거의 모든 사항을 규정한 종합 법규였다. 무거운 차량에만 후진 장치를 필수화한 것, 우마牛馬를 놀라게 해서는 안 된다는 조항을 넣은 것 등은 당대의 도로 사정을 반영한다. 운전하기 위해서는 경찰서에서 자동차 운전 허가증을 받아야 했으나, 시험에 관한 규정은 없었다. 자동차 운전은 조수석에 앉아 어깨너머로 또는 곁눈질로 배우는 것이었다. 1915년 의친왕 이강의 미국제 오버로드 승용차 전속 운전수였던 윤권의 전직前職은 이탈리아 영사관 마부馬夫였다. 영사가 그를 마부에서 운전수로 바꾸려 했을 가능성이 크다.

이 땅 최초의 자동차 운전학원은 1919년 10월 20일에 총독부 인가를 받은 경성자동차강습소로, 황금정 3정목(현 을지로 3가)에 있었다. 원장은 일본인 야마기타 이와시로山北倭四郞였고, 2개월 과정으로 자동차 운전과 정비법을 교수했다. 이 학원 수료생들에게는 운전수 자격이 부여되었는데, 1920년 3월에 수료한 22세의 최인선은 한국인 최초의 여성 운전자가 되었다. 경찰이 주관하는 운전면허 시험은 1921년 1월에 처음 시행되었고, 합격자 명단은 『조선총독부관보』에 게재되었다. 이에 앞서 1921년 7월, 경무총감부령으로 제정된 '자동차취체규칙'이 폐지되고 조선총독부령 제112호로 새 '자동차취체규칙'이 제정되었다. 운전 면허증은 이때부터 운전자가 반드시 지참해야 하는 법적 증서가 되었다. '자동차취체규칙'은 이후 두 차례 부분 개정되었으나, 1961년 '도로교통법'이 제정될 때까지 큰 변화 없이 유지되었다.

자동차 운전수는 '도시의 노동자 중에서 가장 고상한 문화적 직업'으로 인정받았기 때문에, 운전을 배우려는 사람이 많았고 당연히 운전학원도 속출했다. 1929년 경성자동차학교가, 1930년 공인자동차강습소와 중앙자동차강습소, 동양자동차강습소가 문을 열었다. 1931년에는 경성직업학교가 자동차과를 신설했고, 1935년에는 남대문자동차학교가 개교했다. 운전면허 시험에는 매년 500~600명씩 응시했다. 1923년 10월 31일 '조선인 자동차 운전수 종업원 협회'가 창립되었다. 회원은 500여 명에 달했다. 1924년 11월 시점에 경성부 내에만 381명의 택시 운전수가 있었고, 그중 230명이 조선인이었다. 1929년에는 운전수만으로 '전선 자동차 운전수 협회'가 결성되었는데, 회원은 일본인이 200명, 조선인이 300명이었다. 운전수의 1일 평균 임금은 일본인이 2원 50전, 조선인이 1원 50전이었다. 이 무렵 보통학교 남자 교사의 경우 일본인 월급은 110원 내외, 조선인 월급은 53원 내외였다. 조선인 택시 운전수의 월봉月俸은 총독부 최말단 관리(판임관 10급)의 월봉과 비슷한 수준이었다. 하지만 그들의 근무 조건은 요즘 기준으로 보면 가히 살인적이었다. 하루 평균 19시간 근무에 4일 근무 후 하루 쉬는 게 원칙이었다. 운전수 제복도 스스로 마련해야 했고, 근무 중 사고를 내면 수리비와 보상금 일부를 부담해야 했다. '자동차 운전수는 고등 직업'이라는 말은, 인력거꾼보다는 낫다는 뜻에 불과했다.

택시 운전수들에게 장시간 노동과 저임금보다 더 괴로웠던 것은 경찰의 단속이었다. '자동차취체규칙' 제정을 계기로 자동차 운전은 경찰과 일상적으로 맞부딪히는 일이 되었다. 총독부 최고위 관료와 친일 귀족들이나 자동차를 타던 시절에는 경찰이 자동차 운전을 단속할 수 없었다. 1917년 6월 10일, 자동차 안에서 큰 소리로 노래 부르는 승객을 발견한 경찰이 운전수에게 정지를 명했다. 그러나 운전수는 경관의 지시를 무시하고 속도를 높여 달아났다. '제14호'라는 차량번호를 추적하여 운전수를 체포한 경찰은 운전수에게 벌금 3원을 부과했다. 죄목은 과속過速이었다. 기록상 이것이 이 땅 최초의 속도위반 처벌이다. 이듬해 9월에는 18세 청년이 조선총독부 정무총감이 타고 가는 차에 모래를 던졌다. 정무총감이 탄 줄 알고 던졌는지, 단지 최고급 자동차를 보고 심술이 나서 던졌는지는 알 수 없으나, 경찰은 그를 '도로취체규칙'에 따라 구류 25일에 처했다. 그때부터 지금까지, '도로교통법'은 평범한 사람이 가장 자주 위반하는 법이다.

차 없는 거리 지정은 1920년 7월, 자동차 정기 검사 의무화와 운전면허 기한제는 1921년 7월, 중대 교통사고 유발 시 운전면허 정지는 1927년 11월, 심야 경적 사용 금지는 1931년 12월, 학교 앞 자동차 속도 제한은 1939년 2월, 택시 합승 단속은 1940년 4월에 각각 시작되었다. 오늘날의 자동차 운행과 관련한 규제 대부분이 1920~1930년대 사이에 탄생한 셈이다. 학교 앞 자동차 운행 속도를 시속 30킬로미터로 제한한 최근의 법률에 불만을 표하는 사람이 많지만, 1930년대의 제한 속도는 시속 15킬로미터였다. 물론 단속만으로 사람들을 자동차에 익숙하게 만들 수는 없었다. 사람들은 자동차로 인해 '길을 걷는 법'을 새로 배워야 했다.

총독부는 1921년 10월 24일, 대로변에서 좌측통행을 의무화하는 법령을 공포했다. 이어 경찰은 수시로 보행자들을 단속하고 계도했다. 경성부 내 택시들은 때때로 경찰의 요구에 따라 '좌측통행'이라 쓰인 깃발을 꽂고 운행했다. 1930년부터는 매년 '교통안전 데이'나 '교통안전 주간'이 지정되었고, 1938년 4월에는 '교통안전협회'가 설립되어 계몽을 전담했다. 하지만 단속과 계몽을 아무리 반복해도, 교통사고는 늘기만 했다. 1913년 10월 6일, 동대문 밖에서 일곱 살 남자아이가 자동차에 치였다. 운전자 이항구는 아이 아버지에게 치료비로 1원 50전, 위로금으로 금화 10원을 주었다. 아이 아버지는 극구 사양했다. 상대가 '높은 분'이었기 때문일 것이다. 이것이 자동차 교통사고에 관한 이 땅 최초의 기록이다. 당시 자동차 보급 상황으로 보아 사고를 낸 이항구는 이완용의 차남일 가능성이 크다.

1914년 3월에는 우리 역사상 최초의 '음주운전 뺑소니' 교통사고가 발생했다. 가해자는 명월관에서 손님과 술을 마신 임대 자동차 운전수였다. 피해자는 교통사고로 노동력을 잃었다며 손해배상금 4,470원을 청구하는 소송을 제기했다. 자동차 교통사고 관련 첫 번째 소송이었다. 피해자가 요구한 배상 금액은 자동찻값의 두 배 이상이었다. 1917년 9월에는 조선호텔 소유 자동차에 치인 일본인 여성이 사망했다. 자동차로 인한 최초의 사망 사고였다. 좁고 구불구불한 데다가 우마차가 함께 다니는 도로 사정, 서투른 운전수들, 자동차의 위험성을 잘 모르는 사람들로 인해 자동차 수는 적었어도 교통사고는 빈발했다. 자동차는 사람뿐 아니라 전차, 우마차, 자전거 등과도 부딪쳤고, 멀쩡한 전봇대나 교각을 들이받기도 했다.

1916년 22건이었던 경성부 내 자동차 교통사고는 1931년 556건, 1937년 632건으로 늘었다. 전국에서 100여만 명이 서울로 몰려든 1929년 9월의 조선박람회 기간 중에만 경성부 내에서 101건의 자동차 교통사고가 발생했다. 1938년 전국의 자동차 교통사고는 1,366건, 그로 인한 사망자는 281명, 부상자는 1,182명에 달했다. 일제강점기 내내 자동차 한 대가 1년에 두 차례꼴로 사고를 냈다. 1918년 2월, 『매일신보』는 자동차 교통사고가 '지금에는 적은 일인 듯하지만, 장래에는 실로 큰 문제'라고 예언했다. 상황은 이 예측대로 진전되었다. 길을 걸을 때도 정신을 똑바로 차리지 않으면 죽을 수 있는 시대가 도래했다. 출타하는 남편이나 자식에게 '차 조심'을 당부하는 것은 집안에 남는 사람들의 일상적 인사가 되었다.

잦은 사고에도 불구하고 사람들이 자동차에 열광한 것은 일차적으로 그 속도 때문이었다. 하지만 자동차가 언제나 빠른 이동을 보장하지는 않았다. 교통체증은 자동차 대수만이 아니라 자동차 수와 도로, 주차장의 비례 관계로 발생한다. 일제강점기에도 1915년 조선물산공진회나 1929년 조선박람회 등의 대규모 행사 때뿐 아니라 벗

꽃 피는 철마다 우이동과 창경원 주변 도로가 자동차로 몸살을 앓곤 했다. 요즘도 명절이면 고속도로 톨게이트 주변은 주차장을 방불한 다. 사람들이 한 방향으로 한꺼번에 이동하는 경우, 자동차는 효율 적인 교통수단이 아니다.

자동차는 도로도 자기중심으로 재편했다. 자동차가 자유롭게 다 닐 수 없는 길은 온전한 길로 취급받지 못했다. 조선총독부는 1910 년대 초부터 전국의 모든 도시 내부, 도시와 도시를 연결하는 도로 들을 자동차가 다닐 수 있도록 개수하는 작업을 강행했다. 도로 개 수는 농민들을 괴롭힌 대표적인 부역이었다. 3·1운동 때 일본 경찰 에 체포된 농민 다수가 '가혹한 부역'을 만세 시위 참가의 이유로 들 었다. 자동차가 다닐 수 있게 개수된 도로들에는 신작로新作路라는 이름이 붙었는데, 정작 고된 노동으로 이 길을 만든 농민들에게는 별 쓸모가 없었다.

자동차 중심으로 재편된 현대의 길은 과거의 길과 전혀 다르다. 자동차가 출현한 애초에는 사람과 동물, 자동차가 모두 같은 길을 이용했다. 그러다 사람은 곧 길가로 밀려났고, 길 복판은 자동차와 우마 차지가 되었다. 다시 얼마 후 자동차는 우마마저 몰아내고 길 을 완전히 점령했다. 1913년 5월 29일 조선총독부가 공포한 '도로 취체규칙'은 자동차 등 바퀴 달린 물건이 도로의 주인이라고 선언 한 법령이었다고 해도 무방하다. 옛사람들의 기준으로 보자면 현대 의 도로는 육로보다는 수로에 훨씬 더 가깝다. 인도는 제방 도로이 고 횡단보도, 지하보도, 보도육교는 각각 교량에 해당한다. 차가 다 니는 길에 뛰어드는 것은 강물에 투신하는 행위와 같다. 현대의 도 로는 사람이 사색하며 걸을 수 있는 길이 아니라 언제나 긴장한 상 태로 걸어야 하는 길이다.

해방 당시 한반도 전체의 자동차는 7,326대, 그중 승용차는 1,311

대에 불과했다. 자동차는 한국전쟁 중에 급증했다. 전시에 자동차는 무기의 일종이었다. 1955년, 국제차량제작주식회사는 미군이 넘겨 준 지프를 개조하여 '시발始發 자동차'를 출시했다. 첫 번째 국산 자동차였다. 1976년에는 현대자동차가 완성차 생산에 성공했다. 명실상부한 국산차가 생긴 뒤, 국민 대다수가 자동차를 소유하는 '마이카 시대'를 향한 꿈도 구체화했다. 그 꿈은 1990년을 지나자마자 실현되었다.

오늘날 대다수 한국인에게 자동차는 집 다음가는 재산이다. 자동차를 집보다 더 중시하는 사람도 많다. 현대인들에게 자동차는 교통수단 중 하나에 머물지 않는다. 현대인들에게 자동차는 또 하나의 '가족'이거나 '자기'이다. 그것은 자기와 자기 가족의 신분과 지위, 취향과 기호를 드러내는 상징물이다. 사람 몸에 상처가 나는 것보다 자기 자동차 차체에 흠집이 나는 걸 더 안타까워하는 사람도 많다. 자동차는 공간에 대한 사람들의 인식 태도와 방식도 바꾸었다. 달리는 자동차 안에서 세상을 보는 사람들은 인간적 척도로 공간을 인지하지 못한다. 차 안에 있는 사람들은 자신이 움직이는 게 아니라 외부 세계가 움직인다고 느낀다. 너무나 빠르게 움직이는 사물들은 응시를 허용하지 않는다. 자동차는 도로변의 사물들과 인도 위의 사람들을 잔영殘影으로 만든다. 달리는 자동차 안에 있는 사람들의 시선을 끌기 위해서는 건물이건 간판이건 표지판이건 보행자들을 주눅 들게 할 정도로 커져야 했고, 사람들은 그 크기에 익숙해졌다. 가까운 데에 있는 작은 것들을 무시하고, 먼 데 있는 큰 것만 주목하는 현대인의 태도도 자동차에 영향받은 바 크다.

70. 가장
    비효율적인
    공간

　　조선시대 고위 관료들은 출근할 때 가마나 말을 탔다. 가마
는 문관용, 말은 무관용이었다. 무관이 가마를 타는 것은 엄격히 금
지되었다. 문관의 가마는 네 명이 드는 사인교四人轎에서 여덟 명이
드는 팔인교八人轎까지 있었고, 무관이 탄 말은 견마잡이가 고삐를
잡고 끌었다. '말 타면 견마牽馬 잡히고 싶다'는 옛 속담이 있는데, 말
고삐 잡는 사람을 '구종'驅從 또는 '거덜'이라고 했다. '거덜'이 만주
어 '쿠툴러'에서 유래했다는 설도 있다. 이들이 말 탄 상전의 위세를
믿고 행인들을 함부로 대하는 일이 많았기 때문에 '거들먹거리다'라
는 말이 나왔다고 한다. 가마 행차에는 별배別陪라는 직함을 가진 사
람이 앞장서서 행인들을 향해 '물렀거라'라고 외치곤 했다. 관리들
의 출퇴근 시간에는 종로 큰길이 "어느 대감 행차시다. 물렀거라"라
고 외치는 구종 별배들의 목소리로 늘 떠들썩했다. 가마나 말의 앞
을 막았다가 봉변逢變하기도 싫고, 구종 · 별배들의 거들먹거리는 모
습도 보기 싫었던 사람들은 큰길을 피해 뒷골목으로 다녔다. 종로에
가마와 말을 피하는 길, 즉 '피맛길'이 생긴 연유다.

　　구종 · 별배의 거들먹은 하마비下馬碑 앞에서 끝났다. 궁궐과 종묘
사직, 기타 왕이 정한 기념물 입구에는 '대소인원개하마'大小人員皆下馬
라는 글자가 새겨진 비석이 있었는데, 이것이 하마비다. 왕과 그 친
족이 아니면 아무리 지체가 높은 사람이라도 이 비석이 보이면 가마

나 말에서 내려야 했다. 상전이 내리면 가마꾼, 구종, 별배들은 적당한 곳에 가마를 내려놓거나 말을 묶어 두고 자기들끼리 모여 이야기를 나누었다. 이야기의 단골 소재는 상전들의 인품이나 식견, 승진 가능성에 관한 것이었다. 여기에서 '하마평'이라는 말이 나왔다. 가마꾼과 구종 별배들이 관리들에 관해 늘어놓는 인물평이라는 뜻이다. 가마 타는 관리가 사라지자, 가마꾼이 모이던 장소도 사라졌다. 하지만 유사한 기능을 하는 다른 장소가 생겨났다.

말이든 가마든 인력거든 자동차든 탈것을 이용하려면 출발지와 목적지에 각각 한 개씩의 보관장소나 시설을 갖춰야 한다. 조선시대 서울의 대가大家들에도 가마 보관소와 마구간이 갖춰져 있었다. 자동차가 도입되기 전에 가마와 말을 먼저 대체한 것은 인력거였다. '차를 세워두는 장소'라는 뜻의 주차장이라는 말은 처음 '정거장'과 같은 뜻으로 혼용되었으나, 1910년대 초부터 '인력거를 세워두는 장소'라는 뜻으로 바뀌었다. 자동차 운행이 시작된 뒤에도 꽤 오랫동안 주차장이라는 말은 자동차와 무관했다. 자동차는 남의 눈길과 손길이 닿지 않는 차고에 보관해야 마땅한 귀물이었기 때문이다.

자동차 여러 대를 한꺼번에 세워두는 실외 장소에 주차장이라는 이름이 붙은 것은 1930년대 말의 일이었다. 1938년 11월, 경성부는 조선은행 앞 광장의 자동차 통행 방법을 로터리 식으로 개조하는 계획을 세우면서 자동차 주차장 부지를 포함했다. 이듬해 가을, 총독부는 석유 부족 상황을 타개하기 위해 경성부 내 택시 회사들의 통합을 지시했다. 이 지시에 따라 경성택시합동회사가 설립되었는데, 회사의 부대시설은 영업장 7개소, 영업지소 42개소, 주차장 41개소였다. 회사 측이 밝힌 주차장의 용도는 '택시 정류장 비슷한 것'이었다. 택시들이 주차장에서 손님을 태우고 주차장으로 복귀하여 다음 손님을 기다리면 연료가 절감된다는 발상이었다.

완공 직후의 서울 종합운동장 주차장 자동차도 기계의 일종이지만, 자가용 승용차는 하루 평균 22시간 또는 그 이상을 쉬면서 한 평 정도씩의 지표면을 점유하는 특이한 기계다. 자동차의 쉼터인 주차장은 효율성에 대한 현대인의 이중적 태도를 드러내는 공간이다. 출처: 『사진으로 보는 1980년부터 1986년까지』

　택시 주차장 외에 여러 대의 자동차를 세워두는 야외 또는 실내 주차장은 한국전쟁 이후 자가용 승용차가 급증하면서 본격 출현했다. 하지만 1960년대 말까지도 주차 문제는 도시 문제의 하나로 취급되지 않았다. 자기 집에 차고를 설치할 정도의 재력도 없으면서 자가용 승용차를 구매하는 사람은 거의 없었고, 방문지 가까운 곳 아무 데에나 자동차를 세워 놓아도 문제가 되지 않았다. 우리나라에서 유료 주차장은 1965년에 처음 생겼다. 이해 6월, 서울시는 그랜드호텔 앞 100평, 오장동 40평, 스카라 극장 앞 30평 등 시내 13개소에 총 425평의 유료 주차장을 만들었다. 요금은 시간제한 없이 회당 20원이었다.

　1970년 봄, 서울시의 새 도시계획국장이 된 손정목은 향후 업무 방향을 협의하기 위해 부서 회의를 개최했다. 회의 석상에서 그는 도시 계획상 중점 고려사항으로 주차장 용지 확보를 제시하며 이렇게 말했다. "도시계획은 100년 뒤를 내다보고 해야 하는 일입니다. 제가 보기에 앞으로 20년 안에 마이카 시대가 열립니다. 자동차 한 대당 두 개씩의 주차장이 필요하니, 서울 시내에 차량이 100만 대가 될 걸 가정해서 200만 대분의 주차장 부지를 확보해야 합니다." 30년 넘는 세월이 흐른 뒤, 그는 그때 자기의 선견지명에 동의한 직원이 단 한 명도 없었다고 토로했다. 당시 서울시 도시계획국 직원들이 황당하다는 반응을 보인 것도 충분히 이해할 만한 일이다. 서울 시민 1인당 실거주 면적이 1평 조금 넘던 때였으니, 서울시에 차 한 대당 2평 정도, 여의도 면적에 해당하는 200만 평의 땅을 주차장 용도로 확보하는 건 몽상이라고밖에 할 수 없었다.

그러나 1980년대 후반 이후 자가용 승용차가 해마다 급증하면서, 전국 모든 도시가 주차 문제로 몸살을 앓기 시작했다. 주차 문제는 한동네 주민 사이의 분쟁을 유발했고 도심부 재래시장과 작은 가게들의 상권을 위축시켰으며, 지하 공간 개발을 부추겼다. 이 문제로 인해 수많은 도시 주민이 '불법행위' 통지를 받고 과태료를 납부했다. 자가용 승용차는 인간이 이용하는 기계 중에서 가장 비효율적인 편에 속한다. 하루 평균 22시간 이상 일정 공간을 점유한 채 멈춰 있는 산업용 기계는 상상조차 할 수 없다. 하지만 조만간 도래할 자율주행 자동차 시대에는 승용차를 직접 소유하려는 욕망이 줄어들 가능성이 크다. 그렇게 되면 주차장을 늘리는 데 몰두해왔던 지난 30년의 관성도 바뀔지 모를 일이다.

아스팔트

71. 현대의
도로를 뒤덮은
물질

"사람이나 동물 또는 자동차 따위가 지나갈 수 있게 땅 위에 낸 일정한 너비의 공간" 사전에 나와 있는 '길'의 정의이다. 이 정의에 따르자면, 길 이전에 '길을 내는 행위 또는 과정'이 있어야 한다. 길은 어떻게 해서 생기는 걸까? 우리말로는 '길' 하나뿐이지만, 한자는 길을 내고 이용하는 방식에 따라 '도'道와 '로'路를 구분한다.

우선 '로'路는 자연 지형에 순응하는 길이며, 인위적이되 인위적이지 않은 길이다. 맨 처음 사냥꾼, 모험적 장사꾼, 탐험가들이 지나가며 만들었을 길, 그 뒤로 양치기, 나무꾼, 군인, 등산객들이 따라가며 다져 놓았을 수많은 오솔길이 바로 '로'다. 이런 길 좌우에는 바위, 나무, 풀 등이 늘어서 있다. 그야말로 자연 속에 난 길이며, 자연을 향해 뻗은 길이다. 좁고 구불구불하며 위태롭고 불편하지만 꾸밈없고 소박하다. 이런 길은 종대縱隊만 허용할 뿐 횡대橫隊는 허용하지 않는다.

반면 '도'道는 그야말로 인위적으로 만든 길이다. 거대 권력을 쥔 자가 수많은 사람을 동원하여 풀과 나무를 베고 언덕을 깎아내며 도랑을 메우게 해서 넓고 평평하며 곧고 길게 다져 놓은 길이다. '로'가 '나는 길'인 반면, '도'는 '닦는 길'이다. '도 닦는다'는 말도 그래서 생겼다. '도'는 기본적으로 횡대橫隊를 위한 길이다. 많은 사람이 나란히 서서 권력자의 호령에 따라 열을 맞추어 행진하기 위해 만든 길이며, 그 행진을 보여주기 위해 만든 길이다. 이런 길은 또 인위적 시설물들로 장식되는 길이다. 길의 한쪽 끝에는 으레 웅장하고 화려한 궁전이나 신전이 서며, 다른 끝에는 거대한 문門이 자리 잡는다. 길 양측에는 대개 평범한 사람들의 살림집보다 훨씬 미려한 건물들이 늘어서서 흡사 높은 벼슬아치가 황제 앞에 좌우로 시립侍立한 듯한 모양새를 갖춘다.

넓이와 방향, 길이를 갖는 '도'는 권력의 속성을 표현하기에 가장 적합한 공간 요소다. 넓이는 권력의 크기를, 방향은 권력관계를, 길이는 권력이 미치는 범위를 각각 표상한다. 예컨대 유교 문화권의 도시들에서 남북 방향으로 뻗은 '도'는 상하 관계를, 동서 방향으로 펼쳐진 '도'는 평행 관계를 의미한다. 이른바 '제왕남면'帝王南面(제왕은 북쪽에 자리 잡아 남쪽을 향해야 한다)이니 '제후칠궤'諸侯七軌(제후가 거하는 궁궐 앞 도로의 폭은 마차 7대가 나란히 지날 수 있는 넓이로 한다)니 하는 규정이나, '주작대로'朱雀大路(주작은 남방을 관할하는 신수神獸니, 곧 남쪽으로 뻗은 대로를 말한다) 같은 말들은 '도'에 투영된 권력의 속성과 직접 관련된 것들이다. '도'는 백성들의 동선과 시선을 통제하여, 권력이 허용한 곳에만 접근할 수 있게 하고 권력이 보여주는 것만 볼 수 있게 하는 공간 장치였다.

먼 옛날부터 '도'를 만드는 일에는 종종 포장 작업이 병행되었다. 마차 등 바퀴 달린 탈것의 통행에 편의를 제공하는 것이 실용적 이유였고, 권력의 표상이 흔들리거나 물에 잠기지 않도록 하는 것이 상징적 이유였다. 고대 로마의 노예 상당수는 로마로 통하는 모든 길을 돌로 덮는 일에 고통스러운 일생을 바쳤다. 로마 시대에 형성된 유럽 도시들 구시가지(옛날 성城 안 구역)의 길은 아직도 거의 전부 돌로 포장되어 있다. 그런데 조선에서는 궁궐과 종묘의 어도 외에는 수도의 대로에조차 돌을 깔지 않았다. 물론 수레바퀴가 빠지기 쉬운

우리나라에서 처음으로 아스팔트 포장된 구간인 1920년경의 남대문통 아스팔트 포장도로 위로 전차, 인력거, 손수레가 다니고 있지만 자동차는 보이지 않는다. 인도는 차도보다 약간 높게 조성되었고, 차도와 인도의 경계에는 가로수가 듬성듬성 늘어서 있다. 이 거리는 조선을 대표하는 '모던의 공간'이었고, 모든 거리의 미래상이었다. 이후 오랫동안, 자기 동네 주변 도로를 아스팔트로 포장하는 건 한국인들의 보편적 욕망이었다. 그 욕망이 실현된 오늘날, 사람들은 흙을 밟으려고 일부러 먼 곳을 찾아간다. 출처: 『사진으로 보는 근대한국』

곳을 포장하는 사례가 아예 없지는 않았으나, 인근 채석장에서 나온 부산물을 흩뿌려 박석고개로 만드는 정도였다.

이 땅에서 본격적인 포장도로 시대는 자동차와 석유 덕분에 열렸다. 초기의 자동차는 조선 총독, 이태왕(고종), 이왕(순종) 등 아주 높은 사람들만 타는 물건이었다. 이들이 차 안에서 불편을 느끼지 않게 하려면 포장도로가 필요했다. 그런데 돌과 자갈은 자동차 바퀴에 적합하지 않았다. 조선총독부는 1910년대 말부터 경성부 내 간선도로 포장을 계획했는데, 포장 재료로는 아스팔트, 콜타르, 시멘트를 검토했다. 이들 중 자동차 바퀴에 가장 좋은 재료가 석유를 정제하고 남은 찌꺼기인 아스팔트였다. 다만 값이 비싼 게 흠이었다.

1919년, 남대문에서 남대문시장 앞에 이르는 짧은 구간이 아스팔트로 포장되었다. 당시에는 아스팔트를 인조석人造石이라고도 했다. 아스팔트 포장도로는 1920년에 현 한국은행 입구까지, 1921년에는 다시 현 명동 입구까지 연장되었다. 우리나라 최초의 아스팔트 포장도로는 남대문로였다. 아스팔트 도로의 주인은 자동차에 탄 사람이었다. 그들만이 아스팔트로 포장된 도로에서 얼음판 위로 굴러가는 듯한 기분을 만끽할 수 있었다. 우마차는 도로 가장자리로만 통행해야 했고, 사람의 발은 원칙적으로 아스팔트에 닿아서는 안 되었다. 사람은 아스팔트 차도 양 끝 경계석 안쪽, 시멘트로 포장된 인도人道만을 이용해야 했다. 같은 무렵 장곡천정長谷川町(현 소공동)과 영락정永樂町(현 저동) 길에도 콜타르와 모래의 혼합물이 덮였다. 1924년에는 현재의 지하철 2호선 을지로입구역에서 시청 앞에 이르는 구간과 본정本町경찰서(현 중부경찰서) 앞 도로, 1925년에는 남촌의 중심 상가인 본정(현 충무로) 도로 전체가 아스팔트로 포장되었다. 반면 서울을 동서로 가로지르는 대간선도로인 종로에는 1926년에야 잔돌과 콜타르가 깔렸다. 남촌의 도로만 아스팔트로 포장하고 북촌 도로는 방치하는 도시 행정에 대한 조선인들의 불평은 가볍게 묵살되었다.

일본인들과 아스팔트로 포장된 근대적 도로를, 조선인들과 흙먼지 풀풀 날리는 전근대적 도로를 각각 등치시키는 것도 식민지 공간정치의 한 방편이었다. 조선총독부는 일본인의 동네에 선진과 문명의 증거들을 쌓아 둠으로써, 조선인의 의식 안에 일본인과 일본 문화에 대한 동경을 심으려 했고, 이 시도는 대체로 성공적이었다. 경성의 '모던뽀이'와 '모던걸'들은 길 좌우에 가로수가 늘어선 아스팔트 도로에서 '모던'을 느꼈다. 경성에서 '모던한 공간'은 남촌뿐이었다. 일제강점기의 도로도 권력의 표상이었던 셈이다. 아스팔트 도로가 문명의 표상이 되자, 자기 동네 주변 도로를 아스팔트로 덮는 것이 사람들의 보편적 욕망 중 하나가 되었다. 1920년대 말부터 전국 각지에 '아스팔트 포장 기성회'라는 단체들이 만들어져 당국에 도로 포장을 건의하거나 포장 비용을 모았다.

　종로를 비롯한 북촌의 도로들에는 조선총독부 청사가 광화문 자리로 이전한 지 5년 뒤인 1931년부터 아스팔트가 깔리기 시작했다. 일본 내에서 정유공장과 석유 소비가 늘었고, 그런 만큼 아스팔트도 흔해졌다. 이해에는 서울 을지로에 아스팔트만을 취급하는 '동아아스팔트공업소'도 설립되었다. 일본 군국주의는 만주사변을 도발한 뒤 조선을 대륙 침략을 위한 병참기지로 삼으려 했고, 경성은 군수품의 주요 집결지가 되었다. 물자 운송에서 트럭이 차지하는 비중도 계속 높아졌다. 경성 시내의 간선도로를 방치하는 한이 있어도, 경성과 외곽을 잇는 도로는 트럭 운송에 적합하도록 정비해야 했다. 1933년 영등포역 주변 도로가, 1935년에는 경성과 인천, 수원, 의정부, 벽제, 금곡을 잇는 간선도로가 각각 아스팔트로 포장되었다. 경성부 내의 주요 간선도로가 얼추 아스팔트로 포장된 1937년, 총독부 경찰은 우마차의 쇠바퀴가 도로를 손상한다는 이유로 1만 819대의 우마차에 바퀴 교체를 지시했다. 이로써 우마차도 아스팔트 도로에 적합하게 바뀌었다. 탈것이 도로를 지배한 것이 아니라, 도로가 탈것을 지배했다.

　해방 후, 미군정기와 한국전쟁을 거치면서 군용차가 급증했고, 이들 중 일부는 민간용으로 개조되었다. 1955년 '시발자동차'가 국내에서 조립 생산된 이후 자동차 대수는 급격히 늘어났으며, 그럴수록 도로를 포장할 필요성도 높아졌다. 1963년의 전격적인 서울 시역市域 확장도 도로 확충과 포장을 불가피하게 만들었다. 1965년, 대통령 박정희는 "전국의 모든 도로를 아스팔트로 포장하라"는 지시를 내렸다. 이후 아스팔트 포장은 농촌 지역 국회의원 입후보자들의 공약에서 빠지지 않았다.

지난 한 세기 가까운 기간 동안, 도로가 아스팔트로 덮여 있느냐 아니냐는 도시와 농촌을 나누는 주요 기준 중 하나였다. 하지만 농촌의 큰길들도 이윽고 아스팔트 밑으로 들어갔다. 지금 지표면에서 가장 빠른 속도로 사라지고 있는 건 '빙하'지만, 가장 빠른 속도로 늘어나는 건 '아스팔트 포장 도로'다. 현대의 도시민들은 일부러 흙이 있는 곳을 찾아가지 않는 한, 흙으로 된 맨땅을 밟을 일이 거의 없다.

간판

72. 도시경관을
지배하는
메시지

"우리나라에선 4~5층짜리 상업용 건물은 아름답게 지어봐야 아무 소용 없어요. 도시가 추해지는 건 건축가 탓이 아니에요." 예전 어떤 건축가가 한 말이다. 간판들이 건물 외벽을 완전히 가려 버리기 때문이란다. 사무실이든 상업용 점포든 큰 간판을 다는 문화가 지배적이다 보니, 건물주와 건축가 모두 건물의 외양보다는 간판 달 공간을 더 중시한다는 하소연이었다. 몇 해 전부터 지자체들이 간판 정비에 착수하여 글자체와 크기를 규제한 덕에 시야를 압도하는 간판은 많이 줄었으나, 대신 가로 경관의 획일화가 새 문제로 부각되었다.

건물에 이름표를 붙이는 것은 우리의 전통문화에 속한다. 규모 있는 전통 건축물의 처마 밑에는 어김없이 숭례문, 근정전, 대웅전, 영화당, 노안당, 은농재, 오죽헌 등의 이름표가 붙는다. 현판 또는 현액이라 부르는 이 이름표들은 격조 있는 건물의 핵심 구성요소로서, 현판을 다는 것은 그림으로 치면 화룡점정에 해당한다. 현판의 크기와 글씨체는 건물과 조화를 이룰 뿐 아니라, 건물 주인 또는 거주자의 품성과 격조를 드러낸다. 그에 반해 상호나 판매 상품명을 써서 외벽에 붙이는 큼지막한 나무판자나 아크릴판들은 건물과 건물주의 품격을 배려하지 않는다. 이런 종류의 물건에 '보는 널빤지'라는 뜻의 '간판'看板이라는 이름을 붙인 것은 매우 적절한 처사였다고 할 수 있다. 사람들이 이 '판'을 보고 알 수 있는 것은 그 건물 안에 쌓여 있는 물건의 종류뿐이다. 간판은 그 건물 안에 있는 '사람'의 사상이나 취향, 품격은 알려주지 않는다.

조선시대 서울 종로는 상점들이 즐비한 상가였으나, 이 거리에 간판을 단 건물은 없었다. 건물 앞에 늘어놓은 물건이 무엇을 파는 상점인지 알리는 표시였다. 상점들이 간판을 달지 않은 이유는 이 물건의 쓸모가 별로 없었기 때문이다. 글을 읽을 줄 아는 사람이 적었고, 상점의 종류도 많지 않았다. 백목전에 '백목전'이라 쓰인 간판을 다는 것은, 게시판에 '게시판'이라는 글자를 써 붙이는 것만큼 무의미한 일이었다. 단골을 상대로 하는 외상거래가 관행이었던 데다가 상인 직업이 대개 혈연으로 계승되었던 상황도 간판을 쓸데없는 물건으로 만들었다.

간판은 개항 이후 외국 상인들이 서울과 개항장에 상점을 내면서부터 이땅에도 모습을 드러냈다. 간판을 다는 것이 자기들의 관행이었을 뿐 아니라, 자기들이 무엇 때문에 건물을 임대하거나 구입했는지 조선인들에게 알릴 필요가 있었기 때문이다. 한동안 외국인 점포들의 간판을 관망하던 한국 상인들도 이윽고 그들을 흉내 내기 시작했다. 한글 신문에 '간판'이라는 단어가 처음 등장한 해는 1906년이다. 같은 무렵, 서울에 간판 제작업체도 생겼다. 그런데 한국 상인들은 처음부터 '과장된 크기'를 선호해서 1920년 무렵부터는 '대머리 상투 같은' 간판들이 도심지 가로 경관을 지배하게 되었다. 낡은 한옥 지붕 위에 올려 세운 간판들이 흡사 몇 올 안 되는 머리카락을 꼬아 정수리에 올려 세운 대머리 상투처럼 위태로워 보였다는 것이다. 게다가 그 간판들은 구멍가게를 상인들의 단체라는 뜻인 '상회'商會나, 초대형 시장이라는 뜻의 '슈퍼마켓'으로 태연히 둔갑시켰다.

자동차가 도로를 점령한 뒤로 간판들의 크기는 '인간적 척도'를

간판으로 뒤덮인 1970년대 명동 거리 커피숍, 극장, 음식점, 의상실 등 상호와 점포의 종류를 적은 간판들이 건물의 원래 형상을 알아볼 수 없게 만들어 놓았다. 간판은 현대의 도시 가로 경관을 지배했고, 자기의 상품가치를 높이려는 사람들의 욕구에도 영향을 미쳤다. 출처: 『한국민족문화대백과사전』

넘어섰다. 고속으로 달리는 자동차 운전자나 승객들의 눈에 띄려면 글자가 커야 했기 때문이다. 게다가 간판의 수명은 건물보다 훨씬 짧았다. 자영업의 불안정이 계속되는 상황에서, 건물들에는 점포 주인이 바뀔 때마다 옛 간판이 사라지고 새 간판이 내걸리곤 했다. 가로 경관을 지배하는 간판들의 잦은 변화는, 경관에 대한 인간의 안정적이거나 고정적인 감각을 허물었다. 전당포, 대서방, 다방 등의 간판이 사라지거나 줄어들고 그 대신 ○○은행 365, 법무사 사무소, 커피숍 등의 간판이 늘어나는 것은, 사람들이 시대의 변화를 직관적으로 알 수 있게 해주었다.

현대 한국의 성인 중에는 책 안의 글자보다 간판의 글자를 더 많이 보는 사람이 많다. 대학에 입학하는 걸 '간판 따러 간다'고 한 지는 이미 오래되었다. 실체를 드러내는 척 은폐하는 과장된 크기의 간판들은 현대 한국인의 표준적 심성과 많이 닮았다.

도로표지판

73. 천지분간
    능력을
    감퇴시키다

"동서남북도 분간 못한다." 옛날 어리석은 사람을 조롱할 때 쓰던 말이다. 목적지를 정하고 발을 떼려면 먼저 방향을 알아야 했고, 방향을 알려면 하늘에 떠 있는 해와 달의 위치를 살피고, 땅에 솟은 산의 형상을 보아야 했다. 그래서 '천지분간 못한다'는 말도 같은 뜻으로 사용되었다. 천지분간 못 하는 사람에게 목적지의 방향과 남은 거리를 알려주는 시설은 거의 없었다. 나라에서 설치한 역참驛站과 공무로 여행하는 관리들의 숙소인 원院, 마을 어귀의 장승과 마을 뒷산의 성황당 등의 인공 시설물들이 여정旅程을 안내하는 구실을 일부 맡기는 했으나, 기본적인 안내판은 산과 강, 고개 등의 자연물이었다.

1913년 1월, 평안남도 경무부는 관내 각 경찰서와 헌병분견소에 통첩하여 주요 도로 교차점에 지도표指導標를, 각 부군府郡의 경계에 계표界標를 세우도록 했다. 이 사실을 보도한 『매일신보』는 통행 방향을 표시한 지도표와 경계를 표시한 계표를 합쳐 이정표里程標라고 썼다. 다른 도道들도 같은 조치를 했을 것이다. 하지만 기준점이 없는 상태에서는 이정표를 정확히 기재할 도리가 없었다. 평양에서 서울까지의 도로상 거리는 기준점에 따라 200킬로미터 이내일 수도 있고 그 이상일 수도 있다.

조선총독부가 근대적 측량 기술에 의거하여 한반도 전역의 농지와 임야 면적을 상세히 조사하던 1914년 4월 11일, 조선총독부고시 제135호로 '경성, 인천, 군산, 대구, 부산, 마산, 평양, 진남포, 원산 및 청진 시가지의 원표元標 위치 및 1, 2등 도로를 정하는 건'이 공포 되었다. 이에 따라 각 도시 중심지에 두께 1척, 높이 1장의 목재 도 로원표가 설치되었다. 원표의 위치는 아래와 같았다.

> 서울 : 광화문통 황토현 광장
> 인천 : 인천세관 본청 앞
> 군산 : 본정本町 4번지 모퉁이
> 대구 : 대화정大和町과 본정의 교차점
> 부산 : 부산정거장 앞
> 마산 : 본정 3정목과 잔교통棧橋通의 교차점
> 평양 : 대화정大和町과 서기통瑞氣通의 교차점
> 진남포 : 명협통明峽通 서쪽 사거리 모퉁이
> 원산 : 원산경찰서 부근 모퉁이
> 청진 : 부도정敷島町 우편국 모퉁이

광화문통 황토현 광장은 현재 충무공 동상이 있는 곳을 말한다. 서울의 원표는 한반도의 중심 원표이자 다른 원표들의 기준점이었 다. 서울의 원표를 황토현 광장에 설치한 것은 이곳이 한국의 역사 적·상징적 중심지인 데다가 향후 조선총독부 청사를 광화문 자리 에 건립한다는 계획 때문이었다. 원표는 각 변의 길이 1척, 높이 10 척의 정사각형 나무 기둥으로 만들었으며, 4면에 이정원표里程元標라 는 제목과 소재지명, 건립 연월일, 다른 도시와의 거리를 새겼다. 서 울의 도로원표는 미터법에 따랐고, 평양의 도로원표는 일본식 이정 법을 취했다. 황토현 광장 한가운데에 있던 서울의 도로원표는 1935

광화문 기념비전 안에 있는 도로원표 서울에서 부산, 대구, 목포, 광주, 부산, 진주, 대전, 청주, 인천까지의 거리가 킬로미터 단위로 새겨져 있다. 이 도로상 거리의 기준점 구실을 한 것이 도로원표이다. 1914년 높이 3미터 정도의 정사각형 나무 기둥으로 만들어 황토현 광장 한복판에 세웠으나, 자동차가 늘어나자 돌로 두 개를 만들어 도로 좌우에 하나씩 놓았다. 따라서 사진 속의 원표는 일종의 기념물이었던 셈이다. 도로원표라는 기준점이 생긴 이후 도로표지판은 계속 늘어나, 현대인들을 표지판 없이는 길을 못 찾는 사람으로 만들었다. 출처: 지역N문화

년 자동차 통행에 방해가 된다는 이유로 철거되었고, 그 대신 돌로 만든 도로원표가 도로 양편에 하나씩 놓였다. 기준점인 원표는 둘이 될 수 없었으나, 상징적 의미로 그렇게 한 듯하다. 이 중 하나는 현재 광화문 기념비전 안에 있고, 다른 하나는 오랫동안 경희대학교 서울캠퍼스 운동장 한구석에 방치되었다가 얼마 전 경희대학교 박물관 안으로 옮겨졌다. 1997년, 서울시는 세계 주요 도시와의 거리를 새긴 새 도로원표를 만들어 코리아나빌딩 옆에 '도로원표공원'을 조성했다.

　도로원표는 각 도시 사이의 '도로상 거리'를 측정하는 기준점이자, 그 거리를 표시하는 안내판이었다. 미터법에 따라 도로상의 거리를 명확히 표기한 도로표지판은 이것이 최초였다. 이후 원표가 설

치되는 도시들이 계속 늘어났지만, 이것이 여행자들에게 편의를 제공하려는 것이었다고 보기는 어렵다. 그보다는 어떤 것이든지 정확한 수치로 표현하지 않으면 견디지 못하는 '근대적 충동'의 산물이었다고 보는 편이 나을 것이다. 서울에서 목포까지 도로상 거리로 436킬로미터라는 사실을 적은 표지판을 광화문 네거리에 세운다고 해서, 서울에서 목포까지 걸어가는 여정에 도움이 될 리는 없었다.

1921년 종로경찰서는 종로 네거리와 황금정 1정목 네거리 모퉁이마다 자동차 운전자들을 위한 대형 지도표指導標를 설치했다. 자동차가 전차 궤도를 가로지를 때, 오른편으로 도는 차와 왼편으로 도는 차의 운행 방식을 표시한 표지판이었다. 크기는 높이 열 칸(3미터), 폭 한 칸 반(45센티미터)이었다. 당시에는 도로에 차선이 없었다. 이후 도로표지판은 자동차 대수에 비례하여 늘어났다. 1931년 경상남도는 총 공사비 4,600원을 들여 4개소에 도로표지판을 설치했다. 이후 도로표지판 설치는 각 도의 중요 업무가 되었다. 당국이 밝힌 도로표지판 설치 목적은 '교통상 위험을 일소하는 동시에 경계 구분을 명확히 하는 것'이었다. 이정을 알리는 것보다는 도로의 굴곡이나 갈림길을 표시하는 것이 주목적이었다.

1938년 조선총독부가 '도로취체규칙'을 개정한 뒤, 이 표지판은 '안내' 기능을 넘어 '규제' 기능까지 갖게 되었다. 규칙의 주요 내용은 '도로에서 교통표지와 경찰 관리의 지시를 준수할 것', '자동차는 교통이 빈번한 도로에서 일단 멈춘 후 횡단할 것' 등이었다. 이 개정 규칙은 이제부터 도로의 주인은 사람이 아니라 자동차라는 선언문에 해당했다. 자동차용 도로표지판은 보행자용 표지판과는 크기부터 달랐다. 빠른 속도로 이동하는 사람에게 정확한 정보를 알리기 위해서는 '인간적 척도'를 넘어서는 크기의 글씨가 필요했다. 이후 도로표지판은 꾸준히 늘어났지만, 표지판의 재질도, 글자의 크기와 모양도 제각각이었다. 1961년 12월 15일자 『경향신문』에는 '(전라북도에서) 자동차로 전라남도 분계선을 넘어서자 이내 시야에 들어오는 것은 처처處處에 나타나는 교통표지의 철저였다. 경음을 울리시오, 앞으로의 길은 커브입니다. 길이 험합니다. 조심하십시오. 거의 20미터 간격으로 바윗돌로 만든 표시가 석연했다'는 기사가 났다.

우리나라의 도로표지판은 1968년에 이르러서야 '국제규격'으로 통일되었다. 이해 6월 내무부령으로 '교통안전표지 개정안'이 공포되었고, 표지판은 안내표지 40종, 보조표지 13종, 주의표지 6종, 교통규제표지 35종, 지시표지 12종 등 총 134종으로 분류되었다. 그런데 종류만 늘어났을 뿐 표지판이 늘어나지는 않았다.

1970년대까지는 서울에서조차 "도로표지판이 너무 적어 길 찾기 어렵다"고 불평하는 사람이 많았다. 서울의 도로표지판은 88 서울올림픽 유치 이후에 획기적으로 늘어났다. 그에 앞서 '서울이 국제도시로 발돋움하려면 외국 도시들에 비해 도로표지판이 너무 적은 문제부터 해결해야 한다'라는 언론의 캠페인이 전개되었다. 1982년, 정부는 1986년까지 기존 도로표지판 4만 4,104개를 전면 교체하겠다고 발표했다. 크기는 종류에 따라 1.5~3.5배로 확대하고, 글씨는 한자를 없애고 한글과 영문을 병기하며, 기타 필요한 장소에 추가로 표지판을 설치한다는 계획이었다. 이후 5년간 전국 수만 곳에서 도로표지판 신설 및 교체 공사가 진행되었다. 세간에서는 이 엄청난 공사 이권利權을 전두환과 가까운 사람이 독차지했다는 소문도 떠돌았다.

도로표지판이 갑작스럽게 늘어나자, 과거와는 반대로 "표지판이 너무 많아 오히려 헷갈린다"라는 불평이 터져 나오기도 했다. 88 서울올림픽 이후 이른바 '마이카 시대'가 열리자, 운전자들은 적어도 수십 개, 많으면 수백, 수천 개씩의 도로표지판을 보아야 했다. 내비

게이션이 일반화한 오늘날에도, 일단 자리를 차지한 도로표지판들은 제자리를 자연에 양보하지 않는다. 현대인은 자연을 보고 길을 찾는 능력이 현격히 줄어든 사람이며, 도로표지판은 이 능력을 감퇴시킨 주역이다.

공중변소

"밥은 밖에서 먹어도 똥은 집에서 싸라." 대략 반세기 전까지 농촌에서 불문율로 통용되던 말이다. 농경사회에서 분뇨는 퇴비의 주원료였기에 낭비해서는 안 되는 물질이었다. 막부幕府 시대 일본 에도에서는 분뇨 치는 인부들이 집주인에게 분뇨값을 지불했는데, 부자와 남성의 것을 더 비싸게 쳐줬다. 그들이 더 좋은 음식을 먹기 때문에 분뇨의 질도 더 좋을 것이라고 여겼기 때문이다. 조선시대 서울 사람들은 분뇨를 돈 받고 팔지 않았으나, 농촌 사람들은 값을 치러야 했다. 18세기 말 박지원이 쓴 「예덕선생전」은 서울에서 분뇨를 수거하여 농촌에 팔던 역부들의 우두머리에 관한 이야기다.

인류가 도시를 발명한 이래, 도시 생활의 대표적 골칫거리는 분뇨 처리 문제였다. 농촌에서 인간의 분뇨는 다른 동물의 분뇨와 마찬가지로 자연으로 회귀하거나 농작물을 위한 비료가 되었다. 그러나 도시의 분뇨는 아무 쓸데없는 오물일 뿐이었다. 게다가 이 오물은 도시에서 가장 많이 산출되는 물질이었으며, 그 산출이 중단되는 법도 없었다. 막대한 산출량 중 극히 일부만이 도시 인근의 경작지에 뿌려졌다. 흐르는 물을 끌어들일 수 있었던 도시들에서는 분뇨를 물에 쓸려 보냈으며, 그럴 수 없는 도시들에서는 성벽 주변에 큰 구덩이를 파서 거기에 분뇨를 묻었다. 어느 경우든, 똥물과 똥구덩이는 세균과 기생충의 온상 노릇을 함으로써 도시민의 생명과 건강을 지속

423

적으로 위협했다.

농촌의 변소는 퇴비 저장고였던 반면, 도시의 변소는 임시 오물 보관소에 불과했다. 도시에서는 변소에 분뇨가 가득 쌓이기 전에 다른 곳으로 옮겨야 했다. 농촌에 분뇨가 필요한 계절에는 '예덕선생' 같은 사람들이 스스로 찾아와 분뇨를 퍼 갔으나, 다른 때는 집주인이나 머슴이 직접 치우는 수밖에 없었다. 분뇨 치우기는 힘든 일이라기보다는 불쾌한 일이었지만, 변소에 분뇨가 넘치는 상태에서는 가정생활이 불가능했다. 가정 내부의 문제는 가정 내에서 해결해야 했다. 공공의 영역이라 할 만한 것이 별로 없었던 조선시대까지는 분뇨 처리도 공적인 일이 아니었다.

실내에 변소가 없는 3~4층짜리 집들이 즐비했던 유럽 도시들과는 달리, 조선시대 서울에는 집마다 변소가 있었으나 다중이 이용하는 집 밖의 변소는 없었다. 심지어 종로 시전 건물 안에도 변소가 없어 상인들은 요강을 사용했다. 요강이 가득 차면 내용물은 눈치껏 거리에 버렸다. 그 때문에 종로 큰길은 늘 소똥, 말똥, 사람똥으로 뒤덮여 있었다. 영국 왕립지리학회 회원이었던 이사벨라 비숍Isabella Bird Bishop은 종로 거리를 보고선 '세계에서 가장 더러운 도시는 서울'이라고 단언했다. 이런 사정은 여성들의 옥외 활동을 제약하는 구실도 했다. 남성들은 집 밖에서 오랜 시간을 보낼 때 아무 데에서나 바지춤을 내릴 수 있었지만, 여성들은 그럴 수 없었다. 소변을 보고 나서 다시 요의를 느낄 때까지의 몇 시간이 여성들에게 허용된 옥외 활동 시간이었다.

우리나라 최초의 공중변소는 1896년부터 진행된 서울 도시개조 사업 과정에서 출현한 것으로 보인다. 이에 앞서 1894년 갑오개혁 때 내무아문 산하에 위생국이 설치되었는데, 이 무렵부터 도시 공간을 위생의 관점에서 관리하는 것도 정부의 책무라는 인식이 자리

1961년 공중변소를 청소하는 중학생들 공중변소는 공중이 함께 이용하고 관리하는 변소라는 뜻이었다. 공중이라는 이름 때문에, 변소 청소도 '공익활동'이 되었다. 사진 속의 학생들은 아마도 학교에서 잘못을 저질러 '공중변소 청소하는 벌'을 받았을 것이다. 출처: 서울사진아카이브

잡기 시작했다. 도로의 분뇨를 처리하는 것도 위생국의 임무였다. 1899년 9월에 제정된 '호열자예방규칙'과 '장질부사예방규칙'에는 '공동변소에 매일 생석회와 석회유를 살포할 것'이라는 조항이 있었다. 1904년에는 경무사 겸 위생청결소 사무위원장 신태휴 명의로 '공중변소를 이용하지 않고 가로변에 방뇨하는 행위를 엄금'한다는 포고문이 서울 거리 곳곳에 나붙었다. 5년 사이에 '공동변소'가 '공중변소'로 바뀐 사실에 주목할 필요가 있다. 이후 10년 동안 서울의 공중변소는 총 79개소로 늘어났다.

사전적 정의에 따르자면 공동共同은 '여럿이 함께'라는 뜻이고 공중公衆은 '사회 대부분의 사람'이라는 뜻이다. 하지만 우리나라에서 영어 퍼블릭public의 번역어인 '공중'은 '민족'이라는 단어와 마찬가지로 1901년부터 사용되었다. 유교적 관점에서 공公은 무리 중衆과

어울리지 않는 글자였다. 그러나 당대의 계몽 지식인들은 왕의 신민에 불과했던 사람들을 국가 공동체 또는 민족 공동체의 일원으로 바꾸기 위해 새로운 개념어들을 동원했고, 그 과정에서 '공중'이라는 말도 많은 사람에게 익숙해졌다.

'공중질서'라는 말은 있으나 '다중질서'나 '대중질서'라는 말은 없다. 공중이라는 말은 자치自治 또는 자율적 관리라는 개념과 결합한다. '여럿이 함께' 이용하는 시설이지만 식당과 목욕탕은 대중식당, 대중목욕탕이고 변소는 공중변소인 이유는 두 시설의 관리 방식이 다르기 때문이다. 개인이나 단체가 영리를 목적으로 운영, 관리하는 시설에는 '대중'이라는 단어를 붙이고, 도시 주민이 자치적 또는 자율적으로 관리하는 시설에는 '공중'이라는 단어를 붙인 것이다. 1899년에 '공동변소'였던 것이 1904년에 '공중변소'로 바뀐 것은, 이 기간에 '공중'이 만들어지고 있었음을 의미한다. 1904년에는 한성위생사가 설립되어 공중변소와 각 가정의 분뇨를 성 밖으로 옮기는 일을 맡았다. 서울의 공중변소는 1907년 일본 황태자 방한을 앞두고 크게 늘어 1908년에는 20개소에 달했는데, 그 관리는 신설된 한성부민회漢城府民會가 맡았다. 한성부민회 역시 일본 황태자 방한에 앞서 서울의 위생 환경을 개선한다는 취지로 급조된 단체이기는 하나, 나름의 자치 영역을 가진 '공공단체'였다.

공중변소는 일제강점기에 '이박식당'이라는 별명으로도 불렸다. 이완용과 박제순이 밥 먹는 곳이라는 뜻으로, 대한제국의 대신 자리에 있으면서도 매국노가 된 자들을 똥 먹는 개돼지로 취급하는 민심을 드러내는 이름이었다. 공중변소는 아주 오랫동안 생리적 배설 장소일 뿐 아니라 심리적 배설 장소이기도 했다. 공중변소의 문은 모두의 낙서장이자 식민 통치와 군사 독재를 비판하는 대자보였다.

일제강점기에 공중변소는 민족 차별의 표지이기도 했다. 경성부

당국은 일본인이 많은 동네에는 분뇨 청소부를 많이 배치하고 조선인이 많은 동네에는 적게 배치했다. 그 때문에 조선인 동네인 청계천 이북 북촌에서는 항상 분뇨 냄새가 났다. 반면 일본인 동네인 남촌은 '길에 떨어진 밥알을 주워 먹어도 될 만큼' 깨끗했다. 공간에 대한 차별도 '이미지 정치'의 하나였다. '조선인은 더럽고 일본인은 깨끗하다'라는 이미지를 만든 것은 사람 이전에 공간이었다. 심지어 1928년 어떤 일본인은 '위생 사상이 없는 조선인들이 이용하는 공중변소는 너무 더러우니 차라리 조선인 동네의 공중변소를 모두 없애버리자'고 주장하기까지 했다. 원인과 결과를 혼동하는 지배 민족의 인식 착란을 여실히 드러내는 주장이었다.

다 알다시피 우리나라의 공중변소들은 2002년 한·일 월드컵이 목전에 닥친 시점부터 깨끗해지기 시작했다. 그 이후 한동안은 공중변소가 부잣집 화장실보다 낫다는 말도 나왔고, 지방자치단체들이 공중변소 건설에 너무 많은 돈을 쓴다는 비난도 나왔다. 오늘날 무료로 이용할 수 있는 깨끗한 공중변소가 한국처럼 많은 나라는 드물다. 사람들이 으슥한 장소를 찾지 않고 장시간 옥외 활동을 할 수 있게 된 것도 공중변소 덕이다. 공중변소는 서울 도심에서 백만 명이 넘는 사람들이 모여 평화 시위를 벌일 수 있게 한 숨은 공로자이기도 하다.

75. 가만히 앉아 있어도
     세상이 움직인다는
     환각

우렁차게 토하는 기적 소리에
남대문을 등지고 떠나 나가서
빨리 부는 바람의 형세 같으니
날개 가진 새라도 못 따르겠네
늙은이와 젊은이 섞여 앉았고
우리네와 외국인 같이 탔으나
내외 친소 다 같이 익혀 지내니
조그마한 딴 세상 절로 이뤘네
— 최남선, 「경부철도가」, 1908년

유럽에서는 18세기 말부터 증기기관으로 움직이는 수송 수단을
개발하려는 움직임이 시작되었다. 1804년 트레비식Richard Trevithick
이 철로 위를 달리는 증기기관차를 처음 만들었고, 1825년에는 스티
븐슨George Robert Stephenson이 만든 기관차가 영국 스톡턴과 달링
턴 사이에서 상업 운행을 개시했다. 이후 기차는 전 세계로 확산하
여 '근대 문명의 총아'가 되었다. 철제 궤도와 철제 바퀴라는 기차의
기본 형식은 지금껏 변하지 않았다.

이 땅에 처음 놓인 철도는 서울과 인천을 잇는 경인철도였다. 조
선 정부는 1896년 철도 부설권을 미국인 제임스 모스James. R. Morse

에게 주었으나, 모스는 이를 일본인들이 만든 경인철도합자회사에 매도했다. 조선 정부로부터 이런저런 이권을 받아 일본인들에게 전매하는 건 아관파천 이후 구미인들의 돈벌이 방법 중 하나였다. 노량진-제물포 구간의 기차 운행은 1899년 9월 18일에 개시되었다. 1900년에는 한강철교가 완성되어 운행 구간이 서대문-제물포로 연장되었다. 서대문 정거장은 현재의 이화여자고등학교 서쪽, 한양도성 바로 바깥에 만들어졌다.

경인철도합자회사는 경인철도 완전 개통을 자축하는 의미로 대한제국 정부 고관들을 초청하여 시승식을 열었다. 이 시승식과 관련해서는 사실 여부를 확인하기 어려운 이야기가 전한다. 열차 출발 직전에 변의便意를 느낀 어떤 고관이 급히 변소로 달려갔다. 잠시 후 변소에서 나와 보니 기차가 움직이고 있었다. 당황한 그의 시종은 달리기 시작한 기차에 대고 소리쳤다. "우리 대감마님께서 타지도 않았는데 먼저 떠나다니. 버르장머리 없는 놈 같으니라고…." 1936년에 처음 번안된 이후 몇 차례 리메이크된 노래 〈서울 구경〉에도 비슷한 내용이 있다.

시골 영감 처음 타는 기차놀이라.
차표 파는 아가씨와 승강이하네.
이 세상에 에누리 없는 장사가 어딨나.
깍아달라고 졸라대니 원 이런 질색이

기차란 놈 취- 하고 떠나갑니다.
영감님이 깜짝 놀라 돈을 다 내며,
깎지 않고 다 낼 테니 날 좀 태워주,
저 기차 좀 붙들어요 돈 다 낼테니.

— 강홍식, 〈유쾌한 시골 영감〉, 1936년

기차는 처음부터 신분 고하와 인정사정을 따지지 않는 '기계의 시대'를 실감케 했다.

1898년 대한제국 정부는 일본인 시부사와 에이이치澁澤榮— 등이 설립한 경부철도주식회사에 경부철도 부설권을 주었다. '공사 인력은 한국인으로 충당한다'는 것이 계약상의 단서 조항이었다. 회사는 1901년 8월 20일 서울 영등포에서, 같은 해 9월 21일 부산 초량에서 각각 공사에 착수했다. 당시 철도건설에서는 발기회사가 노선 선정, 용지 확보 등을 담당하고 청부회사가 공사를 수행하는 식의 역할 분담이 엄격히 적용되고 있었다. 청부회사도 직접 공사를 담당하기보다는 노동력 공급 회사들에게 재하청을 줌으로써 중간 차익을 얻는 것이 일반적이었다. 땅을 다지고 침목을 깔고 레일을 놓는 공사는 대한국내철도용달회사, 대한경부철도역부회사 등 한국인 회사들이 담당했다. 우리나라에서 이른바 '인건비 빼먹는 장사'인 토목건축청부업도 철도로 인해 탄생했다. 공사 진행은 더딘 편이어서, 1902년 말까지 북부 51.5킬로미터, 남부 53.1킬로미터만 완공되었다.

1899년 대한제국 정부는 프랑스에게 주었던 경의철도 부설권을 환수하여 대한국내철도용달회사에 공사를 맡겼다. 그러나 대한제국 전현직 고관들이 출자한 이 회사는 공사를 감당할 능력이 없었다. 1900년, 고종은 궁내부 안에 서북철도국을 설치하여 경의철도 자력 부설에 나섰다. 서북철도국은 1901년 7월 서울-개성 사이의 측량을 마쳤고, 1902년 5월 8일에 서대문 밖 독립관으로 '내외귀빈'을 초대하여 성대한 기공식을 거행했다. 철도 기사로는 프랑스인 에밀 부르다레를 초빙했고, 공사는 대한철도회사에 맡겼다.

1904년 2월, 러일전쟁을 도발한 일제는 전장인 만주까지 군대를 신속히 이동시키기 위해 경부·경의철도 공사를 서두르기로 했다. 일본군은 임시군용철도감부臨時軍用鐵道監部를 설치하고 경부철도 주식회사로부터 이미 부설한 구간과 부설권 일체를 매수했으며, 서북철도국의 부설권은 무상으로 탈취했다. 동시에 '한일의정서'를 강제로 체결하여 일본군이 '군략상' 필요한 토지를 역시 무상으로 빼앗을 수 있도록 조약상의 근거를 만들었다. '군략상' 필요한 토지 대부분이 철도 용지였다. 일본군은 이어 철도 부설 공사장 인근의 주민들을 강제로 동원하여 총으로 위협하고 채찍으로 때리면서 일을 시켰다. '인근'이라고 했지만, 걸어서 한나절 걸리는 곳의 주민들까지 동원했다. 가혹한 토지 수탈과 노동력 징발의 결과, 당시 경의철도는 노선 길이 대비 세계 최단기간 완공이라는 신기록을 세워 기네스북에 등재되었다. 경부철도는 1904년 12월 27일에, 경의철도는 1906년 4월 3일에 각각 개통되었다.

철도는 '근대의 총아'였기 때문에, 어느 나라에서나 철도역이 생기면 그 지역 주민들이 축제를 벌이곤 했다. 미국의 서부 개척 시기를 배경으로 한 할리우드 영화에서도 철도 개통 축제 장면은 자주 나온다. 그런데 우리나라 사람들의 기차에 대한 반응은 그와 정반대였다. 나는 초등학교 시절 철도 가까운 곳에 살았는데, 학교 조회나 종례 때마다 "여러분, 기차에 돌 던지지 마세요"라는 훈계를 들었다. 1970년대 중반까지, 매년 여름이면 창문 열어 놓고 졸던 기차 승객이 밖에서 날아온 돌에 맞아 다치는 사고가 나곤 했다. 아이들이 달리는 기차에 돌 던지는 것은 한국의 특수한 문화 현상이었다. 이 문화 현상의 기원은 1905년 을사의병으로까지 거슬러 올라간다.

일제의 외교권 박탈과 식민지화 책동에 반대하여 봉기한 의병부대들이 주로 공격한 일본의 '군사시설'이 철도였다. 당시의 한국인들에게 기차는 일본군 침략자들을 실어 오고 한국의 물자를 수탈해

이토 히로부미가 탄 열차에 돌을 던지는 원태우 기차는 근대가 낳은 대표적 '문명의 이기'였으나, 식민지 피압박 민족에게는 '문명의 흉기'로 작동했다. 하지만 편리함은 적개심도 녹이는 법이다. 기차가 제공한 편리함은 현대인의 의식에도 깊은 영향을 미쳤다. '가만히 앉아서 움직이는 것'은 현대인이 누리는 특권 중 하나다. 출처: 『일로전쟁화보』

가는 '문명의 흉기'였다. 의병들은 달리는 기차를 향해 총을 쏘거나, 철로 위에 큰 돌을 굴려 놓아 기차 운행을 방해했다. 그러다 일본군에 잡히면 '철도운송 방해죄'로 처벌받았는데, 형량은 교수형이었다. 일본군은 일부러 철도역 옆에 교수대를 설치했고, 사형당한 의병들의 시신을 며칠씩 매달아 두었다.

1905년 11월 22일, 경기도 과천에 살던 23세의 청년 원태우는 이토 히로부미가 안양에서 서울로 가는 기차에 탔다는 소식을 듣고 동지들과 함께 철로 위에 큰 돌을 올려 놓았다. 그러나 동지 이만려가 갑자기 겁을 먹고 그 돌을 치워버렸다. 원태우는 포기하지 않고 이토가 탔을 특실 칸을 향해 돌을 던졌다. 돌은 이토가 앉은 좌석 옆의 유리창을 정확히 맞혔고, 이토는 유리창 파편으로 상처를 입었다. 1905년 12월 8일에 발행된 『일로전쟁화보』에는 원태우가 기차에 돌 던지는 장면을 그린 삽화가 실렸다. 의병과 의사義士들의 기차를 향한 '의거'는 아이들이 계승했다. 어른이 기차에 돌을 던지다 잡히면 사형감이었지만, 아이들이 던지면 '장난'으로 치부할 수 있었기 때문이다. 한국에서 기차에 대한 적의敵意는 '민족주의적 감정'이었다. '왜놈이 만든 것'이라는 이유로 평생 기차를 타지 않은 사람은 셀 수 없을 정도로 많았다.

하지만 정치적 견해나 이념이 물질세계의 변화를 막지는 못 하는 법이다. 제국주의 시대의 철도는 그것을 부설하는 자본과 그것이 놓이는 땅 사이의 권력관계를 표상하는 물건이었으나, 이 관계는 눈에 잘 띄지 않았다. 기계는 본래 인정사정없는 물건이라서, 사람에게는 적응과 부적응 중 하나를 선택하는 길밖에 없다. 철도 노선이 길어지고 기차 운행 빈도가 늘어날수록 그에 적응하는 사람이 많아졌다. 의병들에게 기차는 '문명의 흉기'였지만, 근대 문물에 감복했던 최남선에게는 두말할 나위 없는 '문명의 이기'였다. 이 문명의 이기는 '갈 수 있는 곳' 또는 '가고 싶은 곳'에 대한 상상의 한계를 비약적으로 넓혀주었다.

사람은 어려서부터 "저 산 너머에는 무엇이 있을까?", "저 바다 건너에는 무엇이 있을까?" 같은 상상을 하며 산다. 기차가 다니기 전, 절대다수 한국인에게 '가보고 싶은 곳'은 서울이었다. 나라 밖으로 나가는 일은 거의 상상조차 할 수 없었다. 양반 남자는 과거 보러, 평민 남자는 군역이나 축성역 때문에 서울에 갈 기회를 얻을 수 있었으나, 여자들의 활동 반경은 자기 마을에서 장터에 이르는 구간을 넘기 어려웠다. 공간에 대한 사람들의 상상력도 자기가 갈 수 있는 곳보다 약간 넓은 범위로 제한되었다. 그러나 기차표에 쓰인 도시명들은, 사람들에게 상상 밖의 세계가 있음을 알려 주었다.

일제강점기 부산역과 경성역에서는 중국 펑톈奉天(일본말로 호텐, 현 선양瀋陽)까지 가는 기차표를 팔았다. 기차를 두 번만 갈아타면 서울에서 스페인 마드리드까지 갈 수도 있었다. 기차는 표만 사면 세계 어느 곳이든 갈 수 있는 시대를 열었다. 기차는 상상으로 여행할 수 있는 거리도 비약적으로 늘렸다. 한국인의 심상 지리 공간이 협소해진 것은 분단 때문이다.

게다가 기차 타고 가는 길은 '고생길'이 아니었다. 기차를 비롯해 엔진으로 움직이는 탈것들은 동물과 정물의 관계를 뒤바꿨다. 이런 탈것이 없던 옛날에는 나무나 바위, 산은 고정되어 있고 사람과 짐승이 움직인다는 것이 불변의 진리였다. 이동은 곧 운동이었다. 그러나 기차는 좌석에 가만히 앉아 있는 사람들에게 바깥세상이 움직이는 광경을 볼 수 있게 해주었다. 그렇게 이 탈것은 사람을 '중세'에서 '근대'로 옮겨 놓는 타임머신 구실을 했다. 앉은 채로 차창 바깥의 세상이 움직이는 광경을 거듭 쳐다보면서, 사람들은 세상과 인간 사이의 관계에 대해 이전 시대 사람들과는 다른 감각을 키워나갔다. 내가 움직이지 않아도 세상은 변한다는 감각, 차비만 있으면 고생하지 않고 원하는 곳에 도달할 수 있다는 의식, 이런 감각과 의식이 현대인의 세계관과 역사관 일부를 구성한다. 이런 태도는 대의제 민주주의와 무척 정합적이다. 대의제 민주주의에서 투표권 행사는 목적지가 적힌 기차표를 끊는 것과 비슷하다. 그래서 이는 동시에 민주주의가 주권자에게 요구하는 기본 덕목과는 배치된다. 기차는 현대 민주주의의 딜레마, 즉 바라는 건 많으나 스스로는 무책임한 주권자들을 만들어내는 데 단단히 한몫한 물건이다.

시내버스

76. 원치 않는
밀착을
강요하다

지난 한 세기 남짓한 기간 동안 서울 인구는 50배 가까이, 면적은 10배 가까이 늘었다. 높아진 인구밀도를 감당하려면 사람들을 밀착시켜야 했고, 넓어진 도시를 단일 생활권으로 통합하려면 공간을 압축해야 했다. 이 밀착과 압축이라는 초거대 도시화 과업을 수행하는 데 앞장선 것이 과밀 주택, 고층 아파트와 엔진 달린 탈것들이다. 특히 전차, 시내버스, 지하철 등 대중교통수단은 공간을 압축하는 수단인 동시에 사람들을 밀착시키는 도구이기도 했다.

한반도에서 버스는 1910년대 중반부터 운행되었는데, 처음에는 경성–장호원·경성–춘천 간 등 서울과 지방 도시를 잇는 교통수단이었다. 경성의 중심 대로에는 전차가 다녔기 때문에, 버스는 전차 노선을 보완하는 역할을 했다. 서울에 시내버스가 처음 등장한 날짜는 1928년 4월 22일이다. 이날 14개의 좌석과 8개의 입석 승객용 손잡이를 장착한 버스가 서울 거리에서 운행을 개시했다. 차량 제조업체는 일본 이시카와지마石川島 조선소 자동차부였고, 요금은 구간당 7전, 운행 간격은 10분이었다.

시내버스를 처음 접한 사람들의 반응은 자못 열광적이었다. 버스는 택시보다 크면서도 요금은 쌌고, 게다가 묘령의 '여차장'까지 함께 탔다. 버스를 타 본 사람들은 이 새로운 탈것에 만족했고, 찬탄을 늘어놓기까지 했다. 첫 해 20대였던 시내버스는 1년 만에 30대로 늘

서울에 처음 등장한 경성부영버스와 여차장 경성부는 부영버스 운행을 앞두고 12명의 여차장을 모집했는데, 75명이 지원했다. 그중 한국인이 73명이었고 여자고등보통학교 출신자도 2명이나 되었다. 처음 반짝인기를 끌었던 시내버스는 곧 도시민의 대표적 불만거리가 되었다. 원치 않는 밀착을 강요한 것이 주된 이유였다. 하지만 '원치 않는 밀착'은 현대 도시 생활의 불가피한 구성요소다. 출처: 『자동차 70년사』

였다. 그러나 버스에 대한 찬사는 초창기 잠깐뿐이었다. 이윽고 시내버스는 도시민의 대표적 불만거리가 되었다. 경성부민들은 시내버스 운행 개시 1년 만에 '운전 중의 동요動搖, 들쭉날쭉한 배차 간격, 차내의 협착, 불쾌한 감상' 등의 불만을 토로했다. 도심부 전차노선의 확충이 한계에 달하고 부역府域이 크게 확대된 1930년대 중반에는 버스 승객수가 크게 늘었다. 승객이 늘어나는 만큼 차량이 늘지 않아 버스 안의 '인구 밀도'는 높아졌다. 이때부터 1980년대까지 오랫동안 '만원 버스'라는 말이 유행했다. 게다가 1930년대 후반부터는 심각한 연료난 때문에 운행 대수가 줄었으며, 고장도 잦았다. 1930년대 말, 총독부와 경성부는 연료난을 극복하기 위해 목탄木炭자동차를 개발하여 버스로 사용했으나 엔진 출력이 낮은 만큼 고장도 더 잦았다. 급기야 일제 패망 직전에는 시내버스 운행이 전면 중단되었다.

시내버스는 해방 이후 미군이 공급한 휘발유에 의존하여 운행을 재개했다. 정부 수립 후인 1949년 8월에는 운수사업이 민간에 개방되어 민영 버스가 출현했다. 하지만 버스 사업은 뒤이은 한국전쟁으로 사실상 궤멸 상태에 빠졌다. 시외버스는 운행할 수 없었고, 서울 시내는 3년간 사실상 빈 도시였다. 휴전 이후 운행을 재개한 시내버스는 이후 급속히 승객과 노선을 늘렸다. 시내버스 증가를 이끈 것은 도시 인구의 증가였다. 전쟁 중 수많은 시골 마을에서도 '내부 전쟁'이 일어났다. 누가 공산군에게 부역했고 누가 양민 학살에 앞장섰는지, 다 아는 사람들끼리 한 마을에 계속 살 수는 없었다. 일자리를 구할 희망이 있건 없건, 모르는 사람들 틈으로 숨어들어야 할 사람이 많았다. 이런 사람들이 고향을 떠나 전차가 닿지 않는 서울 외곽에까지 몰려 들어서는 판잣집을 짓고 살았다. 시내버스는 이런 사람들이 도심부에서 날품팔이라도 할 수 있게 해주었다.

1961년 시점에 서울에서 운행된 시내버스는 1,017대, 하루 수송 인원은 22만 2,000여 명이었고 전차는 197대, 수송 인원은 34만 1,000여 명이었다. 그러나 1965년에는 버스 1,253대가 하루 128만 1,000여 명을 수송했고, 전차는 213대가 하루 44만 1,000여 명을 수송했다. 5년 만에 버스와 전차의 수송 분담률이 완전히 역전된 셈이다. 시내버스가 늘자, 서울시는 1966년부터 고정 버스 노선을 정하고 노선별로 고유번호를 매겼다. 그전까지 버스는 앞 유리창 위에 경유지와 종착지를 써 붙이고, 정차할 때마다 차장이 차에서 내려 큰 소리로 손님을 불러 모으는 식으로 운행되었다. 이 관행은 노선 번호가 생긴 뒤에도 꽤 오래 유지되었다. 1970년대 청량리, 중랑교 방면으로 가는 시내버스들은 대개 종로를 관통했는데, 종로 3가나 동대문 버스 정류장에는 거의 온종일 "청량리 중랑교 가요"라는 젊은 여성의 목소리가 울려 퍼졌다. 얼핏 듣기에는 "차라리 죽는 게 나아요" 같아서, '청량리 중랑교 간다'라는 말이 신세 한탄할 때 쓰는 유행어가 되기도 했다.

사람들이 시내버스에 불평을 늘어놓은 주된 이유는 극단적인 밀착과 원치 않는 접촉에 있었다. 사람 관계는 보통 거리를 재는 공간 척도로 표현된다. '사이좋다' 할 때의 '사이'는 두 지점 간의 거리를 뜻한다. '친밀'이란 좁은 공간에 무릎을 맞대고 모여 있어야 오히려 유쾌한 관계를, '소원'이란 가급적 멀리 떨어져 있어야 편한 관계를 의미한다. 가까이 있어야 좋은 관계가 '좋은 사이'고 가까이 있으면 불편한 관계가 '나쁜 사이'다. 타인에 대한 심리적 거리와 물리적 거리는 확실한 비례 관계에 있다. 연인끼리는 혹여 둘 사이에 바람이라도 샐세라 바짝 붙어 다니지만, 모르는 사람이 가까운 거리를 유지하고 있으면 불안하고 불쾌한 법이다. 최근 코로나바이러스 유행으로 인해 '사회적 거리'라는 말이 널리 퍼졌는데, 이는 서로 모르는 사람 사이의 일상적 거리를 의미한다.

시내버스는 '소원'보다도 훨씬 먼 관계에 있는 사람들을 억지로 밀착시켰을 뿐 아니라 빈번히 접촉시키기까지 했다. 특히 전차가 철거된 1968년부터 수십 년간 시내버스의 별명은 콩나물시루였고, 승객들은 거의 매일같이 콩나물이 되었다가 시루에서 빠져나오는 체험을 했다. 모르는 사람의 숨결이 목덜미에 닿고, 모르는 사람의 땀냄새가 코를 찌르며, 모르는 사람과 몸을 부딪는 일이 유쾌할 리 없다. 거대도시에 사는 현대인은 자신과 타인 사이의 거리를 통제할 권리를 잃은 사람이다. 현대인들은 자기 의지와 무관하게 모르는 사람들과 밀착하지만, 그 밀착은 친밀감은커녕 불쾌감과 때로는 공포감까지 안겨준다. 아무리 심한 감염병이 돌아도 시내버스나 지하철 안에서 '사회적 거리두기'는 원천적으로 불가능하다. 시내버스는 '모르는 사람과도 밀착해야 하는' 현대적 삶을 가르친 물건이다.

고속도로

77. 시간을
압축하다

1937년 군국주의 일본이 중국을 침략한 뒤 조선을 '대륙 병참기지'로 개발하는 데 열중하던 조선총독부는 1939년 5월, 다소 느닷없이 조선 전역에 '자동차 전용도로'를 건설하겠다고 발표했다. 조선 땅에도 독일 히틀러Adolf Hitler의 아우토반Autobahn을 만들겠다는 것이었다. 하지만 인력人力 말고는 아무것도 조달할 수 없는 형편에, 이는 청계천 위에 고가도를 놓겠다는 구상과 마찬가지로 한갓 미몽에 불과했다. '자동차 전용도로'라는 말은 몇 차례 신문 지면에 노출되었다가, 곧 사람들의 의식 저편으로 사라졌다.

1963년 12월 형식적인 민정이양으로 대통령에 취임한 박정희는 1년 뒤 첫 외국 방문길에 올랐다. 그가 방문한 나라는 우리나라와 마찬가지로 분단 상태에 있던 서독이었다. 가장 먼저 가고 싶었던 미국에서는 불러주지 않았고, 일본에는 5·16 직후에 다녀왔다. 당시 서독은 전쟁 피해국인 한국을 원조함으로써 '전범국가'라는 이미지를 씻으려 했다. 한국전쟁 직후 서독은 한국에 병원을 지어주겠다고 제안했다. 제2차 세계대전에서 패배한 지 10년밖에 안 된 시점이었다. 그러나 미국은 서독에 이미지 세탁의 기회를 줄 때가 아직 아니라고 판단했던 듯하다. 한국에 병원을 지어주는 일은 한국전쟁 중 의무부대를 파견했던 스칸디나비아 3국이 맡았다. 전쟁 중 스웨덴은 부산에 야전병원을 개원했고, 노르웨이는 이동 외과부대를 파견했으며, 덴마크는 병원선을 운영했다. 스칸디나비아 3국의 자금과 인력으로 개원한 병원이 지금의 국립의료원이다. 오랫동안 국립의료원 옆에 스칸디나비아 식당이 있었던 것도 이 때문이다.

대한민국과 서독 사이의 경제협력 관계는 5·16 군사정변 이후에 맺어졌다. 군사정변 직후, 군부는 기업인들을 부정축재 혐의로 잡아들여 조사한 뒤 각서 한 장씩을 받고 풀어주었다. 각서에는 국가 경제 발전을 위해 할 수 있는 일을 구체적으로 적어야 했다. 일제강점기에 조선인 중 최고의 재벌로 꼽혔으며 정부 수립 후 반민특위에 체포된 적이 있었던 박흥식도 이때 각서를 쓰고 나왔다. 그는 한강 남쪽의 광대한 지역을 개발하여 도시화하는 안을 제출했다. 이른바 '박흥식의 남서울 개발 계획안'이었다. 그는 개발에 필요한 재원을 서독에서 조달하겠다고 했다. 제2차 세계대전 중 독일과 일본이 동맹 관계였기 때문에, 그와 독일 기업인들 사이의 네트워크도 유지되었을 가능성이 크다.

박정희가 대통령 취임 후 가장 먼저 서독을 방문한 것이 박흥식의 서독 자본 동원 계획과 직접 관련이 있는지는 알 수 없다. 다만 1963년 1월 정부는 남서울(서울 강남 일대)을 전격적으로 서울시에 편입시켰다. 박정희는 그해 말에 서독을 방문했다. 서독을 방문한 박정희는 서독 총리와 회담하는 등의 공식 일정을 소화하면서 서독의 발전상을 직접 확인했다. 서독은 전쟁의 참화를 겪은 분단국가라는 면에서 한국과 같았으나, 그것 말고는 비슷한 점이 없었다. 그에게 특히 깊은 인상을 준 것은 울창한 숲과 자동차 전용 고속도로 아우토반이었다. 그 무렵 한국의 산은 모두 민둥산이었고, 자동차가 다닐 수 있는 넓이의 포장도로도 많지 않았다. 그보다 도로를 이용하는 자동차 자체가 적었다. 박정희는 나라 전체의 외양을 바꿀 수는 없어도 산림과 도로는 바꿀 수 있다고 생각했던 듯하다.

1969년 6월 13일 일부 구간이 개통된 경부고속도로 드문드문 자동차들이 지나고 있다. 고속도로는 자동차만을 위한 도로다. 사람은 물론 이륜차도 이 도로를 이용할 수 없다. 인간은 '인간의 발길'을 용납하지 않는 도로를 만듦으로써 시간을 압축하는 데 성공했다. 걸어 다니는 사람이 보이지 않는 고속 이동은, 일하는 사람을 배려하지 않는 경제성장과 정합적이었다. 출처: 서울역사아카이브

박정희는 귀국하자마자 산림녹화와 고속도로 건설 준비에 착수했다. 산림녹화에 반대하는 사람은 없었으나 고속도로 건설에는 고개를 갸우뚱하는 사람이 많았다. 대다수 사람은 고속도로가 무엇인지 몰랐고, 아는 사람들도 지방의 비포장도로를 정비하는 게 우선이라고 생각했다. 하지만 최고 통치자의 의지가 여론에 꺾인다면 군사독재 체제가 아니다. 반대 여론은 간단히 묵살되었다. 1967년 서울과 인천을 잇는 고속도로 공사가 시작되어 1969년에 완료되었다. 이 땅 최초의 자동차 전용도로였다.

이어 1968년부터 경부고속도로 건설공사가 진행되었다. 연인원 900만 명이 동원된 이 공사는 '민족의 대역사'로 불렸으며, 완공 후 한국의 산업 지도와 사람들의 시간 감각을 바꿨다. 고속도로가 완공되자마자 고속버스가 등장했다. 1969년 4월 12일부터 서울과 인천

사이에서 운행을 개시한 고속버스는 이후 급속히 늘어나 전국을 일일생활권으로 만드는 주역이 되었다.

고속도로 개통 직후 이 도로 위를 달리는 차들은 제 성능만큼 속도를 낼 수 있었다. 제한 속도는 시속 100킬로미터였지만, 당시에는 그 정도 속도를 낼 수 있는 차량도 드물었다. 그러나 그로부터 채 20년이 되지 않아 고속도로는 이름에 걸맞지 않은 도로가 되었다. 특히 명절 전후에는 '고속도로가 아니라 주차장'이라는 말이 나올 정도였고, 서울에서 부산까지 12시간 넘게 걸리기도 했다.

고속도로가 이름값을 한 기간은 애초 예상보다 짧았다. 하지만 사람들은 짧았던 고속 시대를 생각하며 불평을 늘어놓을 뿐, 그 이전의 기나긴 저속 시대는 생각조차 하지 않는다. 한국 현대의 압축 성장은 무엇보다도 '시간 압축'이었다. 이동 시간뿐 아니라 생활 수준을 향상하는 데 걸리는 시간도 압축됐다. 이 압축의 경험은 인간의 속도가 아니라 기계의 속도를 속도감의 기준으로 삼는 새로운 인간을 만들어냈다. 그런데 앞으로도 이제까지와 같은 '시간 압축'이 가능할까? 제한속도 시속 200킬로미터의 도로가 새로 생길 리 없고, 생긴다 해도 그런 속도를 낼 수 없을 것이다. 이미 선진국에 진입한 한국이 고도성장의 시대를 다시 맞을 가능성도 거의 없다. 짧았던 고속 성장 시대를 생각하며 불평을 늘어놓기보다는, 저성장 시대에 맞는 삶의 방식을 찾는 편이 나을 것이다.

소방차

78. 불끄기도
남의 일로
만들다

만사를 제쳐두고 서둘러 처리해야 할 일이 있을 때 '화급'火急이란 말을 쓴다. 작은 불이라도 번지기 시작하면 걷잡을 수 없기에, 불 끄는 일은 다른 어떤 일보다도 중요하다. 나무와 짚과 종이로 만든 집에서 나무와 짚을 때며 살았던 옛날에는 화재가 잦았고, 이런 집들이 밀집한 도시에서는 한 집에서 일어난 불이 동네 전체, 나아가 도시 전체를 잿더미로 바꾸는 일이 흔했다.

세종 8년(1426) 2월 15일 낮, 한성부 남부에 있는 인순부의 노奴 장룡長龍의 집에 불이 났다. 화마火魔는 거센 서북풍을 타고 무섭게 퍼져 나갔다. 시전 행랑 106칸과 인가 2,170호가 전소되었고, 32명이 사망했다. '타 죽어 재가 된 사람'은 그 수에 포함되지 않았다. 재산 피해는 집계 대상조차 아니었다. 진화 인력과 설비는 종묘와 궁궐을 지키는 데 총동원되었다. 국용 물자를 보관해둔 창고조차 포기해야 할 정도였다. 이 무렵 서울에 있던 행랑과 민가의 대략 10분의 1이 타버린 셈이다. 이런 형편이었으니, 강 건너편에서 난 불이 아닌 이상 한 집에 불이 나면 온 동네 사람들이 물동이를 들고 달려가 꺼야 했다.

옛날 불 끄는 일은 모든 사람의 의무였다. 불은 부잣집과 가난한 집을 차별하지 않았고, 서로 원수처럼 지내는 이웃집 사이에 놓인 담장도 쉽게 넘었다. 불 난 이웃집에 부채질했다가는, 그 집의 불티가 제집으로 날아올 수 있었다. 이웃집에 난 불이 자기 '발등의 불'이었다. 물론 화재 발견과 진압의 책임을 맡은 정부 기관도 있었다. 세종은 금화도감禁火都監이라는 임시관서를 설치했고, 성종은 이를 수성금화사修城禁火司라는 상설관서로 만들었다. 남대문과 동대문의 2층 문루에서 병사들이 성안을 굽어보다가 불난 집을 발견하면 종을 쳐서 알렸다. 궁궐에 불이 나면 인근 주민 모두가 물동이를 들고 달려가야 했으며, 집집마다 진화 담당 구역과 지휘자가 정해져 있었다. 도시는 일차적으로 '방화 공동체'였다.

1908년 3월, 통감부의 지배 아래에 있던 한국 정부는 상비소방수常備消防手라는 관직을 새로 만들고 제복과 급여 규정을 정했다. 이듬해인 1909년 9월에는 살수 펌프가 달린 커다란 물통을 올려놓은 수레인 소방수관거消防水管車가 서울 시내 각 경찰서에 배치되었다. 당시에는 이 소방수관거를 '소방차'라고 불렀으나, 자동차가 수레 역할을 대신하면서부터 '소방수레'라는 이름으로 바뀌었다. '소방서'消防署라는 관서명은 1912년 5월에 완공된 '남대문소방서'에 처음 붙었는데, 이 이름은 한 달쯤 뒤인 6월 28일 '경무총감부령' 제7호로 공식화했다. 1918년 말 경성부 상비소방대에는 일본인 12명과 조선인 80명, 총 92명의 소방수가 배속되어 있었다.

이 땅에 소방차가 처음 들어온 해는 1917년으로 추정된다. 이해 3월 13일, 숭인동 초가집에서 불이 나자, 수관자동차水管自動車가 출동하여 진압했다. 같은 달 15일 사직동 화재 때에도, 다음 달 7일 영락정永樂町 사진관 화재 때에도 수관소방차가 출동했다. 같은 해 10월에는 용산연병장에서 경성부 소방 점검 행사가 열렸는데, 여기에 수관자동차 운행 및 조작 시범도 포함되었다. 이후 크고 작은 화재에 소방차가 출동하는 것은 당연한 일이 되었다. 1919년 9월에는 인천 미두취인소米豆取引所 '유지'들이 돈을 모아 소방자동차 두 대를 샀다.

1936년에 도입된 미국 포드자동차 생산 소방펌프차 건물의 대형화와 고층화는 화재 양
상을 바꾸었고, 그에 따라 진화 장비들도 대형화, 전문화했다. 옛날 사람들은 물동이 들
고 화재 현장으로 달려가야 했지만, 현대인들은 화재 현장에서 멀찍이 물러나야 한다.
출처: 『사진으로 보는 한국백년』

이후 소방자동차는 주요 도시 소방대의 필수품이 되었다. 1923년에
는 물을 200척(대략 60미터) 높이까지 쏘아 올릴 수 있는 펌프를 갖춘
신형 소방차도 도입되었다. 대표적인 긴급사태가 화재였기 때문에,
소방차는 처음부터 도로 사용 등에서 우선권을 누렸다. 그래서 소방
차 난폭 운전으로 인한 사고도 심심치 않게 발생했다.

　대형 고층 건물이 늘어나고 조작이 복잡한 소방기계와 소방차가
도입되면서 불 끄기도 '전문가'의 일이 되었다. 1935년 6층짜리 화
신백화점 화재 당시 경성부 내의 소방차는 30대였다. 불이 나자마
자 건물 안에 있던 사람은 모두 대피했고, 소방차들이 달려가 진화
했다. 현대인은 "이웃집에 불이 났을 때는 어떻게 해야 하는가?"라는
질문에 "119에 신고한다"고 답하는 사람이다. 현대 사회에서 이웃집
사람의 위치는 화재 진압의 '당사자'에서 '제삼자'로 이동했다. 현대

인은 불난 이웃집에 달려가 함께 불을 끌 능력과 의지를 모두 잃은 사람이다. 화재뿐 아니라 대부분의 재난에 대해, 현대인은 '제삼자'의 위치에 서도록 훈련받은 사람이다. 현대인이 자라면서 자주 듣는 '훈계' 중 하나가 '나서지 마라'다. 남이 재난당한 모습을 보아도, 불의를 보아도, 심지어 옆집에 불난 걸 보아도, 직접 나서지 않고 '국가기관' 또는 '국가기관의 인증을 받은 전문가'에게 맡기는 게 현대인이 고수하는 보편적 삶의 태도다. 더불어 남의 재앙을 자기 재앙으로 받아들이는 마음도 엷어졌다. '나만 아니면 돼'를 금과옥조로 삼는 태도가 확산한 것이, 어느 방송사 예능 프로그램의 몰인정한 대사 때문만은 아닐 터이다.

손수레

인류는 대략 기원전 4,000년경부터 바퀴 달린 물건을 만들기 시작했다. 고대의 바퀴는 큰 나무를 세로로 잘라 몇 조각을 이어 붙인 뒤 주위를 둥글게 마감해서 만들었는데 자체만으로 무게가 상당했다. 바퀴 무게를 줄이기 위해 가운데에 구멍을 뚫기도 했으나, 이런 경우에는 내구력이 문제였다. 우리나라에서도 옛날부터 바퀴 달린 탈것이나 운반수단을 만들어 썼고, 사람이 끄는 것을 '수레', 짐승이 끄는 것을 '달구지'라고 했다. 그런데 산과 고개가 많은 지형 때문에 수레나 달구지의 용도는 제한적이었다. 사람의 힘으로 고개 너머까지 물건을 옮길 때에는, 무거운 바퀴가 달린 수레보다 지게가 훨씬 편했다. 조선시대 영남 지역의 세곡 운송은 왜국의 노략질 위험성 때문에 바닷길을 이용하지 못했다. 이 때문에 영남 사람들은 한강 상류 뱃길의 기점인 충주까지 세곡을 옮겨야 했는데, 산길이 대부분이라 수레를 이용할 수 없었다. 초겨울의 영남대로에서는 쌀 지게를 진 수만 명의 행진이 매년 반복되었다.

한국 수레의 혁신을 이끈 것은 1880~1890년대에 도입된 자전거와 인력거였다. 낡은 자전거나 인력거에서 떼어낸 바퀴는 쇠테 두른 나무 바퀴보다 훨씬 가벼웠고 가격도 쌌다. 이로부터 10년쯤 지나 가벼운 바퀴를 단 새로운 형식의 수레가 등장했다. 한국인들은 이 수레를 짐차라는 뜻의 일본어인 '구루마'くるま라고 불렀다. 1907년

서울 사동(현 인사동)에 설립된 공업운수마차동창회사는 마차와 구루마를 제조하여 운수업을 영위했다. 1908년에는 일본인이 비료회사를 세우고 구루마를 대량 도입하여 서울에서 근교 농촌으로 분뇨를 실어 날랐다. 구루마는 등장하자마자 거의 모든 영역에서 지게를 대체했다.

구루마가 급속히 증가하자 조선총독부는 1913년 7월 1일 '구루마 취체규칙'을 제정했다. 이 규칙은 우마차와 손수레 모두에 적용되었는데, 구루마의 소유자는 사용하기 전에 경찰서나 헌병대에서 검인을 받아야 했고, 구루마를 개조할 때도 마찬가지였다. 모든 구루마 오른편에는 소유자의 주소와 성명을 적어 두어야 했으며, 구루마를 폐차한 후에도 경찰서와 헌병대에 신고해야 했다. 또 손구루마의 바퀴에는 1촌 5푼(약 5센티미터)의 철판을 둘러야 했으며, 12세 이하인 자는 손구루마를 끌 수 없었다. 경찰은 상태가 나쁜 구루마의 사용을 금지할 수 있었고, 임의로 적재량을 단속할 수 있었다.

1920년께에는 자전거 뒤에 매다는 짐차인 리어카가 도입되었는데, 그 생김새가 구루마와 큰 차이가 없어 곧 두 용어가 혼용되었다. 구루마가 늘어나는 속도에 비례하여 수천 년간 한국을 대표하는 운반 도구였던 지게가 줄어들었다. 구루마 가격이 그리 비싸지 않았기 때문에, 구루마조차 구하지 못해 지게로 운반 노동에 종사하는 사람은 세민細民 중의 세민이었다. 일제강점기 경성역이나 용산역 주변에는 구루마꾼과 지게꾼이 함께 모여 있었는데, 지게꾼의 품삯이 더 쌌다.

1910년대부터 1950년대까지, 구루마는 도시 안에서 이동하는 모든 물자를 실어 날랐다. 이삿짐, 채소 등의 식료품, 잡화, 우편물, 장작 등은 물론 분뇨도 구루마로 운반했다. 특히 장작은 구루마 단위로 가격이 책정되었다. 거리에 물을 뿌리는 살수 작업도 구루마가

1976년 서울 잠원동과 서초동을 잇는 간선도로 개설 공사 영세민에게 일자리를 알선하는 '취로사업'就勞事業으로 진행되었다. 서울시는 트럭 대신 손수레를 운반 수단으로 제공했다. 영세민에게는 손수레가 어울린다는 생각 때문이었는지도 모를 일이다. 출처: 『보도사진연감 '76』

담당했다. 무거운 짐을 실은 구루마를 조작하는 일은 능숙한 사람에게도 쉽지 않았다. 그 때문에 구루마 교통사고도 심심치 않게 일어났다. 구루마는 전차, 택시, 자전거, 사람을 가리지 않고 모든 것과 부딪혔으나, 책임은 늘 구루마 몫이었다. 총독부 경찰은 종종 '교통량이 많은 시간대 구루마의 대로 통행금지', '역 주변 보도에 구루마를 방치한 자 처벌' 등의 조치를 취했다. 총독부 경찰이 보기에나 보통사람들이 보기에나, 바퀴 달린 것 중에서 가장 천한 물건이 구루마였다.

해방 후 언어생활에서 일제 잔재를 청산하자는 운동이 벌어지면서 1950년대 중반부터 구루마와 리어카 대신에 손수레라는 말이 사용되었다. 이름은 바뀌었어도 용도는 바뀌지 않았다. 손수레는 쌀, 연탄, 배추 등 무거운 상품을 취급하는 상인들의 필수품이었을 뿐 아니라, 일반인들도 이삿짐 등 다량의 물건을 옮길 때 빌려 써야 하는 물건이었다. 손수레 하나에 이삿짐을 다 실을 수 있을 정도로 빈한貧寒한 집도 적지 않았다. 한국전쟁 휴전 이후에는 손수레를 개조한 이동식 간이주점과 간이식당들이 나타났다. 1970년대 초에는 이런 간이주점에 '포장마차'라는 이름이 붙었다. 이후 손수레의 용도는 '포장마차'에 집중되었다. 손수레에 실려 이동하던 물건 거의 전부가 소형 트럭으로 자리를 옮겼기 때문이다. 최근에는 '포장마차'들마저 손수레와 결별했다.

오늘날 손수레는 대로에서 거의 자취를 감췄고, 공원, 아파트 단지, 뒷골목 등지에서 폐지와 허접쓰레기를 운반하는 용도로나 사용된다. 그래도 손수레에 폐지를 싣고 좁은 골목길을 힘겹게 지나가던 노인이 고급 외제 승용차를 긁었다는 언론 보도는 심심치 않게 나온다. 보도 내용이 미담인 경우도, 그 반대인 경우도 있으나, 어느 쪽이든 손수레가 '천대받는 사람'의 상징인 것은 마찬가지다. 하지만 이 물건이 20세기 도시 생활에 공헌한 바는 절대 작지 않다.

80. 산에
오르려는
욕망

'금강산 중 노릇'이라는 옛말이 있다. 명산에서 속세와 연을 끊고 사는 신선놀음이란 뜻이 아니라, 견디기 어려운 고역이라는 뜻이었다. 강원도 관찰사가 잔치를 벌일 때면 종종 벗들을 불러 모아 금강산 유람에 나서곤 했다. 이 고관 일행은 산에 오를 때에도 제 발로 걷지 않았는데, 평범한 가마꾼들에게 자기 생명과 안전을 맡기지는 않았다. 그들은 산길에 익숙한 중들을 징발하여 임시 가마꾼으로 삼았다. 가파르고 거친 산길을, 이렇다 할 안전 장비도 없이 가마를 들고 오르는 일은 가히 살인적이었다. 게다가 자칫 발을 헛디뎌 가마에 탄 귀인이 다치기라도 하면, 혹독한 처벌을 받아야 했다. 겸재謙齋 정선鄭歚의 〈금강산도〉에는 서서 경치를 구경하는 갓 쓴 양반들과 바닥에 주저앉아 땀을 닦는 중들의 모습이 대비되어 있다.

하지만 금강산은 아주 특별하고 예외적인 산이었다. 옛사람들에게, 특히 한국인들에게, 산은 하늘과 맞닿은 신성한 자연물이었다. 한국의 애국가에는 두 곳의 산이 나오며, 한국인 중에 어느 '산의 정기'와 무관한 학교에 다닌 사람은 거의 없다. 귀신도 물에 살면 그냥 '물귀신'이지만 산에 살면 '산신령'으로 승격된다. 신성한 산의 정수리를, 돈이나 명예가 생기는 것도 아닌데, 맹수와 맞닥뜨릴 각오를 하고 일부러 오르는 사람은 없었다.

"거기 산이 있기에 오른다"라는 말이 생긴 건 국가권력과 자본권력의 후원하에 전인미답의 장소를 찾아 첫발을 딛는 탐험가들이 출현한 뒤였다. 누가 처음 밟은 땅을 그대로 놔두지 않는 것도 인간의 생리다. 1871년, 미국의 앤드루 루이스는 고도차가 심한 두 지점을 강철 밧줄로 연결한 뒤 서양식 가마를 매달아 운행하는 방법을 개발, 특허를 얻었다. 이 케이블카는 곧 탐험가가 본 경관을 힘들이지 않고 제 눈으로 확인하려는 사람들의 욕망과 결합하여 산악 관광용이 되었다.

『매일신보』는 1914년 2월 18일자에 난데없이 브라질 리우데자네이루의 빵 지 아수까르Pão de Açúcar, 속칭 '빵산'으로 오르내리는 케이블카 사진을 싣고, 공중전차空中電車라고 소개했다. 케이블카의 번역어로는 '등산철도'라는 말도 함께 썼다. 우리나라 사람들은 이 기사를 통해 케이블카에 관한 정보를 처음 입수했다. 이듬해 9월 경복궁에서 열린 조선물산공진회장에는 광화문 바로 안쪽에 철도국특별관이 마련되었다. 철도국은 처음 이 특별관에서 경복궁 후원의 아미산까지 케이블카를 설치하겠다고 발표했으나, 비용 문제 때문이었는지 기술적 문제 때문이었는지, 특별관 안에서만 운행하는 순회 케이블카를 만드는 것으로 그쳤다. 이것이 이 땅에 만들어진 최초의 케이블카인데, 아이들의 놀이기구로 큰 인기를 끌었다.

일본에서는 1925년에 후지산 관광 케이블카 운행이 개시되었다. 그런데 이 땅에 실제로 건설된 최초의 케이블카는 관광용이 아니라 화물 운반용이었다. 1926년 1월 일본질소비료주식회사 사장 노구치 시타가우가 조선수전주식회사를 설립했다. 회사의 첫 사업은 부전강과 장진강에 유역변경식 수력발전소를 건설하는 일이었다. 회사는 자재 운반을 위해 먼저 케이블카를 만들었다. 이것이 이 땅 최초의 야외 케이블카다. 1927년 10월, 운행 중에 케이블 하나가 끊어져 탑승자 13명 중 8명이 사망했다. 사망자는 전원 노동자였다.

1962년 5월 12일에 운행을 개시한 서울 남산 케이블카 우리나라 최초의 관광용 케이블카다. 20세기 세계 각국의 명산에는 거의 케이블카가 놓였다. 우리나라에는 상대적으로 케이블카가 적은데, 산을 신성시하는 오랜 관념 때문인지도 모른다. 출처: 한국관광공사

조선의 명산에도 케이블카를 설치하자는 주장은 1927년에 처음 나왔다. 이해 4월, 전라남도 구례군에 사는 일본인들이 지리산 노고단까지 케이블카를 설치하는 구상을 밝혔는데, 행정당국에 청원하는 수준이었다. 1928년 8월에는 일본인 덴니치 츠네지로天日常次郎 등이 남산에 올라가는 유람객을 위하여 자본금 100만 원의 조선강삭철도주식회사朝鮮鋼索鐵道株式會社를 창립하겠다며 본정本町 경찰서에 허가원을 제출했다. 이듬해 2월, 총독부 철도국은 이 계획을 허가했다. 그러나 그해 가을 세계대공황이 발발했고, 회사 측은 계획을 무기 연기했다.

5·16군사정변 직후인 1962년 5월 12일, 서울 남산에서 우리나라 최초의 관광 케이블카가 운행을 시작했다. 군사정권은 이에 앞서 한국삭도공업주식회사에 남산 케이블카 사업 영구 독점권을 주었다. 이 상상하기 어려운 특혜가 전례로 작용했음인지, 이후 관광 케이블카 설치를 둘러싸고는 늘 특혜 논란이 일곤 했다.

현재 케이블카를 둘러싸고는 이로 말미암아 경관이 나빠지고 환경이 파괴된다는 주장과, 장애인과 노약자에게도 산에 오를 권리가 있으며 사람의 발이 자연을 더 심하게 해친다는 주장이 대립하고 있다. 어쨌거나, 현대인은 자연을 정복하려는 욕망을 내면화한 사람이며, 케이블카는 그 욕망을 표현하는 물건이다.

81. 지상에
     펼쳐진
     밤하늘

한 세기 전까지는 도시에서도 밤이면 무수한 별들이 반짝이는 하늘을 볼 수 있었다. 밤하늘은 반짝이는 것들로 가득 차 있었으며, 그 하나하나가 모두 신이었다. 수많은 불빛이 반짝이는 상태를 찬란燦爛이라 하는데, 이는 곧 신성神性이 자신을 표현하는 방식이었다. 무수한 별들이 금방이라도 쏟아져 내릴 듯한 기세로 머리 위에서 반짝이는 모습을 보면서, 사람들은 자기가 작고 초라한 존재라고 느끼곤 했다. 이 느낌은 다시 경건, 정화 등의 종교적 감성으로 이어졌다. 먼 옛날부터 사람들은 반짝거리는 물건들에 신성이 담겼다고 생각했다. 기도할 때 촛불을 켜놓는 것은 반짝거리는 촛불과 밤하늘의 별 사이에 연고가 있으리라 믿었기 때문이며, 금, 은, 보석 등을 특히 귀하게 여겼던 것도 이것들이 영원불변의 속성과 함께 반짝이는 속성도 갖췄기 때문이다.

신의 대리자 또는 신에게 선택받은 자를 자처했던 권력은 밤하늘의 찬란을 자기 공간 안에 끌어들이려 했다. 고대로부터 왕궁과 종교시설들은 수많은 촛불과 샹들리에 같은 것들로 내부 공간에 찬란을 연출했다. 왕궁에 수시로 출입할 수 없는 사람들은 종교시설에서만 찬란을 볼 수 있었다. 그들은 찬란을 통해 천국과 극락을 미리 체험했다.

인류가 지상의 실외 공간 일부에 밤하늘의 찬란을 옮겨 놓을 수 있게 된 것은 네온사인 발명 이후였다. 1875년 영국인 크룩스William Crookes는 유리관 안에 가스를 채우고 강한 전압을 흘려 밝은 빛을 내는 조명기구 '크룩스관'을 만들었다. 1893년 미국 시카고 만국박람회에 출품된 이 물건은 일차적으로 발광체의 형태를 자유롭게 만들 수 있다는 점 때문에 주목받았다. 1898년 네온가스가 발견된 뒤, 이 물건은 조명기구를 초월한 새로운 물건이 되었다. 네온가스가 주입된 유리관은 생명, 사랑, 열정, 광기 등을 상징하는 선명한 붉은빛을 뿜어냈다. 푸른색을 내는 아르곤, 주황색을 내는 헬륨 등이 네온의 뒤를 이었으나 이 종류의 발광체들은 모두 네온사인으로 불렸다.

프랑스의 에어리퀴드 사는 1910년 파리 모터쇼에서 12미터에 달하는 대형 네온관을 선보였다. 그 직후 파리의 기념비적 건물들에 네온 장식이 설치되었다. 네온사인은 유럽과 북아메리카를 거쳐 1920년대 중반 일본에 상륙했고, 1930년경에는 '경성의 긴자(은좌銀座)'로 불린 본정本町에도 모습을 드러냈다. 수많은 촛불과 샹들리에의 찬란이 신과 왕의 은총을 표상했다면, 네온사인은 자본의 은총을 표상했다.

네온사인은 처음 조미료 광고탑이나 주단포목綢緞布木상 간판으로 쓰였지만, 아무래도 해질녘에 문을 열고 해 뜨기 직전에 문을 닫는 업소들에 더 어울렸다. 1930년대 초에 이미 '네온가'라는 말이 '홍등가'라는 말을 대체하기 시작했다. 더불어 네온사인에는 경건이나 정화와는 정반대인 퇴폐와 향락이라는 이미지가 들러붙었다. 1936년 창경원 춘당지春塘池에 설치된 '네온사인 분수탑'은 옛 왕조의 권위가 자본에 농락당하는 상황을 즉물적으로 표현했다. 세속 권력이 자본을 통제할 때 '네온사인 금지'로 시작한 것도, 이것이 '자본의 퇴폐성'을 대표했기 때문일 것이다.

1937년 7월 중국 침략전쟁을 개시한 일본 군국주의는, 공습에 대

네온사인으로 뒤덮인 1990년대의 서울 유흥가 옛사람들은 밤하늘이나 종교 시설 내부의 찬란 앞에서 경건하고 숙연해졌으나, 현대인들은 도시 공간의 찬란 앞에서 들뜨고 방탕해진다. '인간은 욕망의 주체'라는 라캉의 지적대로, 현대인에게는 자신의 욕망이 신성神性이다. 출처: 『한국민족문화대백과사전』

비한다는 명목으로 서울에 등화관제燈火管制를 실시했다. 밤에 빛을 발하는 도시의 네온사인은 일차적인 금지 대상이었다. 이후 일본 군국주의는 전쟁의 늪에 빠져 허우적댔고, 해방 이후에도 전력 부족과 한국전쟁 중의 등화관제로 인해 네온사인은 부활하지 못했다. 네온사인은 1950년대 후반에야 이 땅에 다시 나타났는데, 처음에는 미군이 이용하는 클럽이나 바의 간판에 사용되는 정도였다. 이후 명동, 을지로, 종로 등 서울의 '환락가'에 네온사인이 점차 늘어났지만, 자정이면 꺼지는 반쪽짜리들이었다.

이른바 '오일쇼크'가 전 세계를 덮친 1973년, 네온사인은 또다시 금지되었다. 사실 1937년 이후의 일본 군국주의 체제와 1972년 이후의 유신체제는 서로 닮은 점이 많았다. 네온사인이 금지된 것도 그중 하나였다. 1979년 12·12 군사반란과 1980년 5·17 내란으로 정권을 잡은 전두환 일파는 공포정치와 회유정치를 병행하며 권력

기반을 다지려 했다. 전자는 야당 정치인과 재야인사 탄압, 대학 내 경찰 상주, 군대 내 녹화사업, 삼청교육대 설치·운영 등이었고, 후자는 야간 통행금지 해제, 중고교 교복 자율화, 프로 스포츠 개시, 컬러 TV 방송 개시, 성인용 영화 검열 규정 완화 등이었다. 네온사인 금지 해제는 야간 통행금지 해제에 병행 또는 후속하는 조치였다. 1982년 먼저 병원과 백화점 등의 네온사인이 허용되었고, 1983년에는 명동 일대 '시범 상가'가 네온사인 허용 지구로 지정되었다. 1987년 6월 민주항쟁 보름 전인 5월 25일에는 네온사인이 전면 허용되었다.

네온사인은 1990년대 말부터 LED(발광 다이오드)로 교체되었으나, 여전히 네온사인으로 불린다. 네온사인은 도시의 환락가를 '불야성'으로 만들었으며, 많은 사람이 이 불야성을 '천상의 공간'처럼 생각한다. 옛사람들은 밤하늘에서 찬란히 빛나는 무수한 별들을 우러러보며 자신을 성찰했으나, 현대인들은 밤거리에서 찬란히 빛나는 무수한 네온사인들 사이에서 욕망을 불태운다. 자본의 표상인 네온사인은, 자기 욕망을 신성시하는 현대인의 표상이기도 하다.

82. 인간에게
     정복된
     지하 세계

옛날 지하地下의 반대말은 지상地上이기보다는 천상天上이었다. 천상이 신과 천사들, 착하게 살다 죽은 사람들이 영생하는 세계였다면, 지하는 악귀와 나찰 같은 것들, 악하게 살다 죽은 자들이 끝없는 고통 속에서 허우적대는 세계였다. 천상은 광명과 축복의 공간이요, 지하는 암흑과 저주의 공간이었다. 천당과 지옥을 믿지 않는 사람에게도 지하 세계는 죽어서나 가는 곳이었다. 지하는 산 사람에게 어울리는 곳이 아니었다.

그런데도 인류는 간헐적으로 지하 세계를 공략하고 개발했다. 4,000여 년 전에 만들어진 것으로 추정되는 튀르키예 카파도키아의 데린쿠유는 3만 명이 거주할 수 있는 지하도시였다. 최근 튀르키예에서는 이보다 더 크고 오래된 지하도시 유적이 발견됐다. 지상 세계에서 용납되지 못한 사람들, 권력에 의해 죄인으로 지목된 사람들이 이들 지하도시를 건설했다. 지하실, 지하도들도 세계 곳곳에 있었는데, 대부분이 밀실 아니면 비도秘道였다. 다중이 알아도 되는 지하 시설물은 하수도뿐이었다.

인류는 19세기 중반 이후에야 지하에 대한 근원적 공포를 털어내고 이 공간을 대대적으로 개발하기 시작했다. 도시 인구가 폭증하고 땅값이 올라감에 따라 지상 개발비보다 지하 개발비가 오히려 싸졌기 때문이다. 1863년, 영국 런던에 증기기관차가 달리는 지하철도가 건설됐다. 이어 빈, 베를린, 파리의 땅속에도 철도가 놓였다. 우리나라에는 지하철에 관한 정보가 자동차에 관한 정보보다 먼저 도달했다. 1896년 5월 11일자 대조선국 관보에는 '지하철 부설 계획'이라는 제목의 기사가 실렸다.

> 법국法國 국도國都 파리 시회市會에서는 시가市街 지하철도 부설을 의결하여 해당該 철도 노선 폭은 무릇 1미터이며 열차의 운전할 방법은 전기력으로 한다더라. 1900년까지 부설한다는데 한 선線은 파리시 외곽의 큰 하수도 아래를 통과케 하고, 또 한 선은 세느강 오른쪽 강변의 화물 양륙장楊陸場 지하를 통과케 하고, 서로 교차할 두 선線에 따라 파리시의 중앙에서 접속케 하는 계획인데 총연장은 40킬로미터이며 비용은 1억 2천만 프랑이라 한다.

파리 지하철 부설 계획이 조선 관보에 실린 경위는 알 수 없다. 이때가 고종이 러시아공사관으로 이어移御한 지 3개월 뒤였기 때문에, 한국인들에게 프랑스의 국력이 어느 정도인지 알리려는 의도에서였을 가능성이 있다. 프랑스는 독일, 러시아와 함께 삼국간섭의 당사국이었고, 러시아와는 동맹관계였다. 1899년 서울에서 노면 전차가 운행을 개시한 뒤, 한국인들도 땅속에서 달리는 전차를 구체적으로 상상할 수 있게 되었다. 1900년부터는 『황성신문』, 『대한매일신보』 등에도 외국의 지하철에 관한 기사가 종종 실렸다. 1920년대에는 지하철이 '문명 도시의 상징'으로 꼽혔으나, 식민지 주민들에게 '문명 도시'는 꿈의 공간일 뿐이었다. 일본제국의 수도 도쿄에서도 1927년에야 지하철이 개통되었다.

1935년에는 서울에 지하철을 건설하려는 계획도 나왔다. 이해 1

월 서울 종로 한복판의 화신백화점이 전소되었다. 당시 수색-불광리 일대 택지 개발 사업을 추진 중이던 화신백화점 사장 박흥식은 이 개발 사업과 화신백화점 재건을 연계하고자 했다. 그는 화신백화점 지하에서 수색-불광리 일대까지 터널을 뚫고 지하철도를 부설한다는 계획을 세웠다. 우리나라 최초의 지하철 건설 구상이었다. 그는 이 계획안을 조선 총독에게 제출했는데, 그 때문인지 그해 11월 경성부 도시계획계는 '향후 대경성으로 발전하면 지하철도 필요할 것'이라고 발표했다. 이로부터 5개월 후인 1936년 4월, 총독부는 경성부역府域을 확대했다. 하지만 총독부든 경성부든 박흥식의 계획을 그대로 수용할 이유는 없었다.

경성부역 확대 이후, 특히 중일전쟁 이후 총독부 철도국과 경성부는 각각 여러 차례 경성 지하철 건설 계획을 발표했는데, 총독부는 대체로 '방공 도시계획'이라는 측면을, 경성부는 경성의 광역화와 인구 증가에 따른 교통 대책이라는 측면을 중시했다. 1937년 2월, 총독부 철도국은 경부·경의선의 기점인 경성역과 중앙선의 기점인 청량리역을 지하철로 연결한다는 계획을 세웠다. 현재의 서울 지하철 1호선 노선과 정확히 일치한다. 해당 노선에는 노면 전차가 운행 중이었으나, 그것으로는 대량 화물 운송이 불가능했다. 이 계획은 총독부가 1938년 6월에 발표한 '방공防空 도시계획안'에 포함되었다. 이듬해 2월에는 계획을 일부 수정하여 청량리역-경성역을 잇는 동부 환상선環狀線과 신촌-당인리-용산을 잇는 서부 환상선의 두 선을 일차로 완성하고, 이어 당인리에서 한강을 건너 강남에 이르는 선을 추가로 건설하기로 했다. 지금의 서울 지하철 1, 2호선 구상이 마련된 셈이다.

총독부 철도국과는 별도로 경성부도 지하철 건설 계획을 입안했다. 1938년 5월, 경성부 도시계획과는 경성역에서 광화문까지 지하고속전차를 건설하겠다고 발표했다. 1939년 7월, 이 계획은 청계천 복개 공사와 지하철 공사를 동시에 추진하는 것으로 변경되었다. 경성역에서 청계천 밑으로 청량리에 이르는 노선이었다. 하지만 중일전쟁의 수렁에 빠진 일본은 공사비를 조달할 여유가 없었다. 총독부와 경성부가 상상도想像圖만 만지작거리는 상황에서 사기업이 나섰다. 1939년 6월, 경춘철도주식회사가 경성에 지하철을 건설하겠다며 경기도에 허가원을 제출했다. 동대문에서 제기동까지를 1차, 경성역에서 종로를 거쳐 동대문까지를 2차로 나누어 공사한다는 계획이었다. 역시 지금의 서울 지하철 1호선 노선과 같았다. 경춘철도주식회사는 1936년에 설립된 사설 철도회사로 사장은 총독부 내무국장 출신의 우지시마 쇼조牛島省三였는데, 김성수의 동생이자 경성방직 사장이던 김연수도 취체역(현 이사에 해당) 중 한 명이었다. 이 회사도 지하철 건설과 경성 동부 지역 택지개발을 병행할 계획을 세웠다. 총독부는 처음 긍정적인 반응을 보였으나, 전시 상황에서 자재를 공급할 길이 없었다. 결국 일제강점기의 지하철 건설 계획은 모두 망상에 머물고 말았다.

서울 지하철 건설 논의는 5·16군사정변 직후에 재개되었다. 1962년 11월, 교통부 시설국은 서울역-시청-종로-동대문-제기동-청량리 구간(약 9킬로미터)에 지하철을 건설하겠다는 계획을 발표했다. 이 계획과 일제강점기의 구상 사이에 어떤 관련이 있는지는 알 수 없으나 역시 재원 확보 방안을 제시하지 못했다. 지하철 건설 논의의 구체화를 밀어붙인 것은 낡은 노면 전차였다. 1960년대 초부터 서울 전차 사업은 큰 곤경에 빠졌다. 전차를 운영하던 한국전력은 정부의 요금 인상 억제로 인해 만성 적자 상태였으나, 버스 노선이 늘어남에 따라 전차 승객은 줄어들었다. 이러한 상황에서 한전은 전차 사업을 떼어내기 위해 골몰했다. 1966년 4월 서울시장으로 부임한 김

1974년 8월 15일 서울 지하철 1호선 개통 청량리역에서 서울역까지는 지하로, 서울역에서 인천까지는 지상으로 운행했다. 지하철은 도시를 입체화했을 뿐 아니라 지하 공간에 대한 인간의 오랜 관념을 바꾸었다. 현대는 지하에서 이동하고 지하에서 일하며 지하에서 식사하고 지하에서 잠자는 것이 이상하지 않은 시대다. 출처: 서울교통공사

현옥은 '서울특별시 교통난 완화 대책'으로 '1차 버스 증차, 2차 전차 철거, 3차 지하철 건설'을 제시했다. 같은 해 6월, 서울시는 한전으로부터 전차의 운영권을 인수하고 서대문-종로 사이의 전차 운행을 중지했다. 1968년 11월 자정에는 서울 시내에서 전차가 일제히 멈춰 섰다. 이로써 서울 전차는 69년 6개월 13일간의 수명을 누리고 역사의 뒤안길로 사라졌다. 노면 전차가 사라진 뒤 서울의 시내 교통은 버스와 택시가 전담했지만, 이들로는 늘어나는 인구를 감당할 수 없었다. 소설 제목 그대로 서울은 만원이었고, 시내버스는 늘 '콩나물시루'였다.

1969년 말, 정부는 외자 5,000만 달러, 내자 230억 원을 투입하여 서울 도심지에 지하철을 건설하고 근교 철도를 전철로 개량하는 광역 수도권 고속전철사업을 1970년 초에 착공하여 1973년까지 1단

계 사업을 완료하겠다고 발표했다. 제2단계는 방사선형 전철망을 건설하여 도심부와 교외 주거지역을 직접 연결하는 것이었다. 이 계획에 따라 1971년 4월 7일 인천 공설운동장, 12일에 서울시청 앞 광장에서 전철망 건설 기공식이 거행되었고 3년여의 공사 끝에 1974년 8월 15일 서울 지하철이 개통되었다. 대통령 부인 육영수가 국립극장에서 총에 맞아 사망한 바로 그날이었다. 지하철 공사가 처음이었기 때문에 일본의 도움을 많이 받았는데, 1930년대 경성 지하철 건설 구상과 관련한 자료들도 이때 다시 햇빛을 본 것으로 추정된다.

지하철 2호선은 여의도와 강남을 개발하여 삼핵도심三核都心을 형성하려는 구상 아래 건설되었다. 삼핵도심이란 사대문 안의 강북 도심, 여의도·영등포로 이루어진 영등포 도심(수도권 산업 중심), 영동·잠실 지구를 연결하는 영동 도심(업무 중추 및 금융업무 기능)을 말한다. 2호선 건설 공사는 1978년 3월 9일에 시작되어 1984년 5월 22일에 완료되었다. 53.7킬로미터에 달하는 장대한 구간이었다. 지하철 2호선의 개통으로 서초, 강남, 잠실 일대의 땅값은 크게 뛰었지만, 서울의 교통 사정은 별로 나아지지 않았다. 서울 인구의 증가 속도는 교통시설의 확충 속도를 항상 앞질렀다. 게다가 지하철 건설 공사는 지상 교통에 심각한 장애를 초래했다. 교통난을 완화하기 위해 교통난을 유발하는 상황이 오랫동안 지속되었다. 지하철 공사는 9호선에 이르도록 계속되었고, 그 결과 서울은 장거리 지하철도망을 갖춘 세계 유수의 도시가 되었다.

지하철은 교통망을 입체화하는 데 머물지 않았다. 지하철 개통을 계기로 지하 공간 이용이 급속히 확대되어 주요 지하철 역사에는 지하 상가가 속속 형성되었다. 도시의 입체화는 지하철이 낳은 부산물인 셈이다. 오늘날에는 한반도에서만 하루 1,000만 명 이상이 지하 공간을 들락거린다. 지하철도가 더 깊이 내려가는 데 비례하여 고층 건물들의 지하 공간도 깊어졌다. 이제 지하는 더 이상 악마들의 거주 공간이거나 지옥의 소재지가 아니다. 익숙한 공간을 두려워할 이유는 없다. 지옥을 두려워하지 않는 사람이 많아진 데에도, 지하철의 영향이 적지 않을 것이다.

83.　　하늘을
　　　　나는
　　　　인간

　　인류는 먼 옛날부터 쇠뿔, 뱀눈, 악어이빨, 전갈꼬리 등 여러 동물의 특정 부위를 악마, 귀신, 도깨비 등 인간을 해치는 존재들의 기호로 인식했다. 그러면서도 새의 날개만은 천사의 상징으로 보았다. 날개 달린 천사는 천상과 지상을 오가며 신과 인간을 매개하는 존재였다. 옛사람들은 인간이 날개를 얻을 수만 있다면, 천사처럼 신의 곁에 다가가 해탈과 구원에 이를 수 있으리라 믿었다. 날개는 억압이 상존하는 현실에 상대되는 해방의 표상이자 이상의 표상이었다. 다만 같은 날개라도 박쥐의 것은 악마의 기호였다.

　　인류가 새처럼 하늘을 날기 위해 언제부터 노력했고 얼마나 많은 좌절을 겪었는지 따지는 것은 무의미하다. 연을 타고 나는 꿈은 보편적이었고, 사람이 탈 수 있는 글라이더를 만드는 일도 흔했다. 레오나르도 다빈치는 1490년에 박쥐 날개 모양의 날틀인 오니숍터Ornithopter의 설계도를 그렸다. 이 그림을 인류 최초의 비행기 설계도로 인정하는 사람도 있다. 하지만 인간의 힘으로는 오니숍터가 공중에 뜰 수 있을 정도로 그 날개를 빨리 움직일 수 없었다. 사람이 실제로 탈 수 있는 비행물체는 1852년 프랑스의 앙리 자크 지파르Henri Jacques Giffard가 처음 발명했다. 수소 가스를 넣은 큰 풍선에 증기기관으로 프로펠러를 돌리는 작은 배를 매단 이 비행물체에는 '비행선'이라는 이름이 딱 어울렸다. 20세기 벽두에는 한국인들도 비행선에 관해 알았다. 1910년 안중근은 "이기利器 연구를 농업이나 상업보다 더욱 힘써, 전기포, 비행선, 침수정浸水艇을 새로 발명하니, 이것은 모두 사람을 상하게 만들고 물건을 해치는 기계다"라고 썼다. 그러나 비행선은 속도가 느렸고 위험했다. 1937년 5월 6일, 미국 뉴저지의 레이크허스트 미 해군 항공기지 상공에서 독일의 비행선 힌덴부르크호가 폭발하여 승무원과 승객, 지상 요원 등 35명이 사망했다. 동체 길이 245미터, 최대 지름 41.2미터, 수용 인원 131명의 이 거대한 비행선 폭발로 인해 '비행선의 시대'는 막을 내렸다.

내연기관을 이용하여 새보다 훨씬 빨리 날 수 있게 만든 '사람이 타는 비행체'가 공인된 날은 1906년 5월 22일이다. 이날 미국 정부는 라이트 형제가 만든 비행체에 특허권을 주었다. 날개 달린 물체에 타고 하늘을 나는 인간의 꿈이 드디어 실현되었다. 한자 문화권에서는 이 물체에 비행거飛行車나 비행선飛行船이 아니라 '비행기'飛行機라는 이름을 붙였다. 교통수단의 속성보다는 기계의 속성, 특히 무기의 속성에 주목했기 때문일 것이다. 상상이 현실로 바뀔 때는 흔히 '상상 그 이상의 것'이 따라오기 마련이다. 비행기는 당장 군사용으로 상상 이상의 효용을 발휘하여 전방과 후방의 경계를 없애버렸으며, 군인과 민간인의 경계도 흐릿하게 만들었다. 비행기가 발명된 후, 지상에 그어진 전선戰線의 중요도는 계속 낮아졌다. 비행기에 타고 3차원에서 싸우는 병사들은 상대방의 장벽이나 방어선을 무시하고 도시 한복판에 폭탄을 쏟아부을 수 있었다.

높이 떠서 빠르게 나는 이 물건은 또 높이와 속도가 시공간에 대한 인간의 감각과 인식을 뒤틀어버릴 수 있음을 입증했다. 비행기가 처음 만들어졌을 때, 아인슈타인과 피카소는 모두 20대 청년이었다. 비행기에 탄 사람의 시야에서는 먼 곳과 가까운 곳이 금세 뒤바뀌고 옆과 뒤의 구분이 무의미해진다. 고정불변의 상징이던 거대한

산조차 움직이는 작은 물체가 된다. 아인슈타인은 비행기 발명 직후에 속도와 시공간의 관계에 대한 상대성 이론을 발표했다. 피카소의 친구였으나 그의 입체 그림을 잘 이해하지 못했던 거트루드 스타인 Gertrude Stein이 처음 비행기에 타서 땅을 내려다보고 내뱉은 첫마디는 "피카소다!"였다고 한다. 피카소를 필두로 한 입체파는 다양한 시점에서 바라본 대상의 내부와 외부를 모두 단일한 캔버스 위에 펼쳐놓음으로써 공간적 제약을 뛰어넘었다. 입체파 화가들이 깊이감을 없애고 비본질적인 세부는 제거하며 단순화한 형태들로 구도를 짜고 회화의 표면 전체를 통일한 것은 비행기에서 내려다 본 대지의 표면을 회화적으로 재현했기 때문이다. 인류가 '다차원'과 '다각도'라는 어려운 개념을 직관적으로 받아들일 수 있게 된 데에는 비행기가 기여한 바 컸다.

'비행기'라는 단어는 그 실물이 세상에 나오기 2년 전인 1904년에 한국인들에게 알려졌다. 이해 10월 4일자 『대한매일신보』는 미국인 라이트가 비행기를 발명했다고 보도했다. 성공하지 못한 시제품에 대한 보도였다. 비행기 실물은 1913년 한반도에 처음 들어왔다. 이해 4월 3일 일본 해군 중위 나라하라 산지奈良原三次는 6만여 명의 경성부민이 지켜보는 가운데 용산 일본군 연병장에서 '비행술'을 선보였다. 구경꾼 중에는 당시 미동 공립보통학교 생도이던 열네 살의 안창남도 있었다. 당시는 말 그대로 '시범'에 불과해서 나라하라의 비행기 오토리호鳳號는 이륙 직후 바로 착륙했지만, 사람도 기계를 이용하면 하늘을 날 수 있다는 사실을 확인시켜주기에는 충분했다. 비행기가 공중에 떴다 내리는 장면을 직접 목도한 어린 안창남은 그때부터 비행사의 꿈을 키웠다.

비행기의 발전 속도는 빨랐다. 1915년 가을 조선물산공진회 기간에는 일본 제국비행협회에서 보낸 비행기 '삼중호'가 2주간 매일 30

1923년 정치가 호시 토오루星亨를 추모하는 인쇄물을 공중 살포하다가 도쿄 인근에 추락한 안창남의 비행기 현대인들에게 '하늘을 나는 것'은 더 이상 꿈이 아니다. 비행기는 인류의 오랜 꿈을 실현해주었고 인류에게 새로운 시야를 선사했으나, 전쟁에 대한 공포감도 배가시켰다. 출처: 『歷史事典』 1923년 8월호

분씩 경성 상공을 선회했다. 여의도에는 1916년에 활주로와 격납고만을 갖춘 간이 비행장이 만들어졌고, 1927년에는 근대적 비행장으로 정비되었다. 나라하라의 비행술 시범 9년 뒤인 1922년 12월 10일, 여의도 비행장에 5만여 명의 인파가 몰려들었다. 도쿄 오쿠리小栗 비행학교를 졸업하고 한국인 최초로 비행사 자격증을 취득한 안창남의 '고국방문 대비행'을 구경하려는 사람들이었다. 이 행사를 주관한 동아일보사는 몇 달 전부터 사고社告, 사설社說, 기사 등으로 환영 열기를 고조시켰다. 당일 서울과 인근의 각급 학교는 아예 수업을 중단하고 학생들을 행사장에 내보냈으며, 조선총독부 철도국은 노량진역까지 '비행열차'를 편성하여 할인 요금을 적용했다. 경성전기주식회사도 전차 운행 횟수를 늘려 관중 동원에 협조했다. 경성악대의 주악이 울려 퍼지는 가운데 여의도 간이 비행장을 이륙한 '금강

호'는 서울과 인천 상공을 각각 15분씩 선회하고 무사히 착륙했다. 금강호는 일본에서 기체를 분해하여 운반한 뒤 여의도에 있던 일본 육군 항공대 비행장 격납고에서 조립한 비행기로, 동사일보사가 주 도하여 조직한 '안창남군 고국방문 후원회'에서 이름을 붙였다.

1929년에는 한반도를 경유하는 항공노선이 개설되었고, 1936년 에는 현 대한항공의 전신 격인 조선항공사업사가 설립되었다. 여의 도 부근에서는 비행기가 뜨고 내리는 모습을 자주 볼 수 있었다. 용 호제월龍湖霽月(비 갠 저녁 용산강에 뜬 달), 마포귀범麻浦歸帆(마포나루로 돌 아오는 돛단배), 방학어화放鶴漁火(방학교 샛강의 낚싯배 등불), 율도명사栗 島明沙(밤섬의 깨끗한 백사장), 농암모연籠岩暮煙(농바위의 저녁 짓는 연기), 우산목적牛山牧笛(와우산 목동의 피리 소리), 양진낙조楊津落照(양화진의 낙 조), 관악청람冠岳晴嵐(관악산의 아지랑이) 등 전래의 마포팔경麻浦八景에 '여의비기'汝矣飛機(여의도의 비행기)를 더한 '마포구경'麻浦九景이라는 말이 새로 만들어지기도 했다.

1939년에는 일본군이 김포에 새 비행장을 만들었다. 이 직후 비 행기는 동경의 대상에서 공포의 대상으로 바뀌었다. 이해 7월 3일 조선총독부는 '경방단警防團 규칙'을 제정, 공포하여 기존의 소방조消 防組와 수방단水防團을 경방단으로 통합했다. 전쟁 중 공습에 대비한 개편이었다. 이후 조선인들도 수시로 방공 훈련을 받았고, 서울에는 방공호와 소개공지대疏開空地帶도 만들어졌다. 소개공지대란 비행기 의 소이탄燒夷彈 공격으로 도시 가옥들이 연달아 불타는 일을 방지하 기 위해 비워둔 구간을 말한다. 지금 서울의 종묘 앞에서 남산 기슭 에 이르는 세운상가 구간은 본래 민가 밀집 지역이었으나, 1945년 초여름에 조선총독부는 이 일대의 집들을 전부 헐어 소개공지대로 만들었다. 조선총독부는 상대적으로 작은 소개지역인 소개소공지대 疏開小空地帶도 만들었는데, 오늘날 도심부에 있는 소규모 어린이공원

중에는 소개소공지대였던 곳이 적지 않다.

미군의 일본 본토 공습이 개시되자, 비행기에 대한 공포감이 현실화하는 만큼 독립에 대한 기대감도 고조되었다. 한국인 일부는 미군 비행기가 나타날까 걱정했고, 다른 일부는 하루속히 나타나기를 바랐다. 한국인들 사이에서는 미군이 흰옷 입은 사람들을 공격하지 않을 것이라는 소문이 돌았다. 외출할 때 한복을 입는 한국인이 늘어났고, 총독부 경찰은 그들을 붙잡아 옷에 먹물을 칠했다.

해방 직후 이승만이 탄 비행기는 김포공항에 내렸고, 김구 등 임시정부 요인들을 태운 비행기는 여의도 비행장에 내렸다. 한국 국방경비대에도 비행기가 생겼다. 비행기는 한때나마 해방과 독립의 상징처럼 보였다. 그러나 한국전쟁은 비행기를 다시 공포의 대상으로 만들었다. 전쟁 중 한반도 상공에는 거의 매일 수백 대의 비행기가 떠다녔으며, 이들 비행기에서 떨어진 폭탄들이 수많은 집을 부수고 수많은 사람을 죽였다. 조종사의 오인 사격으로 사망한 피란민도 많았다. 높은 곳에서 빠른 속도로 이동하는 비행기 조종사들이 지상의 민간인과 '게릴라'를 정확히 식별할 수는 없었다.

1958년 김포공항이 국제공항으로 지정되었고 1966년에는 제2한강교(현 양화대교)가 준공되었다. 서대문에서 신촌을 거쳐 제2한강교에 이르는 길에는 귀빈로貴賓路라는 이름이 붙었다. 국제공항이 생겼지만, 어지간한 한국인들에게는 그림의 떡이었다. 비행기 타고 왔다가 비행기 타고 가는 사람들은 대부분이 나라의 귀빈이었다. 보통사람들은 1980년대 말 이른바 '대중소비시대'가 열리고 뒤이어 해외여행이 완전히 자유화한 뒤에야 비행기에 타볼 엄두를 낼 수 있게 되었다.

오늘날 비행기는 특별한 사람들만 탈 수 있는 특별한 운송 수단이 아니다. 현대인들은 어려서부터 비행기를 타며, 비행기를 타고 가는 해외여행을 취미로 즐긴다. 하지만 하늘을 날며 땅을 내려다보는 경험이 인류에게 '천사의 눈'을 선물하지는 못했다. 오히려 비행기를 자주 타는 만큼 사람이 사람으로 안 보이는 병에 걸리는 경우가 많은 것 같다. 인류가 얻은 날개는, 아무래도 새가 아니라 박쥐의 것인가 보다.

헬리콥터

하늘에서
일하는
신의 사자

1483년, 레오나르도 다빈치는 나사의 원리를 이용해 수직으로 상승할 수 있는 비행 물체를 그렸다. 하지만 그의 상상이 실현되는 데에는 400년 이상의 시간이 필요했다. 19세기 말 엔진의 시대가 열린 뒤, 많은 과학자가 프로펠러의 힘으로 수직 상승해 비행하는 기계 제작에 몰두했다. 숱한 시행착오 끝에, 1920년대 중반에야 수직으로 상승하여 수평으로 이동하는 초보적 유인有人 헬리콥터가 개발되었다. 신新 발명품은 대개 군사 분야에서 가장 먼저 실용화한다. 헬리콥터 역시 제2차 세계대전 발발 직전인 1936년 독일군이 실용화에 성공했다. 미군 의무국은 1947년에야 부상병 이송에 헬리콥터를 이용하는 시험을 했다.

한국전쟁 발발 직후인 1950년 7월, 미 제3공군 구조 편대의 H-13 헬리콥터들이 육군을 지원하여 부상병 이송과 보급품 운반을 담당했다. 사실 이 두 임무는 하나로 묶여 있었다. 당시 헬리콥터에는 조종실 외에 짐 실을 공간이 없었기 때문에 두 다리에 수송용 들것을 매달아야 했다. 이륙할 때는 들것에 의약품과 혈액 등을 실었고, 착륙해서 물건을 내려놓은 뒤에는 다시 환자를 싣고 이륙했다. 당시 미군은 산이 많은 데다가 도로의 굴곡이 심한 한반도 지형 때문에 차량을 이용한 수송에 어려움을 겪었는데, 헬리콥터는 이 문제를 상당 정도 해소해주었다. 군 병원을 군이 전선 가까운 곳에 둘 필요도

473

한국전쟁 중 미군 8225 MASH 소속의 헬리콥터 1951년 10월 14일. 조종사 1인만 탈 수 있어서, 부상병들은 다리에 매단 들것에 실려야 했다. 한국전쟁은 미군이 헬리콥터를 사용한 최초의 전쟁이었다. 오늘날 헬리콥터는 첨단 무기를 장착한 무서운 무기이자 인명 구조 수단이다. 사람을 죽이기도 하고 살리기도 한다는 점에서, 신의 사자 역할을 떠맡았다고 보아도 좋을 것이다. 출처: 『Sciencebooks』

없어졌다.

1951년 말부터는 미 육군과 해군도 별도의 구조 헬리콥터 부대를 운영했다. 한국전쟁 중 미군의 헬리콥터 12대가 총 2만 1,658명의 부상병을 실어 날랐다. 헬리콥터는 이착륙에 걸리는 시간이 짧았으며, 산꼭대기에도 착륙할 수 있었다. 거친 도로 위에서 흔들릴 이유도 없었다. 헬리콥터는 부상병들을 부상 후 짧으면 20분 만에, 길어도 두 시간 안에 이동외과병원MASH, Mobile Army Surgical Hospital이나 병원선病院船으로 후송했다. 태평양전쟁 중 미군은 종합병원급 시설을 갖춘 병원선을 만들어 태평양 연안 각처에 배치했는데, 한국전쟁 중에는 헬리콥터 이착륙 시설을 갖춘 세 척의 병원선이 전선을 따라 한반도 연안을 항해했다. 미군 의무국은 헬리콥터와 병원선의 연결 시스템을 '전시 의료의 진정한 혁신'이라고 자평했다. 다른 분야 군사 전문가들도 한국전쟁에서 가장 인상적인 장면은 '헬리콥터로 부상자를 후송하는 것'이라고 기록했다. 헬리콥터 덕에 미군의 경우 전체 부상병의 88퍼센트가 부상 후 두 시간 안에 수술받을 수 있었다. 제2차 세계대전 중 차량으로 병원에 도착한 연합군 부상병의 사망률은 4~5퍼센트였다. 그러나 부상병 수송에 헬리콥터가 이용된 인천상륙작전 때에는 유엔군 부상병의 병원 내 사망률이 0.5퍼센트로 줄었다. 헬리콥터 덕에 미군은 한국전쟁 중 부상자의 사망률을 최저치로 끌어내리는 신기록을 수립했다.

하지만 헬리콥터의 약점도 만만치 않았다. 공중과 지상의 총포 공격을 방어하기 어려웠고 부상병을 태울 좌석도 없었다. 헬리콥터는 전선이 가까운 연대 집합기지에 착륙해서 두 명만 다리에 매단 들것에 싣고 날아올랐다. 가뜩이나 통증에 시달리던 부상병들은 헬리콥터가 상승하고 이동하는 동안 거센 바람의 공격도 견뎌야 했다. 헬리콥터는 모든 부상병이 이용할 수 없는 운송 수단이었고 경비도 훨씬 많이 들었다. 전선이 안정되어 도로 수송의 위험과 불편이 많이 제거된 1951년 가을, 미군 지휘부는 신경외과·안과·기타 긴급 수술을 요하는 환자에 한해 헬리콥터를 사용하라고 명령했다. 한꺼번에 많은 환자를 수송하면서 공중 치료도 할 수 있는 대형 H-19 헬리콥터는 전쟁이 막바지에 이른 1953년 봄에야 한국에 도착했다. 효율 대비 비용 문제에 대해 미군 당국자는 "헬리콥터 이용은 국가가 자국민의 희생을 막기 위해 노력한다는 인상을 심어주어, 병사들의 사기를 높이는 장점이 있었다"고 기록했다.

잠자리비행기라는 별명으로 불렸던 헬리콥터는 점차 몸집이 커졌고 용도도 늘어났다. 베트남전쟁 중 헬리콥터는 부상병 이송, 군수품 보급 외에도, 고엽제 살포, 공중 공격 등 전천후 무기로 사용되었다. 그 뒤로 민간에서도 조난자 수색과 구조, 환자 이송, 산불 진화,

방송 등에 헬리콥터를 이용하는 일이 흔해졌다. 2022년 현재 우리나라에는 '닥터 헬기'라는 이름의 응급구조용 헬리콥터 7대, 소방 헬리콥터 32대가 있다. 헬리콥터 사고로 죽은 사람이 적지 않으나 죽을 고비에서 살아난 사람은 그보다 훨씬 더 많을 것이다. 옛사람들은 하늘을 나는 천사天使가 사람들을 구원한다고 생각했지만, 오늘날에는 헬리콥터가 곳곳에서 사람을 구하는 신의 사자使者로 활약한다.

85. 새의 눈인가,
　　　신의 눈인가?

　　　진화인류학자들은 인간이 다른 동물들과 구별되는 존재로
진화한 이유 중 하나로 '직립 보행'을 든다. 두 발로 걷는 습관이 인
간을 만들었다면, 하늘을 보고 누워 자는 습관은 신을 만들었다. 인
류는 먼 옛날부터 하늘과 땅을 다른 세계로 인식했다. 밤에 하늘을
보면 지상의 모든 생명체보다 더 많은 별이 보인다. 별들은 제자리
에 고정된 듯하면서도 늘 규칙적으로 움직인다. 그러면서도 한 별이
다른 별의 자리를 침범하지 않는다. 선사시대의 인류는 그 별들을
보면서 완벽한 조화와 질서라는 관념을 얻었을 것이다. 그에 비하면
지상은 혼돈과 무질서의 세계였다. 지상에서는 늘 한 동물이 다른
동물을 잡아먹고, 죽은 동물을 벌레들이 뜯어먹는 일이 발생한다.
계절의 변화처럼 하늘의 운행에 따르는 영역도 있지만, 그런 영역에
서조차도 갑작스러운 폭우, 지진, 화재, 해일, 산사태 등으로 조화와
질서는 한순간에 깨지곤 한다.

　　하늘은 코스모스cosmos 즉 질서였고, 땅은 카오스chaos 즉 혼돈이
었다. 옛사람들은 코스모스를 신의 속성으로, 카오스를 인간과 동물
의 속성으로 이해했다. 중국 고대 신화에서는 반고盤古가 알을 도끼
로 깨고 나옴으로써 천지창조 이전의 혼돈이 하늘과 땅, 산과 강으
로 구분되었다고 한다. 고대 그리스 신화에서도 카오스에서 태어난
대지의 여신 가이아Gaia가 모든 신들의 조상이다. 고대인들은 하늘

을 지배하는 신이 혼돈의 세계인 땅에도 질서를 부여한다고 믿었다. 그들은 땅에 사는 무수한 생명체 중 인간만이 신의 속성 일부를 가졌고, 신의 의지를 이해할 수 있다고도 믿었다. 조선시대 어린이용 학습서였던 『동몽선습』童蒙先習이 '천지지간天地之間 만물지중萬物之中에 유인唯人이 최귀最貴하니'라는 문장으로 시작한 것이나, 기독교 성경 창세기에 '하나님이 아담과 이브에게 바다의 고기와 공중의 새와 땅에 움직이는 모든 것을 다스리라'고 기록된 것이나, 모두 같은 생각의 소산이었다. 고대인들은 정치란 하늘의 질서를 지상에 구현하는 일이며, 그 일은 신의 아들이나 대리인만이 할 수 있다고 믿었다.

그런데 어디서부터가 하늘일까? 자기 머리 위? 자기 집 지붕 위? 앞산 꼭대기 위? 아니면 구름 위? 근대 과학이 대기권이나 성층권이라는 높이의 개념을 확정한 뒤에도 하늘과 땅 사이의 경계는 여전히 모호하다. 새도 하늘을 날고 비행기도 하늘을 날며, 애드벌룬도 하늘에 떠 있고 해 달 별도 하늘에 떠 있다. 국어사전은 하늘을 '지평선이나 수평선 위로 보이는 무한한 공간'이라고 정의하지만, 우리나라에서 지평선과 수평선을 볼 수 있는 곳은 거의 없다. "하늘에서 내려다본 풍경"이라는 방송 자막을 기준으로 삼는다면, 오늘날에는 드론이 떠 있는 높이가 하늘과 땅을 나누는 경계라고 보아도 무방하다.

인간이 하늘에 띄웠던 물체가 한둘이 아니고, 비행기나 헬리콥터를 타고 하늘을 난 지도 오래되었지만, 드론은 인간과 하늘의 관계를 또 한 차례 바꾸었다. 드론drone은 본래 '수벌' 또는 '벌이 윙윙거리는 소리'라는 뜻이었지만, 오늘날에는 '무선으로 원격 조종되는 비행체', 그중에서도 특히 2~8개의 프로펠러를 장착하여 상하 전후좌우로 조종이 가능한 비행체를 의미한다. 옥스퍼드 사전은 이를 '지상에서 통제되는 조종사 없는 비행체. 사진 촬영, 폭탄 투하, 상품 배달 등에 쓰인다'고 정의한다. 우리나라 언론매체들은 2001년부터

마스크 전달용 드론 코로나바이러스가 대유행하던 2020년 5월, 제주도청은 드론을 이용해 가파도 주민들에게 마스크를 전달했다. 애초 군사용으로 개발되었던 드론은 오늘날 방송사들의 필수 기자재가 되었으며, 드론 촬영을 취미로 삼는 사람도 많다. 이 물건으로 인해 사람들은 하늘에서 내려다보는 시점에 익숙해졌으니, 이를 '시각 혁명'이라고 해도 지나치지 않을 것이다. 출처: 두산모빌리티 이노베이션

이런 비행체를 '드론'이라고 표기하기 시작했다. 이 단어가 일반화한 데에는 실체보다 게임이 제공한 가상현실의 영향이 컸다. 젊은이들은 전 세계에서 큰 성공을 거둔 실시간 전략 게임 '스타크래프트'를 통해 드론이라는 이름에 익숙해졌다.

지상에서 무선으로 조종하는 무인 비행체의 역사는 1950년대로 거슬러 올라간다. 이 무렵 미군은 공중 요격용 미사일 실험을 하면서, 제2차 세계대전 중 사용했던 낡은 비행기들에 무선 수신기를 달아 표적으로 이용했다. 1960년대 베트남전쟁에서 처음 사용된 무인 정찰기는 오늘날 전 세계 상공을 날고 있다. 미군이 2000년부터 사용한 무인 정찰기 글로벌호크는 최고 20킬로미터 상공에서 지상에 있는 30센티미터 크기의 물체를 식별하는 능력을 갖췄다. 2010년에는 미군의 공격용 드론이 파키스탄과 예멘에 122차례나 폭격을 가했다. 최근 중국 일부 도시에서는 드론으로 교통신호 위반자를 적발

하는 시스템이 작동 중이다. 드론으로 교통신호 위반자의 얼굴 사진을 찍은 뒤, 생체 정보를 분석하여 당사자에게 휴대전화기로 즉각 범칙금을 부과하는 방식이다.

우리나라에서는 2010년께부터 드론을 이용한 공중 촬영이 흔해졌다. 그 덕에 현대인들은 하늘에서 내려다보는 시각 훈련을 거듭하고 있다. 물론 이 훈련이 인간에게 새와 같은 감각을 키워줄지 신과 같은 감각을 키워줄지는 알 수 없다. 드론을 이용한 택배 서비스는 이미 시작되었으며, 그리 머지않은 장래에 사람이 타고 다니는 드론도 출현할 것이다. 지상의 혼잡이 천상의 혼잡으로 바뀔 때, 어쩌면 하늘은 '지상에서 드론을 조종하는 전파가 닿는 높이 위'로 정의될지도 모른다.

참고문헌

1. 문서, 일기, 관보, 신문, 잡지류

『各司謄錄』,『開闢』,『舊韓國官報』,『舊韓國外交文書』,『宮內府案』,『圭齋遺藁』,『대조선독립협회회보』,『大韓每日申報』,『데국신문』,『독립신문』,『獨立新聞』,『東光』,『東亞日報』,『萬機要覽』,『萬歲報』,『每日申報』,『梅泉野錄』,『別乾坤』,『備邊司謄錄』,『三千里』,『續陰晴史』,「承政院日記」,『時代日報』,『新東亞』,『新民報』,『新韓民報』,『新天地』,『育英公院謄錄』,『尹致昊日記』,「外部來文」,『議定存案』,『日槎集略』,「日省錄」,『朝鮮公論』,『朝鮮王朝實錄』,『朝鮮日報』,『朝鮮中央日報』,『朝鮮之光』,『朝鮮總督府官報』,『周禮』,『駐韓日本公使館記錄』,『中央日報』,『中外日報』,『統監府文書』,『統理交涉通商事務衙門日記』,『通商彙纂』,『八道四都三港口日記』,『漢京識略』,『한국민족문화대백과사전』,『漢城』,「漢城府來去案」,『漢城旬報』,『漢城周報』,『海潮新聞』,『皇城新聞』,『訓令照會存案』

2. 단행본, 사진집

Albert E. Cowdrey, 2005, *The Medic's War*, University Press of the Pacific Honolulu, Hawaii.

John T. Greenwood, 2005, *Medics at War: Military Medicine from Colonial Times to the 21st Century*, US Naval Institute Press.

가현문화재단 한미사진미술관 편, 2012,『대한제국 황실의 초상 1880~1989』.

강만길, 1995,『일제시대 빈민생활사 연구』, 창작과비평사.

강명관, 1999,『조선시대 문화예술의 생성공간』, 소명출판.

_____, 2003,『조선의 뒷골목 풍경』, 푸른역사.

강영희, 2008,『생명과학대사전』, 아카데미서적.

見市雅俊 외 편, 2001,『疾病, 開發, 帝國醫療 ─ 아시아에서 病氣와 醫療의 歷史學』, 東京大學出版會.

京城居留民團役所, 1912,『京城發達史』.

京城府, 1934-1341,『京城府史』(1-3), 京城府.

京城電氣株式會社, 1929,『京城電氣株式會社二十年沿革史』.

경향신문사 편집부, 1995,『격동 한반도 새 지평』, 경향신문사.

고동환, 1998,『조선후기 서울상업발달사연구』, 지식산업사.

_____, 2007,『조선시대 서울도시사』, 태학사.

_____, 2013,『조선시대 시전상업 연구』, 지식산업사.

고려서림 편집부, 1989,『한국경찰사』(1~5), 고려서림.

高山峰三郎, 1940,『支那國民性と其の由來』, 古今書院.

국가보훈처, 2005,『6·25전쟁 미군 참전사』, 국가보훈처.

국립민속박물관 편, 1994,『한국의 상거래』, 국립민속박물관.

국립민속박물관, 1999,『추억의 세기에서 꿈의 세기로: 20세기 문명의 회고와 전망』, 국립민속박물관.

국립중앙박물관, 2002,『조선시대 풍속화』, 국립중앙박물관.

국방군사연구소, 1997,『한국전쟁』(상·하), 국방군사연구소.

국사편찬위원회, 2004,『한국독립운동사』, 국사편찬위원회.

_____, 2008,『여행과 관광으로 본 근대』, 두산동아.

기창덕, 1995,『한국근대의학교육사』, 아카데미아.

김경일, 2004,『여성의 근대, 근대의 여성: 20세기 전반기 신여성과 근대성』, 푸른역사.

김동춘, 2006,『전쟁과 사회 ─ 우리에게 한국전쟁은 무엇이었나』, 돌베개.

金斗鐘, 1966,『韓國醫學史』, 탐구당.

김메리, 1996,『학교종이 땡땡땡』, 현대미학사.

金富子·金榮, 2018,『植民地遊廓: 日本の軍隊と朝鮮半島』, 吉川弘文館.

김영상, 1996,『서울 육백년』(1~5), 대학당.

김원모·정성길 편, 1986, 『사진으로 본 백년 전의 한국(1871~1910)』, 가톨릭출판사.

김윤환·김낙중, 1990, 『한국 노동운동사』, 일조각.

김은신, 2008, 『여러분이시여 기쁜 소식이 왔습니다: 쇼가 있는 경성 연예가 풍경』, 김영사.

김인수, 2002, 『언더우드 목사의 선교편지』, 장로회신학대학교 출판부.

김진균 외, 2003, 『근대 주체와 식민지 규율권력』, 문화과학사.

김진송, 1999, 『서울에 딴스홀을 허하라』, 현실문화연구.

김형민, 1987, 『김형민 회고록』, 범우사.

까를로 로제티, 1996, 『꼬레아 꼬레아니』, 서울학연구소 옮김, 숲과나무.

니토베 이나조, 2005, 『일본의 무사도』, 양경미·권만규 옮김, 생각의나무.

다니엘 푸러, 2005, 『화장실의 작은 역사 - 요강과 뒷간』, 선우미정 옮김, 들녘.

대한상공회의소, 1984, 『상공회의소 백년사』, 대한상공회의소.

도미타 쇼지, 2008, 『호텔-근대문명의 상징』, 유재연 옮김, 논형.

루스 베네딕트, 2008, 『국화와 칼』, 김윤식 외 옮김, 을유문화사.

루이스 멈포드, 2001, 『역사 속의 도시』, 김영기 옮김, 명보문화사.

마귈론 투생-사마, 2002, 『먹거리의 역사』(상, 하), 이덕환 옮김, 까치.

마이크 새비지, 1996, 『자본주의 도시와 근대성』, 김왕배 옮김, 한울.

마크 기로워드, 2009, 『도시와 인간』, 민유기 옮김, 책과함께.

문화재청, 2007, 『근대 문화유산 교통(자동차) 분야 목록화 조사보고서』, 문화재청.

_____, 2007, 『근대 문화유산 전기통신(우정포함) 분야 목록화 조사보고서』, 문화재청.

미셸 푸코, 2000, 『지식의 고고학』, 이정우 옮김, 민음사.

_____, 2003, 『광기의 역사』, 이규현 옮김, 다락원.

_____, 2004, 『성의 역사 1 - 앎의 의지』, 이규현 옮김, 나남출판.

_____, 2004, 『성의 역사 2 - 쾌락의 활용』, 문경자 옮김, 나남출판.

_____, 2004, 『성의 역사 3 - 자기에의 배려』, 이혜숙 옮김, 나남출판.

_____, 2006, 『임상의학의 탄생』, 홍성민 옮김, 이매진.

_____, 2009, 『감시와 처벌』, 고광식 옮김, 다락원.

_____, 2012, 『담론의 질서』, 이정우 옮김, 중원문화.

박남식, 2004, 『실락원의 비극』, 문음사.

박대헌, 1997, 『서양인이 본 조선』, 호산방.

박도 편저, 2010, 『한국전쟁 2: NARA에서 찾은 6.25전쟁의 기억(1950-1953)』, 눈빛.

박윤재, 2005, 『한국 근대의학의 기원』, 혜안.

박은경, 1999, 『일제하 조선인관료 연구』, 학민사.

박은숙, 2008, 『시장의 역사』, 역사비평사.

박은식, 2008, 『韓國獨立運動之血史』, 소명출판.

발레리 줄레조·티에리 상쥐앙 외, 2007, 『도시의 창, 고급호텔』, 양지윤 옮김, 후마니타스.

白寬洙, 1929, 『京城便覽』, 弘文社.

버나드 로 몽고메리, 2004, 『전쟁의 역사』, 송영조 옮김, 책세상.

빌 브라이슨, 2003, 『거의 모든 것의 역사』, 이덕환 옮김, 까치.

杉山平助, 1938, 『支那と支那人と日本』, 改造社.

서울대학교 한국의학인물사 편찬위원회, 2008, 『한국의학인물사』, 태학사.

서울대학교60년사 편찬위원회, 2006, 『서울大學校 60年史』, 서울대학교 출판부.

서울대학교병원 병원역사문화센터, 2007, 『동아시아 서양 의학을 만나다』, 태학사.

_____, 2009, 『사진과 함께 보는 한국 근현대 의료문화사 1876-1960』, 웅진지식하우스.

서울사회과학연구소, 2012, 『근대성의 경계를 찾아서』, 중원문화.

서울시정개발연구원 서울학연구소, 2001, 『서울 20세기 공간 변천사』, 서울시정개발연구원.

_____, 2001, 『서울 20세기 생활문화 변천사』, 서울시정개발연구원.

_____, 2002, 『서울 20세기: 100년의 사진 기록』, 서울시정개발연구원.

서울역사박물관, 2009, 『세 이방인의 서울 회상: 딜쿠샤에서 청계천까지』, 서울역사박물관.

_____, 2010, 『1950, 서울 폐허에서 일어서다』, 서울역사박물관.

_____, 2011, 『1901년 체코인 브라즈의 서울 방문』, 서울역사박물관.

_____, 2011~2013, 『서울시정사진기록총서』, 서울역사박물관.

_____, 2012, 『격동의 시대 서울: 8.15 해방에서 4.19 혁명까지』, 서울역사박물관.

_____, 2014, 『잘 가, 동대문운동장』, 서울역사박물관.

서울특별시 문화재위원회, 1993, 『서울민속대관』, 서울특별시.

서울특별시, 1948, 『서울특별시 시세일람』.

_____, 『서울특별시통계연보』.

_____, 2013, 『하늘에서 본 서울의 변천사: 40년간의 항공사진 기록』, 서울특별시.

서울특별시사편찬위원회, 1977~1996, 『서울 육백년사』(1~9), 서울특별시.

_____, 2002~2008, 『사진으로 보는 서울』(1~5), 서울특별시사편찬위원회.

_____, 2007, 『서울의 시장』, 서울특별시사편찬위원회.

_____, 2009, 『서울 抗日獨立運動史』, 서울특별시사편찬위원회.

_____, 2011, 2011, 『서울 사람이 겪은 해방과 전쟁』, 서울특별시사편찬위원회.

_____, 2012, 『서울 사람들의 죽음 그리고 삶』, 서울특별시사편찬위원회.

서울학연구소 편, 1998, 『조선후기 서울의 사회와 생활』, 서울학연구소.

_____, 2001, 『청계천: 시간, 장소, 사람』, 서울학연구소.

_____, 2002, 『종로: 시간, 장소, 사람』, 서울학연구소.

_____, 2003, 『서울 남촌: 시간, 장소, 사람』, 서울학연구소.

소래섭, 2011, 『불온한 경성은 명랑하라』, 웅진지식하우스.

손경석, 1986, 『사진으로 보는 근대한국』(상·하), 서문당.

孫仁銖, 1971, 『韓國近代敎育史』, 延世大學校 出版部.

손정목, 1986, 『한국 개항기 도시 변화 과정 연구』, 일지사.

_____, 1986, 『한국 개항기 도시 사회 경제사 연구』, 일지사.

_____, 1988, 『조선시대 도시사회 연구』, 일지사.

_____, 1990, 『일제강점기 도시계획 연구』, 일지사.

_____, 1996, 『일제강점기 도시 사회상 연구』, 일지사.

_____, 1996,『일제강점기 도시화 과정 연구』, 일지사.

_____, 2009,『서울 도시계획 이야기』(1~5), 한울.

松岡壽八, 1940,『支那民族性の硏究』日本評論社.

스티븐 컨, 2006,『시간과 공간의 문화사』, 박성관 옮김, 휴머니스트.

신동원, 1997,『한국근대보건의료사』, 한울.

_____, 2004,『호열자 조선을 습격하다』, 역사비평사.

신명직, 2003,『모던뽀이, 경성을 거닐다』, 현실문화연구.

신용하, 2006,『獨立協會硏究: 독립신문·독립협회·만민공동회의 사상과 운동』
   (상·하), 일조각.

신현규, 2010,『기생, 조선을 사로잡다: 일제 강점기 연예인이 된 기생 이야기』, 어문학사.

安津素彦, 1972,『國旗の歷史』, 櫻楓社.

알프 뤼드케, 2002,『일상사란 무엇인가』, 나종석 옮김, 청년사.

앤서니 애브니, 2007,『시간의 문화사』, 최광열 옮김, 북로드.

앨버트 S. 라이언즈, R. 조지프 페트루첼리, 1994,『세계의학의 역사』, 황상익·권복
   규 옮김, 한울.

에두아르트 폭스, 2001,『풍속의 역사』(1~4), 이기웅 옮김, 까치.

에드워드 사이덴스티커, 1997,『도쿄이야기』, 허호 옮김, 이산.

에드워드 사이드, 2000,『오리엔탈리즘』, 박홍규 옮김, 교보문고.

에릭 홉스봄, 1998『자본의 시대』, 정도영 옮김, 한길사.

_____, 1998『혁명의 시대』, 정도영 옮김, 한길사.

_____, 1998『제국의 시대』, 정도영 옮김, 한길사.

_____, 2008『폭력의 시대』, 정도영 옮김, 민음사.

_____, 2009『극단의 시대』(상·하), 이용우 옮김, 까치.

에릭 홉스봄 외, 2004,『만들어진 전통』, 박지향·장문석 옮김, 휴머니스트.

역사학회, 1986,『露日戰爭 前後 日本의 韓國侵掠』, 일조각.

연세대학교 국학연구원, 1999,『한국 근대이행기 중인 연구』, 신서원.

_____, 2004,『일제의 식민지배와 일상생활』, 혜안.

鈴木敬夫, 1990,『法을 통한 朝鮮植民地 支配에 관한 硏究』, 高麗大學校民族文化
   硏究所出版部.

올리버 에비슨, 1984, 『舊韓末秘錄』, 에비슨 기념사업회 옮김, 대구대학교 출판부.

위르겐 하버마스, 2001, 『공론장의 구조변동: 부르주아 사회의 한 범주에 관한 연구』, 한승완 옮김, 나남출판사.

윤경로, 1995, 『새문안교회 100년사』, 새문안교회.

이 푸 투안, 1999, 『공간과 장소』, 구동회 외 옮김, 대윤.

이경재, 1993, 『서울 정도 600년』(1-4), 서울신문사.

李光麟, 1969, 『韓國開化史硏究』, 일조각.

_____, 1986, 『韓國開化史의 諸問題』, 일조각.

이규헌 외, 1986, 『사진으로 보는 근대한국』, 서문당.

_____, 1987, 『사진으로 보는 독립운동』, 서문당.

이만열 편, 1985, 『아펜젤러 - 한국에 온 첫 선교사』, 연세대학교 출판부.

이문웅 외, 2008, 『서울대학교박물관 소장 식민지 시기 유리 건판』, 서울대학교출판부.

이사벨라 버드 비숍, 1994, 『한국과 그 이웃나라들』, 이인화 옮김, 살림.

이순우, 2012, 『손탁호텔』, 하늘재.

이우성, 1990, 『이조한문단편집』(상·중·하), 일조각.

이재영, 1993, 『사진으로 본 서울의 어제와 오늘』, 서지원.

이종석, 2014, 『북한 중국 국경 획정에 관한 연구』, 세종연구소.

이종찬, 2004, 『동아시아 의학의 전통과 근대』, 문학과지성사.

이중연, 2007, 『고서점의 문화사』, 혜안.

이철, 2011, 『경성을 뒤흔든 11가지 연애사건』, 다산초당.

이태진 외, 2000, 『서울상업사』, 태학사.

이학래, 2003, 『한국체육백년사』, 한국학술정보.

이해준 외, 2011, 『전통사회와 생활문화』, 한국방송통신대학교 출판부.

李憲昶, 1999, 『韓國經濟通史』, 법문사.

장 앙텔므 브리야 사바랭, 2004, 『미식예찬』, 홍서연 옮김, 르네상스.

장세윤, 2007, 『봉오동 청산리 전투의 영웅』, 역사공간.

長野末喜, 1932, 『京城の面影』, 內外事情社.

재컬린 더핀, 2006, 『의학의 역사』, 신좌섭 옮김, 사이언스북스.

전우용, 2008, 『서울은 깊다』, 돌베개.

_____, 2011, 『현대인의 탄생』, 이순.

_____, 2012, 『한국 회사의 탄생』, 서울대 출판문화원.

_____, 2015, 『우리 역사는 깊다』(1~2), 푸른역사.

_____, 2017, 『한양도성』, 서울연구원.

_____, 2019, 『내 안의 역사』, 푸른역사.

_____, 2022, 『민족의 영웅 안중근』, 한길사.

전택부, 2005, 『양화진 선교사 열전』, 홍성사.

정승모, 2005, 『한국의 가정신앙』, 국립문화재연구소.

정연식, 2001, 『일상으로 본 조선시대 이야기』(1~2), 청년사.

정옥자, 1998, 『조선후기 조선중화사상연구』, 일지사.

정재정, 1999, 『일제침략과 한국철도』, 서울대학교 출판부.

제레드 다이아몬드, 2013, 『총균쇠』, 김진준 옮김, 문학사상사.

조귀례, 2008, 『전장의 하얀 천사들』, 한국문화사.

조기준, 1985, 『한국 자본주의 성립사론』, 대왕사.

朝鮮地方行政學會, 1937, 『京畿地方의 名勝史蹟』.

朝鮮總督府, 1937, 『朝鮮社會教化要覽』.

조성훈, 2010, 『한국전쟁과 포로』, 선인.

조지 윌리엄 길모어, 1999, 『서울풍물지』, 신복룡 옮김, 집문당.

_____, 2009, 『서양인 교사 윌리엄 길모어 서울을 걷다: 14개의 주제로 보는 1894의 조선』, 이복기 옮김, 살림.

조풍연, 1986, 『사진으로 보는 조선시대』, 서문당.

조현일·구재진 외, 2007, 『'조선적인 것'의 형성과 근대 문화 담론』, 소명출판.

주식회사신세계백화점, 1987, 『新世界25年의 발자취』.

_____, 1992, 『韓國의 市場商業史 － 小賣商業 發達의 歷史的 研究』.

중앙일보·동양방송, 1979, 『남기고 싶은 이야기들』, 중앙일보·동양방송.

崔南善, 1947, 『朝鮮常識問答續編』, 삼성문화재단(1972 복간).

최병두·한지연 편역, 1989, 『자본주의 도시화와 도시계획』, 한울.

최석로 해설, 1994~2007, 『민족의 사진첩』(1~4), 서문당.

최인진, 1999, 『한국사진사(1631-1945)』, 눈빛.

파냐 이사악꼬브나, 1996, 『1945년 남한에서』, 김명호 옮김, 한울.

페르낭 브로델, 1995~1997, 『물질문명과 자본주의』(1~3), 주경철 옮김, 까치글방.

필립 아리에스, 2004, 『죽음 앞의 인간』, 고선일 옮김, 새물결.

_____, 2003, 『아동의 탄생』, 문지영 옮김, 새물결.

필립 아리에스·조르주 뒤비 외 엮음, 2002~2006, 『사생활의 역사』(1~5), 새물결.

하시야 히로시, 2005, 『일본제국주의, 식민지 도시를 건설하다』, 김제정 옮김, 모티브.

한국고문서학회, 1996~2006, 『조선시대생활사』(1~33), 역사비평사.

한국사회사연구회, 1990, 『한국사회의 신분계급과 사회변동』, 문학과지성사.

한국생활사편찬위원회, 2004, 『한국생활사박물관』(10~12), 사계절.

한국역사연구회, 1996, 『조선시대 사람들은 어떻게 살았을까』(1~2), 청년사.

_____, 1998, 『우리는 지난 100년 동안 어떻게 살았을까』(1~3), 역사비평사.

한국일보사, 1975, 『사진으로 본 해방 30년』, 한국일보사.

한국전력공사, 1989, 『한국 전기 백년사』(상·하), 한국전력공사.

한국정신대문제대책협의회, 1997, 『일본군 위안부 문제의 진상』, 역사비평사.

한국학중앙연구원, 2020, 『한국학 학술용어』, 한국학중앙연구원.

한상일·한정선, 2006, 『일본 만화로 제국을 그리다』, 일조각.

한영우 외, 2006, 『대한제국은 근대국가인가』, 푸른역사.

한홍구, 2006, 『대한민국사』(1~4), 한겨레출판사.

홍성철, 2007, 『유곽의 역사』, 페이퍼로드.

홍순민, 1999, 『우리 궁궐 이야기』, 청년사.

和田重義, 1937, 『大京城都市大觀』, 朝鮮新聞社.

3. 논문

高岡裕之, 2004, 「전쟁과 건강 – 근대 '건강 담론'의 확립과 일본 총력전 체제」, 『당대비평』27.

고길섶, 1995, 「문화와 질병」, 『문화과학』8.

고석규, 1999, 「18·19세기 서울의 왈짜와 상업 문화」, 『서울학연구』 13, 서울학연구소.

권도희, 2009, 「20세기 기생의 가무와 조직 – 근대기생의 형성과정을 중심으로 – 」, 『韓國音樂研究』 45.

권보드래, 2002, 「1910년대 '신문(新文)'의 구상과 『경성 유람기』」, 『서울학 연구』 18.

권태억, 1980, 「한말·일제 초기 서울 지방의 직물업」, 『한국문화』 1, 한국문화연구소.

김경일, 1995, 「중세의 정신, 근대의 '문명'」, 『역사비평』 29, 역사문제연구소.

_____, 2002, 「일제하 여성의 일과 직업」, 『사회와 역사』 61, 한국사회사학회.

金光宇, 1990, 「大韓帝國時代의 都市計劃 – 漢城府 都市改造事業」, 『鄕土서울』 50, 서울시사편찬위원회.

김기란, 2004, 「근대 계몽기 연행의 매체적 기능과 대중문화의 형성」, 『대중서사연구』 12.

김동우, 2010, 「개항기 및 식민지 초기 도시 경험의 내면화 과정」, 『서울학연구』 40, 서울학연구소.

김미영, 2006, 「일제하 한국 근대소설 속의 질병과 병원」, 『우리말글』 37.

김소현, 2002, 「서울의 의생활 연구: 20세기 전반기를 중심으로」, 『배화논총』 21.

김승태, 1987, 「일본 神道의 침투와 1910·1920년대의 神社問題」, 『韓國史論』 16, 서울대학교 국사학과.

_____, 2012, 「일본 천황제와 일본 기독교」, 『인문과학논집』 23.

김연옥, 1987, 「조선시대의 기후환경」, 『지리학논총』 14.

김영희, 2007, 「일제강점 초기 기생제도에 관한 연구 – 일제의 왜곡과정을 중심으로」, 『韓國舞踊史學』 7.

김용범·박용환, 2006, 「개항기 학회지를 통해 본 생활개선의 근대적 인식에 관한 연구」, 『대한건축학회논문집 계획계』 22-11.

김용직, 1994, 「한국 민족주의의 기원 – 정치운동과 공공영역 – 」, 『사회비평』 11, 나남출판사.

김정기, 1993, 「淸의 조선政策(1876-1894)」, 『1894년 농민전쟁연구』 3, 역사비평사.

김정화·이경원, 2006, 「일제 식민지 지배와 조선 洋醫의 사회적 성격」, 『사회와 역사』 70.

김태우, 2009, 「한국전쟁기 미 공군에 의한 서울 폭격의 목적과 양상」, 『서울학연구』 35, 서울학연구소.

나까무라 리헤이(中村理平), 1997, 「한국의 이왕조 궁정음악교사 에케르트(Frana Eckert)」, 민경찬 옮김, 『계간 낭만음악』 10-1.

노명구, 2008, 「조선후기 군사 깃발」, 『육군사관학교 학예지』 15.

노재명, 1992, 「한국 음반사」, 『월간핫뮤직』 11월호.

마정미, 2006, 「근대의 상품광고와 소비 그리고 일상성」, 『문화과학』 45.

목수현, 2011, 「대한제국기의 국가상징 제정과 경운궁」, 『서울학연구』 40.

문태준, 2000, 「한국전쟁이 한국 의료에 미친 영향」, 『의사학』 9-2.

박명규·김백영, 2009, 「식민지배와 헤게모니 경쟁: 조선총독부와 미국 개신교 선교세력 간의 관계를 중심으로」, 『사회와 역사』 82.

박애경, 2010, 「기생을 바라보는 근대의 시선 – 근대 초기 신문 매체에 나타난 기생 관련 기사를 중심으로 –」, 『한국고전여성문학연구』 24.

박윤재, 2001, 「1876-1904년 일본 관립병원의 설립과 활동에 관한 연구」, 『역사와 현실』 42.

박찬승, 2018, 「일제하 공립보통학교의 일본인 교원 임용을 둘러싼 논란」, 『동아시아문화연구』 75.

박현, 2015, 「일제시기 경성의 창기업(娼妓業) 번성과 조선인 유곽 건설」, 『도시연구: 역사, 사회 문화』 14.

서지영, 2005, 「식민지 시대 기생 연구(1) – 기생집단의 근대적 재편 양상을 중심으로 –」, 『정신문화연구』 28-2.

소현숙, 2000, 「일제시기 출산통제담론 연구」, 『역사와현실』 38.

송인호·김제정·최아신, 2014, 「일제강점기 박람회의 개최와 경복궁의 위상변동 – 1915년 조선물산공진회와 1929년 조선박람회를 중심으로」, 『서울학연구』 55, 서울학연구소.

신동원, 2001, 「한국의료사에서 본 민중의료」, 『사회비평』 29.

신현균, 1998, 「신체화의 문화 간 차이」, 『심리과학』 7-1.

염복규, 2004, 「1910년대 일제의 태형제도 시행과 운용」, 『역사와 현실』 53, 한국역사연구회.

왕현종, 1998, 「대한제국기 한성부의 토지·가옥 조사와 외국인 토지침탈 대책」,

『서울학연구』 10.

원제무, 1994, 「서울시 교통체계 형성에 관한 연구: 1876년부터 1944년까지의 기
간을 중심으로」, 『서울학연구』 2, 서울학연구소.

柳芳蘭, 1991, 「小學校의 設立과 運營 : 1894-1905」, 『敎育理論』 6-1.

유선영, 2003, 「극장구경과 활동사진 보기: 충격의 근대 그리고 즐거움의 훈육」,
『역사비평』 가을호.

_____, 2009, 「일제 식민 지배와 헤게모니 탈구: '부재하는 미국'의 헤게모니」, 『사
회와 역사』 82.

윤상인, 2012, 「호텔과 제국주의 – 우리 안의 '반도호텔'들에 대해」, 『일본비평』 6.

윤택림, 2011, 「서울 사람들의 한국전쟁」, 『구술사연구』 2-1.

윤해동, 2000, 「식민지 인식의 '회색 지대' – 일제하 '공공성'과 규율권력」, 『당대비
평』 13, 삼인.

이규철, 2009, 「대한제국기 한성부 군사관련 시설의 입지와 그 변화」, 『서울학연
구』 35, 서울학연구소.

이봉범, 2009, 「해방공간의 문화사 – 일상문화의 實演과 그 의미」, 『상허학보』 26.

이영아, 2011, 「선교의사 알렌(Horace N. Allen)의 의료 활동과 조선인의 몸에 대
한 인식 고찰」, 『의사학』 20-2.

이종대, 2006, 「근대의 헤테로토피아, 극장」, 『상허학보』 6.

李憲昶, 1996, 「民籍統計表의 檢討」, 『古文書』 9・10, 韓國古文書學會.

李惠恩, 1988, 「大衆交通手段이 서울시 發達에 미친 影響 : 1899~1968」, 『地理
學』 37.

전우용, 1999, 「대한제국기 – 일제 초기 서울 공간의 변화와 권력의 지향」, 『典農史
論』 5.

_____, 1999, 「대한제국기 – 일제 초기 선혜청 창내장의 형성과 전개」, 『서울학연
구』 12, 서울학연구소.

_____, 2001, 「종로와 본정 – 식민도시 경성의 두 얼굴」, 『역사와 현실』 40, 한국역
사연구회.

_____, 2001, 「한말 – 일제 초의 광장주식회사와 광장시장」, 『典農史論』 7.

_____, 2003, 「일제하 서울 남촌 상가의 형성과 변천」, 『서울 남촌: 시간, 장소, 사

람』, 서울학연구소.

_____, 2003, 「한국 근대의 화교 문제」, 『한국사학보』 15.

_____, 2004, 「근대 이행기(1894~1919) 서울 시전 상업의 변화」, 『서울학연구』 22, 서울학연구소.

_____, 2004, 「역사인식과 과거사 문제」, 『역사비평』 69.

_____, 2005, 「근대 이행기 서울의 객주와 객주업」, 『서울학연구』 24, 서울학연구소.

_____, 2005, 「서울의 기념인물과 장소의 역사성 – 가로명 및 공공부지 조형물을 중심으로」, 『서울학연구』 25.

_____, 2005, 「식민지 도시 이미지와 문화현상 – 1920년대의 경성」, 『한일역사공동연구보고서』 5.

_____, 2007, 「일제하 경성 주민의 직업세계(1910~1930)」, 『한국 근대사회와 문화 3』, 서울대학교 출판부.

_____, 2007, 「한국에서 근대 서양의학의 수용과 국가: 1876-1910년」, 『동아시아 서양의학을 만나다』, 태학사.

_____, 2007, 「한말·일제 초 서울의 도시행상(1897~1919)」, 『서울학연구』 29, 서울학연구소.

_____, 2008, 「대한제국기 서울의 공공시설과 公衆 – 공원, 시장, 극장을 중심으로」, 『사회적 네트워크와 공간』, 태학사.

_____, 2009, 「서울 양화진이 간직한 근대의 기억」, 『서울학연구』 36.

_____, 2011, 「1902년 皇帝御極 40년 望六旬 稱慶禮式과 皇都 정비 – 대한제국의 '皇都' 구상에 담긴 만국공법적 제국과 동양적 제국의 이중 表象」, 『鄕土서울』 81, 서울시사편찬위원회.

_____, 2014, 「한국인의 국기관과 "국기에 대한 경례" – 국가 표상으로서의 국기를 대하는 태도와 자세의 변화 과정 –」, 『동아시아문화연구』 56, 한양대학교 동아시아문화연구소.

_____, 2015, 「한국 전통의 표상공간, 인사동의 형성」, 『동아시아문화연구』 60, 한양대학교 동아시아문화연구소.

_____, 2017, 「저자로 나온 궁중 – 한국 요정의 표상 명월관」, 『동아시아문화연구』 71, 한양대학교 동아시아문화연구소.

전정해, 1999, 「광무년간의 산업화정책과 프랑스 자본·인력의 활용」, 『국사관논총』 84.

정근식, 1996, 「일제하 서양의료체계의 헤게모니 형성과 동서 의학 논쟁」, 『사회와 역사』 50.

정승모, 1979, 「의례를 통한 의미의 구상화 과정」, 『한국문화인류학』 11-1, 한국문화인류학회.

정영효, 2010, 「'조선호텔' - 제국의 이상과 식민지 조선의 표상」, 『동양어문학』 55.

조규태, 2021, 「일제강점기 돈암리 이주민 히라야마 마사쥬와 평산목장」, 『숭실사학』 46.

조한상, 2006, 「헌법에 있어서 공공성의 의미」, 『公法學研究』 7-3, 한국비교공법학회.

주영하, 2011, 「조선요리옥의 탄생 : 안순환과 명월관」, 『東洋學』 50, 단국대학교 동양학연구소.

주윤정, 2003, 「조선물산공진회와 식민주의 시선」, 『문화과학』 33.

주진오, 1993, 「1898년 독립협회 운동의 주도세력과 지지기반」, 『역사와현실』 15.

천정환, 2009, 「해방기 거리의 정치와 표상의 생산」, 『상허학보』 26.

최석만, 2002, 「公과 私 - 유교와 서구 근대사상의 생활영역 비교」, 『동양사회사상』 5, 동양사회사상학회.

테어도어 준 유, 2008, 「식민화된 신체: 조선인 여성의 性과 건강」, 『아세아연구』 51-3.

편나영·박윤미, 2018 「우리나라 근대 직기에 관한 연구」, 『복식』 68-8.

홍순민, 2004, 「일제의 식민 침탈과 경복궁 훼손 - 통치권력의 상징성 탈취 -」, 『문명연지』 5-1, 한국문명학회.

황병주, 2007 「식민지 시기 '공' 개념의 확산과 재구성」, 『사회와역사』 73, 한국사회사학회.

황상익, 2003, 「현대문명과 전염병」, 『문화과학』 35.

댐	2	만년필	1	백두산	3	산소호흡기	3
도량형 원기	3	만화책	2	백신	3	상표	3
도로표지판	2	맥주	1	백화점	3	생수	1
돈	3	메리야스	1	벚나무	3	생활계획표	2
동상	2	면허증	3	병원	3	샴푸	1
동화책	2	명품	1	보신탕	1	서점	2
드론	2	명함	1	보험증권	3	석유	3
등기권리증	3	모발염색제	1	복권	3	선거벽보	3
등산화	1	몸뻬	1	복덕방	1	선풍기	1
ⓛ		문화재	2	부대찌개	1	설탕	1
라디오	2	미니스커트	1	분유	1	성냥	1
라면	1	미사일	3	불도저	2	성조기	3
레이더	2	밀가루	1	불온서적	3	세면대	1
로봇	2	ⓑ		비누	1	소독저	1
리모컨	1	바나나	1	비행기	2	소방차	2
ⓜ		바코드	3	빵	1	손목시계	1
마약	3	박물관	2	삐라	3	손수레	2
마천루	2	발전기	3	ⓢ		손톱깎이	1
마취제	3	배지	3	사전	2	수갑	3
만국기	3	배터리	3	사진엽서	3	수능시험지	2

주식	3	축음기	2	투서	3	호루라기	2
주차장	2	침대	1	트랜지스터	3	호텔	3
지갑	1	칫솔·치약	1	티켓	2	혼인신고서	1
지구본	3	(ㅋ)		(ㅍ)		홍삼	1
지문인식기	3	카메라	2	페인트	2	화장장	2
지적도	2	커피	1	평양냉면	1	화장지	1
지퍼	1	컨베이어벨트	3	표준혈청	3	화장품	1
지폐	2	컨테이너	3	표창장	3	화재경보기	1
지하철	2	컵	1	풍금	2	화투	2
짜장면	3	케이블카	2	프라이팬	1	화학비료	1
짝퉁	1	크레파스	2	플라스틱	2	확성기	2
(ㅊ)		크리스마스실	3	피임약	3	활명수	3
철가방	1	(ㅌ)		(ㅎ)		훈장	3
청량음료	1	타자기	2	한글	2	휠체어	3
청바지	1	태극기	3	한반도기	3	휴대전화기	2
청사진	2	태아	3	항생제	3	휴전선 철책	3
체온계	3	터널	2	향수	1	희석식 소주	1
초인종	1	테트라포드	2	헬리콥터	2		
최루탄	3	통닭	1	현미경	3		
축구공	2	통장	3	형광등	1